LISÍSTRATA E TESMOFORIANTES, DE ARISTÓFANES

COLEÇÃO SIGNOS
dirigida por Augusto de Campos

Supervisão editorial:
J. Guinsburg

Projeto gráfico e capa: Sergio Kon

Revisão de provas: Luiz Henrique Soares

Produção:
Ricardo W. Neves
Luiz Henrique Soares
Sergio Kon

Imagem de abertura:
Busto de Aristófanes [s.d.]

Imagem da capa:
Cena de *Tesmoforiantes* em vaso de 370 a.C.

LISÍSTRATA E TESMOFORIANTES

de ARISTÓFANES

TRAJANO VIEIRA
TRADUÇÃO E INTRODUÇÃO

 PERSPECTIVA

CIP-Brasil. Catalogação-na-fonte
Sindicato Nacional dos Editores de Livros, RJ

s664L

Aristófanes, 496-406 a.C.
 Lisístrata e Tesmoforiantes / Aristófanes; Trajano Vieira tradução
e introdução. – São Paulo : Perspectiva, 2011.
 (Signos ; 52)

 ISBN 978-85-273-0914-1

 1. Teatro grego (Tragédia). I. Vieira, Trajano. II. Título.
III. Série.

11-0353.   CDD: 882
        CDU: 821.14'02-2

18.01.11   21.01.11   024012

1ª reimpr. da 1ª ed.
[PPD]

Direitos reservados à

EDITORA PERSPECTIVA LTDA.

Alameda Santos,1909, cj. 22
01419-100 São Paulo SP Brasil
Tel.: (11) 3885-8388

www.editoraperspectiva.com.br

2022

Sumário

LISÍSTRATA

Montagem Cômica

Apresentada no início de 411 a. C. no festival Lenaia, *Lisístrata* deixa transparecer a tensão política que remonta à derrota ateniense na Sicília em 413 a. C., ocasião em que Esparta exibiu potencial bélico inédito aos olhos da *pólis* de Aristófanes. Os dois anos que separam a encenação da peça e o desastre naval foram marcados por intensa movimentação na política externa e interna de Atenas. Por um lado, a Pérsia, encabeçada por dois governadores na Ásia Menor, Tissafernes e Farnabazo, buscava o apoio de antigos aliados de Atenas e o estabelecimento de uma aliança com Esparta; por outro, Esparta continuava a se beneficiar da cooperação estratégica de Alcibíades, cuja defecção deixara perplexa sua cidade natal. Internamente, o governo formado por dez *prouboloi* ("conselheiros"), de que Sófocles fez parte, procurava encontrar uma saída mais palatável do que a pretendida por figuras irascíveis de um ambiente político cada vez mais conflituoso. Registre-se que a ação desse conselho não conseguiu evitar a ocorrência, pouco tempo depois da representação de *Lisístrata*, da rebelião oligárquica, apesar da bem sucedida recomposição da esquadra ateniense em 412 a. C.

É sob essa atmosfera que Aristófanes escreveu sua comédia mais famosa, cujo sucesso no concurso de que participou desconhecemos. Trata-se de uma obra com duas ações concomitantes: a greve sexual proposta por Lisístrata e a tomada da cidade pelo coro de anciãs. A primeira vale sobretudo pela caracterização das personagens e pelo efeito cômico que desencadeia, pois a revolta sexual parece pouco efetiva num contexto em que os maridos guerreavam fora da cidade. Não à toa, só a partir do verso 706 a questão sexual volta a merecer destaque. Surpreende-nos o fato de Lisístrata não ser uma personagem cômica e compreendemos o motivo a partir dos esclarecimentos de D. M. Lewis num artigo publicado em 1955[1], em que o helenista chama a atenção para a semelhança entre os nomes Lisístrata ("desata-armada') e Lisímaca ("desata-batalha"), sendo esta última, explicitamente mencionada na obra (v. 554), a filha do secretário de tesouro de Atenas, Dracontides, e, sobretudo, a sacerdotisa de Atena Polias em 411 a. C. Não é o caso de identificar Lisístrata a Lisímaca, mas de aceitar certo parentesco que permite compreender melhor a construção de uma personagem altiva, heróica, única, entre as jovens, a não manifestar fragilidade em nenhuma passagem. Estrategista do que se desenvolve na comédia, ela parece ocupar o lugar do autor na defesa de um acordo internacional que fizesse prevalecer os valores pan-helênicos da cultura grega.

A possibilidade de a coesão voltar a existir graças à sutileza – como se diz num certo momento – natural às mulheres é um dos aspectos relevantes da comédia. Não há nela uma figura com perfil revolucionário forte o suficiente para simbolizar a ideologia feminista dos dias de hoje. As mulheres almejam o retorno à paz doméstica convencional, superada

---

1   Who was Lysistrata, *Annual of the British School of Athens*, p. 1-12. Artigo republicado em David M. Lewis, *Selected Papers in Greek and Near Eastern History*, Cambridge: Cambridge University Press, 1997.

a guerra que divide os gregos. Isso não quer dizer que não se encontre na *Lisístrata* o louvor da astúcia do modo de ser feminino. Não há, entre elas, a menor dificuldade no estabelecimento de um acordo internacional sólido. A naturalidade da experiência dialógica, responsável pelo sucesso da investida antibélica, é o traço positivo em que Aristófanes baseia sua visão da mulher. Apesar da resistência inicial, os homens colocam-se de acordo com a perspectiva que a estrategista Lisístrata vislumbra desde o início. Avessa à truculência, a lucidez feminina fundamenta-se na delicadeza. A inclusão é outro aspecto que não deve ser desconsiderado da opinião que o autor tem da mulher. Decorre dela a imagem notável do cosmopolitismo que as insurgentes pretendem fazer vigorar nas cidades gregas:

> LISÍSTRATA:
> Feito lã bruta, após lavar
> 575   a escória da urbe, urge espancar os crápulas
> num leito, triar o áspero, cardar
> grupelhos que enovelam-se sugando
> cargo, e amputar os nós, suas cabeças.
> Mesclar então o resto numa cesta,
> 580   fiar a magnitude! Inclua-se o amigo
> estrangeiro, o meteco, o devedor
> em dia com o Estado! E as cidades
> da Grécia, onde houver colonos, Zeus,
> sejam flocos de lã, situadas, íntegras,
> 585   no espaço! E então que os flocos se conjuguem,
> se façam um, para o novelo imenso
> ser matéria de um manto para a gente!

A visão realista sobre a situação política presente, sujeita à sordidez de ações nefastas à cidade, decorrentes, entre outros motivos, da corrupção burocrática, chama igualmente a atenção do leitor. Não será um erro eleger a imagem da tecelagem como fio condutor do exame de elementos centrais da peça. O enredo se enovela com a mescla de recursos formais bastante diversos. Quem comentou brilhantemente esse aspecto foi M. S. Silk em *Aristophanes and the Definition of Comedy*[2]. O autor parte da ideia de que Aristófanes evita os parâmetros da lógica literária aristotélico-realista. O imprevisto, os cortes bruscos, a justaposição de estruturas formais inusitadas caracterizariam uma concepção literária que pouco tem a ver com a que privilegia a noção de padronização retórica, de núcleo de um organismo que se expande e sintetiza de maneira verossímil e previsível. O emprego de um estilo cambiante em lugar do estável refletiria uma mentalidade bastante distinta da que convencionalmente denominamos clássica. A imagem do caleidoscópio e o recurso da colagem ajudam a compreender melhor a poética de Aristófanes. De fato, é impressionante como o autor coloca o leitor diante do inesperado verbal e cênico. Nada poderia nos indicar, por exemplo, na discussão acalorada das mulheres com o comissário que se dá do seguinte modo:

COMISSÁRIO:
445   Já é demais! Arqueiro! Manda brasa!
Nem sonhes escapar por esse beco!

TERCEIRA ANCIÃ:
Arranco fio por fio do teu cabelo
ensebado, se a agrides, pela táurea!

COMISSÁRIO:
Já não se faz arqueiro como outrora!
450   Mas não cogito da supremacia
das bruacas! Avante, citas, ordem
na formação!

LISÍSTRATA:
                    Invoco a deia dupla!

2   Oxford: Oxford University Press, 2000.

Saibas que fêmeas bélicas e armadas
até os dentes quadruplicam frentes!

COMISSÁRIO:
455   Chave de braço nelas, citas, já!

nada poderia nos indicar, repito, nessa passagem, que ela seria seguida
de dois versos formados por vocábulos compostos que nos fazem pensar, como nota Silk a respeito de trecho análogo de *Paz* (v. 789-790) –
ao qual acrescento o neologismo caudaloso, ao longo de seis versos!,
de um menu culinário na *Assembleia das Mulheres* (v. 1169-1175) – em
autores como Rabelais e Joyce:

LISÍSTRATA:
Deixai, aliadas, o interior da pólis,
granilegumenfrutiverdureiras,
alhióleopadeirospitaleiras,
puxai!, esperneai!, bofeteai!,
455   destemperai!, xingai!, sacaneai!
Recuai!, meiavolteai! Pilhais?

Veja-se também, nesse sentido, o efeito da justaposição dos versos
que descrevem vivamente o cenário de uma feira, invadida por militares ridículos em suas indumentárias inadequadas, e a sequência citada
acima, em que aparece a bela imagem do trabalho de tecelagem em
paralelo à configuração social:

COMISSÁRIO:
Por quê?

LISÍSTRATA:
555   Por impedir o surto na ágora
de hoplitas!

PRIMEIRA ANCIÃ:
Apoiada, pela Cípria!

LISÍSTRATA:
Até para comprar legume e tacho,
os homens vão armados ao mercado.

COMISSÁRIO:
Dever do bravo.

LISÍSTRATA:
Rio ao ver que compram
560 lambaris com a égide gorgônea.

COMISSÁRIO:
O líder cabeludo num corcel
jogou purê no elmo, que adquiriu
da anciã. Um trácio, lança em riste, assusta
a feirante de figo e morde olivas.

COMISSÁRIO:
565 E como impedireis a confusão
que grassa no país?

LISÍSTRATA:
É bico.

COMISSÁRIO:
Fala!

LISÍSTRATA:
Como no caos da meada, o fuso aparta
um fio de outro fio, daremos fim
à guerra: o envio de embaixadores pólis
570 a pólis há de por um fim no nó.

COMISSÁRIO:
Novelo, fuso e lã para conter
a crise horrível? Desmiolada!

LISÍSTRATA:

                          Lúcidos,
as lãs inspirariam o governo.

Às vezes a reviravolta de uma sequência se dá no interior de uma
fala, como nas duas que menciono a seguir, onde a digressão em registro elevado sobre um dom generoso é invertida no verso final:

CORO UNIDO:
Longe de nós o intuito de emitir
a crítica mais ínfima
1045   a um dos cidadãos que seja,
antes o inverso:
falar e perfazer o que for bom;
sobeja o mal que se nos apresenta.
1050   Mulher ou homem nos informe
se carece do empréstimo de uma graninha,
dois, três milhões (está de bom tamanho?);
é só entrar
pois dentro alojamos nossas bolsas.
1055   E se a paz vigorar,
desnecessário restituir
o que de nós for pego agora.
Estamos para receber alguns carístios,
1060   gente fina e de coração.
Sobrou um pouco de purê e um bacorim:
degustai (eu sacrifiquei), que é opíparo!
Vinde onde moro hoje (tem de ser bem cedo),
1065   depois do banho (inclusive nos meninos).
Adentrai sem pedir licença,
com passo familiar,

como na própria casa,
porte altivo,
1070   que a porta estará trancafiada.

Ou:

CORO:
Alfombras variegadas e
mantilhas e peplos açafrão e
1190   ouriadornos, o quanto me pertença,
doo de coração ao uso das garotas
e ao pai cuja menina for canéfora.
O que existir de meu lá dentro
1195   coloco à disposição de todos.
Lacre não há robusto o suficiente
para impedir que o desatem
e metam a mão no que for rastreado.
1200   Mesmo o olhar mais atento não encontrará
nada
salvo se tiver alcance que o meu não possui.
No caso do carente de trigo,
arrimo de criados
e de uma penca de crianças de colo,
minha farinha, mercadoria de primeira,
1205   está à sua mercê,
se bem que meu pão de litro
crocante
— confira-se! —
não seja de jogar no lixo...
1210   Se aprouver ao miserável,
avance bolsa e alforje
casa adentro,
na captura do trigo, que meu escravo Mânio,
solícito, enche até a boca!
Mas devo prevenir o transeunte

do risco de cruzar a minha porta
1215 sob vigilância de uma cadela.

O contraste de registros é recorrente não só no interior de uma mesma fala, mas também em sequências de diálogos, como, por exemplo, entre os versos 781 e 820. Conforme observou Jeffrey Henderson a respeito do trecho sobre Melânio (v. 781-796), "toda canção se baseia no estilo da narrativa simples, com sua simplicidade de linguagem, clareza de frase e estrutura paratática"[3]. Acrescentaria que tanto essa canção apresentada pelo coro masculino, quanto a que o coro feminino exibe a seguir (v. 805-828) sobre Timon, o misantropo, lembram o tom distanciado e a estrutura deliberadamente despojada de certos poemas de Brecht. Cabe salientar, por outro lado, o âmbito da discussão irreverente e picante em que esses dois textos se inserem, exemplo do estilo desconcertante do caleidoscópio verbal de Aristófanes:

CORO DE HOMENS:
Gostaria de relatar um causo
que ouvi em menino.
785 Melânio, um rapazote, prófugo
do casório, rumou para o deserto,
de cujos montes fez sua morada.
Caçava lebres,
790 tecia redes,
era dono de um cão.
O ódio o levou a abandonar o lar.
795 Sua ojeriza pelas fêmeas era enorme,
e a nossa, gente casta, se lhe iguala.

UM VELHO:
Meu desejo, coroa, é te dar um chupão...

3 *Lysistrata*, Oxford: Clarendon Press, 1987, p. 170.

UMA MULHER:
Pois deixa de comer cebola!

UM VELHO:
                                        ... e, perna aos céus, te escoicear.

UMA MULHER:
800   Que densa forração carregas!

UM VELHO:
Mironides também a tinha
crespa;
um negricu no *front,*
805   *pari passu* com o de Fórmio.

CORO DE MULHERES:
Quero trazer à baila um causo
que faz *pendant* com o do tal Melânio.
Timon, um erramundo, imergiu
810   no escuro do espinheiro.
Seu rosto era uma incógnita,
progênie das Erínias.
O ódio o fez sumir, não
815   sem antes maldizer a perversão dos homens.
Assim sua aversão se restringia aos homens
perversos,
820   amabilíssimo com as mulheres.

Aristófanes pode ser considerado o primeiro autor de vanguarda da literatura ocidental. É verdade que um primeiro passo na direção da mescla de registros, pastiche, paródia, lírica baixa, pesquisa verbal, neologismos e justaposição de elementos inusitados já havia sido dado por um poeta modernista da estatura de Eurípides em dramas como *Electra,* onde o autor faz irromper, no contexto grave e tenso da tragédia, o tosco marido da heroína, com seu linguajar ingênuo e sua visão de mundo simplória e moralista. Se a intenção de "subverter a ideia mesma de gênero literário" (Barthes) é uma das facetas da literatura de vanguarda, não é demais lembrar, por exemplo, as sete linhas de prosa que Aristófanes introjeta no texto das *Tesmoforiantes* (v. 295-311), recurso de que lançará mão em outras obras (ver, por exemplo, o interessante episódio das *Aves* (v. 864-888), onde a prosa é introduzida com o objetivo de parodiar a elocução ritualística). "Descontinuidade e acumulação, aparentemente, tendem a pressupor uma inclinação sintática comum, ou antes (em senso estrito) uma inclinação antissintática: certa relutância em subordinar palavras, frases, orações, e certa preferência pela simples parataxe. É assim que o poeta cômico vê e exprime o mundo: em sequências, tanto quanto consequências (no sentido aristotélico); sequências de ítens autônomos, apreendidos primeiramente e acima de tudo em sua integridade; sequências não mediadas por causalidade conceitualizada e abstrata, em certo sentido difíceis de serem entendidas por muitas sensibilidades modernas. A visão cômica, então, privilegia o físico e relaciona a ele não apenas a acumulação mas também as surpresas da descontinuidade[4]".

Talvez seja possível incluir, entre os autores arrolados por Silk (Rabelais, Shakespeare, Joyce), o nome de Flaubert, tendo em mente o uso repetido de construções paratáticas num romance como *L'Éducation sentimentale*, construções essas que pululam na obra de Aristófanes[5], de que menciono, para restringir-me a *Lisístrata*, os versos 1008-1010:

CORIFEU:
Salve, machíssima mulher! Agora é a hora:
sê fera, austera, vera, mera, quem-me-dera!,

---

4 M. S. Silk, op. cit. p. 157.
5 Ver E. S. Spyropoulos, *L'Accumulation verbale chez Aristophane*, Tessalonik, [s.n], 1974. Dámaso Alonso denominou esse tópico "pluralidades", ao estudar sua recorrência na obra de Gôngora. Cf. Función Estructural de las Pluralidades, *Obras Completas*, Madrid: Gredos, 1978, v. 5, p. 394-436.

1110   sincera, plurilimitável. Magnos gregos   1110
se rendem a tuas unhas; te confiam a dor.

[...] ele declamou a si mesmo versos melancólicos; ele caminhava
pela ponte com passos ágeis; ele avançou até o extremo, em direção ao sino; [...] ele expunha teorias, narrava casos, citava a si
mesmo como exemplo [...]. Ele era republicano; ele viajara; ele
conhecia o interior dos teatros, dos restaurantes, das redações, e
todos os artistas célebres, que chamava familiarmente pelo pre-
nome; Frederico logo lhe confiou seus projetos; ele os encorajou.[6]

Observem-se também, no seguinte trecho de uma carta de 1847,
em que o romancista fala a Louise Colet de seu apreço pelo comedió-
grafo grego, as marcas dessa estrutura sintática... :

Tenho passado todas as minhas manhãs com Aristófanes. Eis
o que é belo, vivaz, efervescente. Mas não é decente, não é
moral, nem tampouco conveniente, é simplesmente sublime.[7]

Aliás, sem me enveredar ainda mais no tema instigante das correntes literárias, colocaria de passagem a questão: o autor do trecho abaixo
não poderia ser lido como um antepassado de François Villon (1431-
-1463) e Tristan Corbière (1845-1875), por seu coloquialismo irônico,
cortante e desabrido? E apenas mais uma digressão dentro desta, sobre
as *Tesmoforiantes*: não seria possível estabelecer paralelo entre os para-
doxos recorrentes na poesia de Corbière e os que lemos nos versos ini-
ciais da peça de Aristófanes, incluída neste livro?[8]

6   *L'Éducation sentimentale, Oeuvres, v.* 2, Paris: Gallimard, 1952, p. 34-35.
7   Trecho citado por Colin Austin e S. Douglas Olson em *Aristophanes Thesmophoriazusae,*
Oxford: Oxford University Press, 2004, p. xxxii, cf. G. Flaubert, *Correspondance I,* Paris: Gallimard, 1973, p. 470.
8   Ver, por exemplo, poemas como "Épitaphe" ou "Sous un portrait de Corbière – *en couleurs fait
par lui et daté de 1868*", ambos traduzidos por Augusto de Campos, incluídos em *Verso, Reverso,
Controverso,* São Paulo: Perspectiva, 1978.

COMISSÁRIO:
A lascívia das fêmeas lampejou,
os hip-hip-hurras a Sabázio,
o bumbumbum, o adonisismo acima
390 das telhas, como ouvi numa assembleia?
Demóstrato, um sujeito anti-horário,
dizia: "à Sicília!", sua esposa
dançava e um "ai, Adônis!" — entoava...
"Convoquem os hoplitas de Zacinto!",
395 dele se ouvia; da ébria no telhado:
"por Adônis, vos flagelai!" E dom
Pavio-Curto, um ímpio, insistia.
Eis a matriz de seus dervirtuamentos.

CORIFEU:
As peitudas, soubesses como afrontam...
1060 Seus insultos não cabem num opúsculo!
Sacudidas as roupas que molharam,
parece até que foram urinadas!

COMISSÁRIO:
Por Posêidon salobro, eis algo justo:
se com elas fazemos sacanagens,
405 didáticos em toda putaria,
como esse ideário não lhes brotaria?
Dizemos ao demiurgo joalheiro:
"Ourives, o reparo no colar
não ficou dez. Minha mulher dançava
410 e o pino escorregou do buraquinho.
Tenho embarque agendado a Salamina;
se, na boca da noite, dispuseres
de um momentinho, ajusta o pino nela!"
Há quem recorra a um jovem sapateiro,
415 dono de uma piroca em fase adulta:
"Uma argola judia do dedinho

de ninfa da patroa. Hoje, no almoço,
não podes alargar seu orifício?"

Da "Ballade de la Grosse Margot", de François Villon ("Balada da
Gorda Margô", tradução de Décio Pignatari)[9]:

Se eu amo e sirvo a dona de bom grado,
Tomar-me-ão por vil, paspalho e tudo?
Ela dá conta de qualquer recado,
Por seu amor cinjo punhal e escudo.
Quando vem gente, eu me despacho, grudo
Um pichel de vinho e me viro na moita, não
Sem dar água, queijo, fruta e pão.
Digo (se pagam bem): "Nomine Figlii,
E voltem sempre, às ordens do tesão,
A este bordel, que é o nosso domicílio!"

Da "Ballade des Pendus" de François Villon ("Balada dos Enfor-
cados", tradução de Augusto de Campos)[10]:

A chuva nos lavou e nos desfez
E o sol nos fez negros e ressecados,
Corvos furaram nossos olhos e eis-
Nos de pêlos e cílios despojados,
Paralíticos, nunca mais parados,
Pra cá, pra lá, como o vento varia,
Ao seu talante, sem cessar, levados,
Mais bicados do que um dedal. A vós
Não ofertamos nossa confraria,
Mas suplicai a Deus por todos nós.

---

9   *Poesia Pois é Poesia*, São Paulo: Duas Cidades, 1977, p. 72.
10 Em Ezra Pound, *ABC da Literatura*, São Paulo: Cultrix, 1977, p. 195-196.

Da "Rapsodie du sourd" de Tristan Corbière ("Rapsódia do Surdo", tradução de Augusto de Campos)[11]:

> Eis-me, pois, manequim mudo de mim. Se alguém
> Pela rua, amanhã, me tomar pela mão,
> Dizendo: olá, paspalho... ou mais doce, meu bem,
> Eu lhe responderei: – Não há de que, pois não! –
>
> Se algum amigo fala, odeio o entender.
> Se algum outro se cala: estaria ofendido?...
> Sempre, como um enigma, espero surpreender
> Uma palavra oblíqua... Não. – Fui esquecido?

A ocorrência dos contrastes aludidos por M. S. Silk encontra seu ápice, em termos de imagem, na personificação da Conciliação (v. 1114 e s.). Esse corpo, cujas partes distintas são avidamente desejadas por atenienses e espartanos, é submetido à divisão pela escrupulosa juíza, Lisístrata. Os diferentes membros passam por um processo de divisão e recomposição, conforme avança o acordo entre as duas cidades. As referências sexuais a cada membro, órgão e curva não deixam dúvida de que a tensão causada pela longa abstinência vai aos poucos asserenando. O toque de humor fica por conta do fato de essa mulher que catalisa a atenção e o apetite masculino ser representada por um homem, com máscara de mulher, seios postiços e pêlos pubianos... Difícil evitar a ilação despretensiosa que essa representação propicia: é como se no reencontro com o outro sexo, os homens se reencontrassem. A partilha da jovem Conciliação sugere o gozo da sinédoque, a integridade das partes distintas que configuram surpreendentemente o teatro de Aristófanes. Um homem representa uma jovem que personifica a Conciliação: eis apenas um exemplo do jogo de diferenças que estrutura a obra de um autor de imaginação insaciável para o rasgo de humor.

11 *Verso, Reverso, Controverso*, p. 223.

Poética resultante da montagem de formas e registros dissímiles, de cujas junções despontam, inesperadas, as fagulhas do riso, nela encontramos, latentes, os elementos sutis, complexos e conflituosos que configuravam o imaginário grego da época. A instabilidade de perspectivas e sedimentos convencionais apontam para a incógnita do futuro. Essa a diretriz que parece ter norteado a concepção literária de Aristófanes. Seria um erro buscar em *Lisístrata* uma mensagem saudosista. Aristófanes não sonha com determinada configuração do passado devido à impossibilidade de prever um cenário futuro. Vislumbra, na familiaridade feminina com a diferença, um campo fértil para fazer irromper questões estéticas e culturais que ameaçavam fatalmente certo recorte em que sua *pólis* imaginária fora erigida.

Lisístrata

*(Cena matinal, diante das casas de Lisístrata e de Cleonice.
Ao fundo, entre as rochas, a gruta de Pã)*

LISÍSTRATA:
Chamassem-nas à festa dionisíaca,
de Pã ou Genetílides em Cólias[1],
quem poderia atravessar as ruas,
tal repique dos tímpanos? Cleonice
5   é a única mulher a vir aqui.
Tudo em cima, vizinha?

CLEONICE:
                Tudo azul,
mas noto que a recíproca é inverídica:
destoa de ti cimbrar o supercílio.

LISÍSTRATA:
Meu coração se inflama e a condição
10   feminina provoca a dor infinda,

---

1   Em Cólias, localidade situada perto do porto de Atenas, encontrava-se o templo de Genetílides, deusa da procriação associada a Afrodite.

pois para os homens nós valemos menos
que um óbolo furado.

CLEONICE:

                              E mais valemos?

LISÍSTRATA:
Instadas ao debate sobre um tema
cabeludo, elas, em lugar de vir,
mudam de lado e dormem.

CLEONICE:

                                      Mas virão!
É duro abandonar o lar, pois se há
de olhar primeiro o esposo e então tirar
da cama o fâmulo, ninar nenê,
limpar a caca, preparar a papa.

LISÍSTRATA:
Mas há encargos menos comezinhos
que esses.

CLEONICE:
                    Podes citar-me um só, unzinho!
Qual o motivo da convocação?
O negócio é de monta?

LISÍSTRATA:

Enorme!

CLEONICE:

Grosso?

LISÍSTRATA:

Troncha de ponta!

CLEONICE:

E o que nós esperamos?

LISÍSTRATA:

25   Erras o foco: fora assim, viríamos
sem contar até três. À noite, o troço
me invade: em meu lugar, quem o rechaça?

CLEONICE:

Cais no sutil, no fino ou na chalaça?

LISÍSTRATA:

Sutil bastante para o mundo helênico
30   sair da encrenca só por nosso empenho.

CLEONICE:

Vai tirando da chuva o cavalinho!

LISÍSTRATA:
A urbe rui se não lhe dermos rumo
e leva de roldão peloponésios.

CLEONICE:
Ideia não de todo deletéria...

LISÍSTRATA:
35   Inclui os beócios entre os que soçobram!

CLEONICE:
Desde que suas enguias sobrevivam².

LISÍSTRATA:
Pouco me empolga achincalhar Atenas,
mas analisa o caso por ti mesma!
Tão logo cheguem as peloponésias
40   com as beócias, salvaremos juntas,
sim!, nós, mulheres, reunidas, a Hélade!

CLEONICE:
Esperas brilho e sensatez de quem
fica plantada em casa, maquilada,
lindura em túnica ciméria, em manto
45   açafrão, no frufru de suas pantufas?

2   Alusão às enguias do lago Copais, contrabandeadas durante a guerra (ver *Acarneus*, v. 880-896).

LISÍSTRATA:
Arômatas, pantufas, roupas trans-
visíveis, microtúnica açafrão,
ruge... são nossos trunfos para a paz.

CLEONICE:
De que maneira?

LISÍSTRATA:

Impedindo que homens
50   avancem contra homens, lança em riste...

CLEONICE:
Pois já me invisto em lindo robe gema!

LISÍSTRATA:
ou que empunhem o escudo...

CLEONICE:

Ponho um longo.

LISÍSTRATA:
... e adaga.

CLEONICE:

Comprarei pantufas bárbaras.

LISÍSTRATA:
As mulheres, por que elas tardam tanto?

CLEONICE:
55   Deviam ter voado para cá!

LISÍSTRATA:
Verás, amiga, que as madames áticas
só cumprem seus deveres no estertor
do tempo. Não avisto salamínias,
nem praianas.

CLEONICE:
                                À dedirrósea aurora,
60   escarrancham as coxas nas pinaças.

LISÍSTRATA:
Nem quem eu esperava ver primeiro
chegou. Refiro-me às acárnias. Céus,
quanto retardo!

CLEONICE:
                                Ao menos, na partida,
quem desposou Teógenes[3] içou
65   a taça. Já vislumbro algumas próximas.

3   Comerciante miserável e falastrão, Teógenes da Acárnia é referido também nas *Aves* (v. 822,
1127, 1295).

LISÍSTRATA:
Outras começam a engrossar o grupo.

CLEONICE:
Oba!
De onde elas são?

LISÍSTRATA:
De Fedentina[4].

CLEONICE:
Sim,
de Fedentina, um antro em desarranjo[5].

MIRRINE:
Tenho a impressão de que nos atrasamos.
Não falas nada?

LISÍSTRATA:
70   Se se impõem os fatos,
acho o fim da picada haver retardo.

---

4   Em grego, o nome do demo, *Anagyros*, designa uma planta malcheirosa.
5   Tanto Sommerstein quanto Henderson observam que Aristófanes talvez esteja fazendo referência ao dito proverbial: μὴ κίνει τὸν ανάγυρον ("não movas o anagiro", "não agites o problema").

MIRRINE:
Penei pra achar no escuro a cinta mini.
Antecipa a questão, se urge e punge!

LISÍSTRATA:
Não antes que as beócias deem as caras
75   com as peloponésias, avistadas
nas cercanias.

MIRRINE:
Muito bem falado!
Não é Lampito quem desponta ali?

(*Lampito entra, ao lado de espartanas, da tebana Ismênia e
de uma coríntia*)

LISÍSTRATA:
Minha cara lacônia, boas vindas!
É puro mel teu garbo que ilumina.
80   Ah! Que vigor! Que dura carnadura!
Nocauteias um touro!

LAMPITO[6]:
Não duvides!
Bés na punda, ginasta, dô um salto!

_____

6   Tanto Lampito quanto as demais personagens espartanas falam um dialeto calcado no lacede-
mônio.

CLEONICE:
Fiufiu aos teus magníficos mamilos!

LAMPITO:
Sou vídima de apate bara o abalbo?

LISÍSTRATA:
85   Mas qual a proveniência da outra jovem?

LAMPITO:
Digna rebressendande dos peócios,
pelos Dióscuros[7]!

LISÍSTRATA:
                        Tal qual na Beócia,
a relva lhe germina linda.

CLEONICE:
                        É podre
de chique a poda de seu tufo, amigas!

LISÍSTRATA:
E a garota, quem é?

7   Referência a Pólux e Cástor, irmãos de Helena, reverenciados em Esparta.

LAMPITO:

90   Coríntia da alta,

bõe panca[8].

CLEONICE:

Ela põe banca ou abanca,

por Zeus olímpio, a anca de potranca?

LAMPITO: ·

Quem arregimendou o condingente

feminínio?

LISÍSTRATA:

Fui eu.

LAMPITO:

Bodes dizer-nos

por qual razón?

CLEONICE:

95   Também quero inteirar-me

no assunto que parece ser gravíssimo.

8   Em grego, o adjetivo χάια, "elegante", é entendido a seguir de outra forma, com referência à
notória corpulência das coríntias. Daí minha escolha por "panca" e "anca de potranca", com eco
em "banca" e "abanca".

LISÍSTRATA:
Permito-me primeiro colocar
uma questiúncula.

CLEONICE:
Sou todaouvido.

LISÍSTRATA:
Não causa dissabor que os pais dos filhos
100 que paristes se entreguem a entreveros?
Sei que hoje em dia não há um em casa.

CLEONICE:
O meu não sai da cola – que agonia! –
do Eucrates[9], cinco meses lá na Trácia.

MIRRINE:
Há longos sete o meu aflige Pilos.

LAMPITO:
105 Se o meu deixava o belodão, escuto
em bunho, já voava pela esdrada.

CLEONICE:
Sequer nos resta o luscofusco adúltero;

9   Aristófanes emprega o nome de um presumido comandante traidor para indicar uma localidade.

desde quando os milésios nos trairam,
privamo-nos das cinco polegadas
110   de consolo do *olisbos*[10], pinto em couro.

LISÍSTRATA:

Posso contar com todas se encontrar
um jeito de por fim a tanta briga?

CLEONICE:

Pela dupla divina,
ponho no prego a jórnea e torro a grana
que arrecadar com álcool numa esbórnea!

MIRRINE:

115   Corto meu corpo em dois e doo metade
à nossa causa, lânguido linguado.

LAMPITO:

Monto no cocoruto do Tegeto[11]
a fim de vislumbrar *irene*, a paz!

LISÍSTRATA:

Já não oculto o plano que acalento.
120   Mulheres, se a intenção for obrigar

10   Mileto, que se revoltara no verão anterior (cf. Tucídides, *História da Guerra do Peloponeso* 8.
17), era conhecida fabricante de "consolo", responsável pela má fama de suas mulheres.
11   Situado na fronteira da Lacônia, seu pico mais alto possui 2407 metros de altura.

nossos maridos a firmar a paz,
evitemos...

CLEONICE:

O quê?

LISÍSTRATA:

Todas me seguem?

CLEONICE:

Mesmo se a pena for a capital!

LISÍSTRATA:

Pois prego a abstinência do caralho![12]
125   Qual a razão da retirada abrupta?
Por que o muxoxo e o *não* no rosto? O alvor
se deve a quê, e o chororô? Quem não
está a fim? Dizei-me: o que sucede?

CLEONICE:

Impossível cumpri-lo! Haja conflito!

MIRRINE:

130   Também não entro nessa! Que haja guerra!

---

12   Como observa Henderson, πέους é "um vocábulo obsceno tendo em vista o efeito de clímax".

LISÍSTRATA:

Como é que é, peixão? E quem jurou
tornar-se meio corpo e doar fração?

CLEONICE:

Dá uma opção! Eu ponho os pés na brasa
do carvão, mas não metas o caralho
135   no meio: nada chega aos pés do pau!

LISÍSTRATA:

O que dizes?

MULHER ATENIENSE:

                              Eu cruzo o fogaréu.

LISÍSTRATA:

Que raça multienrabada a nossa![13]
Não à toa a tragédia nos elege:
pomos de quatro o macho, que ao tirar
140   o cu da reta, nos lega o neonato[14].
Vota comigo e salva nosso plano,
Lacônia!

---

13   καταπύγων, adjetivo referente à penetração anal masculina, recebe aqui o prefixo de intensidade πάν, "todo". Daí minha solução: "multienrabada".
14   O verso original faz referência ao mito segundo o qual Posêidon abandona Tiro e os gêmeos
Pélias e Neleu, nascidos da união dos amantes.

LAMPITO:

É difícil, belos gêmeos,
drumi suzinha, sem o bimbo ríjio[15],
conduto a baz se imbõe: dens o meu sim!

LISÍSTRATA:

145 Provaste que és a única mulher!

CLEONICE:

Mas se nos abstivermos – vige, ó céus! –
do tema que ora abordas, quem garante
que *irene* vige, a paz?

LISÍSTRATA:

Tenho certeza
de que se nós ficarmos maquiadas
150 em casa, e, em microtúnicas de Amorgos,
nada por baixo, o delta[16] bem podado,
desfilarmos, e os machos, de pau duro,
querendo nos foder, ouvirem *não!*,
assinarão loguinho o armistício.

LAMPITO:

155 Ao espiarr os dous melons de Helena
em pelo, Menelau deitou o espádia[17].

---

15 Em grego, ψωλᾶς é palavra obscena, indicando o falo rijo.
16 Mantenho a imagem do original: δέλτα.
17 Alusão aos versos 627-631 da *Andrômaca* de Eurípides.

CLEONICE:
Se levarmos do esposo uma banana?

LISÍSTRATA:
"Esfolai a cachorra", diz Ferécrates[18].

CLEONICE:
A imitação dá com os burros n'água.
E se eles nos arrastam para o quarto
160   a sopapo?

LISÍSTRATA:
          Agaturra a porta e esturra!

CLEONICE:
Se nos encherem de bolacha?

LISÍSTRATA:
                              Acata!
O homem não curte quando força a barra.
O principal: fazê-los padecer!
165   A coisa não vai longe, pois seu gozo
depende da harmonia com a esposa.

---

18 Κύων, "cachorro", "cachorra" era usado para designar o órgão genital masculino e feminino.
Ferécrates foi poeta cômico contemporâneo de Aristófanes.

CLEONICE:
Não me oporei, se o apoio for geral.

LAMPITO:
Bersuatimos os nossos à osservância
da jusda baz, da baz sem armadílias,
170   mas e a chusma lunádica em Assênias[19],
afeida a devagar, como a convences?

LISÍSTRATA:
Estamos certas de que a dobraremos!

LAMPITO:
Non creo, enquanto susdendarem naus
e aparrotarem d'áurio o Pardenon!

LISÍSTRATA:
175   Tocas num ponto já considerado,
pois tomaremos hoje a urbe alta!
À velha guarda caberá falsear
um sacrifício e dominar a acrópole,
enquanto nós cuidarmos do conflito.

---

19 "lunádica... / afeida a devagar" (deformação que busca rebater a dicção do dialeto espartano...) procura responder ao imperativo negativo de πλαδδιῆν, cujo sufixo –ιᾶν "frequentemente designa doenças crônicas e tendências patológicas", segundo Henderson, que verte por "falar coisas sem sentido, desvairadas".

LAMPITO:

180 Será um sulcesso, bois dua fala é um pálsamo.

LISÍSTRATA:

Selemos, o mais rápido possível,
o pacto com a jura irremovível!

LAMPITO:

Esclarece como há de ser a jura!

LISÍSTRATA:

Onde é que a cita se meteu? Delira?

(*A jovem cita entra, carregando um escudo*)

185 Umbigo da égide abaixo, deem-me,
a seguir, um sortido de testículos!

CLEONICE:

Qual deve ser o juramento?

LISÍSTRATA:

                                                    Qual?
No escudo, como outrora (dizem) Ésquilo[20]
degolou um carneiro.

20 Cf. *Sete contra Tebas*, v. 42 s.

CLEONICE:

A paz, Lisístrata,
195   não fica bem jurá-la sobre escudo!

LISÍSTRATA:
Qual jura perfazer?

CLEONICE:

Do equino albino
que acharmos, cortaremos os testículos!

LISÍSTRATA:
Estás gozando? Albino?

CLEONICE:

Qual será
a jura?

LISÍSTRATA:

Te esclareço, já que insistes:
195   de borco a megataça negra, um vaso
de vinho tásio, ao invés da besta,
degolemos, jurando não pôr água![21]

---

21 Como nas *Tesmoforiantes*, v. 753-756, o vinho substitui comicamente o sangue, nesta refor-
mulação do sacrifício proposto nos versos 188-189.

LAMPITO:
Mas que sermón subimpa é o que sulgeres!

LISÍSTRATA:
Alguém busque lá dentro o vaso e o cálice!

(*A jovem cita leva o escudo para dentro e retorna com o vaso e o cálice*)

MIRRINE:
200   Ah! Isso é o que se chama de cerâmica!

CLEONICE:
Só de tangê-la, qualquer uma pira!

LISÍSTRATA:
Deixa-a de lado e traz logo o varrasco!
Filocálice, Persuasão sublime,
aceitai o ritual que as fêmeas fazem!

CLEONICE:
205   Que lindo gorgolar em tom sanguíneo!

LAMPITO:
E, por Cástor, que arômada abrazível!

MIRRINE:

Me seja dado encabeçar a jura!

CLEONICE:

Nem a pau! Só se fores sorteada!

LISÍSTRATA:

A mão de cada uma tanja a taça!
210 Pelas parceiras, uma então repita!
O grupo sele o pacto com a jura!
"Homem nenhum, amante ou marido..."

CLEONICE:

"Homem nenhum, amante ou marido..."

LISÍSTRATA:

"aproxima o pau duro". Vai! Repete!

CLEONICE:

215 "aproxima o pau duro". Céus, Lisístrata,
os joelhos se me a-f-r-o-u-x-a-m n-a v-e-r-t-i-g-e-m.

LISÍSTRATA:

"Sem cavalgada, levo a vida em casa..."

CLEONICE:

"Sem cavalgada, levo a vida em casa..."

LISÍSTRATA:
"manto açafrão, gostosa, tudo em cima..."

CLEONICE:
220 "manto açafrão, gostosa, tudo em cima..."

LISÍSTRATA:
"para o marido arder feito vulcão..."

CLEONICE:
"para o marido arder feito vulcão..."

LISÍSTRATA:
"sem nunca ouvir meu *sim! Vem até mim!*"

CLEONICE:
"sem nunca ouvir meu *sim! Vem até mim!*"

LISÍSTRATA:
225 "e se, malgrado meu, forçar a barra..."

CLEONICE:
"e se, malgrado meu, forçar a barra..."

LISÍSTRATA:
"darei a contragosto, fria estátua".

CLEONICE:

"darei a contragosto, fria estátua".

LISÍSTRATA:

"Não ergo ao teto as sandálias pérsicas..."

CLEONICE:

230 "Não ergo ao teto as sandálias pérsicas..."

LISÍSTRATA:

"nem poso de leoa sobre espeto".

CLEONICE:

"nem poso de leoa sobre espeto".

LISÍSTRATA:

"Selada a jura, sirva-me de vinho!"

CLEONICE:

"Selada a jura, sirva-me de vinho!"

LISÍSTRATA:

235 "Se eu der pra trás, põe água no meu cálice!"

CLEONICE:

"Se eu der pra trás, põe água no meu cálice!"

LISÍSTRATA:
Todas conjuram?

TODAS:
Sim, pelo Cronida!

LISÍSTRATA:
Da taça oblado...

CLEONICE:
Só o que te compete:
que o gole sele nosso elo, amiga!

LAMPITO:
Que rififi é esse?

LISÍSTRATA:
240   O que é que eu disse?
A altipólis de Palas nos pertence!
Lampito, vai cumprir a tua parte
e nos concede o bem destas reféns![22]
245   Nossa meta é ajudar quem lacre a acrópole,
aferrolhando integralmente os pórticos!

(*Lampito sai*)

22 Provável referência não só às demais mulheres espartanas, mas às coríntias e tebanas.

CLEONICE:
Não há risco do avanço repentino
dos machões?

LISÍSTRATA:
            Estou pouco me lixando!
Nem tochas, nem pressão que acaso façam
250   serão bastante fortes para abrirmos
as portas, se negarem a proposta.

CLEONICE:
Concordo plenamente! Urge fazer
justiça à fama de sem jugo e impura.

(*As mulheres partem. A ambientação passa a ser a entrada
da acrópole, aonde chega um coro de velhos que transportam
toras nos ombros e seguram uma marmita com fogo*)

CORIFEU:
Avança, Draces, a passos de cágado,
255   mesmo que o tronco quase estronque a escápula!

CORO DE HOMENS:
Até para o longevo,
Estrimodoro,
a vida é um baú de enigmas.
Alguém imaginara ouvir

que as mulheres, um peso morto
260   a quem alimentávamos em casa,
meteriam a mão na estátua da padroeira,
dominariam minha acrópole,
lacrando pórticos
265   com barras e ferrolhos?

CORIFEU:
Filurgo, sebo nas canelas, à urbe!
Um círculo de lenha abrace as ditas
cujas que planejaram troço assim,
e a língua flamejante as lamba, todas,
270   a começar pela de Licos![23]

CORO DE HOMENS:
Enquanto eu tiver força, por Deméter,
está para nascer quem escarneça
de mim! Nem Cleomenes[24] deu no pé
sem apanhar. Protoinvasor de araque!
275   Malgrado a pose de lacônio,
o desarmei: sumiu dentro da capa
pula brejo, barbado, fedorento,
280   famélico, seis anos sem um banho.

23 Licos, demagogo e um dos acusadores de Sócrates, é mencionado aqui em função de sua mulher, Rodias, reputada promíscua, mãe do famoso atleta Autólico (cf. Xenofonte, *Symposium* 1, 2).
24 Rei de Esparta entre 520 e 490 a.C., Cleomenes foi chamado por Iságoras, em 508 a.C., para ajudá-lo a enfrentar Clístenes e suas alianças populares. Foi expulso com seu pequeno exército depois de ocupar a acrópole por dois dias (ver Heródoto 5. 69-73).

CORIFEU:

Se encurralei sem dó Cleomenes, noites
pescando sono ao relento, égides
enristadas, não peito as topetudas,
que Eurípides odiou, idem os deuses?[25]
285   Retirem-me o troféu em Tetrapólis![26]

CORO DE HOMENS:

Mas o resto da estrada
a percorrer é a pirambeira
cidade acima. A pressa acossa.
Como puxar esse trambolho
290   sem asno que auxilie?
A dupla tora tolda as costas.
Urge marchar,
avivar a chama
até o sinal que finde este caminho.
Aham! Aham!
295   Que fumacê dos diabos!
Essa marmita, haja tanto bafo!
Morde-me os olhos feito cão rabioso,
ó Héracles!

25 O caráter passional das heroínas de Eurípides é em parte responsável pela misoginia que Aristófanes atribui ao trágico, como se lê nas *Tesmoforiantes*.
26 Alusão ao monumento de Maratona, localidade em que os persas foram expulsos pelos atenienses em 490 a. C. As quatro localidades que compunham essa confederação eram: Maratona,
Oinoe, Probalinto e Tricorito.

300   Só pode ser o fogaréu de Lemnos[27],
          caso contrário, suas dentadas
          não me comiam as remelas.
          Pernas pra que te quero: à cidadela!
          Em prol de Palas!
          Laques, o que esperar para auxiliá-la?
          Aham! Aham!
          Fumacê do caralho!

          CORIFEU:
          Eis o fogo vivaz que o nume anima.
          Proponho pôr os robles neste ponto
          e mergulhar a tocha na marmita
          para acendê-la e então forçar a porta
310   feito carneiros. Se por bem não abrem,
          o fumacê do fogo as põe de borco.
          Tá broca o fumo escroto – *aham!* Deponde
          o lenho! Um general de Samos[28] livra
          o flagício do lombo, o tronco do ombro?
315   É teu mister, marmita, arder a chispa,
          responsável por me acender a tocha!
          Ergue o troféu conosco, Nike[29] máster,
          reprimido o descoco feminino.

27 Ilha vulcânica situada no mar Egeu, onde Hefesto teria sua oficina, segundo Homero (*Ilíada* I, 590).
28 Situada nas proximidades da Ásia menor, a ilha de Samos foi importante base militar ateniense a partir de 412 a.C. (ver Tucídides 8. 25. 1; 8. 30. 1).
29 Referência a Atena Nike ("Vitória"), cujo templo na acrópole remonta ao século V a.C.

(O coro das mulheres entra às pressas, carregando vasos de água)

CORIFEIA:
Avisto fumo e tisne, signos flâmeos?
320   Quem sabe não espera acontecer!

CORO DE MULHERES:
Voa, voa, Nicódice,
ou Cálice e Critila ardem,
sob ação de rajadas vis
325   e de vilões senis!
Temo o retardo de meus pés no auxílio!
Nem bem enchi na fonte o jarro ao sol
nascente, em meio à massa, no entrechoque
330   de potes, sob os safanões de servas
e ancilas tatuadas,
às vizinhas fogosas
eu logo o transferi!
335   Eis meu socorro d'água!
Uns cabeças-de-vento esclerosados
– corre o boato –
avançam toras contra a pólis
(parecem preludiar um banho).
Os troncos pesam bem uns três talentos.
Escracho escabro: ameaçam
340   incinerar mulheres ímpias!

Poupa-me do vislumbre do chamusco, ó deusa!
Salvem a Grécia da loucura bélica!
Ó Palas, paladina,
cimeira-ouro,
não por outro motivo ocupamos
345   tua sede!
Ó Tritogênia[30], ó sócia,
se um macho mete fogo,
ajuda com a água!

CORIFEIA:
350   O que é que é isso? Gente chã! Só antideus age assim, jamais o honrado e íntegro!

CORIFEU:
Mas que revés! O enxame das bruacas
vem socorrer o bando à beira-pórtico!

CORIFEIA:
O medo é flatulento? A turba aturde?
355   Pois vês uma partícula da trupe!

CORIFEU:
Por que dar corda à lengalenga, Fédrias?
Alguém desça o sarrafo nelas já!

---

30   Desde Homero, Atena recebe esse epíteto (*Ilíada* 4, 515), referência ao lago ou rio Tritonis
junto ao qual Palas teria nascido.

CORIFEIA:

Vasos ao chão! Se erguerem contra nós
as patas, nos verão de prontidão.

CORIFEU:

360   Se alguém lhes esmurrar o maxilar,
hão de fechar, qual Búpalo[31], a matraca!

CORIFEIA:

A cobra vai fumar! Tó aqui meu queixo!
Teu escroto há de ser desta cachorra!

CORIFEU:

Cala a boca ou te esfolo, encarquilhada!

CORIFEIA:

365   Vai! Encosta o mindinho na Estratílide!

CORIFEU:

Meu soco fará dela pó-de-traque!

CORIFEIA:

Almoçarei tuas tripas e pulmões!

31 Escultor de Quios, alvo de repetidos ataques do poeta jâmbico Hiponax (séc. VI a. C.).

CORIFEU:

Que poeta sábio encima o sumo Eurípides
que disse da mulher: "um ser de vício"?

CORIFEIA:

370   Vasilha d'água na cabeça, Ródipe!

CORIFEU:

Por que, sua antideus, transportas água?

CORIFEIA:

Por que, assombração, transportas fogo?

CORIFEU:

Incinero tuas sócias na fogueira!

CORIFEIA:

Com minha água apagarei teu facho!

CORIFEU:

Pôr fim à chama?

CORIFEIA:

375   São favas contadas.

CORIFEU:

Pois minha tocha há de ser tua grelha!

CORIFEIA:
Se tiveres sabão, te dou um banho!

CORIFEU:
E bucho imundo banha?

CORIFEIA:
Até um noivo!

CORIFEU:
Desgraçada!

CORIFEIA:
380   Ser livre tão somente.

CORIFEU:
Fecha o bico, sua gralha!

CORIFEIA:
Estás num púlpito?

CORIFEU:
Fogo na juba!

CORIFEIA:
Aqueloo[32], ajuda!

32 Situado à noroeste da Grécia, o Aqueloo é o maior rio da península, metonímia para "água".

CORIFEU:
Ai!

CORIFEIA:
A temperatura está do agrado?

CORIFEU:
Do agrado? Para!

CORIFEIA:
                                          Brota, que eu te rego!

CORIFEU:
385   Sequei-me, mas restou-me o treme-treme.

CORIFEIA:
Bom uso para o fogo: aquece o corpo!

(*Entra o comissário, acompanhado de dois policiais citas*)

COMISSÁRIO:
A lascívia das fêmeas lampejou,
os hip-hip-hurras a Sabázio[33],
o bumbumbum, o adonisismo acima

33 Divindade frígia, identificada com Diônisos, cultuada em Atenas no século v a. C., sobretudo por mulheres e escravos.

390 das telhas³⁴, como ouvi numa assembleia?
Demóstrato, um sujeito anti-horário,
dizia: "à Sicília!", sua esposa
dançava e um "ai, Adônis!" — entoava...
"Convoquem os hoplitas de Zacinto!"³⁵,
395 dele se ouvia; da ébria no telhado:
"por Adônis, vos flagelai!" E dom
Pavio-Curto³⁶, um ímpio, insistia.
Eis a matriz de seus dervirtuamentos.

CORIFEU:
Soubesses como aprontam as peitudas...
400 Seus insultos não cabem num opúsculo!
Sacudidas as roupas que molharam,
parece até que foram urinadas!

COMISSÁRIO:
Por Posêidon salobro, eis algo justo:
se com elas fazemos sacanagens,
405 didáticos em toda putaria,
como esse ideário não lhes brotaria?
Dizemos ao demiurgo joalheiro:

34 Importado do universo semítico, Adônis, jovem mortal por quem Afrodite se apaixona, era celebrado no verão pelas mulheres, que faziam germinar um jardim na ocasião, sobre o teto das casas.
35 Aristófanes refere-se ao episódio da infausta expedição à Sicília, em que o orador Demóstrato, partidário de Alcibíades, posicionou-se a favor do envio da esquadra numa assembleia que se realizou no momento em que as mulheres celebravam o referido culto a Adônis (ver Tucídides 6. 1-32).
36 "Pavio-curto" é a expressão que uso para traduzir o composto *cholos* ("furioso") + *zugon* ("jugo") criado por Aristófanes.

"Ourives, o reparo no colar
não ficou dez. Minha mulher dançava
410 e o pino escorregou do buraquinho.
Tenho embarque agendado a Salamina;
se, na boca da noite, dispuseres
de um momentinho, ajusta o pino nela!"
Há quem recorra a um jovem sapateiro,
415 dono de uma piroca em fase adulta:
"Uma argola judia do dedinho
de ninfa da patroa. Hoje, no almoço,
não podes alargar seu orifício?"
Se colhe o que plantou. Eis o meu caso:
420 zeloso da função de comissário,
achei quem talhe os remos de madeira.
Ocorre que o dinheiro necessário
se encontra além da porta trancafiada.
Mas quem fica parado é poste: tragam
425 cunhas, que essas peitudas vão ver só!
Estás babando, retardado? E tu
que só tem olhos para achar boteco?
Já não mandei botar as cunhas sob
os pórticos? Avante, que eu empurro
deste lado.

LISÍSTRATA:
430   Por que arrombar a porta?

Saio por conta própria. Abaixo as cunhas!
Só brucutus recorrem ao brutismo.

COMISSÁRIO:
Verdade, sua praga? Arqueiro!, arqueiro!,
amarra os braços dela atrás da bunda!

LISÍSTRATA:
Se encostares um dedo em mim, por Ártemis,
lamentarás ter sido agente público.

COMISSÁRIO:
Ei, tá com medo? Vai! Agarra essa uma!
Por que não queres amarrá-la já?

(*A primeira anciã sai da cidadela*)

PRIMEIRA ANCIÃ:
Descarregas nos próprios pés a merda
do teu bucho, se pões as patas nela!

COMISSÁRIO:
Bocarra de cloaca! Um outro arqueiro
amarre a falastrona de cagadas!

(*A segunda anciã sai da cidadela*)

SEGUNDA ANCIÃ:
Evoco a Porta-Luz![37] "Que dor, um trago!",
assim resmunga o bofe que a toque.

COMISSÁRIO:
445   Já é demais! Arqueiro! Manda brasa!
Nem sonhes escapar por esse beco!

TERCEIRA ANCIÃ:
Arranco fio por fio do teu cabelo
ensebado, se a agrides, pela táurea![38]

COMISSÁRIO:
Já não se faz arqueiro como outrora!
450   Mas não cogito da supremacia
das bruacas! Avante, citas, ordem
na formação!

LISÍSTRATA:
                     Invoco a deia dupla!
Saibas que fêmeas bélicas e armadas
até os dentes quadruplicam frentes!

COMISSÁRIO:
455   Chave de braço nelas, citas, já!

37 Epíteto de Hécate, identificada com a Lua (ver *Tesmoforiantes*, v. 858).
38 Epíteto de Ártemis, a quem se dedicavam as festas Tauropólias.

LISÍSTRATA:

Deixai, aliadas, o interior da pólis,
granilegumenfrutiverdureiras,
alhióleopadeirospitaleiras[39],
puxai!, esperneai!, bofeteai!,
destemperai!, xingai!, sacaneai!
Recuai!, meiavolteai! Pilhais?

460

(As mulheres, salvo Lisístrata, retornam à acrópole)

COMISSÁRIO:

O tropel dos arqueiros se fodeu!

LISÍSTRATA:

Pensavas agredir chinfrins? Um bando
de patachocas? Que careceríamos
de bile?

COMISSÁRIO:

465   Por Apolo, não! Tua bile
intumesce no cerco dos botecos.

CORIFEU:

Jogas conversa fora, comissário:
perda de tempo papear com feras.

---

39 Difícil não pensar no *Finnegans Wake* de James Joyce ao ler esses dois versos, formados por imensos compostos!

Ignoras o recente banho que elas
470 deram – e sem sabão! – em nossas túnicas?

CORIFEIA:
Quem distribui porrada no vizinho,
arrisca-se a ficar com olho roxo.
Assumo ares de donzela, sem
chatear ninguém, nenhures, se não ousam
475 azucrinar com pau o enxu de vespas.

CORO DE HOMENS:
Ó Zeus, o que fazer com essas bestas?
A situação tá ruça.
É tua função investigar
a ocorrência comigo,
480 com qual intuito se assenhoram
de Crânaos⁴⁰, urbe megapétrea,
o cocoruto da cidade – acrópole –
infrequentável,
um logradouro sacro.

CORIFEU:
Não caias em falseta ao perquiri-las:
485 seria vexatória a inobservância!

40 *Kranaan* no original significa "pétrea" e denomina o rei mítico de Atenas, segundo Heródoto
(8, 44).

COMISSÁRIO:
Quero saber o que te deu na telha
para trancafiar a cidadela.

LISÍSTRATA:
Não lutareis por ouro se o tivermos.

COMISSÁRIO:
Fiquei na mesma!

LISÍSTRATA:
O resto é consequência.
490 Pisandro tumultuava para encher
a burra, com chupins de cargos públicos[41].
Podem surtar, pois não terão tutu!

COMISSÁRIO:
O que pretendes?

LISÍSTRATA:
Administrar a renda.

COMISSÁRIO:
Administrar dinheiro?

41 Homem venal, o político demagogo ateniense Pisandro (ativo desde 426 a.C.) foi o responsável pela reação oligárquica dos Quatrocentos em 411 a.C. (ver Tucídides 8. 49-56, 63-68). É igualmente referido em *Aves* (v. 1556) e em *Paz* (v. 395).

LISÍSTRATA:

Soa estranho?

495   Quem cuida do orçamento familiar?

COMISSÁRIO:
Pois tomas alhos por bugalhos!

LISÍSTRATA:

Não!

COMISSÁRIO:
Como guerrear sem ouro?

LISÍSTRATA:

Não guerreando.

COMISSÁRIO:
Qual a saída?

LISÍSTRATA:

Nós!

COMISSÁRIO:

Vós?

LISÍSTRATA:

Nós!

COMISSÁRIO:

Tragédia!

LISÍSTRATA:

Salvo serás, querendo ou...

COMISSÁRIO:

Oh!

LISÍSTRATA:

Nervoso?

Cumprimos o dever.

COMISSÁRIO:

500   Isso é injusto.

LISÍSTRATA:

Obrigação!

COMISSÁRIO:

Se não te pedem?

LISÍSTRATA:

Sim!

COMISSÁRIO:

Guerra e paz – de onde vem esse interesse?

LISÍSTRATA:
Me explico.

COMISSÁRIO:
                    E logo ou sofrerás agruras!

LISÍSTRATA:
                                            Ouve
e abaixa as mãos!

COMISSÁRIO:
                    Retê-las é difícil,
tamanha a ira.

PRIMEIRA ANCIÃ:
                    Choras, se as erguer.

COMISSÁRIO:
Cai fora urubu! Diz logo!

LISÍSTRATA:
                            Calma!
Calamo-nos, no início, por prudência,
suportando os equívocos dos homens,
contrários a olhar de nosso ângulo.
Mas tínhamos a percepção exata
das decisões erradas, de quem éreis.

Se perguntávamos, pisando em ovos:
"Sobre a paz, o que se inscreveu na estela
da assembleia recente?" "É assunto nosso!
Fecha a matraca!" E eu fechava.

PRIMEIRA ANCIÃ:

515   Eu não!

COMISSÁRIO:
O silêncio é de ouro...

LISÍSTRATA:
                              Esse é o motivo
por que eu calava. O ruim se degradou.
E eu: "Que ação mais sem nexo!" Olho torto,
bramia: "Cala a boca e tece ou racho
520   tua cachola: guerra é assunto de homem"[42].

COMISSÁRIO:
E não estava errado.

LISÍSTRATA:
                              Não, seu traste,
se, errados, nos tolhiam da fala? Quando
já se escutava pelas ruas: "Falta

---

42   Citação paródica de um verso que Heitor dirige a Andrômaca (*Ilíada* 6, 492).

macho neste país!" e um outro: "Sim!",
525   resolvemos salvar a Grécia, aqui
reunidas. Esperar o quê? A ruína?
Se os homens se calarem como nós
nos calamos, endireitamos tudo.

COMISSÁRIO:
Essa foi forte! Ai! Eu não me aguento!

LISÍSTRATA:
Psiu!

COMISSÁRIO:
530   É comigo, ó praga envolta em véu?
Que a vida vá pro brejo!

LISÍSTRATA:
O véu é o xis
do problema?
Se for para fechar o bico,
coloca-o na cabeça
e silencia!

PRIMEIRA ANCIÃ:
535   Eis o pequeno cesto!

LISÍSTRATA:

Mete-o à testa,

fia lá, masca fava!

A guerra é um feito feminino!

CORIFEIA:

Longe dos corchos, caras, auxiliemos

540   as outras que ora queiram um reforço!

CORO:

Jamais a dança há de me cansar,

nem hão de me ranger as rótulas!

Meu desejo é segui-las

até o quinto dos infernos (se preciso),

pois requisitos não lhes faltam:

545   natura, porte, audácia,

ciência, lucidez

em prol da pólis!

CORIFEIA:

Vovó viril, avante; idem, matronas-

550   urtigas![43] Fibra! Sopra a brisa próspera!

LISÍSTRATA:

E se Eros e Afrodite ressoprarem

43 Metáfora para a natureza irritadiça.

tesão no seio e coxa e instigarem
tensão nos homens – picas rijas – a Hélade
nos chamará um dia: Anularrixas![44]

COMISSÁRIO:
Por quê?

LISÍSTRATA:
555   Por impedir o surto na ágora
de hoplitas!

PRIMEIRA ANCIÃ:
                    Apoiada, pela Cípria!

LISÍSTRATA:
Até para comprar legume e tacho,
os homens vão armados ao mercado.

COMISSÁRIO:
Dever do bravo.

LISÍSTRATA:
                    Rio ao ver que compram
560   lambaris com a égide gorgônea[45].

___

44 Verto por Anularrixas o composto Lisímaca ("que põe fim ao combate"). Sobre essa personagem, ver Introdução.
45 A górgona esculpida no escudo dos soldados era uma imagem corrente.

PRIMEIRA ANCIÃ:

O líder cabeludo num corcel
jogou purê no elmo, que adquiriu
da anciã. Um trácio, lança em riste, assusta
a feirante de figo e morde olivas.

COMISSÁRIO:
565   E como impedireis a confusão
que grassa no país?

LISÍSTRATA:
                    É bico.

COMISSÁRIO:
                    Fala!

LISÍSTRATA:
Como no caos da meada, o fuso aparta
um fio de outro fio, daremos fim
à birra, se nos deixam, incumbindo
570   embaixadores de irem urbe a urbe.

COMISSÁRIO:
Novelo, fuso e lã para conter
a crise horrível? Desmiolada!

LISÍSTRATA:

Lúcidos,
as lãs inspirariam o governo.

COMISSÁRIO:
Como?

LISÍSTRATA[46]:
Feito lã bruta, após lavar
575   a escória da urbe, urge espancar os crápulas
num leito, triar o áspero, cardar
grupelhos que enovelam-se sugando
cargo, e amputar os nós, suas cabeças.
Mesclar então o resto numa cesta,
580   fiar a magnitude! Inclua-se o amigo
estrangeiro, o meteco, o devedor
em dia com o Estado! E as cidades
da Grécia, onde houver colonos, Zeus,
sejam flocos de lã, situadas, íntegras,
585   no espaço! E então que os flocos se conjuguem,
se façam um, para o novelo imenso
ser matéria de um manto para a gente!

---

46 Notável alegoria, cujos aspectos centrais são: v. 574-578, purgação dos corpos dos criminosos; v. 579-581, união do restante da população numa só comunidade; v. 582-585, introdução dos moradores das colônias entre os atenienses.

COMISSÁRIO:
Fiar, enovelar, o que isso tem
a ver com guerra? Absurdo!

LISÍSTRATA:

Monstro! Duplo
sofrer o nosso: criar, perder o hoplita!

COMISSÁRIO:

590   Não passas de uma mêmore ruinosa!

LISÍSTRATA:
Esvaído o magnetismo e o charme jovem,
dormimos sós por causa das batalhas.
Penso na moça, cujo viço esmaece.

COMISSÁRIO:
'Homem não envelhece?

LISÍSTRATA:

É diferente:
595   gris na volta, desposa a moça; um átimo
dura nosso *kairós* – o que é oportuno:
se ficamos na mão, só resta a mântica![47]

47 Ou seja, recorrer aos prognósticos sobre o casamento.

COMISSÁRIO:
Já o homem pode ter tesão...

LISÍSTRATA:
Já pensaste em morrer?
600   Lugar existe: compra um caixão!
Preparo o docimel.
(*Remove sua guirlanda*)
Isto te serve de coroa.

PRIMEIRA ANCIÃ:
(*Arremessa-lhe fitas*)
Enfeita-a com isto!

SEGUNDA ANCIÃ:
Mais uma: pega!

LISÍSTRATA:
605   Falta algo? O quê? Ao barco,
pois Caronte[48], com pressa de zarpar,
já te convoca!

COMISSÁRIO:
E isso é jeito de tratar os outros?
Recorrerei, por Zeus, aos delegados,
610   para deixá-los cientes da ocorrência!

48   Personagem responsável pelo transporte dos mortos pelo rio Estige.

(*O comissário sai com os escravos*)

LISÍSTRATA:
Será que é das exéquias que reclama?
Bem, depois de amanhã, pela matina,
teremos pronto o dom das oferendas.

(*Lisístrata entra na acrópole com as mulheres*)

CORIFEU:
Ai se eu pegar dormindo um homem livre!
615 Preparemo-nos, caros, para a ação!

CORO DE HOMENS:
Sou da opinião
que o caso assume ares graves:
o odor da tirania de Hípias pronuncia-se[49].
620 E temo sobretudo a hipótese
de que os lacônios mancomunem
com Clístenes[50].
Quem sabe incitem fêmeas vis
a tirarem meu rico dinheirinho
625 e o salário que me mantinha vivo.

49 Filho de Pisístrato, Hípias foi tirano de Atenas entre 528 e 510 a. C. Seu caráter violento é referido por Heródoto (5. 62. 2). Talvez a alusão a seu nome tenha relação com a etimologia de *hippos* (cavalo).
50 Notório homossexual da época, personagem das *Tesmoforiantes* (v. 574-654).

CORIFEU:

É o cúmulo que advirtam cidadãos,
é o cúmulo que falem sobre escudos,
é o cúmulo a amizade com lacônios,
confiáveis como lobos boquiabertos.
630   Planejam instituir a tirania,
mas não me tiranizam, abro o olho,
mãos no punhal, alertas sob o mirto[51].
Mantenho-me na praça armado ao lado
de Aristoguíton[52], onde esmurro o queixo
635   da velhota que os deuses menosprezam.

CORIFEIA:

Tua mãe dirá: "quem é?", quando voltares...
Coloquemos, anciãs, no chão, o manto!

CORO DE MULHERES:

Abordamos um tema caro à pólis,
ó moradores!
E o que esperar de quem ela educou
640   cheia de luxo e brilho?
Aos sete fui arréfora[53];

---

51   Citação paródica de um verso de uma canção convivial sobre os "tiranicidas" Harmódio e Aris-
toguídon, jovens que mataram Hiparco, irmão do tirano Hípias. É evidente a conotação sexual da
citação.
52   Refere-se à estátua dessa figura histórica postada em praça pública (ver nota anterior).
53   Eram jovens, entre sete e onze anos de idade, provenientes de famílias de estirpe ateniense, às
quais cabia tecer o peplo de Atena que transportavam na procissão das Panateneias.

645 aos dez, moí o grão a quem nos encabeça[54];
sem manto açafrão, fui ursa na Braurônia[55];
canéfora, menina linda,
alcei colar de figos ressequidos[56].

CORIFEIA:
Desdobro-me em oferecer conselhos.
Se proponho medidas positivas,
650 não pese contra mim meu sexo! Cumpro
o que é de mim ao dar ao mundo homens,
e vós nada fazeis de útil, velhos!
Gastastes, sem contribuir, o fundo
dito avoengo durante as guerras pérsicas.
655 Por vós nos arriscamos perecer.
Nada dizeis?

(*Ao corifeu*)

Se me enches mais o saco,
desfiro-te o coturno bem no queixo!

CORO DE HOMENS:
Alguém conhece caso de agressão
mais grave?

---

54 Ártemis, deusa honrada na Braurônia.
55 *Arkeita* ("Ursas") alude, no rito de passagem, à caracterização das jovens, que dançavam nuas no santuário de Brauron, dedicado a Ártemis.
56 Jovem participante de procissão, que portava cesto com figos, símbolo de fertilidade.

660   Pressinto a piora...
        Quem tem colhões, reaja! Túnicas ao chão:
        homem que é homem cheira outro homem
        sem nada entre...
        e não convém andar empacotado.
665   Pés-brancos, conduzi
        quem esteve em Lipsídrio[57], quando jovem!
        Remocemos, ao corpo devolvamos
670   asas, num frenesi contrário à idade!

        CORIFEU:
        Se lhes for dada chance, chance mínima,
        em tudo metem mãos sedosas: fazem
        naus, e a cunha do casco nos engole,
675   como Artemísia[58], em alto mar salino.
        Se cavalgam, esqueço cavaleiros:
        ginete algum galopa com seu trote
        ágil, sem visgo, arisco. Mícon[59] pinta,
        nos corcéis, Amazonas contra os homens;
680   melhor será prendermos o pescoço
        de todas na golilha de um bom tronco.

57 Situada ao norte da ática, essa região foi palco de uma batalha em 513 a. C., entre partidários
da tirania e da democracia.
58 Rainha de Halicarnasso, acompanhou com cinco navios a expedição de Xerxes contra a Grécia
(cf. Heródoto 7, 99).
59 Conforme Pausânias (1. 15. 17), essas pinturas adornariam as maiores construções do período,
como o Partenon, o Pórtico Pintado (*Stoa Poikile*) e o Teseion.

CORO DE MULHERES:
Se me incendeias, pela deia dupla,
solto a franga
que existe em mim,
685   e, tosqueado, gritas, ainda hoje,
"socorro!" aos teus vizinhos.
Roupa ao chão, para o olor da ira, amigas,
exalar das mulheres prestes a morder!
690   Tens peito? Vem e nunca mais degustas
favas negras ou alho: uma palavra
torta me encoleriza, águia: cuido,
695   parteira-escaravelho, de tuas crias[60].

CORIFEIA:
Não esquento a cabeça enquanto vivam
Lampito e Ismene, moça ilustre. Nada
poderás contra nós, nem se votares
sete vezes, ó ser odiado até
700   pelos vizinhos! Ao festejo de Hécate,
chamei uma beócia, fina enguia,
com quem minhas meninas conviviam,
mas decretos vetaram sua vinda.
Só tem um jeito de barrá-los: tran-
705   çapé bem dado, alguém retorça a goela!

---

60 Segundo Esopo (*Fábula* 3), o pequeno escaravelho destruiu o ovo da altiva águia, que comera suas crias.

(Lisístrata sai da acrópole)

Estrategista-mor do plano em curso,
por que a carranca, pórtico afora?

LISÍSTRATA:
Maldita mulherada! Me chateia
o vai e vem frenético das fêmeas!

CORIFEIA:
710   Estou boiando: falas...

LISÍSTRATA:
                              ...a verdade!

CORIFEIA:
Abre teu coração! Qual é o problema?

LISÍSTRATA:
Falar ou não falar: vergonha símile!

CORIFEIA:
Nada escondas do mal que nos sucede!

LISÍSTRATA:
715   Nós matamos cachorro a grito!

CORIFEIA:

Ó Zeus!

LISÍSTRATA:

Inoportuna invocação: as coisas
são o que são! Tirá-las de seus machos
vai além do que posso, pois escapam!
720   Acabo de pegar uma no pulo,
ampliando o acesso à gruta do deus Pã[61];
houve quem, ao fugir, escorregasse
num cabo; num pardal outra voou
ontem, sonhando aterrissar na casa
725   de Orsílaco[62]: agarrei-me aos belos cachos!
Acham motivos mais esfarrapados
– eis um exemplo ambulante – à volta:
Ei, psiu! Aonde vais com pressa?

MULHER I:

Ao lar
retorno, pois os vermes roem as lãs
milésias.

LISÍSTRATA:

Mas que papo é esse? Voltas
730   depois?

61 Situada ao norte da acrópole.
62 Nome desconhecido.

MULHER I:

   Eu vou com uma perna e volto
com a outra, tão logo faça a cama.

LISÍSTRATA:

Não faças cama alguma em lar nenhum!

MULHER I:

As lãs se perdem!

LISÍSTRATA:

                        Se for necessário!

MULHER 2:

Que coisa triste não poder sovar
o cânhamo de Amorgo!

LISÍSTRATA:

                        E aquela outra
que vai atrás do linho ainda cru!
Retorna!

MULHER 2:

   Invoco a Porta-luz divina,
só vou tirar-lhe o pelo. Volto já!

LISÍSTRATA:

740
Peço que não despeles, pois talvez
outras mulheres vão querer seguir-te!

MULHER 3:
Parteira deia, Ilítia[63], ainda não!
Espera até que eu chegue ao sítio sacro!

LISÍSTRATA:
Quanta abobrinha!

MULHER 3:
Cruel! Estou parindo!

LISÍSTRATA:
Mas ontem não estavas grávida!

MULHER 3:
745
Hoje
estou! Permita-me que eu torne à casa,
onde a ama me assiste.

LISÍSTRATA:
O que me dizes?
Teu ventre empedrou?

---

63 Deusa que zelava pelo parto. Há variantes do nome que a designa (em Homero, também é
nomeada Ilítia, *Ilíada* 16, 187).

MULHER 3:

                É o meu menino.

LISÍSTRATA:

Menino o escambau, antes parece

750   algo em bronze furado! Deixa eu ver:

e desde quando o casco de uma deusa

é a casca de uma obesa?[64]

MULHER 3:

                  Crê em mim!

LISÍSTRATA:

Que troço é esse?

MULHER 3:

              É para o caso de eu,

êmula de colomba, ter de me

755   enfiar num elmo para dar à luz.

LISÍSTRATA:

Desculpa esfarrapada! Festejemos

o natalício do teu capacete!

---

64 Provável alusão ao enorme elmo da estátua de Atena na acrópole, obra de Fídias. No original, há um trocadilho entre *kuein* ("estar grávida") e *kunen* ("elmo"); procuro corresponder de algum modo a esse efeito na tradução.

MULHER 3:

Sofro de insônia na urbe, desde quando
foi-me dado avistar o guarda-ofídio[65].

MULHER 4:

760   O crocitar contínuo das corujas
me deixa com o nervo à flor da pele.

LISÍSTRATA:

Quanta conversa mole, endemoniadas!
Vos falta o macho! E não pensais que o inverso
é verdadeiro? Sei que a noite em branco
765   deixa o nervo em frangalhos, mas, firmeza!
Penai ainda por uns minutinhos,
· que o oráculo previu nossa vitória,
se houver coesão no grupo. Eis o que viu...

MULHER 3:

Estou curiosa para ouvir.

LISÍSTRATA:

                              "Tão logo
770   o medo encolha as andorinhas[66] no único
lugar, fugindo às poupas e poupando-se

---

65 Heródoto refere-se incredulamente à serpente guardiã de Atenas (8. 41.2), identificada com
Erectônio, herói ático autóctone.
66 *Khelidon* significa "andorinha" e , como gíria, alude ao órgão genital feminino (cf. *Suda* x, 185).

do falo, o mal acaba. Zeus depõe
o que está sobre."

MULHER 3:

    Acima nos deitamos?

LISÍSTRATA:

"Se, dispersas, as andorinhas batem
775 asas do templo, tornam-se o exemplo
máximo de quem oferece o cu."

MULHER 3:

Oh, céus! Quanta clareza! Viva os deuses!

LISÍSTRATA:

Não vacilemos frente à dura prova
e entremos, pois nós nos deslustraríamos
780 descumprindo o que o oráculo nos dita!

(*Saem todas*)

CORO DE HOMENS:

Gostaria de relatar um causo
que ouvi em menino.
785 Melânio[67], um rapazote, prófugo

---

67 Identificado com Hipomene, este mítico caçador venceu a imbatível Atalanta numa corrida, ao depor no chão maçãs que lhe dera Afrodite, levando-a a recolhê-las pela beleza; como prêmio pela vitória, casa-se com ela (ver Apolodoro III, 9, 6). Não há, antes de Aristófanes, referência à aversão de Melânio pelas mulheres.

do casório, rumou para o deserto,
de cujos montes fez sua morada.
Caçava lebres,
790   tecia redes,
era dono de um cão.
O ódio o levou a abandonar o lar.
795   Sua ojeriza pelas fêmeas era enorme,
e a nossa, gente casta, se lhe iguala.

UM VELHO:
Meu desejo, coroa, é te dar um chupão...

UMA MULHER:

Pois deixa de comer cebola!

UM VELHO:
                    ... e, perna aos céus, te escoicear.

UMA MULHER:
800   Que densa forração carregas!

UM VELHO:
Mironides também a tinha
crespa;

um negricu no *front*,
805   *pari passu* com o de Fórmio[68].

CORO DE MULHERES:
Quero trazer à baila um causo
que faz *pendant* com o do tal Melânio.
Timon[69], um erramundo, imergiu
810   no escuro do espinheiro.
Seu rosto era uma incógnita,
progênie das Erínias.
O ódio o fez sumir, não
815   sem antes maldizer a perversão dos homens.
Assim sua aversão se restringia aos homens
perversos,
820   amabilíssimo com as mulheres.

UMA MULHER:
Queres levar um murro bem na fuça?

UM VELHO:
Longe de mim! Que medo!

---

68   Mironides e Fórmio foram guerreiros de fama; o primeiro, nas guerras pérsicas; o segundo, na
guerra do Peloponeso. *Melampygos*, composto que verti literalmente, "negricu", era signo de força
(cf. Arquíloco, fr. 110 b).
69   Figura melancólica e proverbial, conta-se desse misantropo contemporâneo de Péricles que
morreu de gangrena por não consultar um médico.

UMA MULHER:
Ou que eu te aplique uma rasteira?

UM VELHO:
Colocarás à mostra o papa-homem.

UMA MULHER:
825 Embora entrada em anos,
o matagal, não o verias revolto,
pois o depilo
à lamparina.

(*Lisístrata sai da acrópole*)

LISÍSTRATA:
Epa! Mulheres, todas, sem demora,
aqui!

UMA MULHER:
830 Qual é o abacaxi agora?

LISÍSTRATA:
Um homem, sim!, avisto um ser pancada
nas cercanias, orgíaco de Afrodite.
Rainha de Citera, Chipre e Pafos,
mantém a rota que te traz direta!

UMA MULHER:
O dito cujo está em que região?

LISÍSTRATA:
835   Margeia o templo de Cloé[70].

UMA MULHER:
Tens razão! Mas, por Zeus, quem pode ser?

LISÍSTRATA:
Será que alguém o reconhece?

MIRRINE:
É o meu Cinésias, homem vapt-vupt[71].

LISÍSTRATA:
Cozinha o galo em banho-maria!
840   Amor e desamor, usa teu charme,
só não lhe dês o que conhece o cálice![72]

MIRRINE:
Pode deixar comigo!

---

70   Epíteto de Deméter.
71   O primeiro sentido do verbo *kinein*, de que deriva Cinésias, é "mover", significando eventualmente "excitar". Preferi manter o nome da personagem e aludir à sua conotação jocosa num aposto: "homem vapt-vupt".
72   Referência sobretudo ao cálice usado no juramento solene de abstinência sexual (v. 197).

LISÍSTRATA:

Fico aqui,
para te dar a mão na embromação,
pôr lenha na fogueira. As outras, fora!

(*As demais mulheres voltam à acrópole. Cinésias entra em cena, seguido de um escravo que traz uma criança*)

CINÉSIAS:

845   Sou vítima do espasmo e do estresse,
parece até que, à roda, me torturam!

LISÍSTRATA:

Mas quem furou nosso bloqueio?

CINÉSIAS:

Eu.

LISÍSTRATA:

Um homem?

CINÉSIAS:

Acima de suspeita!

LISÍSTRATA:

Some!

CINÉSIAS:
Mas quem me expulsa?

LISÍSTRATA:
A vigia diurna.

CINÉSIAS:
850   Pois vai correndo me chamar Mirrine!

LISÍSTRATA:
Chamar Mirrine? A quem devo anunciar?

CINÉSIAS:
Vapt-Vupt de Rola[73], seu esposo.

LISÍSTRATA:
Sobra renome ao nome de Cinésias!
Estás longe de ser um ser anônimo,
855   pois tua mulher te traz à boca, sempre.
Ovo ou maçã nas mãos, ela nos diz:
"Daria ao Rapidinho".

CINÉSIAS:
Pelos deuses!

73 *Paionides*, cidade de Cinésias, lembra o verbo *paiein*, "transar". Daí minha solução: em lugar de Cinésias, seu epíteto ("Vapt-Vupt"), e "Rola" como nome da cidade.

LISÍSTRATA:
Por Cípris, sim! Se o assunto é homem, sem
papas na língua, deita o verbo: "O meu

860   deixa os demais machões comendo poeira!"

CINÉSIAS:
Pois chama-a logo!

LISÍSTRATA:
                O que me dás em troca?

CINÉSIAS:
Não nego fogo a nada que desejes.
Vês o que tenho? Pois é teu, grão-dom...

LISÍSTRATA:
Abaixa o facho que eu a chamo!

CINÉSIAS:
                      Vai!

865   A vida se despiu de todo encanto,
desde que renegou o nosso ninho.
Sofro ao entrar, pois vejo só vazio,
vazio e nada mais... Comer ficou
insosso. Eis-me agora de pau duro.

MIRRINE:

870   Eu o amo de paixão, mas quem rejeita
o meu amor é ele. Não, não vou!

CINÉSIAS:

Por que agir assim, docinho? Vem,
pula daí!

MIRRINE:

Não! Nem que a vaca tussa!

CINÉSIAS:

Não descerás, nem que eu me ajoelhe e implore?

MIRRINE:

875   Não percas tempo me chamando; é inútil!

CINÉSIAS:

Perder meu tempo? Estou estressadíssimo!

MIRRINE:

Adeus!

CINÉSIAS:

Não! Fica até ouvir ao menos
nosso menino! Vem, chama a mamãe!

MENINO:
Mamãe, mamãe, mamãe!

CINÉSIAS:

880 O fato de ele estar sem banho e sem
mamar há uma semana não te abala?

MIRRINE:
Me abala a negligência de seu pai.

CINÉSIAS:
Demônio de mulher, desce por ele!

MIRRINE:
Fazer o quê? Ser mãe é padecer.

(*Mirrine desaparece por instantes*)

CINÉSIAS (*aos espectadores*):
Parece remoçada e com olhar

885 hiperconvidativo. O mau humor
para comigo, sua indiferença
só apimentou o meu tesão por ela!

(*Mirrine surge da acrópole*)

MIRRINE:
Meu docinho de mel de um pai tão bruto,
890   vem que a mamãe te enche de beijoca!

CINÉSIAS:
Malvada! Por que ser maria-vai-
-com-as-outras? Não vês a mútua dor
que teu ato acarreta?

MIRRINE:
                    Vai de retro!

CINÉSIAS:
Tudo o que é meu e teu se deteriora
em nosso lar.

MIRRINE:
895   Tô pouco me lixando.

CINÉSIAS:
Não ligas se galinhas põem no bico
teus tecidos?

MIRRINE:
                    Caramba, eu ligo sim!

CINÉSIAS:

Há séculos que não praticas ritos
de Afrodite! Me diz: não voltas mais?

MIRRINE:

900   Sem tratado que ponha fim à guerra,
por Zeus, NÃO: eneaotil!

CINÉSIAS:

                         Se queres,
faremos também isso!

MIRRINE:

                       Bem, se queres,
irei, mas não agora, que eu jurei.

CINÉSIAS:

Deita comigo, só um bocadinho!

MIRRINE:

905   Te amo, mas podes esperar sentado.

CINÉSIAS:

Amas? Por que não deitas, chuchuzinho?

MIRRINE:

Na frente dele? Estás de brincadeira?

CINÉSIAS:
Escravo, leva-o para casa agora!
Não há mais o empecilho do menino!
Por que não vens deitar?

MIRRINE:

910   Onde faríamos
isso, infeliz?

CINÉSIAS:
                              Na gruta do deus Pã.

MIRRINE:
E onde eu me purifico no retorno?

CINÉSIAS:
Na Clepsidra, fontana cristalina[74].

MIRRINE:
Perjurar, infeliz, se prometi?

CINÉSIAS:
915   Assumo a punição que te impuserem.

MIRRINE:
O que nos servirá de cama?

74   Fonte situada a noroeste de Atenas.

CINÉSIAS:

O chão
está de bom tamanho.

MIRRINE:

Por Apolo[75],
mesmo sendo quem és, não o permito.

(*Mirrine sai*)

CINÉSIAS:
Prova de que é maluca por Cinésias.

(*Mirrine retorna trazendo um colchonete*)

MIRRINE:
920   Depressa, deita enquanto eu tiro a roupa!
Que cabeça! Ficou faltando a esteira.

CINÉSIAS:
Não me faz falta. Deixa!

MIRRINE:

Não, por Ártemis,
transar no estrado é baixaria!

---

75   A invocação de Apolo soa incomum na boca de uma mulher.

CINÉSIAS:

Beija-me!

MIRRINE:

Vai! Toma!

(*Mirrine saî*)

CINÉSIAS:

Haja paciência! Volta logo!

(*Mirrine volta*)

MIRRINE:

925   Eis a esteira! Já tiro a roupa, deita!
Como fui me esquecer do travesseiro?

CINÉSIAS:

Não quero nada, chega!

MIRRINE:

Mas eu sim.

(*Mirrine saî*)

CINÉSIAS:

O bimbo é um Héracles esfomeado[76]!

(*Mirrine volta*)

MIRRINE:

Levanta, pula, que eu já tenho tudo!

CINÉSIAS:

930   Tudinho! Vem, pepita, vem que és minha!

MIRRINE:

Já vou me desfazendo do corpete.
Não queiras me enganar sobre o armistício!

CINÉSIAS:

Seria um desastre.

MIRRINE:

E a coberta?

CINÉSIAS:

Só desejo foder; não falta nada!

76   Herói lembrado por sua voracidade.

MIRRINE:

935   Aguenta firme só mais um pouquinho!

(*Mirrine sai*)

CINÉSIAS:

Essa mulher me mata com as mantas.

(*Mirrine volta*)

MIRRINE:

Em pé!

CINÉSIAS:

    Há séculos que ele é um mastro!

MIRRINE:

Eu te perfumo?

CINÉSIAS:

    Por Apolo, não!

MIRRINE:

Querendo ou não, por Afrodite, sim!

CINÉSIAS:

940   Perfuma logo e acaba com a história!

MIRRINE:

Estende a mão e esfrega bem o líquido!

CINÉSIAS:

Mas que budum! Esse perfume nem
de longe cheira a núpcias, mas me brocha!

MIRRINE:

Eu confundi o frasco! Este é o de Rodes!

CINÉSIAS:

Deixa pra lá, demônio!

MIRRINE:

945   Estás brincando?

(*Mirrine sai*)

CINÉSIAS:

Morra bem devagar quem o inventou!

(*Mirrine volta*)

MIRRINE:

Pega este frasco!

CINÉSIAS:

Ei-lo aqui bem fresco.
Mulher cruel, não tragas nada mais!
Reclina!

MIRRINE:

É para já! Eu me descalço,
950   por Ártemis! Querido, não te esqueças
de sufragar a paz!

CINÉSIAS:

Eu vou pensar.

(*Mirrine foge*)

Matou-me e nocauteou-me e, o que é pior,
piroca ativa, pica a mula!
O que há de ser de mim?
955   A quem eu foderei,
se a mais bela me engana?
Como alimentarei o bimbo?[77]
Cadê o cãofetão do Raposão?[78]
Contratem uma ama para mim!

77   Recorri ao italianismo, tendo em mente o significado obsceno do verbo "bimbar". Semelhante ambiguidade ocorre no composto grego usado por Aristófanes: *paidotrofeso*: "alimentarei a criança".
78   "Cão-Raposa" é a tradução literal do adjetivo que Aristófanes emprega ao aludir a Filóstrato, conhecido cafetão da época. Introduzi "cãofetão" para dar conta de metade do composto (a outra parte está em Raposão) e contextualizar o leitor no âmbito da referência obscura.

CORIFEU:

O engano
960 esmorece tua ânima,
imerso, ó infeliz, em dor sem fim!
Sou solidário.
Que rim resistiria?
Que psique? Que testículos?
Que anca? Que rabo
965 estirado
e sem o fuquifuqui matinal?[79]

CINÉSIAS:

As convulsões me matam, Zeus!

CORO:

                                        Isso é obra
da pluriodiosa plurimunda!

CINÉSIAS:

970 Não, mas do meu pitéu que é plurimel!

CORIFEU:

Mel o caralho! É peste, é uma peste!
Pudesses, feito feixe de trigo,
em meio a tufões relampejantes,
girá-la – roliça bola! –

79 Mantive a repetição anafórica, recurso da retórica trágica.

975   para soltá-la então,
        e, em seu retorno à terra,
        – catapimba! –
        esta vara a furasse!

        (*Entra um arauto espartano*[80])

        ARAUTO:
980   Bodes parlar ondi é guestão os brítanes
        e o concílio senil[81] aqui em Assênias?

        CINÉSIAS:
        O que é isso? És um homem ou Conísalo?[82]

        ARAUTO:
        Araldo, chovem meu, pelos germanos,
        venho de Esbarta para amigarmo-nos.

        CINÉSIAS:
985   E o que faz o gorguz no teu sovaco?

        ARAUTO:
        Ego non drago nula!

---

80 Como no verso 81, os personagens espartanos utilizam o dialeto lacônio caricaturizado.
81 O arauto espartano mostra ignorar a estrutura administrativa ateniense, ao indagar pelo Conselho dos velhos (*gérousia*), organização oligárquica de Esparta, não da Atenas democrática, cujo Conselho era representativo da população.
82 Personagem fálico associado a Priapo.

CINÉSIAS:

Por que ajeitas
a clâmide? O tumor em tua virilha
é por bater estrada?

ARAUTO:

Mas que tipo
lelé, por Cástor!

CINÉSIAS:

Que caralho rijo!

ARAUTO:

990 Ego non. Non comesse a devagar.

CINÉSIAS:

Mas o que tens então?

ARAUTO:

Baston lacônio[83].

CINÉSIAS:

Direi o mesmo então do meu bastão.
Mas já que estou por dentro, não falseies:
como é que vão as coisas lá em Esparta?

---

83 *Skytála* era o bastão espartano envolvido por tira de couro em que se escreviam mensagens sigilosas.

ARAUTO:

995   Tuto em riba por lá e os aliados
        têm teson, bois nos fáltia escoad'oiro.

CINÉSIAS:

        E qual a origem desse pesadelo,
        Pã?

ARAUTO:

            Non, Lambito acumeçô cum íssio
        e as demás esbardanas se reuniron,
1000   feitio afoutas de iqual línea de tiro –
        os máisculos à margem das biucetas!

CINÉSIAS:

        Como aguentais?

ARAUTO:

                    Benando às bambas. Curvos,
        andamos na ciudade, cumu uns borda-
        -fachos. Só deixarôn meter as mons
1005   nus mírtios, quando tuti em um só
        bactuarmos a baz in tuta Hélade!

CINÉSIAS:

        É claro para mim que estamos diante
        de um levante global do sexo frágil.

Manda que enviem logo embaixadores
1010   para cá, plenipotenciários! Eu
pedirei na assembleia que reúnam
outros daqui, hasteando o meu caralho!

ARAUTO:
Mas que foder verbal! Javôvulando!

(*O arauto e Cinésias saem em direções opostas*)

CORIFEU:
Mulher é mais ladina que pantera,
1015   mais dura de domar que fogo ou fera.

CORIFEIA:

Sabes disso e pretendes me enfrentar,
podendo estar comigo numa boa?

CORIFEU:
Meu ódio por mulher é irremovível.

CORIFEIA:
É só querer, mas me incomoda ver
1020   tua nudez. Percebes o ridículo?
Deixa que eu te mergulhe nesta aljuba[84].

84   No verso 662, os homens haviam se despido em função da luta.

CORIFEU:

Tua iniciativa me sensibiliza:
desnudei-me, sob o ímpeto da ira!

CORIFEIA:

Enfim um homem, não um ser basbaque!
1025   Não me enchesses o saco, eu já teria
dado um bom peteleco nesse inseto.

CORIFEU:

Foi o que me tirou do sério! Podes
removê-lo com este anel[85] e me
mostrar o picador cruel, por Zeus?

CORIFEIA:

1030   Farei, malgrado sejas o mais chato
dos chatos. Mas que monstro de moscardo!
Tricocoruto é o seu país natal?[86]

CORIFEU:

Sou grato, ele escavava um poço em mim!
Ao retirá-lo, escorre um rio de lágrimas.

---

85 Introduzido sob a pálpebra, o anel era usado para mantê-la elevada durante a retirada do cisco.
86 O termo que designa esse demo da ática prolífico de insetos significa, ao mesmo tempo, "triplo elmo", *Tricorythos*. Daí minha opção por Tricocoruto.

CORIFEIA:

1035   Te enxugo e, embora sejas um canhestro,
te lasco um beijo!

CORIFEU:

Não!

CORIFEIA:

Queiras ou não!

CORIFEU:

Seres extemporâneos, puxa-sacos
por natureza! Reza o dito sábio:
a peste é um mal presente e um mal ausente[87].

1040   Mas quero paz, já basta de entrevero:
em hipótese alguma serei pérfido!
Por que não afinar o canto uníssono?

CORO UNIDO[88]:

Longe de nós o intuito de emitir
a crítica mais ínfima

1045   a um dos cidadãos que seja,
antes o inverso:
falar e perfazer o que for bom;

---

87 Dito proverbial que remonta a Hesíodo (*Os Trabalhos e os Dias*, v. 58).
88 Registre-se o efeito cômico alcançado graças à reversão de sentido indicado apenas no último verso deste coro (1070).

sobeja o mal que se nos apresenta.

1050   Mulher ou homem nos informe

se carece do empréstimo de uma graninha,

dois, três milhões (está de bom tamanho?);

é só entrar

pois dentro alojamos nossas bolsas.

1055   E se a paz vigorar,

desnecessário restituir

o que de nós for pego agora.

Estamos para receber alguns carístios[89],

1060   gente fina e de coração.

Sobrou um pouco de purê e um bacorim:

degustai (eu sacrifiquei), que é opíparo!

Vinde onde moro hoje (tem de ser bem cedo),

1065   depois do banho (inclusive nos meninos).

Adentrai sem pedir licença,

com passo familiar,

como na própria casa,

porte altivo,

1070   que a porta estará trancafiada.

(*Entra a delegação espartana, com escravos*)

CORIFEU:

Pesa a barba dos velhos espartanos

89   Aliada de Atenas, a cidade de Caristo, situada na Eubeia, enviou 300 homens para ajudar o golpe de estado por parte dos designados 400 (cf. Tucídides 8. 69. 3).

que chegam. Têm nas coxas um suíno?[90]
Lacônios, introduzo a explicação
1075   desta visita com afável "Salve!".

EMBAIXADOR ESPARTANO:
Por que gastar chalifa com brosábia?
Non dá para nonver como arrivamos?

CORIFEU:
Caramba! A situação ficou bem ruça:
parece inflamação de tércio grau!

EMBAIXADOR ESPARTANO:
1080   Estou berblécio! O que tirei? Que alguém
insdaure a baz do moto que abrouvier!

(*Entra delegação ateniense*)

CORIFEU:
Autóctones já chegam e removem
as túnicas dos ventres, como ases
do pugilismo, dando a impressão
1085   de se tratar de maladia atlética.

90   Referência ao estado de ereção dos lacedemônios.

PRIMEIRO EMBAIXADOR ATENIENSE:

Quem sabe o paradeiro de Lisístrata?
Eis o estado em que os homens foram postos!

CORIFEU:

Moléstia similar à ateniense.
Será que um surto vos combale à alba?

PRIMEIRO EMBAIXADOR ATENIENSE:

1090   Ele já vai nos consumindo. Alguém
trate de nos reconciliar loguinho
ou só nos restará foder o Clístenes![91]

CORIFEU:

Quem mutilou as hermas[92] não se anima,
se vê a piroca em riste? Urge tapá-la!

PRIMEIRO EMBAIXADOR ATENIENSE:

Aplaudo tua fala!

EMBAIXADOR ESPARTANO:

1095   Pelos gêmeos,
tuta razon! É bô intrá nas roubas.

---

91 Menção ao conhecido pederasta da época (cf. v. 616).
92 Alusão à mutilação das esculturas de Hermes (hermas) em 415 em Atenas, às vésperas da partida da expedição à Sicília, cujo inquérito resultou na responsabilização de Alcibíades, que passou para o lado inimigo (ver Tucídides 6. 27-29).

PRIMEIRO EMBAIXADOR ATENIENSE:
Salve, Lacônios! Que constrangimento!

EMBAIXADOR ESPARTANO:
Loufores mil! Ma guê gonstrangimento
se esses cabras nos firam maisturbando.

PRIMEIRO EMBAIXADOR ATENIENSE:
1100   Uma coisa de cada vez, lacônios:
viestes aqui por quê?

EMBAIXADOR ESPARTANO:
                  Fu bela baz
que vimos.

PRIMEIRO EMBAIXADOR ATENIENSE:
           Apoiado! Nós também!
Então por que não procurar Lisístrata,
peça-chave da reconciliação?

EMBAIXADOR ESPARTANO:
Sim, belos gêmeos, o, sinó, Luisístrato![93]

PRIMEIRO EMBAIXADOR ATENIENSE:
Desnecessário convocá-la: ouviu-nos
ou não viria em nossa direção.

93 No grego, há um jogo de palavras entre *Lisístrata* e *Luistraton* (que preferi verter por Luisís-trato), pederasta famoso do período.

(*Lisístrata sai da acrópole*)

CORIFEU:

Salve, machíssima mulher! Agora é a hora:
sê fera, austera, vera, mera, quem-me-dera!,
1110   sincera, plurilimitável. Magnos gregos
se rendem a tuas unhas; te confiam a dor.

LISÍSTRATA:

Não é difícil se se encontra gente
cujo interesse não é medir forças.
Veremos! Onde está a Conciliação?[94]
1115   Primeiramente traze os lacônios,
não com mão rude ou presunçosa, feito
nossos maridos grossos na morada,
mas como é da mulher, com sutileza.
Recusa a mão? Pois puxa-o pelo saco!
1120   Conduze os atenienses pelo membro
que mais por bem resolvam ofertar.
Lacônios ao meu lado e os demais
aqui! Peço que o grupo fique atento:
Sou mulher, mas possuo massa cinzenta[95].
1125   Não direi que me falte lucidez,
reflexo dos discursos de meu pai

94 Conciliação, personificada como uma jovem nua (cabe lembrar que os papéis femininos eram
desempenhados por homens), desce ao palco provavelmente através de uma grua e permanece ao
lado de Lisístrata durante as negociações.
95 Citação de um verso de *Melanipo, a sábia* (Eurípides, frag. 487).

e dos velhos que ouvi – eu me instruí!
Estou em condições de formular
justo reproche a todos que abluístes
1130 outrora como membros de um só clã
em Pito, Olímpia e Pilos[96] (cito apenas
os nomes que me vêm à mente); quando
os bárbaros[97] chegaram com exércitos,
destruístes urbes gregas e seus homens.
1135 *Fim da primeira parte do argumento*[98].

EMBAIXADOR ATENIENSE:
E quanto a mim, eu morro sem prepúcio.

LISÍSTRATA:
Lacônios, vos coloco na berlinda:
desconheceis que um dia Pereclides[99],
que esse lacônio veio um dia aqui
1140 e, sobre o altar, em manto rubro, pálido
rogou auxílio de um tropel – o deus
tremia o chão, messênios pressionavam?[100]
Foi quando, encabeçando a turba hoplita,

96 Referência a localidades que reuniam diferentes populações do universo helênico em seus festivais atléticos.
97 Alusão aos persas.
98 Citação de um verso (fr. 363) de *Erecteu* de Eurípides.
99 Provável referência ao pai de Ateneu, que conduziu a trégua com Atenas em 423 a.C. (ver Tucídides IV, 119, 2).
100 Trata-se do episódio posterior ao terremoto que abalou Esparta em 464 a.C., quando Atenas enviou ajuda militar à cidade, para enfrentar as comunidades revoltadas.

Címon[101] tirou Esparta do perigo.

1145   O que Atenas vos deu, retribuís

devastando a região? Notável paga!

PRIMEIRO EMBAIXADOR ATENIENSE:
Eles erraram, sim!, por Zeus, Lisístrata!

EMBAIXADOR ESPARTANO:
Assumo, mas sem voz, ao ver sua bunda!

LISÍSTRATA:
Credes que vos absolvo, atenienses?

1150   Esquecestes que foram os lacônios,

quando vestíeis manto escravo, lança

em riste, os matadores dos tessálios,

da grande gangue e apaniguados de Hípias?[102]

Quem mais se vos aliou naquele dia?

1155   Devolveram à gente livre o manto

lanudo, no lugar da roupa vil.

EMBAIXADOR ESPARTANO:
Jamais eu fira vêmea assim tão pampa!

---

101 Címon, líder conservador ateniense (510-449 a.C.), foi responsável pelo envio a Esparta, que enfrentava rebelião messênia, de grande contingente militar. Aristófanes silencia o fato de os espartanos, desconfiando de jogo duplo, terem recusado a ajuda, episódio que acelerou a guerra do Peloponeso e custou o ostracismo a Címon, em 461 a.C.; ver Tucídides 1. 102.
102 Episódio datado em 510 a.C., quando o rei Cleomenes de Esparta enviou contingente militar para os atenienses expulsarem o tirano Hípias.

EMBAIXADOR ATENIENSE:
E eu uma buceta mais porreta!

LISÍSTRATA:
Donos de um brilhantíssimo pretérito,
1160   não colocais um fim a tanto equívoco?
A reconciliação, o que a impede?

EMBAIXADOR ESPARTANO:
Será um brazer, se nos concede as cúrbias
de seu godê![103]

LISÍSTRATA:
                                      De quem?

EMBAIXADOR ESPARTANO:
                                      De Pilos. Sonho
dedilhar pelos pêlos de seu silo[104].

PRIMEIRO EMBAIXADOR ATENIENSE:
1165   Nem a pau! Por Posêidon, não e não!

LISÍSTRATA:
Cede!

103 Cada uma das localidades mencionadas possui contraparte no corpo feminino.
104 Pilos, além do nome da localidade, significa porta, sugerindo no contexto o órgão genital. Tra-ta-se do prelúdio do ato sexual. Ao pé da letra, lê-se: "Esta Pilo, que há muito solicitamos e quere-mos tatear". Preferi manter Pilos e aludir à região pubiana com "silo".

PRIMEIRO EMBAIXADOR ATENIENSE:
Mas onde vamos manobrar?

LISÍSTRATA:
Tereis direito ao câmbio de outra zona.

PRIMEIRO EMBAIXADOR ATENIENSE:
Quero as pregas de Equinos e o regaço
malíaco e o pontão traseiro, além
1170   do par de pernas megarenses! Certo?

EMBAIXADOR ESPARTANO:
Pelos dióscuros, almejam tudo!

LISÍSTRATA:
Que diferença faz um par de pernas?

PRIMEIRO EMBAIXADOR ATENIENSE:
Desnudo, quero lavourar[105] agora.

EMBAIXADOR ESPARTANO:
Só desejo estrumar[106], pelos dióscuros!

105 Metáfora agrícola sugestiva para a relação sexual.
106 O composto verbal *kopragogein* significa literalmente "transportar o estrume". Provável referência ao coito anal.

LISÍSTRATA:

1175 Com a conciliação, nada é impossível.

Se é isso o que sonhais, deliberais,

depois de consultar os aliados!

PRIMEIRO EMBAIXADOR ATENIENSE:

Aliados, cara? A vara arvora! Os sócios,

fissurados, não quererão também

bimbar?

EMBAIXADOR ESPARTANO:

1180   Os nossos, sim, belos dióscuros,

esdão a fins!

PRIMEIRO EMBAIXADOR ATENIENSE:

        Carístios dizem *sim!*

LISÍSTRATA:

Concordo! Depurai-vos, para nós

vos acolhermos na cidade alta

com o que existe em nossas cestas. Lá

1185 é o espaço da jura e dos recíprocos

compromissos. Ireis embora cada

qual com sua mulher.

PRIMEIRO EMBAIXADOR ATENIENSE:

        Vamos no pau!

EMBAIXADOR ESPARTANO:
Bara onde du guiseres!

PRIMEIRO EMBAIXADOR ATENIENSE:
                                        Sim! Já vamos!

(*Entram na acrópole*)

CORO[107]:
Alfombras variegadas e
mantilhas e peplos açafrão e
1190   ouriadornos, o quanto me pertença,
doo de coração ao uso das garotas
e ao pai cuja menina for canéfora.
O que existir de meu lá dentro
1195   coloco à disposição de todos.
Lacre não há robusto o suficiente
para impedir que o desatem
e metam a mão no que for rastreado.
1200   Mesmo o olhar mais atento não encontrará
nada
salvo se tiver alcance que o meu não possui.
No caso do carente de trigo,
arrimo de criados
e de uma penca de crianças de colo,

---

107 O efeito do verso final desta intervenção coral se assemelha ao que lemos no verso 1071.

minha farinha, mercadoria de primeira,

1205 está à sua mercê,

se bem que meu pão de litro

crocante

– confira-se! –

não seja de jogar no lixo...

1210 Se aprouver ao miserável,

avance bolsa e alforje

casa adentro,

na captura do trigo, que meu escravo Mânio,

solícito, enche até a boca!

Mas devo prevenir o transeunte

do risco de cruzar a minha porta

1215 sob vigilância de uma cadela.

PRIMEIRO EMBAIXADOR ATENIENSE[108]:

Ei! Psiu! O que te deu na telha para

não abrir? A outra turma olha pra lua?

Se a tocha inflama todas? Golpe baixo...

Longe de mim fazê-lo, mas se o ato

1220 vos alegrar, que alternativa temos?

SEGUNDO EMBAIXADOR ATENIENSE:

Também tomamos parte na empreitada.

Ficais? Lamentareis pelas madeixas.

108 Entre os versos 1216 e 1246, que antecedem o êxodo do grupo, há esta breve passagem em que personagens, provenientes das festividades, dão notícia do que ocorre nesse contexto.

PRIMEIRO EMBAIXADOR ATENIENSE:

Ficais plantados? Constrangeis lacônios,
depois que se empanturrem, na partida.

SEGUNDO EMBAIXADOR ATENIENSE:

1225   Eu nunca vira um regabofe igual.
Os lacônios não são tão maus assim
e o vinho fez de nós convivas lúcidos.

PRIMEIRO EMBAIXADOR ATENIENSE:

Concordo. Sóbrios nós não somos sábios,
o que me leva a sugerir que Atenas
1230   passe a enviar embaixadores bêbados,
pois quando, abstêmios, vamos para Esparta,
fazemos tempestade em taça d'água.
Surdos ao que proferem, só ouvimos
o que não falam: o alfa vira ômega!
1235   Estava tudo azul ainda há pouco,
e até se alguém cantasse o *Telamon*
e não *Clitágoras*[109], tão aguardado,
diríamos *bravo!*, embora perjurando.
Mas eis que eles retornam para o mesmo
1240   lugar. Quereis alimentar chicote?

SEGUNDO EMBAIXADOR ATENIENSE:

Sim, por Zeus, eles já estão saindo.

109 Exemplos de canções conviviais. Aristófanes refere-se à segunda nas *Rãs* (1245-7).

EMBAIXADOR ESPARTANO:

Meu plurigrácil, vai begar o flauta
que eu dança a dipodia[110] e canto em prol
dos assenienses e em para nosotros.

PRIMEIRO EMBAIXADOR ATENIENSE:

1245   Assopra então a flauta, que é um prazer
assistir espartanos quando dançam.

EMBAIXADOR ESPARTANO:

Mnememória, insbira o moçón
com tua amusa,
1250   guardiã das broezas nossas
e dos assenienses subremos
em Artemísion[111]
no apate dos nauvios bérsicos.
Leônidas[112] nos gapitaneava,
1255   jazvalis dentiagúdios –
e a esbuma multifloreava
das amandíbulas,
multifluía típia apaixo.
1260   Gráos de areia non eron tontos
contos querreadoures bersas.

110 Modalidade de dança espartana.
111 Heródoto escreve a respeito da batalha naval contra os persas (8. 1-21) em 480 a. C., no promontório Artemísion.
112 Leônidas encabeçou a esquadra espartana com 300 navios contra os persas em Termópilas (cf. Heródoto 7. 175-238).

Ferialgoz agressôria, deia virginal[113],
vem dar aval à longuidouradoura
1265   unión!
As dradatifas esteiem
a bróspera amilzade!
1270   Fim à vulpina raposia!
Arriba, virge caçadoira!

PRIMEIRO EMBAIXADOR ATENIENSE:
Levai, já que está tudo nos conformes,
as lacônias que aqui se encontram; vós,
1275   aquelas outras. Homem e mulher,
mulher e homem fiquem juntos!
Coroando o júbilo presente
nossa dança honore os deuses:
cuidemos do futuro sem equívoco!

Conduze o coro, conduze as Graças,
1280   invoca Ártemis
e seu gêmeo[114], chefe do coro, propício à cura,
e o Nísio[115], dardo nos olhos das mênades,
e Zeus, fulgor-de-fogo,
1285   e seu par, magna soberana[116],
e, por fim, os dâimones,

113 Invocação de Ártemis.
114 Apolo.
115 Alusão a Diônisos, nascido em Nisa.
116 Hera.

testemunhas, incapazes de olvidar
a doce quietude,
1290   obra de Cípris.

CORO:
Alaloi, iê paiôn,
passos etéreos, ah!,
como no triunfo, ah!
Euoi, euoi, euah, euah!

PRIMEIRO EMBAIXADOR ATENIENSE:
1295   Lacônio, emenda a esse um novo cancioneiro!

EMBAIXADOR ESPARTANO:
Deixa ainda Tegeto abrazível,
Mousa lacona,
em loufor de Amiclas, notábil numen[117],
da regina temblipronze[118],
1300   dos pravos tindaridas[119],
ridentes à fímbria do Eurota.
Avanza o basso levolátil
um bouco amais,
bara hinearmos Esbarta,
1305   afeita ao couro dos númenes

117 Amiclas, localidade próxima de Esparta, possuía um santuário dedicado a Apolo.
118 Atena.
119 Filhos de Tíndaro, os Dióscuros: Cástor e Pólux.

e ao solo eucoante,
quando, à guisa de poldras,
mancebas saldam, bés jundos,
1310   e a boeira soerguem
e capelos dremulam,
como dionísias ao tirso, ludoagito!
O filha casta de Leda[120]
1315   encapeça o couro, líndio de visuolhar.
Capelos endre os tetos, feido corça
elefa os bés e cadencia o dança,
canta adeusa Balas Assênia,
1320   bronzilar, plenibélica!

(*Todos partem cantando e dançando*)

120 No santuário de Esparta, Helena, filha de Leda, era cultuada como ícone virginal.

Λυσιστρατη

ΛΥΣΙΣΤΡΑΤΗ

ἀλλ᾽ εἴ τις εἰς Βακχεῖον αὐτὰς ἐκάλεσεν,
ἢ 'ς Πανὸς ἢ 'πὶ Κωλιάδ᾽ εἰς Γενετυλλίδος,
οὐδ᾽ ἂν διελθεῖν ἦν ἂν ὑπὸ τῶν τυμπάνων.
νῦν δ᾽ οὐδεμία πάρεστιν ἐνταυθοῖ γυνή·
5   πλὴν ἥ γ᾽ ἐμὴ κωμῆτις ἥδ᾽ ἐξέρχεται.
χαῖρ᾽, ὦ Καλονίκη.

ΚΑΛΟΝΙΚΗ
                    καὶ σύ γ᾽, ὦ Λυσιστράτη.
τί συντετάραξαι; μὴ σκυθρώπαζ᾽, ὦ τέκνον·
οὐ γὰρ πρέπει σοι τοξοποιεῖν τὰς ὀφρῦς.

ΛΥΣΙΣΤΡΑΤΗ

ἀλλ᾽, ὦ Καλονίκη, κάομαι τὴν καρδίαν,
10   καὶ πόλλ᾽ ὑπὲρ ἡμῶν τῶν γυναικῶν ἄχθομαι,
ὁτιὴ παρὰ μὲν τοῖς ἀνδράσιν νενομίσμεθα
εἶναι πανοῦργοι—

ΚΑΛΟΝΙΚΗ
                    καὶ γάρ ἐσμεν νὴ Δία.

ΛΥΣΙΣΤΡΑΤΗ

εἰρημένον δ᾽ αὐταῖς ἀπαντᾶν ἐνθάδε

βουλευσομέναισιν οὐ περὶ φαύλου πράγματος,

εὕδουσι κοὐχ ἥκουσιν.

ΚΑΛΟΝΙΚΗ

15   ἀλλ᾽, ὦ φιλτάτη,

ἥξουσι· χαλεπή τοι γυναικῶν ἔξοδος.

ἡ μὲν γὰρ ἡμῶν περὶ τὸν ἄνδρ᾽ ἐκύπτασεν,

ἡ δ᾽ οἰκέτην ἤγειρεν, ἡ δὲ παιδίον

κατέκλινεν, ἡ δ᾽ ἔλουσεν, ἡ δ᾽ ἐψώμισεν.

ΛΥΣΙΣΤΡΑΤΗ

20   ἀλλ᾽ ἦν γὰρ ἕτερα τῶνδε προὐργιαίτερα

αὐταῖς.

ΚΑΛΟΝΙΚΗ

τί δ᾽ ἐστίν, ὦ φίλη Λυσιστράτη,

ἐφ᾽ ὅ τι ποθ᾽ ἡμᾶς τὰς γυναῖκας ξυγκαλεῖς;

τί τὸ πρᾶγμα; πηλίκον τι;

ΛΥΣΙΣΤΡΑΤΗ

μέγα.

ΚΑΛΟΝΙΚΗ

μῶν καὶ παχύ;

ΛΤΣΙΣΤΡΑΤΗ

νὴ τὸν Δία καὶ παχύ.

ΚΑΛΟΝΙΚΗ

κᾷτα πῶς οὐχ ἥκομεν;

ΛΤΣΙΣΤΡΑΤΗ

25   οὐχ οὗτος ὁ τρόπος· ταχὺ γὰρ ἂν ξυνήλθομεν.
ἀλλ᾽ ἔστιν ὑπ᾽ ἐμοῦ πρᾶγμ᾽ ἀνεζητημένον
πολλαῖσί τ᾽ ἀγρυπνίαισιν ἐρριπτασμένον.

ΚΑΛΟΝΙΚΗ

ἦ πού τι λεπτόν ἐστι τοὐρριπτασμένον;

ΛΤΣΙΣΤΡΑΤΗ

οὕτω γε λεπτὸν ὥσθ᾽ ὅλης τῆς Ἑλλάδος
30   ἐν ταῖς γυναιξίν ἐστιν ἡ σωτηρία.

ΚΑΛΟΝΙΚΗ

ἐν ταῖς γυναιξίν; ἐπ᾽ ὀλίγου γ᾽ ἄρ᾽ εἴχετο.

ΛΤΣΙΣΤΡΑΤΗ

ὡς ἔστ᾽ ἐν ἡμῖν τῆς πόλεως τὰ πράγματα,
ἢ μηκέτ᾽ εἶναι μήτε Πελοποννησίους—

ΚΑΛΟΝΙΚΗ

βέλτιστα τοίνυν μηκέτ᾽ εἶναι νὴ Δία.

138   LISÍSTRATA

ΛΥΣΙΣΤΡΑΤΗ

35   Βοιωτίους τε πάντας ἐξολωλέναι.

ΚΑΛΟΝΙΚΗ

μὴ δῆτα πάντας γ᾽, ἀλλ᾽ ἄφελε τὰς ἐγχέλεις.

ΛΥΣΙΣΤΡΑΤΗ

περὶ τῶν Ἀθηνῶν δ᾽ οὐκ ἐπιγλωττήσομαι
τοιοῦτον οὐδέν, ἀλλ᾽ ὑπονόησον σύ μοι.
ἢν δὲ ξυνέλθωσ᾽ αἱ γυναῖκες ἐνθάδε,
40   αἵ τ᾽ ἐκ Βοιωτῶν αἵ τε Πελοποννησίων
ἡμεῖς τε, κοινῇ σώσομεν τὴν Ἑλλάδα.

ΚΑΛΟΝΙΚΗ

τί δ᾽ ἂν γυναῖκες φρόνιμον ἐργασαίατο
ἢ λαμπρόν, αἳ καθήμεθ᾽ ἐξηνθισμέναι,
κροκωτοφοροῦσαι καὶ κεκαλλωπισμέναι
45   καὶ Κιμβερίκ᾽ ὀρθοστάδια καὶ περιβαρίδας;

ΛΥΣΙΣΤΡΑΤΗ

ταῦτ᾽ αὐτὰ γάρ τοι κἄσθ᾽ ἃ σώσειν προσδοκῶ,
τὰ κροκωτίδια καὶ τὰ μύρα χαἰ περιβαρίδες
χἤγχουσα καὶ τὰ διαφανῆ χιτώνια.

ΚΑΛΟΝΙΚΗ

τίνα δὴ τρόπον ποθ᾽;

ΛΥΣΙΣΤΡΑΤΗ

ὥστε τῶν νῦν μηδένα

50   ἀνδρῶν ἐπ' ἀλλήλοισιν αἴρεσθαι δόρυ—

ΚΑΛΟΝΙΚΗ

κροκωτὸν ἄρα νὴ τὼ θεὼ 'γὼ βάψομαι.

ΛΥΣΙΣΤΡΑΤΗ

μηδ' ἀσπίδα λαβεῖν—

ΚΑΛΟΝΙΚΗ

Κιμβερικὸν ἐνδύσομαι.

ΛΥΣΙΣΤΡΑΤΗ

μηδὲ ξιφίδιον.

ΚΑΛΟΝΙΚΗ

κτήσομαι περιβαρίδας.

ΛΥΣΙΣΤΡΑΤΗ

ἆρ' οὐ παρεῖναι τὰς γυναῖκας δῆτ' ἐχρῆν;

ΚΑΛΟΝΙΚΗ

55   οὐ γὰρ μὰ Δί' ἀλλὰ πετομένας ἥκειν πάλαι.

ΛΥΣΙΣΤΡΑΤΗ

ἀλλ', ὦ μέλ', ὄψει τοι σφόδρ' αὐτὰς Ἀττικάς,

ἅπαντα δρώσας τοῦ δέοντος ὕστερον.

ἀλλ' οὐδὲ Παράλων οὐδεμία γυνὴ πάρα,

οὐδ' ἐκ Σαλαμῖνος.

ΚΑΛΟΝΙΚΗ

ἀλλ' ἐκεῖναί γ' οἶδ' ὅτι

60   ἐπὶ τῶν κελήτων διαβεβήκασ' ὄρθριαι.

ΛΥΣΙΣΤΡΑΤΗ

οὐδ' ἃς προσεδόκων κἀλογιζόμην ἐγὼ
πρώτας παρέσεσθαι δεῦρο τὰς Ἀχαρνέων
γυναῖκας, οὐχ ἥκουσιν.

ΚΑΛΟΝΙΚΗ

ἡ γοῦν Θεογένους
ὡς δεῦρ' ἰοῦσα τἀκάτειον ἤρετο.

65   ἀτὰρ αἴδε καὶ δή σοι προσέρχονταί τινες.

ΛΥΣΙΣΤΡΑΤΗ

αἵδ' αὖθ' ἕτεραι χωροῦσί τινες.

ΚΑΛΟΝΙΚΗ

ἰοὺ ἰού,

πόθεν εἰσίν;

ΛΥΣΙΣΤΡΑΤΗ

Ἀναγυρουντόθεν.

ΚΑΛΟΝΙΚΗ

νὴ τὸν Δία·
ὁ γοῦν Ἀνάγυρός μοι κεκινῆσθαι δοκεῖ.

ΜΥΡΡΙΝΗ

μῶν ὕστεραι πάρεσμεν, ὦ Λυσιστράτη;
τί φής; τί σιγᾷς;

ΛΥΣΙΣΤΡΑΤΗ

70   οὐκ ἐπαινῶ, Μυρρίνη,
ἤκουσαν ἄρτι περὶ τοιούτου πράγματος.

ΜΥΡΡΙΝΗ

μόλις γὰρ ηὗρον ἐν σκότῳ τὸ ζώνιον.
ἀλλ᾽ εἴ τι πάνυ δεῖ, ταῖς παρούσαισιν λέγε.

ΛΥΣΙΣΤΡΑΤΗ

μὰ Δί᾽ ἀλλ᾽ ἐπαναμείνωμεν ὀλίγου γ᾽ οὕνεκα
75   τάς τ᾽ ἐκ Βοιωτῶν τάς τε Πελοποννησίων
γυναῖκας ἐλθεῖν.

ΜΥΡΡΙΝΗ

                    πολὺ σὺ κάλλιον λέγεις.
ἡδὶ δὲ καὶ δὴ Λαμπιτὼ προσέρχεται.

ΛΥΣΙΣΤΡΑΤΗ

ὦ φιλτάτη Λάκαινα, χαῖρε, Λαμπιτοῖ.

80
οἷον τὸ κάλλος, ὦ γλυκυτάτη, φαίνεται.

ὡς δ᾽ εὐχροεῖς, ὡς δὲ σφριγᾷ τὸ σῶμά σου.

κἂν ταῦρον ἄγχοις.

ΛΑΜΠΙΤΩ

μάλα γ᾽, οἰῶ, ναὶ τὼ σιώ·
γυμνάδδομαί γα καὶ ποτὶ πυγὰν ἄλλομαι.

ΚΑΛΟΝΙΚΗ

ὡς δὴ καλὸν τὸ χρῆμα τῶν τιτθῶν ἔχεις.

ΛΑΜΠΙΤΩ

ᾇπερ ἱερεῖόν τοί μ᾽ ὑποψαλάσσετε.

ΛΤΣΙΣΤΡΑΤΗ

85
ἡδὶ δὲ ποδαπή 'σθ' ἡ νεᾶνις ἡτέρα;

ΛΑΜΠΙΤΩ

πρέσβειρά τοι ναὶ τὼ σιὼ Βοιωτία
ἵκει ποθ᾽ ὑμέ.

ΜΥΡΡΙΝΗ

νὴ Δί᾽ ὡς Βοιωτία
καλόν γ᾽ ἔχουσα τὸ πεδίον.

ΚΑΛΟΝΙΚΗ

καὶ νὴ Δία
κομψότατα τὴν βληχώ γε παρατετιλμένη.

ΛΤΣΙΣΤΡΑΤΗ

τίς δ' ἡτέρα παῖς;

ΛΑΜΠΙΤΩ

90   χαῖα ναὶ τὼ σιώ,
Κορινθία δ' αὖ.

ΚΑΛΟΝΙΚΗ

χαῖα νὴ τὸν Δία
δήλη 'στὶν οὖσα ταυταγὶ κἀντευθενί.

ΛΑΜΠΙΤΩ

τίς δ' αὖ συναλίαξε τόνδε τὸν στόλον
τὸν τᾶν γυναικῶν;

ΛΤΣΙΣΤΡΑΤΗ

ἥδ' ἐγώ.

ΛΑΜΠΙΤΩ

μύσιδδέ τυ
ὅ τι λῇς ποθ' ἁμέ.

ΚΑΛΟΝΙΚΗ

95   νὴ Δί’, ὦ φίλη γύναι,
λέγε δῆτα τὸ σπουδαῖον ὅ τι τοῦτ’ ἐστί σοι.

ΛΥΣΙΣΤΡΑΤΗ

λέγοιμ’ ἂν ἤδη. πρὶν ‹δὲ› λέγειν, ὑμᾶς τοδὶ
ἐπερήσομαί, τι μικρόν.

ΚΑΛΟΝΙΚΗ

ὅ τι βούλει γε σύ.

ΛΥΣΙΣΤΡΑΤΗ

τοὺς πατέρας οὐ ποθεῖτε τοὺς τῶν παιδίων
100   ἐπὶ στρατιᾶς ἀπόντας; εὖ γὰρ οἶδ’ ὅτι
πάσαισιν ὑμῖν ἐστιν ἀποδημῶν ἀνήρ.

ΚΑΛΟΝΙΚΗ

ὁ γοῦν ἐμὸς ἀνὴρ πέντε μῆνας, ὦ τάλαν,
ἄπεστιν ἐπὶ Θρᾴκης φυλάττων Εὐκράτη.

ΜΥΡΡΙΝΗ

ὁ δ’ ἐμός γε τελέους ἑπτὰ μῆνας ἐν Πύλῳ.

ΛΑΜΠΙΤΩ

105   ὁ δ’ ἐμός γα, καἴ κ’ ἐκ τᾶς ταγᾶς ἔλσῃ ποκά,
πορπακισάμενος φροῦδος ἀμπτάμενος ἔβα.

ΚΑΛΟΝΙΚΗ

ἀλλ' οὐδὲ μοιχοῦ καταλέλειπται φεψάλυξ.

ἐξ οὗ γὰρ ἡμᾶς προὔδοσαν Μιλήσιοι,

οὐκ εἶδον οὐδ' ὄλισβον ὀκτωδάκτυλον,

110   ὃς ἦν ἂν ἡμῖν σκυτίνη 'πικουρία.

ΛΤΣΙΣΤΡΑΤΗ

ἐθέλοιτ' ἂν οὖν, εἰ μηχανὴν εὕροιμ' ἐγώ,

μετ' ἐμοῦ καταλῦσαι τὸν πόλεμον;

ΚΑΛΟΝΙΚΗ

νὴ τὼ θεὼ

ἐγὼ μὲν ἄν, κἂν εἴ με χρείη τοὔγκυκλον

τουτὶ καταθεῖσαν ἐκπιεῖν αὐθημερόν.

ΜΤΡΡΙΝΗ

115   ἐγὼ δέ γ' ἄν, κἂν ὡσπερεὶ ψῆτταν δοκῶ

δοῦναι ἂν ἐμαυτῆς παρατεμοῦσα θἤμισυ.

ΛΑΜΠΙΤΩ

ἐγὼν δὲ καί κα ποττὸ Ταΰγετόν γ' ἄνω

ἔλσοιμ' ὅπᾳ μέλλοιμί γ' εἰράναν ἰδῆν.

ΛΤΣΙΣΤΡΑΤΗ

λέγοιμ' ἄν· οὐ δεῖ γὰρ κεκρύφθαι τὸν λόγον.

120   ἡμῖν γάρ, ὦ γυναῖκες, εἴπερ μέλλομεν

ἀναγκάσειν τοὺς ἄνδρας εἰρήνην ἄγειν,
ἀφεκτέ᾽ ἐστι—

ΚΑΛΟΝΙΚΗ
         τοῦ; φράσον.

ΛΤΣΙΣΤΡΑΤΗ
                    ποιήσετ᾽ οὖν;

ΚΑΛΟΝΙΚΗ
ποιήσομεν, κἂν ἀποθανεῖν ἡμᾶς δέῃ.

ΛΤΣΙΣΤΡΑΤΗ
ἀφεκτέα τοίνυν ἐστὶν ἡμῖν τοῦ πέους.

125   τί μοι μεταστρέφεσθε; ποῖ βαδίζετε;
αὗται, τί μοιμυᾶτε κἀνανεύετε;
τί χρὼς τέτραπται; τί δάκρυον κατείβεται;
ποιήσετ᾽ ἢ οὐ ποιήσετ᾽; ἢ τί μέλλετε;

ΚΑΛΟΝΙΚΗ
οὐκ ἂν ποιήσαιμ᾽, ἀλλ᾽ ὁ πόλεμος ἑρπέτω.

ΜΤΡΡΙΝΗ
130   μὰ Δί᾽ οὐδ᾽ ἔγὼ γάρ, ἀλλ᾽ ὁ πόλεμος ἑρπέτω.

ΛΥΣΙΣΤΡΑΤΗ

ταυτὶ σὺ λέγεις, ὦ ψῆττα; καὶ μὴν ἄρτι γε
ἔφησθα σαυτῆς κἂν παρατεμεῖν θἤμισυ.

ΚΑΛΟΝΙΚΗ

ἀλλ᾽, ἀλλ᾽ ὅ τι βούλει. κἄν με χρῇ, διὰ τοῦ πυρὸς
ἐθέλω βαδίζειν. τοῦτο μᾶλλον τοῦ πέους·
135   οὐδὲν γὰρ οἷον, ὦ φίλη Λυσιστράτη,

ΛΥΣΙΣΤΡΑΤΗ

τί δαὶ σύ;

ΓΥΝΗ Α´

κἀγὼ βούλομαι διὰ τοῦ πυρός.

ΛΥΣΙΣΤΡΑΤΗ

ὦ παγκατάπυγον θἠμέτερον ἅπαν γένος.
οὐκ ἐτὸς ἀφ᾽ ἡμῶν εἰσιν αἱ τραγῳδίαι·
οὐδὲν γάρ ἐσμεν πλὴν Ποσειδῶν καὶ σκάφη.
140   ἀλλ᾽, ὦ φίλη Λάκαινα,—σὺ γὰρ ἐὰν γένῃ
μόνη μετ᾽ ἐμοῦ, τὸ πρᾶγμ᾽ ἀνασωσαίμεσθ᾽ ἔτ᾽
⟨ἄν⟩—
ξυμψήφισαί μοι.

ΛΑΜΠΙΤΩ

χαλεπὰ μὲν ναὶ τὼ σιὼ
γυναῖκας ὑπνῶν ἐστ' ἄνευ ψωλᾶς μόνας.
ὅμως γα μάν· δεῖ τᾶς γὰρ εἰράνας μάλ' αὖ.

ΛΤΣΙΣΤΡΑΤΗ

145   ὦ φιλτάτη· σὺ καὶ μόνη τούτων γυνή.

ΚΑΛΟΝΙΚΗ

εἰ δ' ὡς μάλιστ' ἀπεχοίμεθ' οὗ σὺ δὴ λέγεις,—
ὃ μὴ γένοιτο,—μᾶλλον ἂν διὰ τουτογὶ
γένοιτ' ἂν εἰρήνη;

ΛΤΣΙΣΤΡΑΤΗ

        πολύ γε νὴ τὼ θεώ.
εἰ γὰρ καθῄμεθ' ἔνδον ἐντετριμμέναι,
150   κἂν τοῖς χιτωνίοισι τοῖς ἀμοργίνοις
γυμναὶ παρίοιμεν δέλτα παρατετιλμέναι,
στύοιντο δ' ἄνδρες κἀπιθυμοῖεν σπλεκοῦν,
ἡμεῖς δὲ μὴ προσίοιμεν, ἀλλ' ἀπεχοίμεθα,
σπονδὰς ποιήσαιντ' ἂν ταχέως, εὖ οἶδ' ὅτι.

ΛΑΜΠΙΤΩ

155   ὁ γῶν Μενέλαος τᾶς Ἑλένας τὰ μᾶλά πᾳ
γυμνᾶς παραυιδὼν ἐξέβαλ', οἰῶ, τὸ ξίφος.

ΚΑΛΟΝΙΚΗ

τί δ᾽, ἢν ἀφιῶσ᾽ ἄνδρες ἡμᾶς, ὦ μέλε;

ΛΤΣΙΣΤΡΑΤΗ

τὸ τοῦ Φερεκράτους, κύνα δέρειν δεδαρμένην.

ΚΑΛΟΝΙΚΗ

φλυαρία ταῦτ᾽ ἐστὶ τὰ μεμιμημένα.

160   ἐὰν λαβόντες δ᾽ εἰς τὸ δωμάτιον βίᾳ

ἕλκωσιν ἡμᾶς;

ΛΤΣΙΣΤΡΑΤΗ

ἀντέχου σὺ τῶν θυρῶν.

ΚΑΛΟΝΙΚΗ

ἐὰν δὲ τύπτωσιν;

ΛΤΣΙΣΤΡΑΤΗ

παρέχειν χρὴ κακὰ κακῶς·

οὐ γὰρ ἔνι τούτοις ἡδονὴ τοῖς πρὸς βίαν.

κἄλλως ὀδυνᾶν χρή· κἀμέλει ταχέως πάνυ

165   ἀπεροῦσιν. οὐ γὰρ οὐδέποτ᾽ εὐφρανθήσεται

ἀνήρ, ἐὰν μὴ τῇ γυναικὶ ξυμφέρῃ.

ΚΑΛΟΝΙΚΗ

εἴ τοι δοκεῖ σφῷν ταῦτα, χἠμῖν ξυνδοκεῖ.

ΛΑΜΠΙΤΩ

καὶ τὼς μὲν ἀμῶν ἄνδρας ἀμὲς πείσομες

παντᾷ δικαίως ἄδολον εἰράναν ἄγην·

170 τὸν τῶν Ἀσαναίων γα μὰν ῥυάχετον

πᾷ κά τις ἀμπείσειεν αὖ μὴ πλαδδιῆν;

ΛΥΣΙΣΤΡΑΤΗ

ἡμεῖς ἀμέλει σοι τά γε παρ' ἡμῖν πείσομεν.

ΛΑΜΠΙΤΩ

οὔχ, ἇς πόδας κ' ἔχωντι ταὶ τριήρεες

καὶ τὠργύριον τὤβυσσον ᾖ πὰρ τᾷ σιῷ.

ΛΥΣΙΣΤΡΑΤΗ

175 ἀλλ' ἔστι καὶ τοῦτ' εὖ παρεσκευασμένον·

καταληψόμεθα γὰρ τὴν ἀκρόπολιν τήμερον.

ταῖς πρεσβυτάταις γὰρ προστέτακται τοῦτο δρᾶν,

ἕως ἂν ἡμεῖς ταῦτα συντιθώμεθα,

θύειν δοκούσαις᾿καταλαβεῖν τὴν ἀκρόπολιν.

ΛΑΜΠΙΤΩ

180 παντᾷ κ' ἔχοι· καὶ τᾷδε γὰρ λέγεις καλῶς.

ΛΥΣΙΣΤΡΑΤΗ

τί δῆτα ταῦτ' οὐχ ὡς τάχιστα, Λαμπιτοῖ,

ξυνωμόσαμεν, ὅπως ἂν ἀρρήκτως ἔχῃ;

ΛΑΜΠΙΤΩ

πάρφαινε μὰν τὸν ὄρκον, ὡς ὀμιώμεθα.

ΛΥΣΙΣΤΡΑΤΗ

καλῶς λέγεις. ποῦ 'σθ' ἡ Σκύθαινα; ποῖ βλέπεις;
185 θὲς εἰς τὸ πρόσθεν ὑπτίαν τὴν ἀσπίδα,
καί μοι δότω τὰ τόμιά τις.

ΚΑΛΟΝΙΚΗ

                    Λυσιστράτη,
τίν' ὅρκον ὁρκώσεις ποθ' ἡμᾶς;

ΛΥΣΙΣΤΡΑΤΗ

                    ὅντινα;
εἰς ἀσπίδ', ὥσπερ, φασίν, Αἰσχύλος ποτέ,
μηλοσφαγούσας.

ΚΑΛΟΝΙΚΗ

                    μὴ σύ γ', ὦ Λυσιστράτη,
190 εἰς ἀσπίδ' ὀμόσῃς μηδὲν εἰρήνης πέρι.

ΛΥΣΙΣΤΡΑΤΗ

τίς ἂν οὖν γένοιτ' ἂν ὅρκος;

ΚΑΛΟΝΙΚΗ

                    εἰ λευκόν ποθεν
ἵππον λαβοῦσαι τόμιον ἐντεμοίμεθα;

ΛΥΣΙΣΤΡΑΤΗ

ποῖ λευκὸν ἵππον;

ΚΑΛΟΝΙΚΗ

ἀλλὰ πῶς ὀμούμεθα

ἡμεῖς;

ΛΥΣΙΣΤΡΑΤΗ

ἐγώ σοι νὴ Δί', ἢν βούλῃ, φράσω.

195   θεῖσαι μέλαιναν κύλικα μεγάλην ὑπτίαν,
μηλοσφαγοῦσαι Θάσιον οἴνου σταμνίον
ὀμόσωμεν εἰς τὴν κύλικα μὴ 'πιχεῖν ὕδωρ.

ΛΑΜΠΙΤΩ

φεῦ δᾶ, τὸν ὅρκον ἄφατον ὡς ἐπαινίω.

ΛΥΣΙΣΤΡΑΤΗ

φερέτω κύλικά τις ἔνδοθεν καὶ σταμνίον.

ΜΥΡΡΙΝΗ

200   ὦ φίλταται γυναῖκες, <ὁ> κεραμὼν ὅσος.

ΚΑΛΟΝΙΚΗ

ταύτην μὲν ἄν τις εὐθὺς ἡσθείη λαβών.

ΛΥΣΙΣΤΡΑΤΗ

καταθεῖσα ταύτην προσλαβοῦ μοι τοῦ κάπρου.

δέσποινα Πειθοῖ καὶ κύλιξ φιλοτησία,
τὰ σφάγια δέξαι ταῖς γυναιξὶν εὐμενής.

ΚΑΛΟΝΙΚΗ

205 εὔχρων γε θαῖμα κἀποπυτίζει καλῶς.

ΛΑΜΠΙΤΩ

καὶ μὰν ποτόδδει γ᾿ ἁδὺ ναὶ τὸν Κάστορα.

ΜΥΡΡΙΝΗ

ἐᾶτε πρώτην μ᾿, ὦ γυναῖκες, ὀμνύναι.

ΚΑΛΟΝΙΚΗ

μὰ τὴν Ἀφροδίτην οὔκ, ἐάν γε μὴ λάχῃς.

ΛΥΣΙΣΤΡΑΤΗ

λάζυσθε πᾶσαι τῆς κύλικος, ὦ Λαμπιτοῖ·
210 λεγέτω δ᾿ ὑπὲρ ὑμῶν μί᾿ ἅπερ ἂν κἀγὼ λέγω·
ὑμεῖς δ᾿ ἐπομεῖσθε ταῦτα κἀμπεδώσετε.
οὐκ ἔστιν οὐδεὶς οὔτε μοιχὸς οὔτ᾿ ἀνήρ—

ΚΑΛΟΝΙΚΗ

οὐκ ἔστιν οὐδεὶς οὔτε μοιχὸς οὔτ᾿ ἀνήρ—

ΛΥΣΙΣΤΡΑΤΗ

ὅστις πρὸς ἐμὲ πρόσεισιν ἐστυκώς. λέγε.

ΚΑΛΟΝΙΚΗ

215 ὅστις πρὸς ἐμὲ πρόσεισιν ἐστυκώς. παπαῖ,
ὑπολύεταί μου τὰ γόνατ᾽, ὦ Λυσιστράτη.

ΛΥΣΙΣΤΡΑΤΗ

οἴκοι δ᾽ ἀταυρώτη διάξω τὸν βίον—

ΚΑΛΟΝΙΚΗ

οἴκοι δ᾽ ἀταυρώτη διάξω τὸν βίον—

ΛΥΣΙΣΤΡΑΤΗ

κροκωτοφοροῦσα καὶ κεκαλλωπισμένη—

ΚΑΛΟΝΙΚΗ

220 κροκωτοφοροῦσα καὶ κεκαλλωπισμένη—

ΛΥΣΙΣΤΡΑΤΗ

ὅπως ἂν ἀνὴρ ἐπιτυφῇ μάλιστά μου·

ΚΑΛΟΝΙΚΗ

ὅπως ἂν ἀνὴρ ἐπιτυφῇ μάλιστά μου·

ΛΥΣΙΣΤΡΑΤΗ

κοὐδέποθ᾽ ἑκοῦσα τἀνδρὶ τὠμῷ πείσομαι.

ΚΑΛΟΝΙΚΗ

κοὐδέποθ᾽ ἑκοῦσα τἀνδρὶ τὠμῷ πείσομαι.

ΛΤΣΙΣΤΡΑΤΗ

225 ἐὰν δέ μ' ἄκουσαν βιάζηται βίᾳ—

ΚΑΛΟΝΙΚΗ

ἐὰν δέ μ' ἄκουσαν βιάζηται βίᾳ—

ΛΤΣΙΣΤΡΑΤΗ

κακῶς παρέξω κοὐχὶ προσκινήσομαι.

ΚΑΛΟΝΙΚΗ

κακῶς παρέξω κοὐχὶ προσκινήσομαι.

ΛΤΣΙΣΤΡΑΤΗ

οὐ πρὸς τὸν ὄροφον ἀνατενῶ τὼ Περσικά.

ΚΑΛΟΝΙΚΗ

230 οὐ πρὸς τὸν ὄροφον ἀνατενῶ τὼ Περσικά.

ΛΤΣΙΣΤΡΑΤΗ

οὐ στήσομαι λέαιν' ἐπὶ τυροκνήστιδος.

ΚΑΛΟΝΙΚΗ

οὐ στήσομαι λέαιν' ἐπὶ τυροκνήστιδος.

ΛΤΣΙΣΤΡΑΤΗ

ταῦτ' ἐμπεδοῦσα μὲν πίοιμ' ἐντευθενί—

ΚΑΛΟΝΙΚΗ

ταῦτ᾽ ἐμπεδοῦσα μὲν πίοιμ᾽ ἐντευθενί—

ΛΥΣΙΣΤΡΑΤΗ

235   εἰ δὲ παραβαίην, ὕδατος ἐμπλῇθ᾽ ἡ κύλιξ.

ΚΑΛΟΝΙΚΗ

εἰ δὲ παραβαίην, ὕδατος ἐμπλῇθ᾽ ἡ κύλιξ.

ΛΥΣΙΣΤΡΑΤΗ

συνεπόμνυθ᾽ ὑμεῖς ταῦτα πᾶσαι;

ΠΑΣΑΙ

νὴ Δία.

ΛΥΣΙΣΤΡΑΤΗ

φέρ᾽ ἐγὼ καθαγίσω τήνδε.

ΚΑΛΟΝΙΚΗ

                                            τὸ μέρος γ᾽, ὦ φίλη,
ὅπως ἂν ὦμεν εὐθὺς ἀλλήλων φίλαι.

ΛΑΜΠΙΤΩ

τίς ὠλολυγά;

ΛΥΣΙΣΤΡΑΤΗ

240   τοῦτ᾽ ἐκεῖν᾽ οὑγὼ ᾽λεγον·

αἱ γὰρ γυναῖκες τὴν ἀκρόπολιν τῆς θεοῦ
ἤδη καθειλήφασιν. ἀλλ᾽, ὦ Λαμπιτοῖ,
σὺ μὲν βάδιζε καὶ τὰ παρ᾽ ὑμῖν εὖ τίθει,
τασδὶ δ᾽ ὁμήρους κατάλιφ᾽ ἡμῖν ἐνθάδε.
245   ἡμεῖς δὲ ταῖς ἄλλαισι ταῖσιν ἐν πόλει
ξυνεμβάλωμεν εἰσιοῦσαι τοὺς μοχλούς.

ΚΑΛΟΝΙΚΗ
οὔκουν ἐφ᾽ ἡμᾶς ξυμβοηθήσειν οἴει
τοὺς ἄνδρας εὐθύς;

ΛΤΣΙΣΤΡΑΤΗ
                    ὀλίγον αὐτῶν μοι μέλει.
 οὐ γὰρ τοσαύτας οὔτ᾽ ἀπειλὰς οὔτε πῦρ
250   ἥξουσ᾽ ἔχοντες ὥστ᾽ ἀνοῖξαι τὰς πύλας
ταύτας, ἐὰν μὴ ᾽φ᾽ οἷσιν ἡμεῖς εἴπομεν.

ΚΑΛΟΝΙΚΗ
μὰ τὴν Ἀφροδίτην οὐδέποτέ γ᾽· ἄλλως γὰρ ἂν
ἄμαχοι γυναῖκες καὶ μιαραὶ κεκλήμεθ᾽ ἄν.

ΚΟΡΤΦΑΙΟΣ
χώρει, Δράκης, ἡγοῦ βάδην, εἰ καὶ τὸν ὦμον ἀλγεῖς
255   κορμοῦ τοσουτονὶ βάρος χλωρᾶς φέρων ἐλαίας.

ΧΟΡΟΣ ΓΕΡΟΝΤΩΝ
(στρ)   ἦ πόλλ᾽ ἄελπτ᾽ ἔνεστιν ἐν τῷ μακρῷ βίῳ, φεῦ,

ἐπεὶ τίς ἄν ποτ' ἤλπισ', ὦ Στρυμόδωρ', ἀκοῦσαι
260   γυναῖκας, ἃς ἐβόσκομεν κατ' οἶκον ἐμφανὲς κακόν,
        κατὰ μὲν ἅγιον ἔχειν βρέτας,
        κατά τ' ἀκρόπολιν ἐμὰν λαβεῖν
        κλήθροισί τ' αὖ καὶ μοχλοῖ-
265   σι τὰ προπύλαια πακτοῦν;

KOPΤΦAIOΣ

ἀλλ' ὡς τάχιστα πρὸς πόλιν σπεύσωμεν, ὦ Φιλοῦργε,
ὅπως ἂν αὐταῖς ἐν κύκλῳ θέντες τὰ πρέμνα ταυτί,
ὅσαι τὸ πρᾶγμα τοῦτ' ἐνεστήσαντο καὶ μετῆλθον,
μίαν πυρὰν νήσαντες ἐμπρήσωμεν αὐτόχειρες
270   πάσας, ἀπὸ ψήφου μιᾶς, πρώτην δὲ τὴν Λύκωνος.

XOPOΣ ΓΕΡΟΝΤΩΝ

(ἀντ)   οὐ γὰρ μὰ τὴν Δήμητρ' ἐμοῦ ζῶντος ἐγχανοῦνται·
        ἐπεὶ οὐδὲ Κλεομένης, ὃς αὐτὴν κατέσχε πρῶτος,
275   ἀπῆλθεν ἀψάλακτος, ἀλλ' ὅμως Λακωνικὸν πνέων
        ᾤχετο θὤπλα παραδοὺς ἐμοί,
        σμικρὸν ἔχων πάνυ τριβώνιον,
        πεινῶν ῥυπῶν ἀπαράτιλ-
280   τος, ἐξ ἐτῶν ἄλουτος.

KOPΤΦAIOΣ

οὕτως ἐπολιόρκησ' ἐγὼ τὸν ἄνδρ' ἐκεῖνον ὠμῶς
ἐφ' ἑπτακαίδεκ' ἀσπίδων πρὸς ταῖς πύλαις καθεύδων.
τασδὶ δὲ τὰς Εὐριπίδῃ θεοῖς τε πᾶσιν ἐχθρὰς

τασδὶ δὲ τὰς Εὐριπίδη θεοῖς τε πᾶσιν ἐχθρὰς
ἐγὼ οὐκ ἄρα σχήσω παρὼν τολμήματος τοσούτου;
285 μή νυν ἔτ’ ἐν ‹τῇ› τετραπόλει τοὐμὸν τροπαῖον εἴη.

ΧΟΡΟΣ ΓΕΡΟΝΤΩΝ

(στρ)   ἀλλ’ αὐτὸ γάρ μοι τῆς ὁδοῦ
         λοιπόν ἐστι χωρίον
         τὸ πρὸς πόλιν τὸ σιμόν, οἳ σπουδὴν ἔχω.
         πῶς ‹δή› ποτ’ ἐξαμπρεύσομεν
290   τοῦτ’ ἄνευ κανθηλίου;
         ὡς ἐμοῦ γε τὼ ξύλω τὸν ὦμον ἐξιπώκατον.
         ἀλλ’ ὅμως βαδιστέον,
         καὶ τὸ πῦρ φυσητέον,
         μή μ’ ἀποσβεσθὲν λάθῃ
             πρὸς τῇ τελευτῇ τῆς ὁδοῦ.
         φῦ φῦ.
295   ἰοὺ ἰοὺ τοῦ καπνοῦ.

(ἀντ)   ὡς δεινόν, ὦναξ Ἡράκλεις,
             προσπεσόν μ’ ἐκ τῆς χύτρας
         ὥσπερ κύων λυττῶσα τὠφθαλμὼ δάκνει.
         κἄστιν γε Λήμνιον τὸ πῦρ
300   τοῦτο πάσῃ μηχανῇ·
         οὐ γὰρ ‹ἄν› ποθ’ ὧδ’ ὀδὰξ ἔβρυκε τὰς λήμας ἐμοῦ.
         σπεῦδε πρόσθεν εἰς πόλιν
         καὶ βοήθει τῇ θεῷ.
         ἢ πότ’ αὐτῇ μᾶλλον ἢ

νῦν, ὦ Λάχης, ἀρήξομεν;

305   φῦ φῦ.

ἰοὺ ἰοὺ τοῦ καπνοῦ.

ΚΟΡΤΦΑΙΟΣ

τουτὶ τὸ πῦρ ἐγρήγορεν θεῶν ἕκατι καὶ ζῇ.

οὔκουν ἄν, εἰ τὼ μὲν ξύλω θείμεσθα πρῶτον αὐτοῦ,

τῆς ἀμπέλου δ᾽ εἰς τὴν χύτραν τὸν φανὸν ἐγκαθέντες

ἄψαντες εἶτ᾽ εἰς τὴν θύραν κριηδὸν ἐμπέσοιμεν,

310   κἂν μὴ καλούντων τοὺς μοχλοὺς χαλῶσιν αἱ γυναῖκες,

ἐμπιμπράναι χρὴ τὰς θύρας καὶ τῷ καπνῷ πιέζειν.

θώμεσθα δὴ τὸ φορτίον. φεῦ τοῦ καπνοῦ, βαβαιάξ.

τίς ξυλλάβοιτ᾽ ἂν τοῦ ξύλου τῶν ἐν Σάμῳ στρατηγῶν;

ταυτὶ μὲν ἤδη τὴν ῥάχιν θλίβοντά μου πέπαυται.

315   σὸν δ᾽ ἔργον ἐστίν, ὦ χύτρα, τὸν ἄνθρακ᾽ ἐξεγείρειν,

τὴν λαμπάδ᾽ ἡμμένην ὅπως πρώτιστ᾽ ἐμοὶ προσοίσει.

δέσποινα Νίκη, ξυγγενοῦ τῶν τ᾽ ἐν πόλει γυναικῶν

τοῦ νῦν παρεστῶτος θράσους θέσθαι τροπαῖον ἡμᾶς.

ΚΟΡΤΦΑΙΑ

λιγνὺν δοκῶ μοι καθορᾶν καὶ καπνόν, ὦ γυναῖκες,

320   ὥσπερ πυρὸς καομένου· σπευστέον ἐστὶ θᾶττον.

ΧΟΡΟΣ ΓΤΝΑΙΚΩΝ

(στρ)   πέτου πέτου, Νικοδίκη,

        πρὶν ἐμπεπρῆσθαι Καλύκην

        τε καὶ Κρίτυλλαν περιφυσήτω

ὑπό τ' ἀνέμων ἀργαλέων
325   ὑπό τε γερόντων ὀλέθρων.
       ἀλλὰ φοβοῦμαι τόδε· μῶν ὑστερόπους βοηθῶ;
       νῦν δὴ γὰρ ἐμπλησαμένη τὴν ὑδρίαν κνεφαία
       μόλις ἀπὸ κρήνης ὑπ' ὄχλου καὶ θορύβου
           καὶ πατάγου χυτρείου,
330   δούλαισιν ὠστιζομένη
       στιγματίαις θ', ἁρπαλέως
           ἀραμένη, ταῖσιν ἐμαῖς
           δημότισιν καομέναις
335   φέρουσ' ὕδωρ βοηθῶ.

(ἀντ)   ἤκουσα γὰρ τυφογέρον-
           τας ἄνδρας ἔρρειν, στελέχη
           φέροντας ὥσπερ βαλανεύσοντας
       εἰς πόλιν ὡς τριτάλαντα βάρος,
       δεινότατ' ἀπειλοῦντας ἐπῶν
340   ὡς πυρὶ χρὴ τὰς μυσαρὰς γυναῖκας ἀνθρακεύειν.
       ἅς, ὦ θεά, μή ποτ' ἐγὼ πιμπραμένας ἴδοιμι,
       ἀλλὰ πολέμου καὶ μανιῶν ῥυσαμένας
       Ἑλλάδα καὶ πολίτας·
       ἐφ' οἷσπερ, ὦ χρυσολόφα
345   πολιοῦχε, σὰς ἔσχον ἕδρας.
       καί σε καλῶ ξύμμαχον, ὦ
           Τριτογένει', ἤν τις ἐκεί-
           νας ὑποπιμπρῆσιν ἀνήρ,
       φέρειν ὕδωρ μεθ' ἡμῶν.

KORTΦAIA

350 ἔασον, ὦ, τουτὶ τί ἦν; ἄνδρες πονωπονηροί·
οὐ γάρ ποτ' ἂν χρηστοί γ' ἔδρων οὐδ' εὐσεβεῖς τάδ' ἄνδρες.

KORTΦAIOΣ

τουτὶ τὸ πρᾶγμ' ἡμῖν ἰδεῖν ἀπροσδόκητον ἥκει·
ἑσμὸς γυναικῶν οὑτοσὶ θύρασιν αὖ βοηθεῖ.

KORTΦAIA

τί βδύλλεθ' ἡμᾶς; οὔ τί που πολλαὶ δοκοῦμεν εἶναι;
355 καὶ μὴν μέρος γ' ἡμῶν ὁρᾶτ' οὔπω τὸ μυριοστόν.

KORTΦAIOΣ

ὦ Φαιδρία, ταύτας λαλεῖν ἐάσομεν τοσαυτί;
οὐ περικατᾶξαι τὸ ξύλον τύπτοντ' ἐχρῆν τιν' αὐταῖς;

KORTΦAIA

θώμεσθα δὴ τὰς κάλπιδας χἠμεῖς χαμᾶζ', ὅπως ἄν,
ἢν προσφέρῃ τὴν χεῖρά τις, μὴ τοῦτό μ' ἐμποδίζῃ.

KORTΦAIOΣ

360 εἰ νὴ Δί' ἤδη τὰς γνάθους τούτων τις ἢ δὶς ἢ τρὶς
ἔκοψεν ὥσπερ Βουπάλου, φωνὴν ἂν οὐκ ἂν εἶχον.

KORTΦAIA

καὶ μὴν ἰδού· παταξάτω τις· στᾶσ' ἐγὼ παρέξω,
κοὐ μή ποτ' ἄλλη σου κύων τῶν ὄρχεων λάβηται.

ΚΟΡΤΦΑΙΟΣ
εἰ μὴ σιωπήσει, θενών σου 'κκοκκιῶ τὸ γῆρας.

ΚΟΡΤΦΑΙΑ
365 ἅψαι μόνον Στρατυλλίδος τῷ δακτύλῳ προσελθών—

ΚΟΡΤΦΑΙΟΣ
τί δ᾽, ἢν σποδῶ τοῖς κονδύλοις; τί μ᾽ ἐργάσει τὸ δεινόν;

ΚΟΡΤΦΑΙΑ
βρύκουσά σου τοὺς πλεύμονας καὶ τἄντερ᾽ ἐξαμήσω.

ΚΟΡΤΦΑΙΟΣ
οὐκ ἔστ᾽ ἀνὴρ Εὐριπίδου σοφώτερος ποιητής·
οὐδὲν γὰρ ὧδε θρέμμ᾽ ἀναιδές ἐστιν ὡς γυναῖκες.

ΚΟΡΤΦΑΙΑ
370 αἰρώμεθ᾽ ἡμεῖς θοὔδατος τὴν κάλπιν, ὦ Ῥοδίππη.

ΚΟΡΤΦΑΙΟΣ
τί δ᾽, ὦ θεοῖς ἐχθρά, σὺ δεῦρ᾽ ὕδωρ ἔχουσ᾽ ἀφίκου;

ΚΟΡΤΦΑΙΑ
τί δ᾽ αὖ σὺ πῦρ, ὦ τύμβ᾽, ἔχων; ὡς σαυτὸν ἐμπυρεύσων;

ΚΟΡΤΦΑΙΟΣ
ἐγὼ μὲν ἵνα νήσας πυρὰν τὰς σὰς φίλας ὑφάψω.

ΚΟΡΥΦΑΙΑ

ἐγὼ δέ γ᾽, ἵνα τὴν σὴν πυρὰν τούτῳ κατασβέσαιμι.

ΚΟΡΥΦΑΙΟΣ

τοὐμὸν σὺ πῦρ κατασβέσεις;

ΚΟΡΥΦΑΙΑ

375   τοὔργον τάχ᾽ αὐτὸ δείξει.

ΚΟΡΥΦΑΙΟΣ

οὐκ οἶδά σ᾽ εἰ τῇδ᾽ ὡς ἔχω τῇ λαμπάδι σταθεύσω.

ΚΟΡΥΦΑΙΑ

εἰ ῥύμμα τυγχάνεις ἔχων, λουτρόν <γέ σοι> παρέξω.

ΚΟΡΥΦΑΙΟΣ

ἐμοὶ σὺ λουτρόν, ὦ σαπρά;

ΚΟΡΥΦΑΙΑ

                καὶ ταῦτα νυμφικόν γε.

ΚΟΡΥΦΑΙΟΣ

ἤκουσας αὐτῆς τοῦ θράσους;

ΚΟΡΥΦΑΙΑ

                ἐλευθέρα γάρ εἰμι.

ΚΟΡΤΦΑΙΟΣ
σχήσω σ' ἐγὼ τῆς νῦν βοῆς.

ΚΟΡΤΦΑΙΑ
380   ἀλλ' οὐκέτ' ἡλιάζει.

ΚΟΡΤΦΑΙΟΣ
ἔμπρησον αὐτῆς τὰς κόμας.

ΚΟΡΤΦΑΙΑ
σὸν ἔργον, ὦχελῷε.

ΚΟΡΤΦΑΙΟΣ
οἴμοι τάλας.

ΚΟΡΤΦΑΙΑ
μῶν θερμὸν ἦν;

ΚΟΡΤΦΑΙΟΣ
ποῖ θερμόν; οὐ παύσει; τί δρᾷς;

ΚΟΡΤΦΑΙΑ
ἄρδω σ', ὅπως ἀναβλαστανεῖς.

ΚΟΡΤΦΑΙΟΣ
385   ἀλλ' αὖός εἰμ' ἤδη τρέμων.

KOPTΦAIA

οὐκοῦν, ἐπειδὴ πῦρ ἔχεις, σὺ χλιανεῖς σεαυτόν.

ΠΡΟΒΟΤΛΟΣ

ἆρ᾿ ἐξέλαμψε τῶν γυναικῶν ἡ τρυφὴ

χὠ τυμπανισμὸς χοἰ πυκνοὶ Σαβάζιοι,

ὅ τ᾿ Ἀδωνιασμὸς οὗτος οὑπὶ τῶν τεγῶν,

390   οὗ 'γώ ποτ᾿ ὢν ἤκουον ἐν τἠκκλησίᾳ;

ἔλεγεν ὁ μὴ ὥρασι μὲν Δημόστρατος

πλεῖν εἰς Σικελίαν, ἡ γυνὴ δ᾿ ὀρχουμένη

"αἰαῖ Ἄδωνιν" φησίν. ὁ δὲ Δημόστρατος

ἔλεγεν ὁπλίτας καταλέγειν Ζακυνθίων,

395   ἡ δ᾿ ὑποπεπωκυῖ᾿ ἡ γυνὴ 'πὶ τοῦ τέγους

"κόπτεσθ᾿ Ἄδωνιν" φησίν. ὁ δ᾿ ἐβιάζετο,

ὁ θεοῖσιν ἐχθρὸς καὶ μιαρὸς Χολοζύγης.

τοιαῦτ᾿ ἀπ᾿ αὐτῶν ἐστιν ἀκολαστάσματα.

KOPTΦAIOΣ

τί δῆτ᾿ ἄν, εἰ πύθοιο καὶ τὴν τῶνδ᾿ ὕβριν;

400   αἲ τἄλλα θ᾿ ὑβρίκασι κἀκ τῶν καλπίδων

ἔλουσαν ἡμᾶς, ὥστε θαἰματίδια

σείειν πάρεστιν ὥσπερ ἐνεουρηκότας.

ΠΡΟΒΟΤΛΟΣ

νὴ τὸν Ποσειδῶ τὸν ἁλυκὸν δίκαιά γε.

ὅταν γὰρ αὐτοὶ ξυμπονηρευώμεθα

405   ταῖσιν γυναιξὶ καὶ διδάσκωμεν τρυφᾶν,

τοιαῦτ᾽ ἀπ᾽ αὐτῶν βλαστάνει βουλεύματα.

οἳ λέγομεν ἐν τῶν δημιουργῶν τοιαδί·

"ὦ χρυσοχόε, τὸν ὅρμον ὃν ἐπεσκεύασας,

ὀρχουμένης μου τῆς γυναικὸς ἑσπέρας

410   ἡ βάλανος ἐκπέπτωκεν ἐκ τοῦ τρήματος.

ἐμοὶ μὲν οὖν ἔστ᾽ εἰς Σαλαμῖνα πλευστέα·

σὺ δ᾽ ἢν σχολάσῃς, πάσῃ τέχνῃ πρὸς ἑσπέραν

ἐλθὼν ἐκείνῃ τὴν βάλανον ἐνάρμοσον."

ἕτερος δέ τις πρὸς σκυτοτόμον ταδὶ λέγει

415   νεανίαν καὶ πέος ἔχοντ᾽ οὐ παιδικόν·

"ὦ σκυτοτόμε, τῆς μου γυναικὸς τοῦ ποδὸς

τὸ δακτυλίδιον πιέζει τὸ ζυγόν,

ἅθ᾽ ἁπαλὸν ὄν· τοῦτ᾽ οὖν σὺ τῆς μεσημβρίας

ἐλθὼν χάλασον, ὅπως ἂν εὐρυτέρως ἔχῃ."

420   τοιαῦτ᾽ ἀπήντηκ᾽ εἰς τοιαυτὶ πράγματα,

ὅτε γ᾽ ὢν ἐγὼ πρόβουλος, ἐκπορίσας ὅπως

κωπῆς ἔσονται, τἀργυρίου νυνὶ δέον,

ὑπὸ τῶν γυναικῶν ἀποκέκλημαι τῶν πυλῶν.

ἀλλ᾽ οὐδὲν ἔργον ἑστάναι. φέρε τοὺς μοχλούς,

425   ὅπως ἂν αὐτὰς τῆς ὕβρεως ἐγὼ σχέθω.

τί κέχηνας, ὦ δύστηνε; ποῖ δ᾽ αὖ σὺ βλέπεις,

οὐδὲν ποιῶν ἀλλ᾽ ἢ καπηλεῖον σκοπῶν;

οὐχ ὑποβαλόντες τοὺς μοχλοὺς ὑπὸ τὰς πύλας

ἐντεῦθεν ἐκμοχλεύσετ᾽; ἐνθενδὶ δ᾽ ἐγὼ

ξυνεκμοχλεύσω.

ΛΥΣΙΣΤΡΑΤΗ

430   μηδὲν ἐκμοχλεύετε·

ἐξέρχομαι γὰρ αὐτομάτη. τί δεῖ μοχλῶν;
οὐ γὰρ μοχλῶν δεῖ μᾶλλον ἢ νοῦ καὶ φρενῶν.

ΠΡΟΒΟΤΛΟΣ

ἄληθες, ὦ μιαρὰ σύ; ποῦ 'στὶ τοξότης;
ξυλλάμβαν' αὐτὴν κὠπίσω τὼ χεῖρε δεῖ.

ΛΥΣΙΣΤΡΑΤΗ

435   εἰ τἄρα νὴ τὴν Ἄρτεμιν τὴν χεῖρά μοι
ἄκραν προσοίσει δημόσιος ὤν, κλαύσεται.

ΠΡΟΒΟΤΛΟΣ

ἔδεισας, οὗτος; οὐ ξυναρπάσει μέσην
καὶ σὺ μετὰ τούτου χἀνύσαντε δήσετον;

ΓΡΑΥΣ Α

εἰ τἄρα νὴ τὴν Πάνδροσον ταύτῃ μόνον
440   τὴν χεῖρ' ἐπιβαλεῖς, ἐπιχεσεῖ πατούμενος.

ΠΡΟΒΟΤΛΟΣ

ἰδού γ' ἐπιχεσεῖ. ποῦ 'στιν ἕτερος τοξότης;
ταύτην προτέραν ξύνδησον, ὁτιὴ καὶ λαλεῖ.

ΓΡΑΤΣ Β
εἰ τἄρα νὴ τὴν Φωσφόρον τὴν χεῖρ' ἄκραν
ταύτῃ προσοίσεις, κύαθον αἰτήσεις τάχα.

ΠΡΟΒΟΤΛΟΣ
445   τουτὶ τί ἦν; ποῦ τοξότης; ταύτης ἔχου.
παύσω τιν' ὑμῶν τῆσδ' ἐγὼ τῆς ἐξόδου.

ΓΡΑΤΣ Γ
εἰ τἄρα νὴ τὴν Ταυροπόλον ταύτῃ πρόσει,
ἐκκοκκιῶ σου τὰς στενοκωκύτους τρίχας.

ΠΡΟΒΟΤΛΟΣ
οἴμοι κακοδαίμων· ἐπιλέλοιφ' ὁ τοξότης.
450   ἀτὰρ οὐ γυναικῶν οὐδέποτ' ἔσθ' ἡττητέα
ἡμῖν· ὁμόσε χωρῶμεν αὐταῖς, ὦ Σκύθαι,
ξυνταξάμενοι.

ΛΤΣΙΣΤΡΑΤΗ
                νὴ τὼ θεὼ γνώσεσθ' ἄρα
ὅτι καὶ παρ' ἡμῖν εἰσι τέτταρες λόχοι
μαχίμων γυναικῶν ἔνδον ἐξωπλισμένων.

ΠΡΟΒΟΤΛΟΣ
455   ἀποστρέφετε τὰς χεῖρας αὐτῶν, ὦ Σκύθαι.

ΛΥΣΙΣΤΡΑΤΗ

ὦ ξύμμαχοι γυναῖκες, ἐκθεῖτ᾽ ἔνδοθεν,

ὦ σπερμαγοραιολεκιθολαχανοπώλιδες,

ὦ σκοροδοπανδοκευτριαρτοπώλιδες,

οὐχ ἕλξετ᾽, οὐ παιήσετ᾽, οὐκ ἀράξετε,

460   οὐ λοιδορήσετ᾽, οὐκ ἀναισχυντήσετε;

παύσασθ᾽, ἐπαναχωρεῖτε, μὴ σκυλεύετε.

ΠΡΟΒΟΤΛΟΣ

οἴμ᾽ ὡς κακῶς πέπραγέ μου τὸ τοξικόν.

ΛΥΣΙΣΤΡΑΤΗ

ἀλλὰ τί γὰρ ᾤου; πότερον ἐπὶ δούλας τινὰς

ἥκειν ἐνόμισας, ἢ γυναιξὶν οὐκ οἴει

χολὴν ἐνεῖναι;

ΠΡΟΒΟΤΛΟΣ

465   νὴ τὸν Ἀπόλλω καὶ μάλα

πολλήν γ᾽, ἐάνπερ πλησίον κάπηλος ᾖ.

ΚΟΡΤΦΑΙΟΣ

ὦ πόλλ᾽ ἀναλώσας ἔπη πρόβουλε τῆσδε ⟨τῆς⟩ γῆς,

τί τοῖσδε σαυτὸν εἰς λόγον τοῖς θηρίοις ξυνάπτεις;

οὐκ οἶσθα λουτρὸν οἷον αἵδ᾽ ἡμᾶς ἔλουσαν ἄρτι

470   ἐν τοῖσιν ἱματιδίοις, καὶ ταῦτ᾽ ἄνευ κονίας;

ΚΟΡΤΦΑΙΑ

ἀλλ᾽, ὦ μέλ᾽, οὐ χρὴ προσφέρειν τοῖς πλησίοισιν εἰκῇ
τὴν χεῖρ᾽· ἐὰν δὲ τοῦτο δρᾷς, κυλοιδιᾶν ἀνάγκη.
ἐπεὶ ᾽θέλω ᾽γὼ σωφρόνως ὥσπερ κόρη καθῆσθαι,
λυποῦσα μηδέν᾽ ἐνθαδί, κινοῦσα μηδὲ κάρφος.
475   ἢν μή τις ὥσπερ σφηκιὰν βλίττῃ με κἀρεθίζῃ.

ΧΟΡΟΣ ΓΕΡΟΝΤΩΝ

(στρ)   ὦ Ζεῦ, τί ποτε χρησόμεθα τοῖσδε τοῖς κνωδάλοις;
οὐ γὰρ ἔτ᾽ ἀνεκτὰ τάδε γ᾽, ἀλλὰ βασανιστέον
τόδε σοι τὸ πάθος μετ᾽ ἐμοῦ,
480   ὅ τι βουλόμεναί ποτε τὴν
Κραναὰν κατέλαβον, ἐφ᾽ ὅ τι τε
μεγαλόπετρον ἄβατον ἀκρόπολιν,
ἱερὸν τέμενος.

ΚΟΡΤΦΑΙΟΣ

ἀλλ᾽ ἀνερώτα καὶ μὴ πείθου καὶ πρόσφερε πάντας ἐλέγχους·
485   ὡς αἰσχρὸν ἀκωδώνιστον ἐᾶν τὸ τοιοῦτον πρᾶγμα μεθέντας.

ΠΡΟΒΟΤΛΟΣ

καὶ μὴν αὐτῶν τοῦτ᾽ ἐπιθυμῶ νὴ τὸν Δία πρῶτα πυθέσθαι,
ὅ τι βουλόμεναι τὴν πόλιν ἡμῶν ἀπεκλῄσατε τοῖσι μοχλοῖσιν.

ΛΤΣΙΣΤΡΑΤΗ

ἵνα τἀργύριον σῶν κατέχοιμεν καὶ μὴ πολεμοῖτε δι᾽ αὐτό.

ΠΡΟΒΟΥΛΟΣ
διὰ τἀργύριον πολεμοῦμεν γάρ;

ΛΥΣΙΣΤΡΑΤΗ
καὶ τἄλλα γε πάντ᾽ ἐκυκήθη.
490   ἵνα γὰρ Πείσανδρος ἔχοι κλέπτειν χοἰ ταῖς ἀρχαῖς ἐπέχοντες
ἀεί τινα κορκορυγὴν ἐκύκων. οἱ δ᾽ οὖν τοῦδ᾽ οὕνεκα δρώντων
ὅ τι βούλονται· τὸ γὰρ ἀργύριον τοῦτ᾽ οὐκέτι μὴ καθέλωσιν.

ΠΡΟΒΟΥΛΟΣ
ἀλλὰ τί δράσεις;

ΛΥΣΙΣΤΡΑΤΗ
τοῦτό μ᾽ ἐρωτᾷς; ἡμεῖς ταμιεύσομεν αὐτό.

ΠΡΟΒΟΥΛΟΣ
ὑμεῖς ταμιεύσετε τἀργύριον;

ΛΥΣΙΣΤΡΑΤΗ
τί <δὲ> δεινὸν τοῦτο νομίζεις;
495   οὐ καὶ τἄνδον χρήματα πάντως ἡμεῖς ταμιεύομεν ὑμῖν;

ΠΡΟΒΟΥΛΟΣ
ἀλλ᾽ οὐ ταὐτόν.

ΛΥΣΙΣΤΡΑΤΗ
πῶς οὐ ταὐτόν;

ΠΡΟΒΟΤΛΟΣ

πολεμητέον ἔστ᾽ ἀπὸ τούτου.

ΛΤΣΙΣΤΡΑΤΗ

ἀλλ᾽ οὐδὲν δεῖ πρῶτον πολεμεῖν.

ΠΡΟΒΟΤΛΟΣ

πῶς γὰρ σωθησόμεθ᾽ ἄλλως;

ΛΤΣΙΣΤΡΑΤΗ

ἡμεῖς ὑμᾶς σώσομεν.

ΠΡΟΒΟΤΛΟΣ

ὑμεῖς;

ΛΤΣΙΣΤΡΑΤΗ

ἡμεῖς μέντοι.

ΠΡΟΒΟΤΛΟΣ

σχέτλιόν γε.

ΛΤΣΙΣΤΡΑΤΗ

ὡς σωθήσει, κἂν μὴ βούλῃ.

ΠΡΟΒΟΤΛΟΣ

δεινόν ‹γε› λέγεις.

ΛΥΣΙΣΤΡΑΤΗ

ἀγανακτεῖς,

ἀλλὰ ποιητέα ταῦτ' ἐστὶν ὅμως.

ΠΡΟΒΟΤΑΟΣ

500   νὴ τὴν Δήμητρ' ἄδικόν γε.

ΛΥΣΙΣΤΡΑΤΗ

σωστέον, ὦ τᾶν.

ΠΡΟΒΟΤΑΟΣ

κεἰ μὴ δέομαι;

ΛΥΣΙΣΤΡΑΤΗ

τοῦδ' οὕνεκα καὶ πολὺ μᾶλλον.

ΠΡΟΒΟΤΑΟΣ

ὑμῖν δὲ πόθεν περὶ τοῦ πολέμου τῆς τ' εἰρήνης ἐμέλησεν;

ΛΥΣΙΣΤΡΑΤΗ

ἡμεῖς φράσομεν.

ΠΡΟΒΟΤΑΟΣ

λέγε δὴ ταχέως, ἵνα μὴ κλάῃς.

ΛΤΣΙΣΤΡΑΤΗ

ἀκροῶ δή,

καὶ τὰς χεῖρας πειρῶ κατέχειν.

ΠΡΟΒΟΤΛΟΣ

ἀλλ' οὐ δύναμαι· χαλεπὸν γὰρ

ὑπὸ τῆς ὀργῆς αὐτὰς ἴσχειν.

ΓΡΑΤΣ Α

505   κλαύσει τοίνυν πολὺ μᾶλλον.

ΠΡΟΒΟΤΛΟΣ

τοῦτο μέν, ὦ γραῦ, σαυτῇ κρώξαις. σὺ δέ μοι λέγε.

ΛΤΣΙΣΤΡΑΤΗ

ταῦτα ποιήσω.

ἡμεῖς τὸν μὲν πρότερόν γε χρόνον ⟨σιγῇ γ'⟩ ἠνειχόμεθ' ⟨ὑμῶν⟩

ὑπὸ σωφροσύνης τῆς ἡμετέρας τῶν ἀνδρῶν ἅττ' ἐποιεῖτε·

οὐ γὰρ γρύζειν εἰᾶθ' ἡμᾶς· καίτοὐκ ἠρέσκετέ γ' ἡμᾶς.

510   ἀλλ' ᾐσθανόμεσθα καλῶς ὑμῶν, καὶ πολλάκις ἔνδον ἂν οὖσαι

ἠκούσαμεν ἄν τι κακῶς ὑμᾶς βουλευσαμένους μέγα πρᾶγμα·

εἶτ' ἀλγοῦσαι τἄνδοθεν ὑμᾶς ἐπανηρόμεθ' ἂν γελάσασαι

"τί βεβούλευται περὶ τῶν σπονδῶν ἐν τῇ στήλῃ παραγράψαι

ἐν τῷ δήμῳ τήμερον ὑμῖν;" "τί δὲ σοὶ τοῦτ';" ἦ δ' ὃς ἂν ἀνήρ·

"οὐ σιγήσει;" κἀγὼ 'σίγων.

ΓΡΑΤΣ Α
515   ἀλλ᾽ οὐκ ἂν ἐγώ ποτ᾽ ἐσίγων.

ΠΡΟΒΟΤΛΟΣ
κἂν ᾤμωζές γ᾽, εἰ μὴ ᾽σίγας.

ΛΤΣΙΣΤΡΑΤΗ
                        τοιγὰρ <ἐγὼ> μὲν τότ᾽ ἐσίγων.

<αὖθις δ᾽> ἕτερόν τι πονηρότερον βούλευμ᾽ ἐπεπύσμεθ᾽ ἂν ὑμῶν·
εἶτ᾽ ἠρόμεθ᾽ ἄν· "πῶς ταῦτ᾽, ὦνερ, διαπράττεσθ᾽ ὧδ᾽ ἀνοήτως;"
ὁ δέ μ᾽ εὐθὺς ὑποβλέψας <ἂν> ἔφασκ᾽, εἰ μὴ τὸν στήμονα νήσω,
520   ὀτοτύξεσθαι μακρὰ τὴν κεφαλήν· "πόλεμος δ᾽ ἄνδρεσσι μελήσει."

ΠΡΟΒΟΤΛΟΣ
ὀρθῶς γε λέγων νὴ Δί᾽ ἐκεῖνος.

ΛΤΣΙΣΤΡΑΤΗ
                        πῶς ὀρθῶς, ὦ κακόδαιμον,
εἰ μηδὲ κακῶς βουλευομένοις ἐξῆν ὑμῖν ὑποθέσθαι;
ὅτε δὴ δ᾽ ὑμῶν ἐν ταῖσιν ὁδοῖς φανερῶς ἠκούομεν ἤδη·
"οὐκ ἔστιν ἀνὴρ ἐν τῇ χώρᾳ."—"μὰ Δί᾽ οὐ δῆτ᾽ <ἔσθ᾽>," ἕτερός τις,—
525   μετὰ ταῦθ᾽ ἡμῖν εὐθὺς ἔδοξεν σῶσαι τὴν Ἑλλάδα κοινῇ
ταῖσι γυναιξὶ̈ν συλλεχθείσαις. ποῖ γὰρ καὶ χρῆν ἀναμεῖναι;
ἢν οὖν ἡμῶν χρηστὰ λεγουσῶν ἐθελήσητ᾽ ἀντακροᾶσθαι
κἀντισιωπᾶν ὥσπερ χἠμεῖς, ἐπανορθώσαιμεν ἂν ὑμᾶς.

ΠΡΟΒΟΤΛΟΣ
ὑμεῖς ἡμᾶς; δεινόν γε λέγεις κοὐ τλητὸν ἔμοιγε.

ΛΤΣΙΣΤΡΑΤΗ
σιώπα.

ΠΡΟΒΟΤΛΟΣ
530   σοί γ᾽, ὦ κατάρατε, σιωπῶ ᾽γώ, καὶ ταῦτα κάλυμμα φορούσῃ
περὶ τὴν κεφαλήν; μή νυν ζῴην.

ΛΤΣΙΣΤΡΑΤΗ
ἀλλ᾽ εἰ τοῦτ᾽ ἐμπόδιόν σοι,
παρ᾽ ἐμοῦ τουτὶ τὸ κάλυμμα λαβὼν
ἔχε καὶ περίθου περὶ τὴν κεφαλήν,
κᾆτα σιώπα.

ΓΡΑΤΣ Α
535   καὶ τουτονγὶ τὸν καλαθίσκον.

ΛΤΣΙΣΤΡΑΤΗ
κᾆτα ξαίνειν ξυζωσάμενος
κυάμους τρώγων·
πόλεμος δὲ γυναιξὶ μελήσει.

ΚΟΡΤΦΑΙΑ
αἴρεσθ᾽ ἄνω, γυναῖκες, ἀπὸ τῶν καλπίδων, ὅπως ἂν
540   ἐν τῷ μέρει χἠμεῖς τι ταῖς φίλαισι συλλάβωμεν.

ΧΟΡΟΣ ΓΥΝΑΙΚΩΝ

(ἀντ)   ἐγώ<γε> γὰρ <ἂν> οὔποτε κάμοιμ᾽ ἂν ὀρχουμένη,
        οὐδὲ καματηρὸς ἂν ἕλοι γόνατά μου κόπος·
        ἐθέλω δ᾽ ἐπὶ πᾶν ἰέναι
        μετὰ τῶνδ᾽ ἀρετῆς ἔνεχ᾽, αἷς
545   ἔνι φύσις, ἔνι χάρις, ἔνι θράσος,
          ἔνι <δὲ> τὸ σοφόν, ἔνι φιλόπολις
        ἀρετὴ φρόνιμος.

ΚΟΡΥΦΑΙΑ
        ἀλλ᾽, ὦ τηθῶν ἀνδρειοτάτη καὶ μητριδίων ἀκαληφῶν,
550   χωρεῖτ᾽ ὀργῇ καὶ μὴ τέγγεσθ᾽· ἔτι γὰρ νῦν οὔρια θεῖτε.

ΛΥΣΙΣΤΡΑΤΗ
        ἀλλ᾽ ἤνπερ ὅ <τε> γλυκύθυμος Ἔρως χἠ Κυπρογένει᾽ Ἀφροδίτη
        ἵμερον ἡμῶν κατὰ τῶν κόλπων καὶ τῶν μηρῶν καταπνεύσῃ,
        κᾆτ᾽ ἐντέξῃ τέτανον τερπνὸν τοῖς ἀνδράσι καὶ ῥοπαλισμούς,
        οἶμαί ποτε Λυσιμάχας ἡμᾶς ἐν τοῖς Ἕλλησι καλεῖσθαι.

ΠΡΟΒΟΥΛΟΣ
        τί ποιησάσας;

ΛΥΣΙΣΤΡΑΤΗ
555   ἢν παύσωμεν πρώτιστον μὲν ξὺν ὅπλοισιν
        ἀγοράζοντας καὶ μαινομένους.

ΓΡΑΤΣ Α

νὴ τὴν Παφίαν Ἀφροδίτην.

ΛΤΣΙΣΤΡΑΤΗ

νῦν μὲν γὰρ δὴ κἀν ταῖσι χύτραις καὶ τοῖς λαχάνοισιν ὁμοίως
περιέρχονται κατὰ τὴν ἀγορὰν ξὺν ὅπλοις ὥσπερ Κορύβαντες.

ΠΡΟΒΟΤΛΟΣ

νὴ Δία· χρὴ γὰρ τοὺς ἀνδρείους.

ΛΤΣΙΣΤΡΑΤΗ

καὶ μὴν τό γε πρᾶγμα γέλοιον,

560   ὅταν ἀσπίδ᾽ ἔχων καὶ Γοργόνα τις κᾷτ᾽ ὠνῆται κορακίνους.

ΓΡΑΤΣ Α

νὴ Δί᾽ ἐγὼ γοῦν ἄνδρα κομήτην φυλαρχοῦντ᾽ εἶδον ἐφ᾽ ἵππου
εἰς τὸν χαλκοῦν ἐμβαλλόμενον πῖλον λέκιθον παρὰ γραός·
ἕτερος δ᾽ αὖ Θρᾷξ πέλτην σείων κἀκόντιον ὥσπερ ὁ Τηρεὺς
ἐδεδίσκετο τὴν ἰσχαδόπωλιν καὶ τὰς δρυπεπεῖς κατέπινεν.

ΠΡΟΒΟΤΛΟΣ

565   πῶς οὖν ὑμεῖς δυναταὶ παῦσαι τεταραγμένα πράγματα πολλὰ
ἐν ταῖς χώραις καὶ διαλῦσαι;

ΛΤΣΙΣΤΡΑΤΗ

φαύλως πάνυ.

ΠΡΟΒΟΤΛΟΣ

πῶς; ἀπόδειξον.

ΛΥΣΙΣΤΡΑΤΗ

ὥσπερ κλωστῆρ᾿, ὅταν ἡμῖν ᾖ τεταραγμένος, ὧδε λαβοῦσαι,

ὑπενεγκοῦσαι τοῖσιν ἀτράκτοις τὸ μὲν ἐνταυθοῖ, τὸ δ᾿ ἐκεῖσε,

οὕτως καὶ τὸν πόλεμον τοῦτον διαλύσομεν, ἤν τις ἐάσῃ,

570   διενεγκοῦσαι διὰ πρεσβειῶν τὸ μὲν ἐνταυθοῖ, τὸ δ᾿ ἐκεῖσε.

ΠΡΟΒΟΤΛΟΣ

ἐξ ἐρίων δὴ καὶ κλωστήρων καὶ ἀτράκτων πράγματα δεινὰ

παύσειν οἴεσθ᾿; ὡς ἀνόητοι.

ΛΥΣΙΣΤΡΑΤΗ

                              κἂν ὑμῖν γ᾿ εἴ τις ἐνῆν νοῦς,

ἐκ τῶν ἐρίων τῶν ἡμετέρων ἐπολιτεύεσθ᾿ ἂν ἅπαντα.

ΠΡΟΒΟΤΛΟΣ

πῶς δή; φέρ᾿ ἴδω.

ΛΥΣΙΣΤΡΑΤΗ

        πρῶτον μὲν ἐχρῆν, ὥσπερ πόκον, ἐν βαλανείῳ

575   ἐκπλύναντας τὴν οἰσπώτην ἐκ τῆς πόλεως, ἐπὶ κλίνης

ἐκραβδίζειν τοὺς μοχθηροὺς καὶ τοὺς τριβόλους ἀπολέξαι,

καὶ τούς γε συνισταμένους τούτους καὶ τοὺς πιλοῦντας ἑαυτοὺς

ἐπὶ ταῖς ἀρχαῖσι διαξῆναι καὶ τὰς κεφαλὰς ἀποτῖλαι·

εἶτα ξαίνειν εἰς καλαθίσκον κοινὴν εὔνοιαν ἅπαντας

580   καταμειγνύντας· τούς τε μετοίκους κεἴ τις ξένος ἦ φίλος ὑμῖν,
       κεἴ τις ὀφείλη τῷ δημοσίῳ, καὶ τούτους ἐγκαταμεῖξαι·
       καὶ νὴ Δία τάς γε πόλεις, ὁπόσαι τῆς γῆς τῆσδ᾽ εἰσὶν ἄποικοι,
       διαγιγνώσκειν ὅτι ταῦθ᾽ ὑμῖν ὥσπερ τὰ κατάγματα κεῖται
       χωρὶς ἕκαστον· κᾆτ᾽ ἀπὸ τούτων πάντων τὸ κάταγμα λαβόντας
585   δεῦρο ξυνάγειν καὶ ξυναθροίζειν εἰς ἕν, κἄπειτα ποιῆσαι
       τολύπην μεγάλην κᾆτ᾽ ἐκ ταύτης τῷ δήμῳ χλαῖναν ὑφῆναι.

ΠΡΟΒΟΤΛΟΣ
οὔκουν δεινὸν ταυτὶ ταύτας ῥαβδίζειν καὶ τολυπεύειν,
αἷς οὐδὲ μετῆν πάνυ τοῦ πολέμου;

ΛΤΣΙΣΤΡΑΤΗ
                                καὶ μήν, ὦ παγκατάρατε,
πλεῖν ἢ διπλοῦν γ᾽ αὐτοῦ φέρομεν. πρώτιστον μέν γε τεκοῦσαι
κἀκπέμψασαι παῖδας ὁπλίτας—

ΠΡΟΒΟΤΛΟΣ
590   σίγα, μὴ μνησικακήσῃς.

ΛΤΣΙΣΤΡΑΤΗ
εἶθ᾽ ἡνίκα χρῆν εὐφρανθῆναι καὶ τῆς ἥβης ἀπολαῦσαι,
μονοκοιτοῦμεν διὰ τὰς στρατιάς. καὶ θἠμέτερον μὲν ἐάσω,
περὶ τῶν δὲ κορῶν ἐν τοῖς θαλάμοις γηρασκουσῶν ἀνιῶμαι.

ΠΡΟΒΟΤΛΟΣ
οὔκουν κἄνδρες γηράσκουσιν;

ΛΥΣΙΣΤΡΑΤΗ

μὰ Δί' ἀλλ' οὐκ εἶπας ὅμοιον.

595   ὁ μὲν ἥκων γάρ, κἂν ᾖ πολιός, ταχὺ παῖδα κόρην γεγάμηκεν·
τῆς δὲ γυναικὸς μικρὸς ὁ καιρός, κἂν τούτου μὴ 'πιλάβηται,
οὐδεὶς ἐθέλει γῆμαι ταύτην, ὀττευομένη δὲ κάθηται.

ΠΡΟΒΟΤΛΟΣ

ἀλλ' ὅστις ἔτι στῦσαι δυνατὸς—

ΛΥΣΙΣΤΡΑΤΗ

σὺ δὲ δὴ τί μαθὼν οὐκ ἀποθνῄσκεις;
600   χωρίον ἐστίν· σορὸν ὠνήσει·
μελιτοῦτταν ἐγὼ καὶ δὴ μάξω.
λαβὲ ταυτὶ καὶ στεφάνωσαι.

ΓΡΑΤΣ Α

καὶ ταυτασὶ δέξαι παρ' ἐμοῦ.

ΓΡΑΤΣ Β

καὶ τουτονγὶ λαβὲ τὸν στέφανον.

ΛΥΣΙΣΤΡΑΤΗ

605   τοῦ δεῖ; τί ποθεῖς; χώρει 'ς τὴν ναῦν·
ὁ Χάρων σε καλεῖ,
σὺ δὲ κωλύεις ἀνάγεσθαι.

ΠΡΟΒΟΤΛΟΣ
εἶτ᾽ οὐχὶ δεινὰ ταῦτα πάσχειν ἔστ᾽ ἐμέ;
νὴ τὸν Δί᾽ ἀλλὰ τοῖς προβούλοις ἄντικρυς
610   ἐμαυτὸν ἐπιδείξω βαδίζων ὡς ἔχω.

ΛΤΣΙΣΤΡΑΤΗ
μῶν ἐγκαλεῖς ὅτι οὐχὶ προὐθέμεσθά σε;
ἀλλ᾽ εἰς τρίτην γοῦν ἡμέραν σοι πρῲ πάνυ
ἥξει παρ᾽ ἡμῶν τὰ τρίτ᾽ ἐπεσκευασμένα.

ΚΟΡΤΦΑΙΟΣ
οὐκέτ᾽ ἔργον ἐγκαθεύδειν ὅστις ἔστ᾽ ἐλεύθερος.
615   ἀλλ᾽ ἐπαποδυώμεθ᾽, ὦνδρες, τουτῳὶ τῷ πράγματι.

ΧΟΡΟΣ ΓΕΡΟΝΤΩΝ
(στρ)   ἤδη γὰρ ὄζειὐ ταδὶ πλειόνων
             καὶ μειζόνων πραγμάτων μοι δοκεῖ,
             καὶ μάλιστ᾽ ὀσφραίνομαι τῆς Ἱππίου τυραννίδος·
620   καὶ πάνυ δέδοικα μὴ τῶν Λακώνων τινὲς
             δεῦρο συνεληλυθότες ἄνδρες εἰς Κλεισθένους
             τὰς θεοῖς ἐχθρὰς γυναῖκας ἐξεπαίρουσιν δόλῳ
             καταλαβεῖν τὰ χρήμαθ᾽ ἡμῶν τόν τε μισθόν,
625   ἔνθεν ἔζων ἐγώ.

ΚΟΡΤΦΑΙΟΣ
δεινὰ γάρ τοι τάσδε γ᾽ ἤδη τοὺς πολίτας νουθετεῖν,
καὶ λαλεῖν γυναῖκας οὔσας ἀσπίδος χαλκῆς πέρι,

καὶ διαλλάττειν πρὸς ἡμᾶς ἀνδράσιν Λακωνικοῖς,
οἷσι πιστὸν οὐδὲν εἰ μή περ λύκῳ κεχηνότι.

630   ἀλλὰ ταῦθ᾽ ὕφηναν ἡμῖν, ὦνδρες, ἐπὶ τυραννίδι.
ἀλλ᾽ ἐμοῦ μὲν οὐ τυραννεύσουσ᾽, ἐπεὶ φυλάξομαι
καὶ "φορήσω τὸ ξίφος" τὸ λοιπὸν "ἐν μύρτου κλαδί,"
ἀγοράσω τ᾽ ἐν τοῖς ὅπλοις ἑξῆς Ἀριστογείτονι,
ὧδέ θ᾽ ἑστήξω παρ᾽ αὐτόν· αὐτὸ γάρ μοι γίγνεται

635   τῆς θεοῖς ἐχθρᾶς πατάξαι τῆσδε γραὸς τὴν γνάθον.

ΚΟΡΤΦΑΙΑ
οὐκ ἄρ᾽ εἰσιόντα σ᾽ οἴκαδ᾽ ἡ τεκοῦσα γνώσεται.
ἀλλὰ θώμεσθ᾽, ὦ φίλαι γρᾶες, ταδὶ πρῶτον χαμαί.

ΧΟΡΟΣ ΓΤΝΑΙΚΩΝ
(ἀντ) ἡμεῖς γάρ, ὦ πάντες ἀστοί, λόγων
κατάρχομεν τῇ πόλει χρησίμων·

640   εἰκότως, ἐπεὶ χλιδῶσαν ἀγλαῶς ἔθρεψέ με·
ἑπτὰ μὲν ἔτη γεγῶσ᾽ εὐθὺς ἠρρηφόρουν·
εἶτ᾽ ἀλετρὶς ἦ δεκέτις οὖσα τἀρχηγέτι,

645   καὶ χέουσα τὸν κροκωτὸν ἄρκτος ἦ Βραυρωνίοις·
κἀκανηφόρουν ποτ᾽ οὖσα παῖς καλὴ ᾽χουσ᾽ ἰσχάδων ὁρμαθόν.

ΚΟΡΤΦΑΙΑ
ἆρα προὐφείλω τι χρηστὸν τῇ πόλει παραινέσαι;
εἰ δ᾽ ἐγὼ γυνὴ πέφυκα, τοῦτο μὴ φθονεῖτέ μοι,

650   ἢν ἀμείνω γ᾽ εἰσενέγκω τῶν παρόντων πραγμάτων.
τοὐράνου γάρ μοι μέτεστι· καὶ γὰρ ἄνδρας εἰσφέρω.

τοῖς δὲ δυστήνοις γέρουσιν οὐ μέτεσθ᾽ ὑμῖν, ἐπεὶ
τὸν ἔρανον τὸν γενόμενον παππῷον ἐκ τῶν Μηδικῶν
εἶτ᾽ ἀναλώσαντες οὐκ ἀντεισφέρετε τὰς εἰσφοράς,
655   ἀλλ᾽ ὑφ᾽ ὑμῶν διαλυθῆναι προσέτι κινδυνεύομεν.
ἆρα γρυκτόν ἐστιν ὑμῖν; εἰ δὲ λυπήσεις τί με,
τῷδέ σ᾽ ἀψήκτῳ πατάξω τῷ κοθόρνῳ τὴν γνάθον.

ΧΟΡΟΣ ΓΕΡΟΝΤΩΝ
(στρ)   ταῦτ᾽ οὖν οὐχ ὕβρις τὰ πράγματ᾽ ἐστὶ πολλή;
660   κἀπιδώσειν μοι δοκεῖ τὸ χρῆμα μᾶλλον.
ἀλλ᾽ ἀμυντέον τὸ πρᾶγμ᾽ ὅστις γ᾽ ἐνόρχης ἔστ᾽ ἀνήρ.

ΚΟΡΥΦΑΙΟΣ
ἀλλὰ τὴν ἐξωμίδ᾽ ἐκδυώμεθ᾽, ὡς τὸν ἄνδρα δεῖ
ἀνδρὸς ὄζειν εὐθύς, ἀλλ᾽ οὐκ ἐντεθριῶσθαι πρέπει.

ΧΟΡΟΣ ΓΕΡΟΝΤΩΝ
ἀλλ᾽ ἄγετε λευκόποδες,
665   οἵπερ ἐπὶ Λειψύδριον
        ἤλθομεν ὅτ᾽ ἦμεν ἔτι,
νῦν δεῖ, νῦν ἀνηβῆσαι πάλιν κἀναπτερῶσαι
670   πᾶν τὸ σῶμα κἀποσείσασθαι τὸ γῆρας τόδε.

ΚΟΡΥΦΑΙΟΣ
εἰ γὰρ ἐνδώσει τις ἡμῶν ταῖσδε κἂν σμικρὰν λαβήν,
οὐδὲν ἐλλείψουσιν αὗται λιπαροῦς χειρουργίας,

ἀλλὰ καὶ ναῦς τεκτανοῦνται, κἀπιχειρήσουσ᾿ ἔτι
675   ναυμαχεῖν καὶ πλεῖν ἐφ᾿ ἡμᾶς, ὥσπερ Ἀρτεμισία.
ἢν δ᾿ ἐφ᾿ ἱππικὴν τράπωνται, διαγράφω τοὺς ἱππέας·
ἱππικώτατον γάρ ἐστι χρῆμα κἄποχον γυνή,
κοὐκ ἂν ἀπολίσθοι τρέχοντος. τὰς Ἀμαζόνας σκόπει,
ἃς Μίκων ἔγραψ᾿ ἐφ᾿ ἵππων μαχομένας τοῖς ἀνδράσιν.
680   ἀλλὰ τούτων χρῆν ἁπασῶν εἰς τετρημένον ξύλον
ἐγκαθαρμόσαι λαβόντας τουτονὶ τὸν αὐχένα.

ΧΟΡΟΣ ΓΥΝΑΙΚΩΝ

(ἀντ)   εἰ νὴ τὼ θεὼ με ζωπυρήσεις, λύσω
τὴν ἐμαυτῆς ὗν ἐγὼ δή, καὶ ποιήσω
685   τήμερον τοὺς δημότας βωστρεῖν σ᾿ ἐγὼ πεκτούμενον.

ΚΟΡΥΦΑΙΑ

ἀλλὰ χἠμεῖς, ὦ γυναῖκες, θᾶττον ἐκδυώμεθα,
690   ὡς ἂν ὄζωμεν γυναικῶν αὐτοδὰξ ὠργισμένων.

ΧΟΡΟΣ ΓΥΝΑΙΚΩΝ

νῦν πρὸς ἔμ᾿ ἴτω τις, ἵνα
μήποτε φάγῃ σκόροδα
μηδὲ κυάμους μέλανας.
ὡς εἰ καὶ μόνον κακῶς ἐρεῖς, ὑπερχολῶ γάρ,
695   αἰετὸν τίκτοντα κάνθαρός σε μαιεύσομαι.

ΚΟΡΥΦΑΙΑ

οὐ γὰρ ὑμῶν φροντίσαιμ᾿ ἄν, ἢν ἐμοὶ ζῇ Λαμπιτὼ

ἥ τε Θηβαία φίλη παῖς εὐγενὴς Ἰσμηνία.

οὐ γὰρ ἔσται δύναμις, οὐδ᾽ ἢν ἑπτάκις σὺ ψηφίσῃ,

ὅστις, ὦ δύστην᾽, ἀπήχθου πᾶσι καὶ τοῖς γείτοσιν.

700   ὥστε κἀχθὲς θἠκάτῃ ποιοῦσα παιγνίαν ἐγὼ

ταῖσι παισὶ τὴν ἑταίραν ἐκάλεσ᾽ ἐκ τῶν γειτόνων,

παῖδα χρηστὴν κἀγαπητὴν ἐκ Βοιωτῶν ἔγχελυν,

οἱ δὲ πέμψειν οὐκ ἔφασκον διὰ τὰ σὰ ψηφίσματα.

κοὐχὶ μὴ παύσησθε τῶν ψηφισμάτων τούτων, πρὶν ἂν

705   τοῦ σκέλους ὑμᾶς λαβών τις ἐκτραχηλίσῃ φέρων.

ἄνασσα πράγους τοῦδε καὶ βουλεύματος,

τί μοι σκυθρωπὸς ἐξελήλυθας δόμων;

ΛΤΣΙΣΤΡΑΤΗ

κακῶν γυναικῶν ἔργα καὶ θήλεια φρὴν

ποιεῖ μ᾽ ἀθυμεῖν περιπατεῖν τ᾽ ἄνω κάτω.

ΚΟΡΤΦΑΙΑ

710   τί φῄς; τί φῄς;

ΛΤΣΙΣΤΡΑΤΗ

ἀληθῆ, ἀληθῆ.

ΚΟΡΤΦΑΙΑ

τί δ᾽ ἐστὶ δεινόν; φράζε ταῖς σαυτῆς φίλαις.

ΛΤΣΙΣΤΡΑΤΗ

ἀλλ᾽ αἰσχρὸν εἰπεῖν καὶ σιωπῆσαι βαρύ.

ΚΟΡΥΦΑΙΑ
μή νύν με κρύψῃς ὅ τι πεπόνθαμεν κακόν.

ΛΥΣΙΣΤΡΑΤΗ
715 βινητιῶμεν, ᾗ βράχιστον τοῦ λόγου.

ΚΟΡΥΦΑΙΑ
ἰὼ Ζεῦ.

ΛΥΣΙΣΤΡΑΤΗ
τί Ζῆν᾽ αὐτεῖς; ταῦτα δ᾽ οὖν οὕτως ἔχει.
ἐγὼ μὲν οὖν αὐτὰς ἀποσχεῖν οὐκέτι
οἷά τ᾽ ἀπὸ τῶν ἀνδρῶν· διαδιδράσκουσι γάρ.
720 τὴν μέν γε πρώτην διαλέγουσαν τὴν ὀπὴν
κατέλαβον ᾗ τοῦ Πανός ἐστι ταὐλίον,
τὴν δ᾽ ἐκ τροχιλείας αὖ κατειλυσπωμένην,
τὴν δ᾽ αὐτομολοῦσαν· τὴν δ᾽ ἐπὶ στρούθου μίαν
ἤδη πέτεσθαι διανοουμένην κάτω
725 εἰς Ὀρσιλόχου χθὲς τῶν τριχῶν κατέσπασα.
πάσας τε προφάσεις ὥστ᾽ ἀπελθεῖν οἴκαδε
ἕλκουσιν. ἡδὶ γοῦν τις αὐτῶν ἔρχεται.
αὕτη σύ, ποῖ θεῖς;

ΓΥΝΗ Α
                    οἴκαδ᾽ ἐλθεῖν βούλομαι.
οἴκοι γάρ ἐστιν ἔριά μοι Μιλήσια
ὑπὸ τῶν σέων κατακοπτόμενα.

ΛΥΣΙΣΤΡΑΤΗ

730   ποίων σέων;

οὐκ εἶ πάλιν;

ΓΥΝΗ Α

ἀλλ᾽ ἥξω ταχέως νὴ τὼ θεώ,

ὅσον διαπετάσασ᾽ ἐπὶ τῆς κλίνης μόνον.

ΛΥΣΙΣΤΡΑΤΗ

μὴ διαπετάννυ, μηδ᾽ ἀπέλθῃς μηδαμῇ.

ΓΥΝΗ Α

ἀλλ᾽ ἐῶ ᾽πολέσθαι τἄρι;

ΛΥΣΙΣΤΡΑΤΗ

ἦν τούτου δέῃ.

ΓΥΝΗ Β

735   τάλαιν᾽ ἐγώ, τάλαινα τῆς ἀμόργιδος,

ἣν ἄλοπον οἴκοι καταλέλοιφ᾽.

ΛΥΣΙΣΤΡΑΤΗ

αὕτη ᾽τέρα

ἐπὶ τὴν ἄμοργιν τὴν ἄλοπον ἐξέρχεται.

χώρει πάλιν δεῦρ᾽.

ΓΥΝΗ Β
                 ἀλλὰ νὴ τὴν Φωσφόρον
ἔγωγ᾽ ἀποδείρασ᾽ αὐτίκα μάλ᾽ ἀνέρχομαι.

ΛΥΣΙΣΤΡΑΤΗ
740   μή, μὴ 'ποδείρῃς· ἢν γὰρ ἄρξῃς τουτουί,
        ἑτέρα γυνὴ ταὐτὸν ποιεῖν βουλήσεται.

ΓΥΝΗ Γ
ὦ πότνι᾽ Ἰλείθυ᾽, ἐπίσχες τοῦ τόκου
ἕως ἂν εἰς ὅσιον μόλω 'γὼ χωρίον.

ΛΥΣΙΣΤΡΑΤΗ
τί ταῦτα ληρεῖς;

ΓΥΝΗ Γ
                            αὐτίκα μάλα τέξομαι.

ΛΥΣΙΣΤΡΑΤΗ
ἀλλ᾽ οὐκ ἐκύεις σύ γ᾽ ἐχθές.

ΓΥΝΗ Γ
745   ἀλλὰ τήμερον.
        ἀλλ᾽ οἴκαδέ μ᾽ ὡς τὴν μαῖαν, ὦ Λυσιστράτη,
        ἀπόπεμψον ὡς τάχιστα.

ΛΥΣΙΣΤΡΑΤΗ

τίνα λόγον λέγεις;
τί τοῦτ᾽ ἔχεις τὸ σκληρόν;

ΓΥΝΗ Γ

ἄρρεν παιδίον.

ΛΥΣΙΣΤΡΑΤΗ

μὰ τὴν Ἀφροδίτην οὐ σύ γ᾽ ἀλλ᾽ ἢ χαλκίον
750 ἔχειν τι φαίνει κοῖλον· εἴσομαι δ᾽ ἐγώ.
ὦ καταγέλαστ᾽, ἔχουσα τὴν ἱερὰν κυνῆν
κυεῖν ἔφασκες;

ΓΥΝΗ Γ

καὶ κυῶ γε νὴ Δία.

ΛΥΣΙΣΤΡΑΤΗ

τί δῆτα ταύτην εἶχες;

ΓΥΝΗ Γ

ἵνα μ᾽ εἰ καταλάβοι
ὁ τόκος ἔτ᾽ ἐν πόλει, τέκοιμ᾽ εἰς τὴν κυνῆν
755 εἰσβᾶσα ταύτην, ὥσπερ αἱ περιστεραί.

ΛΥΣΙΣΤΡΑΤΗ

τί λέγεις; προφασίζει· περιφανῆ τὰ πράγματα.
οὐ τἀμφιδρόμια τῆς κυνῆς αὐτοῦ μενεῖς;

ΓΥΝΗ Γ

ἀλλ' οὐ δύναμαι 'γωγ' οὐδὲ κοιμᾶσθ' ἐν πόλει,
ἐξ οὗ τὸν ὄφιν εἶδον τὸν οἰκουρόν ποτε.

ΓΥΝΗ Δ

760   ἐγὼ δ' ὑπὸ τῶν γλαυκῶν γε τάλαιν' ἀπόλλυμαι
ταῖς ἀγρυπνίαισι κικκαβαζουσῶν ἀεί.

ΛΥΣΙΣΤΡΑΤΗ

ὦ δαιμόνιαι, παύσασθε τῶν τερατευμάτων.
ποθεῖτ' ἴσως τοὺς ἄνδρας· ὑμᾶς δ' οὐκ οἴει
ποθεῖν ἐκείνους; ἀργαλέας γ' εὖ οἶδ' ὅτι
765   ἄγουσι νύκτας. ἀλλ' ἀνάσχεσθ', ὦγαθαί,
καὶ προσταλαιπωρήσατ' ἔτ' ὀλίγον χρόνον·
ὡς χρησμὸς ἡμῖν ἐστιν ἐπικρατεῖν, ἐὰν
μὴ στασιάσωμεν. ἔστι δ' ὁ χρησμὸς οὑτοσί.

ΓΥΝΗ Γ

λέγ' αὐτὸν ἡμῖν ὅ τι λέγει.

ΛΥΣΙΣΤΡΑΤΗ

                                                σιγᾶτε δή.

770   ἀλλ' ὁπόταν πτήξωσι χελιδόνες εἰς ἕνα χῶρον,
τοὺς ἔποπας φεύγουσαι, ἀπόσχωνταί τε φαλήτων,
παῦλα κακῶν ἔσται, τὰ δ' ὑπέρτερα νέρτερα θήσει
Ζεὺς ὑψιβρεμέτης—

ΓΤΝΗ Γ

ἐπάνω κατακεισόμεθ᾽ ἡμεῖς;

ΛΤΣΙΣΤΡΑΤΗ

ἢν δὲ διαστῶσιν καὶ ἀνάπτωνται πτερύγεσσιν

775   ἐξ ἱεροῦ ναοῖο χελιδόνες, οὐκέτι δόξει

ὄρνεον οὐδ᾽ ὁτιοῦν καταπυγωνέστερον εἶναι.

ΓΤΝΗ Γ

σαφής γ᾽ ὁ χρησμὸς νὴ Δί᾽. ὦ πάντες θεοί.

ΛΤΣΙΣΤΡΑΤΗ

μή νυν ἀπείπωμεν ταλαιπωρούμεναι,

ἀλλ᾽ εἰσίωμεν. καὶ γὰρ αἰσχρὸν τουτογί,

780   ὦ φίλταται, τὸν χρησμὸν εἰ προδώσομεν.

ΧΟΡΟΣ ΓΕΡΟΝΤΩΝ

(στρ)   μῦθον βούλομαι λέξαι τιν᾽ ὑμῖν, ὅν ποτ᾽ ἤκουσ᾽

αὐτὸς ἔτι παῖς ὤν.

785   οὕτως ἦν νεανίσκος Μελανίων τις,

ὃς φεύγων γάμον ἀφίκετ᾽ ἐς ἐρημίαν, κἂν

τοῖς ὄρεσιν ᾤκει·

καὶ κύνα τιν᾽ εἶχεν,

κᾆτ᾽ ἐλαγοθήρει

790   πλεξάμενος ἄρκυς,

κοὐκέτι κατῆλθε πάλιν οἴκαδ᾽ ὑπὸ μίσους.

οὕτω τὰς γυναῖκας ἐβδελύχθη

795 'κεῖνος, ἡμεῖς τ' οὐδὲν ἧττον
τοῦ Μελανίωνος, οἱ σώφρονες.

ΚΟΡΤΦΑΙΟΣ
βούλομαί σε, γραῦ, κύσαι—

ΚΟΡΤΦΑΙΑ
κρομμύων γ' ἄρ' οὐκ ἔδει.

ΚΟΡΤΦΑΙΟΣ
κἀνατείνας λακτίσαι.

ΚΟΡΤΦΑΙΑ
800   τὴν λόχμην πολλὴν φορεῖς.

ΚΟΡΤΦΑΙΟΣ
καὶ Μυρωνίδης γὰρ ἦν
τραχὺς ἐντεῦθεν μελάμπυ-
    γός τε τοῖς ἐχθροῖς ἅπασιν·
ὣς δὲ καὶ Φορμίων.

ΧΟΡΟΣ ΓΤΝΑΙΚΩΝ
(ἀντ)   κἀγὼ βούλομαί μῦθόν τιν' ὑμῖν ἀντιλέξαι
807   τῷ Μελανίωνι.
       Τίμων ἦν τις ἀίδρυτος ἀβάτοισιν
810   ἐν σκώλοισι τὰ πρόσωπα περιειργμένος, Ἐ-
       ρινύων ἀπορρώξ.

οὗτος οὖν ὁ Τίμων
ᾤχεθ᾽ ὑπὸ μίσους
⟨εἰς τόπον ἔρημον⟩
815   πολλὰ καταρασάμενος ἀνδράσι πονηροῖς.
οὕτω 'κεῖνος ἡμῖν ἀντεμίσει
τοὺς πονηροὺς ἄνδρας ἀεί,
820   ταῖσι δὲ γυναιξὶν ἦν φίλτατος.

KOPTΦAIA
τὴν γνάθον βούλει θένω;

KOPTΦAIOΣ
μηδαμῶς· ἔδεισά γε.

KOPTΦAIA
ἀλλὰ κρούσω τῷ σκέλει;

KOPTΦAIOΣ
τὸν σάκανδρον ἐκφανεῖς.

KOPTΦAIA
825   ἀλλ᾽ ὅμως ἂν οὐκ ἴδοις
καίπερ οὔσης γραὸς ὄντ᾽ αὐτὸν κομήτην, ἀλλ᾽ ἀπεψι-
λωμένον τῷ λύχνῳ.

ΛΤΣΙΣΤΡΑΤΗ

ἰοὺ ἰού, γυναῖκες, ἴτε δεῦρ᾽ ὡς ἐμὲ
ταχέως.

ΓΤΝΗ

830   τί δ᾽ ἐστίν; εἰπέ μοι, τίς ἡ βοή;

ΛΤΣΙΣΤΡΑΤΗ

ἄνδρ᾽, ‹ἄνδρ᾽› ὁρῶ προσιόντα παραπεπληγμένον,
τοῖς τῆς Ἀφροδίτης ὀργίοις εἰλημμένον.
ὦ πότνια, Κύπρου καὶ Κυθήρων καὶ Πάφου
μεδέουσ᾽, ἴθ᾽ ὀρθὴν ἥνπερ ἔρχει τὴν ὁδόν.

ΓΤΝΗ

ποῦ δ᾽ ἐστίν, ὅστις ἐστί;

ΛΤΣΙΣΤΡΑΤΗ

835   παρὰ τὸ τῆς Χλόης.

ΓΤΝΗ

ὦ νὴ Δί᾽ ἐστὶ δῆτα. τίς κἀστίν ποτε;

ΛΤΣΙΣΤΡΑΤΗ

ὁρᾶτε. γιγνώσκει τις ὑμῶν;

ΜΤΡΡΙΝΗ

νὴ Δία

ἔγωγε· κἄστιν οὑμὸς ἀνὴρ Κινησίας.

ΛΥΣΙΣΤΡΑΤΗ

σὸν ἔργον ἤδη τοῦτον ὀπτᾶν καὶ στρέφειν
840   κἀξηπεροπεύειν καὶ φιλεῖν καὶ μὴ φιλεῖν,
καὶ πάνθ᾽ ὑπέχειν πλὴν ὧν σύνοιδεν ἡ κύλιξ.

ΜΥΡΡΙΝΗ

ἀμέλει, ποιήσω ταῦτ᾽ ἐγώ.

ΛΥΣΙΣΤΡΑΤΗ

                                        καὶ μὴν ἐγὼ
ξυνηπεροπεύσω <σοὶ> παραμένουσ᾽ ἐνθαδί,
καὶ ξυσταθεύσω τοῦτον. ἀλλ᾽ ἀπέλθετε.

ΚΙΝΗΣΙΑΣ

845   οἴμοι κακοδαίμων, οἷος ὁ σπασμός μ᾽ ἔχει
χὠ τέτανος ὥσπερ ἐπὶ τροχοῦ στρεβλούμενον.

ΛΥΣΙΣΤΡΑΤΗ

τίς οὗτος οὑντὸς τῶν φυλάκων ἑστώς;

ΚΙΝΗΣΙΑΣ

                                                    ἐγώ.

ΛΥΣΙΣΤΡΑΤΗ

ἀνήρ;

ΚΙΝΗΣΙΑΣ
ἀνὴρ δῆτ᾽.

ΛΤΣΙΣΤΡΑΤΗ
οὐκ ἄπει δῆτ᾽ ἐκποδών;

ΚΙΝΗΣΙΑΣ
σὺ δ᾽ εἶ τίς ἡκβάλλουσά μ᾽;

ΛΤΣΙΣΤΡΑΤΗ
ἡμεροσκόπος.

ΚΙΝΗΣΙΑΣ
850   πρὸς τῶν θεῶν νῦν ἐκκάλεσόν μοι Μυρρίνην.

ΛΤΣΙΣΤΡΑΤΗ
ἰδοὺ καλέσω 'γὼ Μυρρίνην σοι; σὺ δὲ τίς εἶ;

ΚΙΝΗΣΙΑΣ
ἀνὴρ. ἐκείνης, Παιονίδης Κινησίας.

ΛΤΣΙΣΤΡΑΤΗ
ὦ χαῖρε φίλτατ᾽· οὐ γὰρ ἀκλεὲς τοὔνομα
τὸ σὸν παρ᾽ ἡμῖν ἐστιν οὐδ᾽ ἀνώνυμον.
855   ἀεὶ γὰρ ἡ γυνή σ᾽ ἔχει διὰ στόμα.
κἂν ᾠὸν ἢ μῆλον λάβῃ, "Κινησίᾳ
τουτὶ γένοιτο," φησίν.

ΚΙΝΗΣΙΑΣ

ὦ πρὸς τῶν θεῶν—

ΛΥΣΙΣΤΡΑΤΗ

νὴ τὴν Ἀφροδίτην· κἂν περὶ ἀνδρῶν γ' ἐμπέσῃ
λόγος τις, εἴρηκ' εὐθέως ἡ σὴ γυνὴ
860   ὅτι λῆρός ἐστι τἄλλα πρὸς Κινησίαν.

ΚΙΝΗΣΙΑΣ
ἴθι νυν κάλεσον αὐτήν.

ΛΥΣΙΣΤΡΑΤΗ

τί οὖν; δώσεις τί μοι;

ΚΙΝΗΣΙΑΣ
ἔγωγέ <σοι> νὴ τὸν Δί', ἢν βούλῃ γε σύ.
ἔχω δὲ τοῦθ'· ὅπερ οὖν ἔχω, δίδωμί σοι.

ΛΥΣΙΣΤΡΑΤΗ
φέρε νυν καλέσω καταβᾶσά σοι.

ΚΙΝΗΣΙΑΣ
ταχύ νυν πάνυ·
865   ὡς οὐδεμίαν ἔχω γε τῷ βίῳ χάριν,
ἐξ οὗπερ αὕτη 'ξῆλθεν ἐκ τῆς οἰκίας,
ἀλλ' ἄχθομαι μὲν εἰσιών, ἔρημα δὲ
εἶναι δοκεῖ μοι πάντα, τοῖς δὲ σιτίοις

χάριν οὐδεμίαν οἶδ' ἐσθίων. ἔστυκα γάρ.

ΜΥΡΡΙΝΗ

870   φιλῶ φιλῶ 'γὼ τοῦτον· ἀλλ' οὐ βούλεται
ὑπ' ἐμοῦ φιλεῖσθαι. σὺ δέ με τούτῳ μὴ κάλει.

ΚΙΝΗΣΙΑΣ

ὦ γλυκύτατον Μυρρινίδιον, τί ταῦτα δρᾷς;
κατάβηθι δεῦρο.

ΜΥΡΡΙΝΗ

μὰ Δί' ἐγὼ μὲν αὐτόσ' οὔ.

ΚΙΝΗΣΙΑΣ

ἐμοῦ καλοῦντος οὐ καταβήσει Μυρρίνη;

ΜΥΡΡΙΝΗ

875   οὐ γὰρ δεόμενος οὐδὲν ἐκκαλεῖς ἐμέ.

ΚΙΝΗΣΙΑΣ

ἐγὼ οὐ δεόμενος; ἐπιτετριμμένος μὲν οὖν.

ΜΥΡΡΙΝΗ

ἄπειμι.

ΚΙΝΗΣΙΑΣ

μὴ δῆτ', ἀλλὰ τῷ γοῦν παιδίῳ

ὑπάκουσον. οὖτος, οὐ καλεῖς τὴν μαμμίαν;

ΠΑΙΔΙΟΝ

μαμμία, μαμμία, μαμμία.

ΚΙΝΗΣΙΑΣ

880   αὕτη, τί πάσχεις; οὐδ᾽ ἐλεεῖς τὸ παιδίον

ἄλουτον ὂν κἄθηλον ἕκτην ἡμέραν;

ΜΥΡΡΙΝΗ

ἔγωγ᾽ ἐλεῶ δῆτ᾽· ἀλλ᾽ ἀμελὴς αὐτῷ πατήρ

ἐστιν.

ΚΙΝΗΣΙΑΣ

κατάβηθ᾽, ὦ δαιμονία, τῷ παιδίῳ.

ΜΥΡΡΙΝΗ

οἶον τὸ τεκεῖν. καταβατέον.

ΚΙΝΗΣΙΑΣ

τί γὰρ πάθω;

885   ἐμοὶ γὰρ αὕτη καὶ νεωτέρα δοκεῖ

πολλῷ γεγενῆσθαι κἀγανώτερον βλέπειν·

χἀ δυσκολαίνει πρὸς ἐμὲ καὶ βρενθύεται,

ταῦτ᾽ αὐτὰ δή ᾽σθ᾽ ἃ καί μ᾽ ἐπιτρίβει τῷ πόθῳ.

ΜΥΡΡΙΝΗ

ὦ γλυκύτατον σὺ τεκνίδιον κακοῦ πατρός,

890   φέρε σε φιλήσω, γλυκύτατον τῇ μαμμίᾳ.

ΚΙΝΗΣΙΑΣ

τί, ὦ πονήρα, ταῦτα ποιεῖς χἀτέραις
πείθει γυναιξί; κἀμέ τ᾿ ἄχθεσθαι ποιεῖς
αὐτή τε λυπεῖ.

ΜΥΡΡΙΝΗ

μὴ πρόσαγε τὴν χεῖρά μοι.

ΚΙΝΗΣΙΑΣ

τὰ δ᾿ ἔνδον ὄντα τἀμὰ καὶ σὰ χρήματα
χεῖρον διατίθης.

ΜΥΡΡΙΝΗ

895   ὀλίγον αὐτῶν μοι μέλει.

ΚΙΝΗΣΙΑΣ

ὀλίγον μέλει σοι τῆς κρόκης φορουμένης
ὑπὸ τῶν ἀλεκτρυόνων;

ΜΥΡΡΙΝΗ

                        ἔμοιγε νὴ Δία.

ΚΙΝΗΣΙΑΣ

τὰ τῆς Ἀφροδίτης ἱέρ' ἀνοργίαστά σοι
χρόνον τοσοῦτόν ἐστιν. οὐ βαδιεῖ πάλιν;

ΜΤΡΡΙΝΗ

900   μὰ Δί' οὐκ ἔγωγ', ἢν μὴ διαλλαχθῆτέ γε
καὶ τοῦ πολέμου παύσησθε.

ΚΙΝΗΣΙΑΣ

τοιγάρ, ἢν δοκῇ,
ποιήσομεν καὶ ταῦτα.

ΜΤΡΡΙΝΗ

τοιγάρ, ἢν δοκῇ,
κἄγωγ' ἄπειμ' ἐκεῖσε· νῦν δ' ἀπομώμοκα.

ΚΙΝΗΣΙΑΣ

σὺ δ' ἀλλὰ κατακλίνηθι μετ' ἐμοῦ διὰ χρόνου.

ΜΤΡΡΙΝΗ

905   οὐ δῆτα· καίτοι σ' οὐκ ἐρῶ γ' ὡς οὐ φιλῶ.

ΚΙΝΗΣΙΑΣ

φιλεῖς; τί οὖν οὐ κατεκλίνης, ὦ Μύρριον;

ΜΤΡΡΙΝΗ

ὦ καταγέλαστ', ἐναντίον τοῦ παιδίου;

ΚΙΝΗΣΙΑΣ

μὰ Δί᾽ ἀλλὰ τοῦτό γ᾽ οἴκαδ᾽, ὦ Μανῆ, φέρε.

ἰδοὺ τὸ μέν σοι παιδίον καὶ δὴ ᾽κποδών·

σὺ δ᾽ οὐ κατακλινεῖ;

ΜΥΡΡΙΝΗ

910   ποῦ γὰρ ἄν τις καί, τάλαν,

δράσειε τοῦθ᾽;

ΚΙΝΗΣΙΑΣ

ὅπου; τὸ τοῦ Πανὸς καλόν.

ΜΥΡΡΙΝΗ

καὶ πῶς ἔθ᾽ ἁγνὴ δῆτ᾽ ἀνέλθοιμ᾽ εἰς πόλιν;

ΚΙΝΗΣΙΑΣ

κάλλιστα δήπου, λουσαμένη τῇ Κλεψύδρᾳ.

ΜΥΡΡΙΝΗ

ἔπειτ᾽ ὀμόσασα δῆτ᾽ ἐπιορκήσω, τάλαν;

ΚΙΝΗΣΙΑΣ

915   εἰς ἐμὲ τράποιτο· μηδὲν ὅρκου φροντίσῃς.

ΜΥΡΡΙΝΗ

φέρε νυν ἐνέγκω κλινίδιον νῷν.

ΚΙΝΗΣΙΑΣ

ἀρκεῖ χαμαὶ νῷν.

μηδαμῶς·

ΜΥΡΡΙΝΗ

μὰ τὸν Ἀπόλλω, μή σ᾽ ἐγὼ
καίπερ τοιοῦτον ὄντα κατακλινῶ χαμαί.

ΚΙΝΗΣΙΑΣ

ἦ τοι γυνὴ φιλεῖ με, δήλη 'στὶν καλῶς.

ΜΥΡΡΙΝΗ

920   ἰδού, κατάκεισ᾽ ἀνύσας τι, κἀγὼ 'κδύομαι.
καίτοι, τὸ δεῖνα, ψίαθός ἐστ᾽ ἐξοιστέα.

ΚΙΝΗΣΙΑΣ

ποία ψίαθος; μή μοί γε.

ΜΥΡΡΙΝΗ

νὴ τὴν Ἄρτεμιν,
αἰσχρὸν γὰρ ἐπὶ τόνου γε.

ΚΙΝΗΣΙΑΣ

δός μοί νυν κύσαι.

ΜΥΡΡΙΝΗ

ἰδού.

ΚΙΝΗΣΙΑΣ

παπαιάξ. ἧκέ νυν ταχέως πάνυ.

ΜΥΡΡΙΝΗ

925   ἰδοὺ ψίαθος. κατάκεισο, καὶ δὴ 'κδύομαι.
κὰίτοι, τὸ δεῖνα, προσκεφάλαιον οὐκ ἔχεις.

ΚΙΝΗΣΙΑΣ

ἀλλ' οὐδὲ δέομ' ἔγωγε.

ΜΥΡΡΙΝΗ

νὴ Δί' ἀλλ' ἐγώ.

ΚΙΝΗΣΙΑΣ

ἀλλ' ἦ τὸ πέος τόδ' Ἡρακλῆς ξενίζεται;

ΜΥΡΡΙΝΗ

ἀνίστασ', ἀναπήδησον. ἤδη πάντ' ἔχω;

ΚΙΝΗΣΙΑΣ

930   ἄπαντα δῆτα. δεῦρό νυν, ὦ χρυσίον.

ΜΥΡΡΙΝΗ

τὸ στρόφιον ἤδη λύομαι. μέμνησό νυν·
μή μ' ἐξαπατήσῃς τὰ περὶ τῶν διαλλαγῶν.

ΚΙΝΗΣΙΑΣ
νὴ Δί᾽ ἀπολοίμην.

ΜΥΡΡΙΝΗ
ἀλλὰ σισύραν οὐκ ἔχεις.
ΚΙΝΗΣΙΑΣ
μὰ Δί᾽ οὐδὲ δέομαί γ᾽, ἀλλὰ βινεῖν βούλομαι.

ΜΥΡΡΙΝΗ
935   ἀμέλει, ποιήσεις τοῦτο· ταχὺ γὰρ ἔρχομαι.

ΚΙΝΗΣΙΑΣ
ἄνθρωπος ἐπιτρίψει με διὰ τὰ στρώματα.

ΜΥΡΡΙΝΗ
ἔπαιρε σαυτόν.

ΚΙΝΗΣΙΑΣ
ἀλλ᾽ ἐπῆρται τουτογί.

ΜΥΡΡΙΝΗ
βούλει μυρίσω σε;

ΚΙΝΗΣΙΑΣ
μὰ τὸν Ἀπόλλω μή μέ γε.

ΜΥΡΡΙΝΗ
νὴ τὴν Ἀφροδίτην, ἤν τε βούλῃ γ᾽ ἤν τε μή.

ΚΙΝΗΣΙΑΣ

940   εἴθ' ἐκχυθείη τὸ μύρον, ὦ Ζεῦ δέσποτα.

ΜΥΡΡΙΝΗ

πρότεινε δὴ τὴν χεῖρα κἀλείφου λαβών.

ΚΙΝΗΣΙΑΣ

οὐχ ἡδὺ τὸ μύρον μὰ τὸν Ἀπόλλω τουτογί,
εἰ μὴ διατριπτικόν γε κοὐκ ὄζον γάμων.

ΜΥΡΡΙΝΗ

τάλαιν' ἐγώ, τὸ Ῥόδιον ἤνεγκον μύρον.

ΚΙΝΗΣΙΑΣ

ἀγαθόν· ἔα. αὖτ', ὦ δαιμονία.

ΜΥΡΡΙΝΗ

945   ληρεῖς ἔχων.

ΚΙΝΗΣΙΑΣ

κάκιστ' ἀπόλοιθ' ὁ πρῶτος ἑψήσας μύρον.

ΜΥΡΡΙΝΗ

λαβὲ τόνδε τὸν ἀλάβαστον.

ΚΙΝΗΣΙΑΣ

ἀλλ' ἕτερον ἔχω.

ἀλλ' ᾤζυρά, κατάκεισο καὶ μή μοι φέρε
μηδέν.

ΜΤΡΡΙΝΗ

       ποιήσω ταῦτα νὴ τὴν Ἄρτεμιν.
950   ὑπολύομαι γοῦν. ἀλλ' ὅπως, ὦ φίλτατε,
       σπονδὰς ποιεῖσθαι ψηφιεῖ.

ΚΙΝΗΣΙΑΣ

              βουλεύσομαι.
ἀπολώλεκέν με κἀπιτέτριφεν ἡ γυνὴ
τά τ' ἄλλα πάντα κἀποδείρασ' οἴχεται.
οἴμοι τί πάθω; τίνα βινήσω,
955   τῆς καλλίστης πασῶν ψευσθείς;
       πῶς ταυτηνὶ παιδοτροφήσω;
       ποῦ Κυναλώπηξ;
       μίσθωσόν μοι τὴν τίτθην.

ΚΟΡΤΦΑΙΟΣ

       ἐν δεινῷ γ', ὦ δύστηνε, κακῷ
960   τείρει ψυχὴν ἐξαπατηθείς.
       κἄγωγ' οἰκτίρω σ'· αἰαῖ.
       ποῖος γὰρ νέφρος ἂν ἀντίσχοι,
         ποία ψυχή, ποῖοι δ' ὄρχεις,
         ποία δ' ὀσφύς, ποῖος δ' ὄρρος
965   κατατεινόμενος
       καὶ μὴ βινῶν τοὺς ὄρθρους;

ΚΙΝΗΣΙΑΣ

970   μὰ Δί᾽ ἀλλὰ φίλη καὶ παγγλυκέρα.

ΚΟΡΤΦΑΙΟΣ

ποία γλυκερά; μιαρὰ μιαρά.

ΚΙΝΗΣΙΑΣ

<μιαρὰ μιαρα> δῆτ᾽, ὦ Ζεῦ Ζεῦ.

        εἴθ᾽ αὐτὴν ὥσπερ τοὺς θωμοὺς

        μεγάλῳ τυφῷ καὶ πρηστῆρι

975   ξυστρέψας καὶ ξυγγογγύλας

        οἴχοιο φέρων, εἶτα μεθείης,

        ἡ δὲ φέροιτ᾽ αὖ πάλιν εἰς τὴν γῆν,

        κᾆτ᾽ ἐξαίφνης

        περὶ τὴν ψωλὴν περιβαίη.

ΚΗΡΤΞ

980   πᾷ τᾶν Ἀσανᾶν ἐστιν ἁ γερωχία

        ἢ τοὶ πρυτάνιες; λῶ τι μυσίξαι νέον.

ΚΙΝΗΣΙΑΣ

        σὺ δ᾽ εἶ τί; πότερ᾽ ἄνθρωπος ἢ Κονίσαλος;

ΚΗΡΤΞ

        κᾶρυξ ἐγών, ὦ κυρσάνιε, ναὶ τὼ σιὼ

        ἔμολον ἀπὸ Σπάρτας περὶ τᾶν διαλλαγᾶν.

ΚΙΝΗΣΙΑΣ

985   κἄπειτα δόρυ δῆθ' ὑπὸ μάλης ἥκεις ἔχων;

ΚΗΡΥΞ

οὐ τὸν Δί' οὐκ ἐγώνγα.

ΚΙΝΗΣΙΑΣ

ποῖ μεταστρέφει;
τί δὴ προβάλλει τὴν χλαμύδ'; ἢ βουβωνιᾷς
ὑπὸ τῆς ὁδοῦ;

ΚΗΡΥΞ

ἀλεός γα ναὶ τὸν Κάστορα
ὦνθρωπος.

ΚΙΝΗΣΙΑΣ

ἀλλ' ἔστυκας, ὦ μιαρώτατε.

ΚΗΡΥΞ

990   οὐ τὸν Δί' οὐκ ἐγώνγα· μηδ' αὖ πλαδδίη,

ΚΙΝΗΣΙΑΣ

τί δ' ἐστί σοι τοδί;

ΚΗΡΥΞ

σκυτάλα Λακωνικά.

212

LISÍSTRATA

ΚΙΝΗΣΙΑΣ

εἴπερ γε, χαΰτη 'στὶ σκυτάλη Λακωνική.

ἀλλ᾽ ὡς πρὸς εἰδότ᾽ ἐμὲ σὺ τἀληθῆ λέγε.

τί τὰ πράγμαθ᾽ ὑμῖν ἐστι τὰν Λακεδαίμονι;

ΚΗΡΤΞ

995   ὀρσὰ Λακεδαίμων πᾶά καὶ τοὶ σύμμαχοι
ἅπαντες ἐστύκαντι· Πελλάνας δὲ δεῖ.

ΚΙΝΗΣΙΑΣ

ἀπὸ τοῦ δὲ τουτὶ τὸ κακὸν ὑμῖν ἐνέπεσεν;
ἀπὸ Πανός;

ΚΗΡΤΞ

                οὔκ, ἀλλ᾽ ἆρχε μέν, οἰῶ, Λαμπιτώ,
ἔπειτα τἄλλαι ταὶ κατὰ Σπάρταν ἁμᾶ
1000   γυναῖκες ἇπερ ἀπὸ μιᾶς ὑσπλαγίδος
ἀπήλαάν τὼς ἄνδρας ἀπὸ τῶν ὑσσάκων.

ΚΙΝΗΣΙΑΣ

πῶς οὖν ἔχετε;

ΚΗΡΤΞ

                μογίομες† ἂν γὰρ τὰν πόλιν
ἇπερ λυχνοφορίοντες ὑποκεκύφαμες.
ταὶ γὰρ γυναῖκες οὐδὲ τῶ μύρτω σιγῆν
1005   ἐῶντι, πρίν χ᾽ ἅπαντες ἐξ ἑνὸς λόγω

σπονδὰς ποιηώμεσθα ποττὰν Ἑλλάδα.

ΚΙΝΗΣΙΑΣ

τουτὶ τὸ πρᾶγμα πανταχόθεν ξυνομώμοται

ὑπὸ τῶν γυναικῶν· ἄρτι νυνὶ μανθάνω.

ἀλλ᾽ ὡς τάχιστα φράζε περὶ διαλλαγῶν

1010   πρέσβεις ἀποπέμπειν αὐτοκράτορας ἐνθαδί.

ἐγὼ δ᾽ ἑτέρους ἐνθένδε τῇ βουλῇ φράσω

πρέσβεις ἑλέσθαι τὸ πέος ἐπιδείξας τοδί.

ΚΗΡΤΞ

ποτάομαι· κράτιστα γὰρ παντᾷ λέγεις.

ΚΟΡΤΦΑΙΟΣ

οὐδέν ἐστι θηρίον γυναικὸς ἀμαχώτερον,

1015   οὐδὲ πῦρ, οὐδ᾽ ὧδ᾽ ἀναιδὴς οὐδεμία πάρδαλις.

ΚΟΡΤΦΑΙΑ

ταῦτα μέντοι ⟨σὺ⟩ ξυνιεὶς εἶτα πολεμεῖς ἐμοί,

ἐξόν, ὦ πόνηρέ, σοι βέβαιον ἔμ᾽ ἔχειν φίλην;

ΚΟΡΤΦΑΙΟΣ

ὡς ἐγὼ μισῶν γυναῖκας οὐδέποτε παύσομαι.

ΚΟΡΤΦΑΙΑ

ἀλλ᾽ ὅταν βούλῃ σύ. νῦν δ᾽ οὖν οὔ σε περιόψομαι

1020   γυμνὸν ὄνθ᾽ οὕτως. ὅρα γὰρ ὡς καταγέλαστος εἶ.

ἀλλὰ τὴν ἐξωμίδ' ἐνδύσω σε προσιοῦσ' ἐγώ.

ΚΟΡΤΦΑΙΟΣ

τοῦτο μὲν μὰ τὸν Δί' οὐ πονηρὸν ἐποιήσατε·
ἀλλ' ὑπ' ὀργῆς γὰρ πονηρᾶς καὶ τότ' ἀπέδυν ἐγώ.

ΚΟΡΤΦΑΙΑ

πρῶτα μὲν φαίνει γ' ἀνήρ, εἶτ' οὐ καταγέλαστος εἶ.
1025   κεἴ με μὴ 'λύπεις, ἐγώ σου κἂν τόδε τὸ θηρίον
τοὐπὶ τὠφθαλμῷ λαβοῦσ' ἐξεῖλον ἄν, ὃ νῦν ἔνι.

ΚΟΡΤΦΑΙΟΣ

τοῦτ' ἄρ' ἦν με τοὐπιτρῖβον. δακτύλιος οὑτοσί·
ἐκσκάλευσον αὐτό, κᾆτα δεῖξον ἀφελοῦσά μοι·
ὡς τὸν ὀφθαλμόν γέ μου νὴ τὸν Δία πάλαι δάκνει.

ΚΟΡΤΦΑΙΑ

1030   ἀλλὰ δράσω ταῦτα· καίτοι δύσκολος ἔφυς ἀνήρ.
ἦ μέγ', ὦ Ζεῦ, χρῆμ' ἰδεῖν τῆς ἐμπίδος ἔνεστί σοι.
οὐχ ὁρᾷς; οὐκ ἐμπίς ἐστιν ἥδε Τρικορυσία;

ΚΟΡΤΦΑΙΟΣ

νὴ Δί' ὤνησάς γέ μ', ὡς πάλαι γέ μ' ἐφρεωρύχει,
ὥστ', ἐπειδὴ 'ξῃρέθη, ῥεῖ μου τὸ δάκρυον πολύ.

ΚΟΡΤΦΑΙΑ

1035   ἀλλ' ἀποψήσω σ' ἐγώ, καίτοι πάνυ πονηρὸς εἶ,

καὶ φιλήσω.

ΚΟΡΤΦΑΙΟΣ

μὴ φίλήσῃς.

ΚΟΡΤΦΑΙΑ

ἤν τε βούλῃ γ᾽ ἤν τε μή.

ΚΟΡΤΦΑΙΟΣ

ἀλλὰ μὴ ὤρασ᾽ ἵκοισθ᾽· ὡς ἐστὲ θωπικαὶ φύσει,
κἄστ᾽ ἐκεῖνο τοὔπος ὀρθῶς κοὐ κακῶς εἰρημένον,
οὔτε σὺν πανωλέθροισιν οὔτ᾽ ἄνευ πανωλέθρων.
1040   ἀλλὰ νυνὶ σπένδομαί σοι, καὶ τὸ λοιπὸν οὐκέτι
οὔτε δράσω φλαῦρον οὐδὲν οὔθ᾽ ὑφ᾽ ὑμῶν πείσομαι.
ἀλλὰ κοινῇ συσταλέντες τοῦ μέλους ἀρξώμεθα.

ΧΟΡΟΣ
(στρ)   οὐ παρασκευαζόμεσθα
1045   τῶν πολιτῶν οὐδέν᾽, ὦνδρες,
φλαῦρον εἰπεῖν οὐδὲ ἕν,
ἀλλὰ πολὺ τοὔμπαλιν
πάντ᾽ ἀγαθὰ καὶ λέγειν καὶ
δρᾶν· ἱκανὰ γὰρ τὰ κακὰ
καὶ τὰ παρακείμενα.
1050   ἀλλ᾽ ἐπαγγελλέτω πᾶς ἀνὴρ καὶ γυνή,
εἴ τις ἀργυρίδιον
δεῖται λαβεῖν, μνᾶς ἢ δύ᾽ ἢ τρεῖς· ὡς ἔσω

'στὶν κἄχομεν βαλλάντια.

1055 κἄν ποτ' εἰρήνη φανῇ,

ὅστις ἂν νυνὶ δανείσηται παρ' ἡμῶν,

ἢν λάβῃ, μηκέτ' ἀποδῷ.

(ἀντ) ἑστιᾶν δὲ μέλλομεν ξέ-

νους τινὰς Καρυστίους, ἄν-

1060 δρας καλούς τε κἀγαθούς.

κἄστι ‹μὲν› ἔτνος τι, καὶ

δελφάκιον ἦν τί μοι, καὶ

τοῦτο τέθυχ᾽,. ὥστε γίγ-

νεσθ᾽ ἁπαλὰ καὶ καλά.

1065 ἥκετ᾽ οὖν εἰς ἐμοῦ τήμερον· πρῴ δὲ χρὴ

τοῦτο δρᾶν λελουμένους

αὐτούς τε καὶ τὰ παιδί᾽, εἶτ᾽ εἴσω βαδί-

ζειν, μηδ᾽ ἐρέσθαι μηδένα,

ἀλλὰ χωρεῖν ἄντικρυς

1070 ὥσπερ οἴκαδ᾽ εἰς ἑαυτῶν γεννικῶς, ὡς

ἡ θύρα κεκλήσεται.

ΚΟΡΥΦΑΙΟΣ

καὶ μὴν ἀπὸ τῆς Σπάρτης οἱδὶ πρέσβεις ἕλκοντες ὑπήνας

χωροῦσ᾽, ὥσπερ χοιροκομεῖον περὶ τοῖς μηροῖσιν ἔχοντες.

ἄνδρες Λάκωνες, πρῶτα μέν μοι χαίρετε,

1075 εἶτ᾽ εἴπαθ᾽ ἡμῖν πῶς ἔχοντες ἥκετε.

ΛΑΚΕΔΑΙΜΟΝΙΩΝ ΠΡΕΣΒΕΤΤΗΣ
τί δεῖ ποθ' ὑμὲ πολλὰ μυσίδδην ἔπη;
ὁρῆν γὰρ ἔξεσθ' ὡς ἔχοντες ἵκομες.

ΚΟΡΤΦΑΙΟΣ
βαβαί· νενεύρωται μὲν ἤδε συμφορὰ
δεινῶς τεθερμῶσθαί τε χεῖρον φαίνεται.

ΛΑΚΕΔΑΙΜΟΝΙΩΝ ΠΡΕΣΒΕΤΤΗΣ
1080   ἄφατα. τί κα λέγοι τις; ἀλλ' ὁπᾷ σέλει
παντᾷ τις ἐλσὼν ἀμὶν εἰράναν σέτω.

ΚΟΡΤΦΑΙΟΣ
καὶ μὴν ὁρῶ καὶ τούσδε τοὺς αὐτόχθονας
ὥσπερ παλαιστὰς ἄνδρας ἀπὸ τῶν γαστέρων
θαἰμάτι' ἀποστέλλοντας· ὥστε φαίνεται
1085   ἀσκητικὸν τὸ χρῆμα τοῦ νοσήματος.

ΑΘΗΝΑΙΩΝ ΠΡΕΣΒΕΤΤΗΣ Α
τίς ἂν φράσειε ποῦ 'στιν ἡ Λυσιστράτη;
ὡς ἄνδρες ἡμεῖς οὑτοὶ τοιουτοί.

ΚΟΡΤΦΑΙΟΣ
χαὔτη ξυνᾴδει θἀτέρᾳ ταύτῃ νόσος.
ἦ που πρὸς ὄρθρον σπασμὸς ὑμᾶς λαμβάνει;

ΑΘΗΝΑΙΩΝ ΠΡΕΣΒΕΤΤΗΣ Α
1090   μὰ Δί᾽ ἀλλὰ ταυτὶ δρῶντες ἐπιτετρίμμεθα.
ὥστ᾽ εἴ τις ἡμᾶς μὴ διαλλάξει ταχύ,
οὐκ ἔσθ᾽ ὅπως οὐ Κλεισθένη βινήσομεν.

ΚΟΡΤΦΑΙΟΣ
εἰ σωφρονεῖτε, θαἰμάτια λήψεσθ᾽, ὅπως
τῶν ἑρμοκοπιδῶν μή τις ὑμᾶς ὄψεται.

ΑΘΗΝΑΙΩΝ ΠΡΕΣΒΕΤΤΗΣ Α
νὴ τὸν Δί᾽ εὖ μέντοι λέγεις.

ΛΑΚΕΔΑΙΜΟΝΙΩΝ ΠΡΕΣΒΕΤΤΗΣ
1095   ναὶ τὼ σιὼ
παντᾷ γα. φέρε τὸ ἔσθος ἀμβαλώμεθα.

ΑΘΗΝΑΙΩΝ ΠΡΕΣΒΕΤΤΗΣ Α
ὦ χαίρεθ᾽, οἱ Λάκωνες· αἰσχρά γ᾽ ἐπάθομεν.

ΛΑΚΕΔΑΙΜΟΝΙΩΝ ΠΡΕΣΒΕΤΤΗΣ
ὦ πολυχαρείδα, δεινά γ᾽ αὖ πεπόνθαμες,
αἰκ εἶδον ἀμὲ τὤνδρες ἀμπεφλασμένως.

ΑΘΗΝΑΙΩΝ ΠΡΕΣΒΕΤΤΗΣ Α
1100   ἄγε δή, Λάκωνες, αὔθ᾽ ἕκαστα χρὴ λέγειν.
ἐπὶ τί πάρεστε δεῦρο;

Λυσιστρατη 219

ΛΑΚΕΔΑΙΜΟΝΙΩΝ ΠΡΕΣΒΕΥΤΗΣ

περὶ διαλλαγᾶν

πρέσβης.

ΑΘΗΝΑΙΩΝ ΠΡΕΣΒΕΥΤΗΣ Α

καλῶς δὴ λέγετε· χἠμεῖς τουτογί.

τί οὐ καλοῦμεν δῆτα τὴν Λυσιστράτην,

ἥπερ διαλλάξειεν ἡμᾶς ἂν μόνη;

ΛΑΚΕΔΑΙΜΟΝΙΩΝ ΠΡΕΣΒΕΥΤΗΣ

1105   ναὶ τὼ σιώ, καὶ λῆτε, τὸν Λυΐστρατον.

ΑΘΗΝΑΙΩΝ ΠΡΕΣΒΕΥΤΗΣ Α

ἀλλ᾽ οὐδὲν ἡμᾶς, ὡς ἔοικε, δεῖ καλεῖν·

αὐτὴ γάρ, ὡς ἤκουσεν, ἥδ᾽ ἐξέρχεται.

ΚΟΡΥΦΑΙΟΣ

χαῖρ᾽, ὦ πασῶν ἀνδρειοτάτη· δεῖ δὴ νυνί σε γενέσθαι

δεινὴν ‹μαλακήν,› ἀγαθὴν φαύλην, σεμνὴν ἀγανήν, πολύπειρον·

1110   ὡς οἱ πρῶτοι τῶν Ἑλλήνων τῇ σῇ ληφθέντες ἴυγγι

συνεχώρησάν σοι καὶ κοινῇ τἀγκλήματα πάντ᾽ ἐπέτρεψαν.

ΛΥΣΙΣΤΡΑΤΗ

ἀλλ᾽ οὐχὶ χαλεπὸν τοὔργον, εἰ λάβοι γέ τις

ὀργῶντας ἀλλήλων τε μὴ ᾽κπειρωμένους.

τάχα δ᾽ εἴσομαι ᾽γώ. ποῦ ᾽στιν ἡ Διαλλαγή;

1115   πρόσαγε λαβοῦσα πρῶτα τοὺς Λακωνικούς,

καὶ μὴ χαλεπῇ τῇ χειρὶ μηδ' αὐθαδικῇ,
μηδ' ὥσπερ ἡμῶν ἄνδρες ἀμαθῶς τοῦτ' ἔδρων,
ἀλλ' ὡς γυναῖκας εἰκός, οἰκείως πάνυ.
ἢν μὴ διδῷ τὴν χεῖρα, τῆς σάθης ἄγε.

1120   ἴθι καὶ σὺ τούτους τοὺς Ἀθηναίους ἄγε·
οὖ δ' ἂν διδῶσι, πρόσαγε τούτου λαβομένη.
ἄνδρες Λάκωνες, στῆτε παρ' ἐμὲ πλησίον,
ἐνθένδε δ' ὑμεῖς, καὶ λόγων ἀκούσατε.
ἐγὼ γυνὴ μέν εἰμι, νοῦς δ' ἔνεστί μοι.

1125   αὐτὴ δ' ἐμαυτῆς οὐ κακῶς γνώμης ἔχω,
τοὺς δ' ἐκ πατρός τε καὶ γεραιτέρων λόγους
πολλοὺς ἀκούσασ' οὐ μεμούσωμαι κακῶς.
λαβοῦσα δ' ὑμᾶς λοιδορῆσαι βούλομαι
κοινῇ δικαίως, οἳ μιᾶς γε χέρνιβος

1130   βωμοὺς περιρραίνοντες ὥσπερ ξυγγενεῖς
Ὀλυμπίασιν, ἐν Πύλαις, Πυθοῖ—πόσους
εἴποιμ' ἂν ἄλλους, εἴ με μηκύνειν δέοι;—
ἐχθρῶν παρόντων βαρβάρῳ στρατεύματι
Ἕλληνας ἄνδρας καὶ πόλεις ἀπόλλυτε.

1135   εἷς μὲν λόγος μοι δεῦρ' ἀεὶ περαίνεται.

ΑΘΗΝΑΙΩΝ ΠΡΕΣΒΕΤΤΗΣ Α
ἐγὼ δ' ἀπόλλυμαί γ' ἀπεψωλημένος.

ΛΥΣΙΣΤΡΑΤΗ
εἶτ', ὦ Λάκωνες, πρὸς γὰρ ὑμᾶς τρέψομαι,
οὐκ ἴσθ' ὅτ' ἐλθὼν δεῦρο Περικλείδας ποτὲ

ὁ Λάκων Ἀθηναίων ἱκέτης καθέζετο

1140 ἐπὶ τοῖσι βωμοῖς ὠχρὸς ἐν φοινικίδι

στρατιὰν προσαιτῶν; ἡ δὲ Μεσσήνη τότε

ὑμῖν ἐπέκειτο χὠ θεὸς σείων ἅμα.

ἐλθὼν δὲ σὺν ὁπλίταισι τετρακισχιλίοις

Κίμων ὅλην ἔσωσε τὴν Λακεδαίμονα.

1145 ταυτὶ παθόντες τῶν Ἀθηναίων ὕπο

δῃοῦτε χώραν, ἧς ὕπ’ εὖ πεπόνθατε;

ΑΘΗΝΑΙΩΝ ΠΡΕΣΒΕΤΤΗΣ Α

ἀδικοῦσιν οὗτοι νὴ Δί’, ὦ Λυσιστράτη.

ΛΑΚΕΔΑΙΜΟΝΙΩΝ ΠΡΕΣΒΕΤΤΗΣ

ἀδικίομες· ἀλλ’ ὁ πρωκτὸς ἄφατον ὡς καλός.

ΛΤΣΙΣΤΡΑΤΗ

ὑμᾶς δ’ ἀφήσειν τοὺς Ἀθηναίους ‹μ’› οἴει;

1150 οὐκ ἴσθ’ ὅθ’ ὑμᾶς οἱ Λάκωνες αὖθις αὖ

κατωνάκας φοροῦντας ἐλθόντες δορὶ

πολλοὺς μὲν ἄνδρας Θετταλῶν ἀπώλεσαν,

πολλοὺς δ’ ἑταίρους Ἱππίου καὶ ξυμμάχους,

ξυνεκβαλόντες τῇ τόθ’ ἡμέρᾳ μόνοι

1155 κἠλευθέρωσαν κἀντὶ τῆς κατωνάκης

τὸν δῆμον ὑμῶν χλαῖναν ἠμπέσχον πάλιν;

ΛΑΚΕΔΑΙΜΟΝΙΩΝ ΠΡΕΣΒΕΤΤΗΣ

οὔπα γυναῖκ’ ὄπωπα χαϊωτέραν.

ΑΘΗΝΑΙΩΝ ΠΡΕΣΒΕΤΤΗΣ Α
ἐγὼ δὲ κύσθον γ᾽ οὐδέπω καλλίονα.

ΛΤΣΙΣΤΡΑΤΗ
τί δῆθ᾽ ὑπηργμένων γε πολλῶν κἀγαθῶν

1160   μάχεσθε κοὐ παύεσθε τῆς μοχθηρίας;
τί δ᾽ οὐ διηλλάγητε; φέρε, τί τοὐμποδών;

ΛΑΚΕΔΑΙΜΟΝΙΩΝ ΠΡΕΣΒΕΤΤΗΣ
ἁμές γα λῶμες, αἴ τις ἁμὶν τὤγκυκλον
λῇ τοῦτ᾽ ἀποδόμεν.

ΛΤΣΙΣΤΡΑΤΗ
                           ποῖον, ὦ τᾶν;

ΛΑΚΕΔΑΙΜΟΝΙΩΝ ΠΡΕΣΒΕΤΤΗΣ
                                     τὰν Πύλον,
τᾶσπερ πάλαι δεόμεθα καὶ βλιμάδδομες.

ΑΘΗΝΑΙΩΝ ΠΡΕΣΒΕΤΤΗΣ Α
1165   μὰ τὸν Ποσειδῶ τοῦτο μέν γ᾽ οὐ δράσετε.

ΛΤΣΙΣΤΡΑΤΗ
ἄφετ᾽, ὦγάθ᾽, αὐτοῖς.

ΑΘΗΝΑΙΩΝ ΠΡΕΣΒΕΤΤΗΣ Α
                           κᾆτα τίνα κινήσομεν;

ΛΥΣΙΣΤΡΑΤΗ

ἕτερόν γ' ἀπαιτεῖτ' ἀντὶ τούτου χωρίον.

ΑΘΗΝΑΙΩΝ ΠΡΕΣΒΕΥΤΗΣ Α

τὸ δεῖνα τοίνυν, παράδοθ' ἡμῖν τουτονὶ

πρώτιστα τὸν Ἐχινοῦντα καὶ τὸν Μηλιᾶ

1170   κόλπον τὸν ὄπισθεν καὶ τὰ Μεγαρικὰ σκέλη.

ΛΑΚΕΔΑΙΜΟΝΙΩΝ ΠΡΕΣΒΕΥΤΗΣ

οὐ τὼ σιώ, οὐκὶ πάντα γ', ὦ λισσάνιε.

ΛΥΣΙΣΤΡΑΤΗ

ἐᾶτε, μηδὲν διαφέρου περὶ σκελοῖν.

ΑΘΗΝΑΙΩΝ ΠΡΕΣΒΕΥΤΗΣ Α

ἤδη γεωργεῖν γυμνὸς ἀποδὺς βούλομαι.

ΛΑΚΕΔΑΙΜΟΝΙΩΝ ΠΡΕΣΒΕΥΤΗΣ

ἐγὼν δὲ κοπραγωγῆν γα πρῷ ναὶ τὼ σιώ.

ΛΥΣΙΣΤΡΑΤΗ

1175   ἐπὴν διαλλαγῆτε, ταῦτα δράσετε.

ἀλλ' εἰ δοκεῖ δρᾶν ταῦτα, βουλεύσασθε καὶ

τοῖς ξυμμάχοις ἐλθόντες ἀνακοινώσατε.

ΑΘΗΝΑΙΩΝ ΠΡΕΣΒΕΥΤΗΣ Α

ποίοισιν, ὦ τᾶν, ξυμμάχοις; ἐστύκαμεν.

οὐ ταὐτὰ δόξει τοῖσι συμμάχοισι νῷν,
βινεῖν, ἅπασιν;

ΛΑΚΕΔΑΙΜΟΝΙΩΝ ΠΡΕΣΒΕΤΤΗΣ

1180   τοῖσι γῶν ναὶ τὼ σιὼ
ἁμοῖσι.

ΑΘΗΝΑΙΩΝ ΠΡΕΣΒΕΤΤΗΣ Α
καὶ γὰρ ναὶ μὰ Δία Καρυστίοις.

ΛΤΣΙΣΤΡΑΤΗ
καλῶς λέγετε. νῦν οὖν ὅπως ἁγνεύσετε,
ὅπως ἂν αἱ γυναῖκες ὑμᾶς ἐν πόλει
ξενίσωμεν ὧν ἐν ταῖσι κίσταις εἴχομεν.
1185   ὅρκους δ᾽ ἐκεῖ καὶ πίστιν ἀλλήλοις δότε.
κἄπειτα τὴν αὑτοῦ γυναῖχ᾽ ὑμῶν λαβὼν
ἄπεισ᾽ ἕκαστος.

ΑΘΗΝΑΙΩΝ ΠΡΕΣΒΕΤΤΗΣ Α
ἀλλ᾽ ἴωμεν ὡς τάχος.

ΛΑΚΕΔΑΙΜΟΝΙΩΝ ΠΡΕΣΒΕΤΤΗΣ
ἄγ᾽ ὅπᾳ τυ λῇς.

ΑΘΗΝΑΙΩΝ ΠΡΕΣΒΕΤΤΗΣ Α
νὴ τὸν Δί᾽ ὡς τάχιστ᾽ ἄγε.

ΧΟΡΟΣ

(στρ)   στρωμάτων δὲ ποικίλων καὶ

χλανιδίων καὶ ξυστίδων καὶ

1190   χρυσίων, ὅσ᾽ ἐστί μοι,

οὐ φθόνος ἔνεστί μοι

πᾶσι παρέχειν φέρειν τοῖς

παισίν, ὁπόταν τε θυγά-

τηρ τινὶ κανηφορῇ.

1195   πᾶσιν ὑμῖν λέγω λαμβάνειν τῶν ἐμῶν

χρημάτων νῦν ἔνδοθεν,

καὶ μηδὲν οὕτως εὖ σεσημάνθαι τὸ μὴ οὐ-

χὶ τοὺς ῥύπους ἀνασπάσαι,

1200   χᾄττ᾽ <ἂν> ἔνδον ᾖ φορεῖν.

ὄψεται δ᾽ οὐδὲν σκοπῶν, εἰ μή τις ὑμῶν

ὀξύτερον ἐμοῦ βλέπει.

(ἀντ)   εἰ δέ τῳ μὴ σῖτος ὑμῶν

ἐστι, βόσκει δ᾽ οἰκέτας καὶ

σμικρὰ πολλὰ παιδία,

1205   ἔστι παρ᾽ ἐμοῦ λαβεῖν

πυρίδια λεπτὰ μέν, ὁ δ᾽

ἄρτος ἀπὸ χοίνικος ἰ-

δεῖν μάλα νεανίας.

1210   ὅστις οὖν βούλεται τῶν πενήτων ἴτω

εἰς ἐμοῦ σάκους ἔχων

καὶ κωρύκους· ὡς λήψεται πυρούς. ὁ μα-

νῆς δ᾽ οὑμὸς αὐτοῖς ἐμβαλεῖ.

πρός γε μέντοι τὴν θύραν
προαγορεύω μὴ βαδίζειν τὴν ἐμήν, ἀλλ᾽
1215   εὐλαβεῖσθαι τὴν κύνα.

ΑΘΗΝΑΙΩΝ ΠΡΕΣΒΕΤΤΗΣ Α
ἄνοιγε τὴν θύραν σύ. παραχωρεῖν ἔδει.
ὑμεῖς, τί κάθησθε; μῶν ἐγὼ τῇ λαμπάδι
ὑμᾶς κατακαύσω; φορτικὸν τὸ χωρίον.
οὐκ ἂν ποιήσαιμ᾽. εἰ δὲ πάνυ δεῖ τοῦτο δρᾶν,
1220   ὑμῖν χαρίσασθαι προσταλαιπωρήσομεν.

ΑΘΗΝΑΙΩΝ ΠΡΕΣΒΕΤΤΗΣ Β
χἠμεῖς γε μετὰ σοῦ ξυνταλαιπωρήσομεν.
οὐκ ἄπιτε; κωκύσεσθε τὰς τρίχας μακρά.

ΑΘΗΝΑΙΩΝ ΠΡΕΣΒΕΤΤΗΣ Α
οὐκ ἄπιθ᾽, ὅπως ἂν οἱ Λάκωνες ἔνδοθεν
καθ᾽ ἡσυχίαν ἀπίωσιν εὐωχημένοι;

ΑΘΗΝΑΙΩΝ ΠΡΕΣΒΕΤΤΗΣ Β
1225   οὔπω τοιοῦτον συμπόσιον ὄπωπ᾽ ἐγώ.
ἦ καὶ χαρίεντες ἦσαν οἱ Λακωνικοί·
ἡμεῖς δ᾽ ἐν οἴνῳ συμπόται σοφώτατοι.

ΑΘΗΝΑΙΩΝ ΠΡΕΣΒΕΤΤΗΣ Α
ὀρθῶς γ᾽, ὁτιὴ νήφοντες οὐχ ὑγιαίνομεν.
ἢν τοὺς Ἀθηναίους ἐγὼ πείσω λέγων,

1230   μεθύοντες ἀεὶ πανταχοῖ πρεσβεύσομεν.

        νῦν μὲν γὰρ ὅταν ἔλθωμεν εἰς Λακεδαίμονα

        νήφοντες, εὐθὺς βλέπομεν ὅ τι ταράξομεν·

        ὥσθ' ὅ τι μὲν ἂν λέγωσιν οὐκ ἀκούομεν,

        ἃ δ' οὐ λέγουσι, ταῦθ' ὑπονενοήκαμεν,

1235   ἀγγέλλομεν δ' οὐ ταὐτὰ τῶν αὐτῶν πέρι.

        νυνὶ δ' ἅπαντ' ἤρεσκεν· ὥστ' εἰ μέν γέ τις

        ᾄδοι Τελαμῶνος, Κλειταγόρας ᾄδειν δέον,

        ἐπῃνέσαμεν ἂν καὶ πρὸς ἐπιωρκήσαμεν.

        ἀλλ' οὑτοιὶ γὰρ αὖθις ἔρχονται πάλιν

1240   εἰς ταὐτόν. οὐκ ἐρρήσετ', ὦ μαστιγίαι;

        ΑΘΗΝΑΙΩΝ ΠΡΕΣΒΕΤΤΗΣ Β

        νὴ τὸν Δί'· ὡς ἤδη γε χωροῦσ' ἔνδοθεν.

        ΛΑΚΕΔΑΙΜΟΝΙΩΝ ΠΡΕΣΒΕΤΤΗΣ

        ὦ πολυχαρείδα, λαβὲ τὰ φυάτήρια,

        ἵν' ἐγὼν διποδιάξω τε κἀείσω καλὸν

        ἐς τὼς Ἀσαναίως τε χἇμ' ἄεισμ' ἁμᾶ.

        ΑΘΗΝΑΙΩΝ ΠΡΕΣΒΕΤΤΗΣ Α

1245   λαβὲ δῆτα τὰς φυσαλλίδας πρὸς τῶν θεῶν·

        ὡς ἤδομαί γ' ὑμᾶς ὁρῶν ὀρχουμένους.

        ΛΑΚΕΔΑΙΜΟΝΙΩΝ ΠΡΕΣΒΕΤΤΗΣ

        ὅρμαον τῷ κυρσανίῳ,

        Μναμόνα, τὰν τεὰν

1250   Μῶάν, ἅτις οἶδεν ἀμὲ τώς τ' Ἀσαναί-

          ως, ὅκα τοὶ μὲν ἐπ' Ἀρταμιτίῳ

          πρώκροον σιείκελοι

          ποττὰ κᾶλα,

          τὼς Μήδως τ' ἐνίκων·

          ἀμὲ δ' αὖ Λεωνίδας

1255   ἆγεν ᾇπερ τὼς κάπρως

          σάγοντας, οἰῶ, τὸν ὀδόντα· πολὺς δ'

          ἀμφὶ τὰς γένυας ἀφρὸς ἄνσεεν,

          πολὺς δ' ἁμᾶ καττῶν σκελῶν ἵετο.

1260   ἦν γὰρ τὤνδρες οὐκ ἐλάσσως

          τᾶς ψάμμας τοὶ Πέρσαι.

          ἀγροτέρα σηροκτόνε, μόλε

          δεῦρο, παρσένε σιά,

          ποττὰς σπονδάς,

1265   ὡς συνέχῃς πολὺν ἀμὲ χρόνον. νῦν δ'

          αὖ φιλία τ' ἀὲς εὔπορος εἴη

          ταῖσι συνθήκαισι, καὶ τᾶν αἱμυλᾶν ἀ-

1270   λωπέκων παναίμεθα.

          ὦ, δεῦρ' ἴθι, δεῦρο,

          ὦ κυναγὲ παρσένε.

          ΑΘΗΝΑΙΩΝ ΠΡΕΣΒΕΤΤΗΣ Α

          ἄγε νυν ἐπειδὴ τἄλλα πεποίηται καλῶς,

          ἀπάγεσθε ταύτας, ὦ Λάκωνες, τασδεδὶ

1275   ὑμεῖς· ἀνὴρ δὲ παρὰ γυναῖκα καὶ γυνὴ

          στήτω παρ' ἄνδρα, κᾆτ' ἐπ' ἀγαθαῖς ξυμφοραῖς

ὀρχησάμενοι θεοῖσιν εὐλαβώμεθα
τὸ λοιπὸν αὖθις μὴ 'ξαμαρτάνειν ἔτι.

πρόσαγε χορόν, ἔπαγε ‹δὲ› Χάριτας,
1280   ἐπὶ δὲ κάλεσον Ἄρτεμιν,
ἐπὶ δὲ δίδυμον εὔφρον' Ἰήιον
ἐπὶ δὲ Νύσιον, ὃς μετὰ μαινάσι
βάκχιος ὄμματα δαίεται,
Δία τε πυρὶ φλεγόμενον, ἐπὶ δὲ
1285   πότνιαν ἄλοχον ὀλβίαν
εἶτα δὲ δαίμονας, οἷς ἐπιμάρτυσι
χρησόμεθ' οὐκ ἐπιλήσμοσιν
Ἡσυχίας πέρι τῆς μεγαλόφρονος,
1290   ἣν ἐποίησε θεὰ Κύπρις.

ΧΟΡΟΣ
ἀλαλαί, ἰὴ παιών.
αἴρεσθ' ἄνω, ἰαί,
ὡς ἐπὶ νίκῃ, ἰαί.
εὐοῖ, εὐοῖ, εὐαῖ, ‹εὐαῖ.

ΑΘΗΝΑΙΩΝ ΠΡΕΣΒΕΤΤΗΣ Α
1295   ‹ὦ› Λάκων, πρόφαινε δὴ σὺ μοῦσαν ἐπὶ νέᾳ νέαν.

ΛΑΚΕΔΑΙΜΟΝΙΩΝ ΠΡΕΣΒΕΤΤΗΣ
Ταΰγετον αὖτ' ἐραννὸν ἐκλιπῶά,
Μῶά μόλε, ‹μόλε,› Λάκαινα, πρεπτὸν ἀμὶν

κλέωά τὸν Ἀμύκλαις σιὸν

καὶ Χαλκίοικον Ἀσάναν,

1300   Τυνδαρίδας τ᾽ ἀγασώς,

τοὶ δὴ πὰρ Εὐρώταν ψιάδδοντι.

εἶα μάλ᾽ ἔμβη,

ὦ εἶα κοῦφα πᾶλον, ὡς

Σπάρταν ὑμνίωμες,

1305   τᾷ σιῶν χοροὶ μέλοντι

καὶ ποδῶν κτύπος,

χᾆτε πῶλοι ταὶ κόραι

πὰρ τὸν Εὐρώταν

ἀμπάλλοντι πυκνὰ ποδοῖν

1310   ἀγκονίωαί,

ταὶ δὲ κόμαι σείονται

ᾇπερ Βακχᾶν θυρσαδδωᾶν καὶ παιδδωᾶν.

ἀγῆται δ᾽ ἁ Λήδας παῖς

1315   ἁγνὰ χοραγὸς εὐπρεπής.

ἀλλ᾽ ἄγε, κόμαν παραμπύκιδδε χερί, ποδοῖν τε πάδη

ᾇ τις ἔλαφος, κρότον ᾽δ᾽ ἁμᾶ ποίη χορωφελήταν,

1320/1   τὰν δ᾽ αὖ σιὰν τὰν παμμάχον, τὰν Χαλκίοικον ὕμνη.

Textos Críticos

Num gênero em que se esperam do poeta ideias surpreendentes e fantásticas, em que leis comuns de causa e efeito são muitas vezes suspensas de início, não causa espanto descobrir que temas extravagantes frequentemente exigem muito mais do potencial limitado do palco ático do que até mesmo o mais acrobático dos dramaturgos poderia esperar acomodar dentro dos limites da lógica. É parte da diversão, e é assim em *Lisístrata*: as mulheres da Grécia empenham-se em dar fim a uma guerra pan-helênica empregando, de nova maneira, atributos femininos tradicionais. O feito deve ocorrer não apenas no campo feminino tradicional, o doméstico, mas também no campo público dos homens, em luta tanto contra homens quanto contra políticos, e não só em Atenas mas também em Esparta. Toda a Grécia será convocada a deixar de lado a loucura da guerra em curso, retornando aos dias pacíficos em que Atenas e Esparta juntamente encabeçaram o mundo grego. Essa ênfase nos Bons Tempos era então, como hoje, uma instância cômica familiar;

o desejo por uma unidade pan-helênica; por outro lado, aparenta ser um motivo particularmente aristofânico, pois é raramente encontrado em fragmentos de outros poetas cômicos e não aparece com destaque até o século IV. Tudo isso é um grande desafio para um dramaturgo que tinha apenas quatro atores, um coro, uma orquestra, um palco pequeno e um par de portas num prédio de madeira. Ainda assim, a tarefa se efetiva, e, na realização desta ideia complexa e ambiciosa, Aristófanes nos oferece uma boa oportunidade de ver um dramaturgo maior manipulando seu suporte tradicional em seu potencial mais elevado. (Jeffrey Henderson, *Lysistrata*: The Play and Its Themes, *Yale Classical Studies –Aristophanes: Essays in Interpretation*, v. XXVI, p. 168.)

* * *

Ela, no entanto, não transcende a sociedade; transforma-a ao restaurar a paz, enquanto permanece ela mesma em seu interior. Por essa razão, talvez, há pouco ou nada do tema da apoteose. Lisístrata não é, de fato, uma figura grotesca, no sentido em que a palavra tem sido usada neste livro, pois não possui as dimensões animais e divinas – exceto, talvez, num sentido diferente, que serve à natureza do seu esforço fantástico. [...] Lisístrata é uma mulher, com a intenção de uma mulher e os métodos de uma mulher, e quando seu propósito é atingido, retira-se com modéstia conveniente, presumidamente para os braços de seu próprio marido. Às vezes, diz-se que ela é masculina em temperamento e modos, e, como evidência, menciona-se o comentário do Espartano sobre "Lysistratus". Entretanto, esse é um erro grave; toda a questão da ação está na feminilidade e nos encantos arrebatadores que Lisístrata e suas cúmplices possuem. Ela é sem dúvida perseverante, mas quem quer que considere essa qualidade como estritamente masculina se engana, para não dizer que se arrisca. É claro, desde o início, quando Cleonice diz a Lisístrata que franzir o cenho não combina com ela, até o final, quando os líderes de toda a Grécia são "fisgados por seu charme encantador" que Lisístrata é jovem e bela. O papel só pode ser propriamente interpretado por uma atriz de graça e charme singular. (Cedric H. Whitman, *Aristophanes and the Comic Hero*, Cambridge: Harvard University Press, 1964, p. 202.)

* * *

Lisístrata foi produzida para Aristófanes por seu antigo colaborador Calístrato, em um dos festivais dramáticos realizados no início do ano 411 a.C.; o antigo cabeçalho (Hipótese) da peça não especifica qual festival, mas hoje se aceita que se tratava de Lenaia que, naquele ano, foi realizado no que seria, pelo calendário juliano, a primeira metade de fevereiro.

Nessa época, a situação política e militar de Atenas era, em quase todos os aspectos, péssima. Embora já tivesse passado um ano desde a aniquilação da expedição siciliana, Atenas mal tinha começado a se recuperar daquele desastre. Muitos de seus aliados enfrentavam revoltas; os peloponésios lhes prestavam assistência enérgica; os governadores persas na Ásia menor ocidental, Tissafernes e Farnabazo, buscavam ativamente trazer de volta para o controle persa as cidades aliadas de Atenas na Ásia continental e se engajavam em negociações para uma aliança com Esparta; enquanto isso, na Ática, a guarnição inimiga em Deceleia continuava a dominar o interior, confinando efetivamente os atenienses à zona fortificada do Pireu e afastando-os de sua terra agrícola e das minas de prata de Laureio. [...] Muitos atenienses devem ter se surpreendido, tal como muitos outros gregos, com o fato de ainda estarem vivos e lutando no final de 412, e, como estava prestes a se tornar claro, poucos poderiam ver uma maneira de encerrar a guerra de maneira vitoriosa ou, até mesmo, tolerável a não ser que alguma nova forma de apoio, não apenas naval e militar, mas, acima de tudo, financeiro pudesse ser encontrada. (Allan H. Sommerstein, *Lysistrata*, Warminster: Arys & Philips, 1990, p. 1.)

* * *

Posto que no caso das mulheres de Atenas a prova relevante foi escrita ou de outra maneira produzida quase inteiramente por e para homens, poderíamos reconstruir e apreender algo da vida das mulheres para além de suas imagens (possivelmente idealizadas ou de outra forma distorcidas) construídas por homens para consumo masculino? [...] Aqueles intérpretes de Aristófanes que se recusam a levar a sério o autor ou seu trabalho, alegando que suas personagens inventadas participam de um carnaval intrinsicamente fantástico de festividade religiosa licensiosa e que sua única intenção era provocar o riso da plateia para obter assim o primeiro prêmio, apontam que todos os atores e membros do coro eram homens, e alguns deles creem de qualquer forma que a plateia era inteiramente masculina. [...] Tais intérpretes acertam ao enfatizar o contexto carnavalesco do drama aristofânico, [...] mas erram ao ignorar a fonte crucial do humor nestes fantásticos voos da imaginação, ou seja, a justaposição conscientemente incongruente do cotidiano com o extraordinário em Aristófanes. Um ingrediente central do humor das mulheres de Aristófanes, em outras palavras, é a mistura do lugar-comum com o absurdo, do mítico com o terra a terra, e é tarefa delicada da interpretação histórica moderna equilibrada tentar desembaraçar um do outro. Só então podemos prosseguir para investigar qual propósito, se há algum, além de causar o riso, Aristófanes pode ter tido ao introduzir tais criações junto a um público insuspeito. (Paul Cartledge, *Aristophanes and his Theatre of the Absurd*, Bristol: Bristol Cassical Press, 1990, p. 32-33.)

TESMOFORIANTES

Inversões de Aristófanes

T*esmoforiantes* talvez seja a comédia mais divertida de Aristófanes. Há vários aspectos da obra que levam diferentes críticos a emitir essa opinião; o principal deles se deve ao fato de terminar com um acordo de conveniência o que se anunciava como veredito fatal. Aristófanes corria o risco de fracassar ao retomar um tema bem urdido, poucos meses antes, na *Lisístrata*: a desavença entre os sexos. Sua genialidade está no modo inusitado como contraria, a cada passo, a expectativa de quem o vê ou lê. A dinâmica que lhe interessa é a de construir situações que nos pareçam imprevisíveis e nos façam rir a cada trecho. Para isso, elege como antagonista das mulheres o símbolo da dramaturgia grega moderna: Eurípides. Não será incorreto encontrar nas *Tesmoforiantes* algo do que Harold Bloom denominou "angústia da influência": ao fazer de Eurípides sua personagem, Aristófanes, através de diferentes paródias, deixa a impressão de pretender não só esboçar a caricatura do "filho de verdureira", mas também superá-lo em seu próprio campo, o cômico,

retrabalhando elementos retóricos do autor das *Bacantes*. Lembro o
expressivo termo que Crátino (520-423 a. C.) cunhou para assinalar a
proximidade dos dois poetas: *euripidaristophanizein*: "euripidaristofa-
nizar". Nenhuma outra obra do teatro grego nos faz pensar tanto nas
seguintes palavras de Francis Ponge: "é diante da obra de um outro,
portanto como crítico, que alguém se reconhece criador"[1]. Nota-se a
admiração do cômico pelo trágico, implicada negativamente na construção original das *Tesmoforiantes*. Não é por acaso que Aristófanes, no
verso 1130, põe na boca de Eurípides o verso 298 da *Medeia*:

σκαιοῖσι μὲν γὰρ καινὰ προσφέρων σοφὰ
δόξεις ἀχρεῖος
(*Medeia*, v. 298-299)

pois levando aos obtusos um novo saber
parecerás inútil

σκαιοῖσι γάρ τοι καινὰ προσφέρων σοφὰ
μάτην ἀναλίσκοις ἄν.
(*Tesmoforiantes*, v. 1130-1131)

pois levando aos obtusos um novo saber
gastarias energia inutilmente.

A expressão καινὰ σοφά ("novo saber") está no centro da poética
de Eurípides e de Aristófanes e a transformação do primeiro em personagem cômica do segundo é um caso particular de antropofagia
literária: deglutição de procedimentos poéticos devolvidos à página
após reprocessamento no quadro de outro gênero, o cômico. Aliás, se
recorrermos à parábase das *Nuvens* (423 a. C.), trecho em que Aristófanes expõe aspectos de sua própria concepção literária, veremos que

1   *Le parti pris des choses*, Paris: Gallimard, 1948, p. 130.

o verso 547 guarda algo da formulação da passagem da *Medeia* acima mencionada:

ἀλλ' ἀεὶ καινὰς ἰδέας εἰσφέρων σοφίζομαι
mas sempre introduzindo ideias novas, sou sábio

Não surpreende, pois, que desde uma peça como *Acarneus*, representada em 425 a. C., até as *Rãs*, levada a público em 405 a. C., encontramos um léxico que ecoa o trecho das *Tesmoforiantes* (411 a. C.) a que me referi. Na obra mais antiga, Eurípides reconhecerá em Dicaiópolis um espírito "agudo" (πυκνός) dado a "sutilezas" (λεπτά); nas *Rãs* (v. 956), o próprio Eurípides se orgulhará de introduzir "procedimentos sutis" (λεπτοὶ κανόνες) numa produção em que não faltam "reviravoltas" (στροφαί, v. 775), termo-chave que também aparece na forma verbal correspondente no verso 385 dos *Acarneus*, onde é coordenado a τε–χνάζειν: "reverter" e "maquinar".

Aristófanes leva ao extremo do humor o tema que poderia ser designado como "não é o que parece". Ao ambientar a comédia num ritual peculiar, onde as mulheres assumem posição inversa a que desempenhavam em seu cotidiano banal e desimportante – cerimônia essa de que não se excluíam manifestações de *aischrologia*, "pesado motejo" –, a instabilidade, as reviravoltas, as falsas indicações dos desdobramentos de cenas encontram espaço propício. Embora a agenda da reunião fosse secreta, vocábulos do *Hino a Deméter* como χλεύη ("riso jocoso"; v. 203) e σκώπτω ("invectivar", "ralhar", "xingar"; v. 204), que despertam o sorriso da deusa, não deixam dúvida sobre a ocorrência de diálogos obscenos entre as participantes do rito. Mulheres que parodiam a retórica jurídica masculina resolvem punir Eurípides por caracterizá-las negativamente em suas tragédias. O efeito da obra de arte parece avassalador, pois seus maridos, incapazes de perceber que vida e ficção não se confundem, resolvem levar a sério o que o poeta trágico representa, assumindo o papel de algozes do sexo frágil. A crítica das mulheres ocorre no âmbito do ritual que lhes é exclusivo, a Tesmofória, escancaradamente trazida aos olhos do público pelo autor. Registre-se, portanto, que Aristófanes torna público um rito sigiloso, torna-o acessível a uma plateia masculina que assiste sua comédia. A representação do que é vetado cria uma relação de sedução e farsa com os que estão do outro lado da cena, pois o que a plateia vê é a simulação de uma cerimônia em que as mulheres haviam se manifestado até então reservadamente.

Na verdade, o que se apresenta é o segundo dia do ritual, cuja agenda aberta permite o julgamento de Eurípides, ou melhor, a fixação de sua pena, pois sua culpa parece, desde o início, inquestionável. O protocolo das acusações segue o padrão jurídico dos tribunais masculinos (ocorre, pois, a inversão da performance feminina, servil a elementos retóricos masculinos). A apropriação do estilo elevado no âmbito da comédia indica a premência da reviravolta. Tal expectativa é o motor que alimenta o gênero cômico: as explicações que imaginamos se frustram diante do que efetivamente se descortina. A astúcia fabular do autor é um recurso fundamental na construção cômica. Cabe-lhe apresentar o que realmente é, o absurdo que contraria radicalmente o que parecia ser, único ponto de partida oferecido ao público. As duas primeiras acusadoras não reclamam propriamente do fato de Eurípides mentir, mas de tornar público o comportamento censurável que elas prefeririam ocultar. Até mesmo a reação das mulheres diante do terceiro discurso, proferido pelo parente travestido, acentua esse ponto, pois o que incomoda a assembleia feminina é uma mulher (falsa) tomar as dores do autor da *Medeia*. E não são nada leves as críticas que o parente formula. Ao privilegiar a questão da aparência em relação ao ser, Aristófanes aproveita a oportunidade para atacar a sofística do tempo. As mulheres privilegiam a aparência em lugar de desconstruírem cada uma das críticas apresentadas pelo parente. Elas não o acusam de mentiroso, mas de traidor(a) petulante. O que é admirável no trecho é que é dado ao público vislumbrar as sobreposições de que o teatro de Aristófanes se elabora: na verdade, o poeta cômico assume o lugar de Eurípides, ao apresentar negativamente o sexo feminino como oportunista, voltado para as próprias conveniências. Há um teatro dentro do teatro, uma acusação de misoginia que deveria ser dirigida a quem apresenta ao público mulheres tão (para dizer o mínimo) relativistas. Em outros termos, Aristófanes adota efetivamente a função que, em sua peça, segundo as personagens mulheres, estaria reservada a Eurípides. Aristófanes é o verdadeiro antifeminista e não o trágico, que apenas carrega na tinta com que pinta as mulheres, segundo elas próprias registram. Num gesto extremo de deglutição literária, Aristófanes constrói uma personagem antifeminina, Eurípides, com a finalidade de ocupar o seu lugar, num dos giros mais sutis da obra, revelando-se mais antifeminista do que seu modelo, ao tornar público um rito secreto e ao evitar criticar a opinião impiedosa que Eurípides parecia ter das mulheres... As mulheres aceitam muitas objeções que Eurípides lhes faz e aprovam o acordo que o poeta trágico finalmente lhes propõe, segundo o qual ele se compromete a não mais expor seus desvios de conduta. As atenienses teriam aceitado a exposição de suas atitudes no âmbito de um ritual restrito e sigiloso, "representado" publicamente por Aristófanes? Não estaria o poeta cômico levando ao extremo a ausência de censura permitida ao gênero cômico para atingir, através das deformações do humor, princípios de atividades convencionais do calendário da cidade?

A questão da identidade é central na peça e é a partir desse núcleo que as situações cômicas se definem. É a teatralização do sexo oposto o que torna a personagem do parente tão divertida. A cena com Agatão se destaca por dois motivos: em primeiro lugar, por sua caracterização feminina, refletida em sua própria concepção poética. O travestimento de Agatão sustenta-se no conceito de mimese, como o próprio autor, centro da homenagem de Platão no *Banquete*, faz questão de salientar. A performance do que não se é pressupõe um processo de metamorfose e impregnação no novo papel, a ponto de a expressão inédita soar natural. Essa a explicação que Agatão oferece de seu comportamento feminino. A vida imita a arte a tal ponto que a arte vira imitação da vida. A aura de excentricidade e refinamento da personagem torna-se caricatura no caso do parente gorducho de meia idade, que passa pela mutação da imagem sexual em pleno palco. Reitero que esse é um aspecto importante da comédia, que lhe confere tom farsesco: mutação e transmutação da imagem sexual. Na primeira sequência, um afeminado serve de modelo para a mudança. Na segunda, outro afeminado (Clístenes) entra em cena para desmascarar o falso afeminado (parente). O processo de representação e desrepresentação sexual por que passa o parente em função da representação negativa a que Eurípides submete as mulheres em seus dramas desencadeia situações imprevistas de efeito hilariante.

Lembremos que o parente usa máscara branca, reservada às mulheres no teatro cômico, e não a de tom escuro, destinada aos homens. Aliás, ele não é o único homem a aparecer assim no palco, cabendo citar ainda Agatão e Eurípides, na cena final. As mulheres assumem a impostação masculina do discurso jurídico, e um homem (parente), travestido de mulher, defende o ponto de vista de outro homem acusado (Eurípides). Ocorre um jogo em que a linguagem não passa de falsa aparência. O problema é que aquilo que ela oculta sob sua manifestação imediata não se aproxima da racionalidade, mas do enigma do absurdo. A comédia depende desse exercício radical do imaginário para vigorar. Engenho se desdobra em engenho, com apoio em tiradas secundárias que mantêm vivo o horizonte de sua expressão. A peça começa justamente com um diálogo entre Eurípides e o parente sobre o fato de a percepção captar o que não é.

Aristófanes parece indicar a impossibilidade de se experimentar um plano que transcenda o da aparência. A obra de Eurípides lhe sugere

um campo fértil de esquisitices comportamentais dos homens que se
inserem num universo em que os deuses são a expressão institucional
de cerimônias definidas pelo calendário da *pólis*. Aristófanes depende de
Eurípides para existir. Ele deve ter se divertido com as situações patéticas
e os exageros do teatro de Eurípides. Se uma atualização temporal fosse
possível, poderíamos imaginar que muitos dos episódios de suas tragédias pareceram ao cômico a expressão do *kitsch*. Nenhum autor grego,
antes de Eurípides, havia colocado heróis em situações que têm mais
a ver com nosso horizonte de experiência do que com a sublime aura
olímpica dos que lutaram pela manutenção do código aristocrático. Eis
algo que faz de Eurípides um poeta moderno. Como levar adiante suas
inovações patéticas, deve ter sido uma das questões que Aristófanes colocou a si mesmo. Ao encontrar certas respostas, Aristófanes tornou-se
o primeiro autor de vanguarda da literatura ocidental. Eurípides lhe
mostrou que o artificialismo que fundamenta a arte depende de certa
relação que se estabelece com o público, de pensar certa situação em
função da expectativa relativamente previsível e do efeito pretendido.
A invenção deixa de ser um processo de descoberta para virar produto
de uma construção que reverte procedimentos sedimentados ao longo
da tradição. Esse talvez seja o caráter abrangente da paródia aristofânica: fazer o que propõe Agatão, identificar-se com o inverso, de modo
que este pareça, se isso é possível, natural: homens representando mulheres; mulheres na função de juízes; um gorducho, entrado em anos,
travestido, depilado, grotesco, tomando parte de um rito restrito às
mulheres; o vinho, em lugar do sangue tradicional, jorrando sobre o
altar, proveniente de uma falsa criança que se revela odre de bebida al-
coólica; o irromper de uma falsa mulher, por meio de uma engenhoca
no palco; um guindaste fazendo voar Eurípides no papel de Perseu, que
porta a cabeça da Medusa; o mesmo Eurípides como velhota alcoviteira
condutora de uma dançarina; o guardião idiota, falante de um idioma
agramatical, que cede ao apetite sexual e perde sua presa. Tudo isso no

centro de um ritual feminino secreto! A ambientação num cenário assim tem função simbólica evidente: indicar que o que está por vir é a inversão do que se pode esperar. Não se trata exatamente de configurar um mundo às avessas, mas de imaginar um falso inimigo em relação ao qual as mulheres teriam condições de superdimensionar seus poderes. Tudo é irreal nesse contexto: nem Eurípides apresentou as mulheres de um ângulo tão negativo, nem as mulheres detinham em Atenas poder para julgar e condenar um homem.

Não se deve desconsiderar a mistura de planos nas *Tesmoforiantes*, referentes a questões literárias e a funções sociais. Mulheres situadas à margem de instituições jurídicas aparecem no centro de uma instituição exclusiva, onde realizam um julgamento, concluído com um acordo de conveniência. Um autor de tragédias ancião, personagem de outro autor, utiliza recursos de sua própria obra para tirar da encrenca um parente que, travestido de mulher, invade impiedosamente um espaço proibido para defendê-lo. E assistimos Eurípides trazer para o plano da vida (representação cômica) recursos literários, ironia contra a ilusão realista da parte de Aristófanes, recolocada, aqui e ali, na história: a de que a arte pode reproduzir mecanismos que lhe são externos, a de que a arte não seria, por natureza, resultado de artifícios.

A primeira paródia é de *Télefo*, tragédia perdida de Eurípides (representada provavelmente em 438 a.C.), cujo mito também interessou a Ésquilo e a Sófocles. Télefo, rei de Mísia, ferido por Aquiles, dirige-se a Argos, informado por um oráculo de que somente a arma que o ferira poderia salvá-lo. Incapaz de convencer aqueus hostis, Télefo sequestra o pequeno Orestes para impor a cirurgia aos gregos. Aristófanes já havia se inspirado nessa cena em *Acarneus* (425 a.C.), onde, em lugar de Orestes, a personagem se apossa de um cesto de carvão (v. 325-357). A introdução do mesmo episódio nas *Tesmoforiantes* (v. 689 e s.) parece melhor realizada, graças ao desenlace que culmina no "sacrifício" do odre de vinho sobre o altar!

A paródia seguinte (v. 765-784), do *Palamedes*, drama que Eurípides encenou em 415 a. C., restringe-se ao seguinte episódio: Éax, a fim de informar o pai, Náuplio, da morte do irmão Palamedes (inventor mítico da escrita), redige a notícia funesta em remos, lançados ao mar na esperança de que o alcançassem. Com base no raciocínio de que, sendo idêntico o material dos remos e das tabuinhas votivas, o resultado seria o mesmo (v. 775: divertidíssima paródia da dedução lógica: ξύλον γέ τοι καὶ ταῦτα, κἀκεῖν' ἦν ξυλόν: "Afinal, estes são de madeira, como aqueles"), o parente empaca na redação da letra "ro" (ρῶ, correspondente ao "erre"), logo depois de escrever μόχθων ("dos sofrimentos", v. 781) e prestes a redigir μοχθηρόν ("doloroso", "sofrível", v. 782). Atrapalhado com a curvatura do ρ, referência talvez, considerada já pelos escoliastas, à dificuldade de escrever Eurípides[2], o parente aborta o projeto...

O drama parodiado a seguir (v. 855-919), presente logo após a parábase, é *Helena*, único texto referido de Eurípides que nos chegou na íntegra, representado em 412 a. C., um ano antes das *Tesmoforiantes*. Numa minuciosa paródia dos elementos que costumam abrir as tragédias do autor – localização da ação (v. 855-857), proveniência e ascendência da personagem (v. 859 e s.) e identidade (v. 862) –, Aristófanes volta-se para os antecedentes da ação (v. 864 e s.) e para o lamento pela morte suposta de Menelau (v. 866 e s.). Destaque-se o tratamento jocoso que o parente reserva à velha que o policia, "imaginando" ser Teónoe (v. 897), a sacerdotisa responsável pela fuga de Helena na tragédia de Eurípides. O ponto alto é a *anagnorisis*, o "reconhecimento" do casal. No ápice da emoção, Menelau (Eurípides) afirma reconhecer a esposa pelos traços faciais, e Helena, ἐκ τῶν ἰφύων (v. 910). No manuscrito de Ravena, o único que nos chegou da comédia, lê-se ἐκ τῶν ἀφύων ("das sardinhas" ou "das anchovas"), mas tanto os escólios quanto a *Suda*

---

2   Cf. Alan H. Sommerstein, *Thesmophoriazusae*, Warminster: Aris & Philips, 1994, p. 204.

propõem ἴφυα, "alfazema", provável alusão ao dado biográfico (falso) de que Eurípides descenderia de uma verdureira...

A paródia posterior da *Andrômeda* (representada em 412 a. C., junto com *Helena*), poderia ser esboçada, em linhas gerais, nas seguintes partes: a) 1015-1055: paródia da monodia de Helena, proferida pelo parente; b) 1056-1097: episódio da ninfa Eco; c) 1098-1135: aparecimento de Eurípides no papel de Perseu. Embora a tragédia de Eurípides não tenha resistido ao tempo, conhecemos seus episódios centrais: Andrômeda surge presa a um penhasco, prestes a ser devorada por um monstro. Ela deve pagar pela arrogância da mãe, Cassiopeia, que agredira os deuses ao afirmar que a filha era mais bela que as nereidas. Os lamentos emitidos em sua monodia receberiam resposta da ninfa Eco, alojada numa gruta. O efeito que Aristófanes tira dessa situação é formidável, pois nem o parente, nem o arqueiro com seu linguajar estropiado, suportam as repetições de Eurípides, no papel de Eco. Eis que, logo a seguir, o poeta trágico irrompe no palco na figura de Perseu (v. 1098 e s.), num sobrevoo realizado graças ao auxílio de uma grua (o verbo παρέπαπτο no verso 1014, sugere a entrada aérea; ἐκδραμών poderia indicar que a personagem teria entrado "correndo". Os críticos se dividem entre uma ou outra interpretação da sequência; pessoalmente, prefiro a primeira). O objetivo do parente não se concretiza por causa da intervenção do arqueiro obtuso, que imagina tratar-se da paixão homossexual entre dois velhotes.

Para deformar e caricaturar a relojoaria do artificialismo engenhoso de Eurípides, Aristófanes imaginou a intriga sexual que teria como bode expiatório o autor das *Bacantes*. Os conflitos ocorrem por intermédio de personagens masculinas que representam papéis de mulheres num ambiente restrito ao sexo feminino. A princípio, homens travestidos de mulheres defenderiam o ponto de vista masculino, mas o que vemos é o grupo de mulheres submisso à caracterização que delas faz o travesti porta voz dos homens. A conveniência passa a entrar em jogo, no lugar da verdade. E conveniência tem a ver com a aparência, não com essência, e representação tem a ver com aparência. Através do jogo de inversões cômicas, Aristófanes apresenta de maneira instável perspectivas culturais, sexuais e estéticas. Esses diferentes planos se sobrepõem e se desenvolvem concomitantemente. Eurípides, apontado no início como injusto algoz das mulheres, surge, no final, como ridícula cafetã alcoviteira. Nenhuma outra peça de Aristófanes sintetizou de maneira tão admirável o gênero cômico, ao mostrar personagens falando de ângulos que não são os seus, em defesa de argumentos de seres diferentes dos que representam. Os movimentos desse universo em dissintonia indicam a complexidade das questões que o envolvem e, em decorrência, o ridículo a que estaria fadado todo receituário dogmático.

Tesmoforiantes

(*Eurípides e o parente param na estrada, depois de longa caminhada*)

PARENTE:

Zeus, a andorinha há de surgir um dia?[1]
O vai e vem desse homem desde a alba
ainda acaba comigo. Diz aonde
vamos, antes que expila a tripa, Eurípides!

EURÍPIDES:

5   Desnecessário ouvir o que teus olhos
em breve presenciam.

PARENTE:

                            Não captei.
Não deverei ouvir?[2]

---

1   A chegada das andorinhas prenuncia a primavera; nesta passagem, sugere-se o fim das agruras de um inverno metafórico.
2   O mal entendido decorre de uma construção grega (οὐ δεῖ) que pode significar tanto "não é necessário que" (sentido pretendido por Eurípides) quanto "é necessário que não" (conforme o parente entende).

EURÍPIDES:
   O que verás.

PARENTE:
Tampouco ver?

EURÍPIDES:
         O que ouvirás? Tampouco!

PARENTE:
Não nego que és um bamba, embora eu boie.
Falas do que não devo ouvir nem ver?

EURÍPIDES:
Se lhes distinguem naturezas díspares.

PARENTE:
Não ver e não ouvir?

EURÍPIDES:
            Exatamente.

PARENTE:
Como diferem?

EURÍPIDES:
         Eis como ocorreu:

Éter[3], no curso da cisão primeva,
15   pariu seres moventes em si mesmo.
Para que vissem, concebeu o olho,
contraimagem do sol; como funil
da audição, o Éter perfurou a orelha[4].

PARENTE:
A causa de não ver e não ouvir
20   é o funil? Que deleite de lição
suplementar! O sábio nos burila!

EURÍPIDES:
Há um grande rol de ensinamentos símiles.

PARENTE:
Além desse arrazoado memorável,
dirias como torno-me ambicoxo?[5]

EURÍPIDES:
Avante e fica atento!

PARENTE:
25   Fico atento.

---

3   Nas *Rãs* (v. 892), Eurípides considera Éter como o principal deus.
4   Paródia de teorias cosmogônicas, que remontam a Hesíodo, no que tange à cisão originária do universo. Por outro lado, como notam Austin e Olson (*Thesmophoriazusae*), a teorização dos órgãos sensíveis teria relação com o pensamento do séc. v a. C. (Diógenes, Empédocles etc.).
5   Ironia tendo em vista o fim da caminhada.

EURÍPIDES:

Vês a portícula?

PARENTE:

Creio que sim,
por Héracles!

EURÍPIDES:

Psiu!

PARENTE:

Calo a portinhola.

EURÍPIDES:

Ouve!

PARENTE:

Eu ouço a portícula que calo.

EURÍPIDES:

No logradouro mora o magno trágico
Agatão[6].

---

6   Filho de Teisameno, notório pela beleza e passividade, Agatão foi o mais importante trágico
da nova geração, tendo obtido sua primeira vitória em 416 a. C. (cf. *Banquete* 173a), graças a seu
estilo carregado de antíteses e a sua temática não mais derivada do patrimônio mitológico. Presente
ou referido em outras obras de Aristófanes (*Acarneus* v. 393-489, *Rãs* v. 84), é citado por Aristóteles
(*Poética* 1456a 29-30) por empregar o *embolima* (canto sem relação com o entrecho da peça).

PARENTE:

30
Como ele é exatamente?
Sei de um gatão hercúleo, pele bronze...

EURÍPIDES:
Não; esse é outro.

PARENTE:
Então não sei quem é.
Usa barba?

EURÍPIDES:
Jamais o viste? Nunca?

PARENTE:
Não sei de modo algum se eu o conheço.

EURÍPIDES:
35
Talvez ignores, mas já o fodeste[7].
Acocoremo-nos ali: seu fâmulo
traz fogo e mirto, num pré-rito em honra
da produção versífica do mestre!

ESCRAVO:
Que não seausculte um pio das gentes!

7   Eurípides sugere a prostituição do personagem, que sequer mostraria o rosto na escuridão.

40   Lacrem a goela!
            Os recintos do mestre,
            o bando das Musas os ocupa,
            entretido em poetar!
            Que o Éter, estático, retenha o sopro!
            Que a ôndula argêntea não
            rebente!

            PARENTE:
            Bum![8]

            EURÍPIDES:
45   Psiu! O que ele profere?

            ESCRAVO:
            Que a tribo alada dormite!
            Que os pés das bestas altivelozes
            não desembestem!

            PARENTE:
                          Bumbumbum!

            ESCRAVO:
            Pois o melífluo Agatão,
            nosso ídolo, está...

8   Evidente manifestação de desdém pelo estilo grandiloquente do servo, que procura se manter
inabalável.

PARENTE:

50

... sendo fodido?

ESCRAVO:

Quem falou isso?

PARENTE:

Éter, o sereno!

ESCRAVO:

... prestes a alicerçar o drama. Empena
aros inéditos dos versos, a uns
torneia, cola suas facetas, cunha
55   aforisma, e martela a frase, e molda
cera, e arredonda o molde, e cria dutos
metálicos.

PARENTE:

E oferta o rabicó.

ESCRAVO:

Quem é o jeca invasor do baluarte?

PARENTE:

Jeca pronto a verter no teu baluarte
60   e no do cantador melissonoro,
depois de arredondar e friccionar
o pau, o jorro que dele se amolda!

ESCRAVO:

Deves ter sido, em moço, um bom sacana.

EURÍPIDES:

Demônio de homem, chega de conversa!

65 Peço que chames, fâmulo, Agatão.

ESCRAVO:

Desnecessário ir buscá-lo, pois
vem moldar as primícias de seu canto.
Vergar no frio estrofes não é mole⁹,
se não se busca o sol, transpondo a porta.

EURÍPIDES:

E o que farei?

ESCRAVO:

70   Espera que apareça!

EURÍPIDES:

Ó Zeus, o que reservas para mim?

PARENTE:

Já não aguento mais! Qual é o problema?
Por que, disfórico, lamentas tanto?
Sou contra haver segredo entre parentes!

9   A cerimônia das Tesmofórias ocorria entre os meses de outubro e novembro.

EURÍPIDES:

75   Cozinham contra mim um mal terrível[10].

PARENTE:

Mas que *cazzo* de mal?

EURÍPIDES:

                              Hoje decidem
se Eurípides falece ou sobrevive[11].

PARENTE:

Mas como, se hoje tribunais não julgam,
nem há questões na pauta do Conselho,
80   por ser o dia dois das Tesmofórias?[12]

EURÍPIDES:

Tocas no cerne da questão mortífera!
Mulheres confabulam contra Eurípides,
e, reunidas no templo das Tesmóforas[13],
pronunciarão o duro veredito.

PARENTE:

Por quê?

10   A metáfora culinária está presente também nas *Aves* (v. 462-463).
11   O anúncio solene em terceira pessoa é recorrente em Aristófanes (ver, p. ex., *Lisístrata*, v. 365).
12   Com duração de três dias, o ritual, exclusivo das mulheres, relacionava-se à fertilidade do solo. A palavra é composta de duas partes: θεσμός, do verbo τίθημι, "colocar, dispor, enterrar" e -φορός (referente a "transporte"): o que era enterrado e transportado durante o período.
13   Templo dedicado a Deméter e sua filha Perséfone.

EURÍPIDES:

85   Por enlameá-las nas tragédias.

PARENTE:

Até que faz sentido a pena máxima...
Há jeito de evitar a moira amarga?

EURÍPIDES:

Talvez convença o produtor de dramas
a ir ao templo.

PARENTE:

                    Mas com qual intuito?

EURÍPIDES:

90   Tomar o meu partido na assembleia
feminina.

PARENTE:

                    Na cara dura, às claras?

EURÍPIDES:

Em vestes de mulher, passa batido.

PARENTE:

Que treta mais porreta! É a tua cara!
Tua arte nos garante o bolo do ás!

259

(Uma plataforma rolante traz Agatão reclinado num leito, rodeado de objetos femininos)

EURÍPIDES:
Psiu!

PARENTE:
O que foi?

EURÍPIDES:
95   O ente já desponta.

PARENTE:
Mas onde?

EURÍPIDES:
Palco acima, no enciclema[14].

PARENTE:
Perdi a visão? Não vejo homem nenhum,
tão somente Cirene, a pistoleira[15].

---

14 Notável uso do termo técnico ἐκκύκλημα, originalmente uma plataforma giratória que remetia o público ao acontecimento de uma cena interna. Ficamos sem saber se Aristófanes emprega a palavra em sentido literal ou se ironiza o recurso, comum em Eurípides (p. ex. *Hipólito*, v. 171). Nesse caso, Agatão estaria apenas reclinado sobre um leito marginal. Registre-se que, em *Acarneus* (v. 407 e s.), Eurípides é deslocado com ajuda desse mecanismo.
15 Notória cortesã da época, cuja versatilidade erótica transparecia em seu epíteto δωδεκαμήχανος, "dos doze achados", Cirene é citada nas *Nuvens* (v. 355) e nos *Acarneus* (v. 117 e s.).

EURÍPIDES:
Psiu! Quase escuto os timbres do prelúdio!

PARENTE:
100   As sendas da formiga ou um chororô?[16]

AGATÃO[17]:
Moçoilas,
da dupla deia recebei a sacra tocha,
105   dançai, ululai,
a paragem liberta vos secunda!

Que nume é o fulcro do festim?
Diz!
Minha solicitude é máxima
110   quando está em pauta reverenciar venturosos.

Venerai, musas,
Apolo, auriflecheiro,
fundador, junto ao Simoente,
do convale natal.

---

16   Menção provável ao primeiro acorde emitido por Agatão, aludindo à complexidade sonora (rastro das formigas) ou ao tom melancólico.

17   Desconhecemos a poesia de Agatão, o que impossibilita um exame seguro dos elementos paródicos deste "hino". De qualquer modo, aceita-se a hipótese de que, neste caso, Agatão cantou sozinho as sucessivas estrofes, alternando o registro vocálico para diferenciar as partes monódicas das corais. Tratar-se-ia de um canto executado por jovens troianas, que celebraria a liberdade, numa festa comemorativa da retirada dos gregos, que lhes teriam deixado contudo o cavalo. A variação rítmica dos versos 101-129 é extrema.

Te alegre o cancioneiro, ímpar na beleza,
Foibos, primaz na recepção
do sagrado tributo timbrístico!

Cantai Ártemis, virgem selvícola,
matriz de robles cimo acima.

Invoco, na sequência dos passos,
o rebento magno de Leto,
para jubilá-lo,
Ártemis, leitovirginal.

E a Leto e ao toque da cítara asiática,
ritmo antirritmo nos pés,
à marcação das graças frígias.

Venero Leto sublime
e a cítara, mater hínica,
afeita ao clangor machístico.

Sua luz aflorou aos olhos
dos numes e na vocalização
fugaz de nossa parte.
Eis por que a graça te congraça,
Apolo!

Salve, renovo ínclito de Leto!

PARENTE:

130   Mas que canção supimpa, Genetílides[18],
      e meio bicha[19] e solta a franga[20] e glote-
      -carícia! Comichão de uma audição
      no olho do cu! Desejo colocar-te
      umas questiúnculas, ó juveníssimo
135   (se o és), feito Ésquilo na *Licurguia*![21]
      Vens de onde, fêmea? Qual tua pátria e roupa?
      A vida aturde?[22] O que cicia a cítara
      à túnica de gala? A lira à rede
      do cabelo? Corpete casa bem
140   com lécito, espada com espéculo?
      Se és homem, te educaram como homem?
      Cadê o pinto[23] e o manto e os calçados
      de macho? Ou feito fêmea? Mostra as tetas!
      Por que não falas nada? Devo achar
145   respostas em teu cancioneiro, ó tácito?

AGATÃO:
      Ancião, ancião, te ouvir escarnecer
      de mim, verde de inveja, não doeu.

18   Deusa da procriação, com santuário ao sul de Atenas, identificada à Afrodite.
19   O adjetivo θηλυδριῶδες, raro, deriva de θηλυδρίας, "afeminado".
20   Uso a expressão "solta a franga", em lugar de uma palavra derivada de μάνδαλος, que designa
a trava de uma porta.
21   *Licurguia* é o nome de uma tetralogia composta por Ésquilo, de que fazia parte *Edônios*, a cuja
cena em que Licurgo interroga Dioniso o parente se refere no trecho acima.
22   O parente reage ao acúmulo de objetos femininos ao redor de Agatão.
23   Recorde-se que os atores masculinos da comédia traziam em evidência o falo, que Agatão não porta.

Coordeno pensamento com vestuário[24].
Para poetar, mister é se adequar
ao que compõe, a obra cunha o modo.
Se o tema for mulher, o corpo deve
participar da ginga feminina.

150

PARENTE:

Cavalgas sempre que compões a Fedra?[25]

AGATÃO:

Se poetas sobre homens, tens no corpo
o necessário. A imitação[26] procura
aquilo que não tem, se o tema o clama.

155

PARENTE:

Lembra de mim se o assunto for o sátiro,
para eu firmar atrás meu grosso enredo!

AGATÃO:

Além do mais, é antimusa o poeta
peludo e grosso. Alceu, o magno Íbico,
Anacreon deram sabor à música

160

24 É costume lembrar, no tocante ao verso, o fato de R. Wagner vestir indumentária medieval quando compunha obra sobre o período...
25 Personagem do *Hipólito* (428 a.C.) de Eurípides, Fedra, esposa de Teseu, rei de Atenas, acusa o enteado Hipólito de pretender raptá-la, depois de ele ignorar suas investidas.
26 Trata-se do uso mais antigo do conceito de mimese, central no pensamento platônico (*República* 598 b) e aristotélico (*Poética* 1447ª 16).

em mitra²⁷ de veado, estilo jônico²⁸.
Conheces Frínico²⁹ de ouvir falar?
165   Pois era belo e belo o que vestia;
por isso é que compunha belezuras.
O canto só traduz nossa natura.

PARENTE:

O bofe cria bofices como Fílocles³⁰,
o ruim é poeta ruim, feito Xenocles³¹,
170   e Teógnis³², homem frio, faz odes frígidas.

AGATÃO:

Eis o que reza a lei. Consciente disso,
dei trato em mim.

PARENTE:

                           Caramba, e como deste!

EURÍPIDES:

Já chega de latir! Quando me fiz
poeta, em tempos idos, era assim.

27 Mitra era um tipo de turbante utilizado pelas mulheres.
28 Íbico (nascido em Régio, sul da Itália, ativo em meados do séc. VI a.C.), Anacreon de Teos (séc.
VI a.C.) e Alceu de Lesbos (séc. VII/VI a.C.) aparecem muitas vezes associados como autores de encô-
mios a jovens.
29 Poeta trágico, contemporâneo de Ésquilo, foi o primeiro a usar personagens femininas.
30 Sobrinho de Ésquilo, poeta trágico lembrado sobretudo por seu ritmo desagradável, é também
referido por ter derrotado Sófocles na competição em que *Édipo Rei* foi encenado.
31 Poeta trágico, filho de Cárcino, derrotou Eurípides no concurso em que este apresentou *Palamedes*.
32 Autor trágico, mencionado também por Aristófanes em *Acarneus* (v. 10-12, 138-140).

PARENTE:

175   Não serei eu a te invejar o histórico.

EURÍPIDES:

Quero dizer por que é que eu vim.

PARENTE:

                       Pois não!

EURÍPIDES:

O sábio tira o sumo das palavras
na síntese claríssima que erige.
Desastre inesperado se me abate,
por isso eu suplicar.

AGATÃO:

180   Qual é o babado?

EURÍPIDES:

A mulherada quer a minha pele,
por delas falar mal nas Tesmofórias.

AGATÃO:

E como poderíamos ser úteis?

EURÍPIDES:

Como és mulher de cabo a rabo, passas

batido. Vai! Me salva, toma as minhas
185   algias no arrancarrabo! Que outro ser
é capaz de palavras do meu nível?

AGATÃO:
Por que não te defendes pessoalmente?

EURÍPIDES:
Eu tenho os meus motivos: sou famoso;
190   ademais, gris, possuo barba. Tens
um rosto bem talhado, imberbe e pálido,
voz de mulher, frufru apresentável.

AGATÃO:
Poeta!

EURÍPIDES:
        Sim!

AGATÃO:
                É teu o verso: "Crês
que o pai despreze a luz que vês sorrindo?"[33]

EURÍPIDES:
É meu!

---

33 Verso 691 da *Alceste* de Eurípides, proferido por Feres, que recusa a proposta do filho Admeto
de morrer em seu lugar.

AGATÃO:

195   Imaginaste que suportaríamos
teu fardo? Nem se fôssemos zuretas!
Resolva teus pepinos por ti mesmo.
Se a barra está pesada, não a enfrentes
com artimanhas, mas passivamente.

PARENTE:

200   Tua barra, ó cu fodido, é ser traçado
passivamente, e não com palavrório.

EURÍPIDES:

Mas por que temes tanto ir até lá?

AGATÃO:

Teria morte pior.

EURÍPIDES:

               Por quê?

AGATÃO:

               Por quê?
Tenho pinta de quem lhes rouba a ação
205   noturna, ao lhes furtar a fêmea Cípris[34].

---

34 Agatão teme que as mulheres queiram se vingar da concorrência que ele, com sua beleza femi-nina, poderia instaurar.

PARENTE:
E desde quando dar o rabo é roubo?
Pensando bem, a escusa faz sentido.

EURÍPIDES:
Vai! Por mim!

AGATÃO:
                    Tira o cavalo da chuva!

EURÍPIDES:
Triplo revés! Morri.

PARENTES:
                    Caro parente,
não deves entregar assim os pontos!

EURÍPIDES:
E o que farei?

PARENTE:
                    Manda-o pra puta que o
pariu! Comigo, pinta e borda! Vem!

EURÍPIDES[35]:
Bem, já que te ofereces, arremessa
a túnica no chão!

PARENTE:
                    Já arremessei.
Que desejas fazer de mim?

EURÍPIDES:
215   Raspar
aqui, queimar embaixo.

PARENTE:
                         Manda brasa
ou eu não me teria oferecido!

EURÍPIDES:
Deves ter, Agatão, uma navalha
para teu uso diário.

AGATÃO:
                    Acharás
no estojo uma navalha.

---

35 A cena do travestimento, que se estende até o verso 268, apresenta um quadro divertido graças
ao processo de transformação do parente e aos utensílios femininos de Agatão.

EURÍPIDES:

220
                                    Que finesse!
Infla o lado direito da bochecha!

PARENTE:

Ai!

EURÍPIDES:

      Ralhas? Cala ou meu botoque te
arrolha agora!

PARENTE:

                        Ai! Que dor! Ai! Ui!

EURÍPIDES:

Aonde corres?

PARENTE:

                        Ao templo das deusas.
225   Se permaneço, acabo esquartejado,
por Deméter!

EURÍPIDES:

                  Ficar com meio rosto
escanhoado é o cúmulo do cômico.

PARENTE:
Estou cagando e andando.

EURÍPIDES:

Não me traias,
pelos deuses! Retorna aqui!

PARENTE:

Desgraça!

EURÍPIDES:
230   Não tremas, ergue a testa! Aonde olhas?

PARENTE:
Hum, hum.

EURÍPIDES:

Hum, hum o quê? Ficou o máximo!

PARENTE:
Que horror! Vou para a guerra sem porrete.

EURÍPIDES:
Não te preocupes com teu visual.
Olha no espelho!

PARENTE:

Olho, se é o que pedes.

EURÍPIDES:
Te vês?

PARENTE:
235   Céus! Vejo Clístenes, o bicha![36]

EURÍPIDES:
Para que eu possa te queimar, reclina-te!

PARENTE:
Pobre de mim, em breve um porco assado.

EURÍPIDES:
Alguém me traga tocha ou lamparina!
Arca, mas olha a ponta do teu rabo!

PARENTE:
240   Se o fogo arde, como posso olhar?
Água, água, vizinhos, acudi
antes que o fogo inflame o meu popó!

---

36 Clístenes, notório afeminado ateniense, é alvo de Aristófanes em várias obras, desde *Acarneus* (v. 117-121) até *Rãs* (v. 48-57, 422-427).

EURÍPIDES:
Sê forte!

PARENTE:
Multissubchamuscado?

EURÍPIDES:
Não te preocupes mais, pois o pior
já passou!

PARENTE:
245   Hum! Que fumacê dos diabos!
A flama requeimou os meus fundilhos.

EURÍPIDES:
Alguém virá passar esponja. Calma!

PARENTE:
Se vier o lavabunda, eu dou porrada.

EURÍPIDES:
Como não queres te entregar, poeta,
250   permite que ele envergue teu corpete
e teu manto. Não digas que não tens!

AGATÃO:
Não estou nem aí; pegai!

PARENTE:

O quê?

EURÍPIDES:
Busca primeiro o manto açafrão.

PARENTE:
255   Que cheirinho de rola, pela Cípris![37]
Passe o corpete logo!

EURÍPIDES:

Está na mão.

PARENTE:
Ajusta-o ao redor das minhas pernas!

EURÍPIDES:
Falta a redinha e a cinta.

AGATÃO:

Eis aqui
a touca que uso quando cai a noute.

EURÍPIDES:
Era com isso mesmo que eu sonhava!

---

37 Hilariante invocação de Afrodite (restrita às mulheres) e uso do diminutivo de ποσθή, "pênis".

75

PARENTE:
Mas faz meu tipo?

EURÍPIDES:

260   Cai como uma luva!
Falta a capa.

AGATÃO:
                    Tem uma no divã.

EURÍPIDES:
E o escarpim?

AGATÃO:
                    Pode pegar o meu.

PARENTE:
Mas ficou bom? Preferes o laceado.

AGATÃO:
Conheces isso bem. Se concluistes,
265   recolhei o enciclema para dentro![38]

EURÍPIDES:
Eis uma verdadeira fêmea, ao menos

38   Como no verso 96, Agatão alude ao mecanismo que o conduziu à cena.

na aparência. Imita o tom de voz
e sê bem convincente!

PARENTE:

Vou tentar.

EURÍPIDES:
Agora vai!

PARENTE:
270   Só vou se me jurares,
por Apolo...

EURÍPIDES:
Jurar o quê?

PARENTE:
Salvar-me
se der algum chabu. Prometes? Juras?

EURÍPIDES:
Juro por Éter, onde Zeus habita.

PARENTE:
Por que não pela casa do Hipocrates?[39]

39 Ignora-se a que Hipocrates o autor se refere; talvez se trate de um dos irmãos de Péricles, morto
na batalha de Délio (Tucídides 4. 101. 2).

EURÍPIDES:
Pela comunidade venturosa!

PARENTE:
Lembra que a jura não a fez a língua,
mas foi teu coração. E eu não jurei[40].

EURÍPIDES:
Vai logo, pois já é possível ver
a sinalização no Tesmofório.
Me afasto.

(*Entra o coro feminino e a cena se transforma no Tesmofório.*
O parente, em vestes de mulher, é acompanhado por uma
escrava)[41]

PARENTE:
Vem comigo, trácia, siga-me!
Descortinas o mundaréu de gente
no aclive, em meio ao fumacê das tochas?
Ó Tesmofórias, sede calorosas
na recepção e quando eu for embora!
Depõe o cesto e pega o bolo, oferta
com que celebro a dupla divindade:

275

280

285

40 Trata-se de uma paródia do verso 612 do *Hipólito* de Eurípides (ver também *Rãs*, v. 101-102).
41 Discute-se muito se teria sido usado também aqui o ἐκκύκλημα, mecanismo que remeteria a plateia ao espaço mais elevado do recinto sacro.

Perséfone e Deméter magna, o muito
que obtenha, muito oferecerei
a ambas, se ninguém souber quem sou!
Que minha filha – Bucetinha linda! –
290   case com rico, trouxa e apalermado;
requeiro juízo e tino ao mister Bimbo!
Que posição tomar para ouvir bem
os oradores? Trácia, suma logo:
não se permite ao servo ouvir parolas!

CRITILA⁴²:

295   Silêncio, psiu! Orai às duas Tesmofórias, a Pluto, à
Caligênia, amadora-de-jovens⁴³, a Hermes e às Graças! Que
a reunião e a assembleia de hoje transcorram com
300   retidão e beleza e logrem sucesso para Atenas e nosso bom
augúrio! A Vitória caberá a quem agir e pronunciar-se
305   melhor em prol dos atenienses e das mulheres! Rogai assim
310   e o bem seja o louro! Peã! Peã! Peã! Jubilemo-nos!

CORO:

Fazemos nossas as tuas palavras.
Assinalai apreço, deuses,
por nossas preces!

---

42 A abertura (295-311) é o mais extenso exemplo de prosa contínua inserida nas comédias de
Aristófanes (ver também *Aves* 864-888). Essa mescla poesia/prosa não deixa de ser um recurso for-
mal imprevisto e bastante arrojado.
43 Pluto, filho de Deméter, originalmente um deus da riqueza agrária. Caligênia, de "bela progênie", é epíteto de Deméter. Amadora-de-jovens refere-se à divindade ática associada à Terra.

315 Zeus, nome súpero;
magno em Delos sacra, aurilira;
virgem panvigor, olhos glaucos,
auriadaga, sediada na urbe
pluridisputada, vinde aqui!
320 Feralgoz multinome;
rebento de Leto, olhiouro;
salso Posêidon, deus do mar,
deixa o frenético
baixio piscoso;
325 filhas de Nereu salobro;
ninfas, píncaroandarilhas!
Ressoa, lira-ouro,
nosso rogo!
Inicie, por fim, o encontro
330 das atenienses bem-natas!

CRITILA:
Suplicai aos olímpios e às olímpias,
aos deuses pítios e às deusas pítias,
aos délios e às délias e aos demais!
Se houver conspiração contra mulher,
335 se alguém quiser negociar com medos[44]
ou com Eurípides em detrimento[45]

44 Designação dos persas. Seria uma referência à tentativa ateniense de conseguir fundo contra Esparta (v. Tucídides 8, 53)?
45 Registre-se o fato de a mulher colocar em mesmo patamar os arqui-inimigos de Atenas (os persas, aqui designados medos) e Eurípides.

das mulheres, se sonha restaurar
a tirania ou tem em mente a re-
condução do tirano, ou se dedou

340   mulher por falso filho[46], ou se a escrava
fofoqueira cagueta a chefa ao chefe,
se a mensageira altera seus recados,
se o amante bom de lábia inventa histórias
descumprindo o que um dia prometeu,

345   se uma coroa oferta um dom ao caso,
se a cortesã o ganha e mete um corno
no amigo, se o barista ou a barista
põe menos na garrafa ou na caneca,
rogai que morram inclementemente

350   eles e os seus, e para vós pedi
que os deuses guardem só o que for bom!

CORO:
Oremos juntas: que se cumpra o rogo
em prol da pólis,
em prol da gente,

355   e os prêmios máximos
colha quem melhor apalavrar!
As transgressoras,
as violadoras de juras solenes,

46   A importância do filho na manutenção do elo entre o casal pode ser devidamente avaliada pela recorrência do motivo: os versos 502-516 tratam de maneira similar a questão; os versos 407-408 falam da falsa gravidez para a manutenção do vínculo; os versos 564-565, da preferência pelo filho do sexo masculino.

360   ávidas de lucro
às nossas custas,
que tentam reverter decreto e lei,
e revelam o que ocultamos
aos antagonistas,
365   ou guiam medos contra este rincão,
a fim de nos ferrar,
são ímpias e injustas
com a pólis.
Zeus, magnopoder,
ratifica a prece
para ganharmos a guarida dos demais
venturosos!
370   Não nos desabone
nossa feminilidade!

CRITILA[47]:
Atenção, por favor! Este conselho
que Timoclea presidiu, Lisila
lavrou e em que se pronunciou a Sóstrata,
375   decide convocar uma assembleia
ao sol nascente no segundo dia
das Tesmofórias, cuja agenda é amena.
Na pauta, a pena a que faz jus Eurípides,
ao nosso ver culpado. Quem discursa?

47 *Proboulema* era a designação do documento com a resolução do Conselho, contendo a agenda da Assembleia. Registre-se a paródia das formulações tradicionais. Timoclea significa "honrosa e afamada"; Lisila, "desfaz-entraves"; Sóstrata, "salva-exército".

MICA:

Eu.

CRITILA:

380   Não sem antes pôr esta guirlanda.

CORIFEIA:

Quietas! Feito orador, limpa a garganta;
o introito é promissor: a coisa é séria!

MICA:

Longe de mim puxar para o meu lado
a sardinha, incensando-me na fala[48].
385   Esse filho de verdureira há muito
me enche o saco, arrojando em nós sua lama[49].
Está para nascer maculador
do nível do escrivinhador dramático
que nos credita o mal universal.
390   Insiste em denegrir. Ajunta uns gatos
pingados, coro, ator e solta o verbo:
machocratas, amanticoercivas,
falastronas, traidoras, beberronas
de miolo mole, pragas dos maridos
395   que, no retorno do teatro, olham

48 Típica introdução em forma de *recusatio*, a fim de conquistar a simpatia do público.
49 A origem de Eurípides continua sendo tema de discussão entre os especialistas. Segundo Fi-
lócoro, a mãe do poeta, Clito, seria de família afortunada. De qualquer modo, é recorrente, em
Aristófanes, essa caracterização (*Acarneus*, v. 478, *Rãs*, v. 840, 946-947).

de soslaio, quem sabe atrás dos rastros
deixados pelo amante descuidado.
Tanta perfídia inculcou nos cônjuges,
que, paranoicos, chegam a vetar
400   o afazer mais banal. Se alguém retrança
a guirlanda, batata: "apaixonou-se!";
se algo escapa das mãos no corre corre,
vocifera: "por quem partiu-se o pote?
Não precisa dizer, que eu adivinho:
405   foi feito um brinde ao hóspede coríntio!"
O irmão comenta ao ver a moça à cama:
"Me cheira mal o branco desse rosto".
Não é tudo: se alguma infértil finge
o parto, o par, sua sombra, a desmascara.
410   E o que dizer dos velhos, que antes se
casavam com ninfetas? Se intimidam
por causa da calúnia estampada
em seu versículo: "A mulher é déspota
do noivo anoso". Lacram portas, fecham
415   passagens dos recintos femininos
com o intuito de tê-las sob a vista;
e vão mais longe: incitam pitbulls[50]
contra fantoches, símiles de amantes.
Ainda vá lá! E o que dizer do veto
420   aos encargos domésticos – achar

---

50 No original, o autor fala de cães molóssios, conhecidos na Antiguidade por sua violência extrema. Aristóteles refere-se à raça em sua *História Natural* 608ª 28-31.

azeite e vinho, separar o joio
do trigo? Esposos portam chaves tri-
fásicas, invenção esparciata.
Antes ninguém nos via abrir as portas
425   com anel de sinete de três óbolos;
o arrasa-lar Eurípides ensina-os
a portar selos daguerreotipados
com buracos de vermes[51]. Cabe a nós
achar o meio de ferrar o homúnculo,
430   com veneno ou que seja de outro jeito
que nele dê um fim. Falei. Se houver
pendência, lavro-a com a escriturária.

CORO:
Jamais ouvira uma mulher
de têmpera tão sutil,
435   de fala com maior penetrância,
justa de cabo a rabo.
Escrutina ideias múltiplas,
sopesa tudo, aguda, no intelecto,
descortina a linguagem variegada
com palavras ponderadas.
440   Fora Xenocles quem falasse, filho de Cárcino[52],
a seu lado,

---

51   Esse tipo de selo seria mais difícil de ser falsificado do que os comumente usados, moldados em cera.
52   Ver nota 31.

pareceria a todas, creio, proferir
somente vacuidades.

FLORISTA:
Pouco teria a acrescentar ao que ela
recém-argumentou na acusação,
445   mas, mesmo assim, registro o que sofri:
meu marido morreu em Chipre. Aos cinco
filhos pequenos dava de comer
produzindo coroas no mercado.
Assim tocava a vida humilde até
450   que o tal fabricador de dramas trágicos
vendeu a ideia de que deuses não
há, e o faturamento despencou.
A sugestão que faço é que o castigo
corresponda aos inúmeros delitos:
455   sua rudeza não se justifica,
mesmo num ser criado entre hortaliças.
Volto ao mercado para terminar
vinte coroas que devo entregar[53].

CORO:
Este segundo testemunho
revelou
460   ainda mais acurácia que o anterior.

53 Repare-se ironia do verso: se a religiosidade está em declínio, o mesmo não ocorre com os banquetes, para os quais os homens agora portam flores...

Nele não se registra
irrelevância, mas equilíbrio,
fruto de mente aguçada,
avessa à obscuridade,
plena no convencimento.

465   O homem é merecedor de pena
exemplar
por desaforo desabrido.

PARENTE[54]:
Não me surpreende a fúria contra Eurípides,
muito menos que a bile bula, amigas,
depois de ouvir labéu e mais labéu!
Eu mesma – por meus filhos! – sinto ódio

470   desse pigmeu, pois louca é o que não sou!
Permito-me avançar a discussão,
certa de que entre nós há de ficar
o que eu venha a falar. Sendo quem somos,
por que acusá-lo de contar uns poucos

475   pecadilhos dos muitos que engendramos?
Prefiro restringir-me a mim, ciente
dos erros corriqueiros. Eis o pior:
três dias de casada, meu marido
adormecia ao lado. Meu amante,

54 Esta fala do parente costuma ser comparada à de Dicaópolis em *Acarneus* (v. 496-556). Note-se a presença dos seguintes recursos retóricos: proêmio, em que a personagem afirma participar do sentimento contra Eurípides (v. 466-470); *písteis*, as provas sobre as más ações femininas (v. 476-516); breve conclusão (v. 517-519).

480 que me desvirginara aos sete anos,
arranhava-me a porta de pau duro.
Adivinhei quem era e quieta ergui-me,
não sem antes ouvir: "Aonde vais?"
"Até a latrina⁵⁵: a cólica revira
485 o bucho". "Vai, então!" Ele macera
endro, junípero e artemísia, enquanto
eu, para ver meu amoreco, ungia
com água a dobradiça. Me escorei
no loureiro do altar de Apolo Agieu,
490 algo de que jamais falou Eurípides,
nem de que, com a ajuda de muleiros,
ardemos – cúmulo da indiferença!
E nem da transa até o sol raiar,
quando comemos alho para o corno,
495 ao farejar, voltando da muralha,
de nada desconfiar. Não é que o trágico
não fez sequer menção? O que interessa
se agride Fedra? Nem tampouco cita
a mulher que estendeu a capa ao sol
500 para mostrá-la ao cônjuge, encobrindo
o garanhão em fuga. Silenciou!
Sei de outra que alegou estar parindo
por dez dias, até comprar um filho.
O esposo procurava o que apressasse
505 o parto, e a velha trouxe na panela

55 Situada no andar inferior, no pátio interno da morada.

o bebê, em cuja boca punha favo
para calar-lhe o bico. A seu sinal,
a outra gritou: "Vou dar à luz, marido,
pica a mula!" O bebê chutara o ventre
510   da panela. O sujeito vai contente,
enquanto o recém-nato urrava, sem
o favo que a velhota retirara.
Então a encarquilhada o traz e corre
rindo ao esposo trouxa: "É a tua cara
515   o leônculo, o leão que veio ao mundo,
até na pica torsa como pinha".
O tal de Eurípides tem algo a ver
com nossas pilantragens? Não! Por Ártemis!
Será imerecido o padecido?

CORO:
520   Estou bestificada!
De onde brotou essa figura,
que lugar acompanhou o crescimento
de uma topetuda desse jaez?
525   A cara de pau descarrega, às claras,
as maiores safadezas,
petulância impossível de imaginar
entre nós!
Inexiste o impossível!
O velho dito avulta:
coloca sob escrutínio os baixios

de cada pedra
530   ou o orador te engole![56]

CORIFEIA:
Somente a vilania das mulheres
supera a vilania das mulheres.

MICA:
Oh, céus! Perdestes a razáo ou fostes
narcotizadas por um mal maior
535   para deixar que a bruaca sente a pua?
Existe alguém aí... se náo existe,
com ajuda de ancilas, pegaremos
cinza para raspar a sanja dela:
conhecerá o preço do achincalhe!

PARENTE:
540   Náo, a buceta náo! Quem é da pólis
pode falar o que lhe dá na telha;
foi justo o desagravo por Eurípides.
Refuto a pena da depilaçáo.

MICA:
Refutas? Mais ninguém ousou sair
545   em defesa de quem só nos denigre

---

56 "Há um escorpiáo à espreita sob cada pedra" é o dito proverbial, empregado por Sófocles, frag. 37 Radt: ἐν παντὶ γάρ τοι σκορπίος φρουρεῖ λίθῳ.

com seu jeito de achar palavras de onde
a fêmea irrompe vil, com Melanipas[57],
Fedras, sem mencionar Penélope, íntegra!

PARENTE:

E Eurípides tem culpa se Penélopes
550   não há e Fedras saem pelo ladrão?

MICA:

Ouvistes como generalizou
o novo ataque?

PARENTE:

                    E falo quase nada!
Levanta a mão, quem quer ouvir o resto!

MICA:

Impossível lavar mais roupa suja!

PARENTE:

555   Não falei nem a ínfima parcela.
Não mencionei que o raspador de vulva
usamos de sifão que suga o grão.

57 Eurípides foi autor de duas peças sobre Melanipa. Talvez Aristófanes se refira ao episódio em
que a personagem abandona os dois filhos que teve de Posêidon.

MICA:

Sonho que sejas triturada!

PARENTE:

Nem que damos a carne da Apatúria[58]
às putas, inculpando o mustelídeo[59].

MICA:

Ninguém merece ouvir tanta abobrinha!

PARENTE:

560   Nem quem matou à machadada o cônjuge,
nem quem drogou o esposo enlouquecido,
nem a acarneia[60] que afogou...

MICA:

Sucumbe!

PARENTE:

...o pai numa banheira.

MICA:

É demais!

58 Trata-se da festividade em que se que comemorava o registro dos filhos nas frátrias.
59 Pelo efeito cômico, preferi verter a palavra por "mustelídeo", em lugar de "doninha", à época um animal doméstico.
60 Situada ao norte de Atenas, nos baixios do monte Parnes, Acárnia foi o maior povoado da Ática, objeto da célebre peça de Aristófanes.

PARENTE:

Nem que entregaste à serva a própria filha,
565   em troca do menino que parira.

MICA:

Não sairás impune, pois eu raspo
teus cachos!

PARENTE:

Raspas? Estou esperando!

MICA:

Verás!

PARENTE:

Verás!

MICA:

Segura o manto, fâmula!

PARENTE:

Um mindinho e, por Ártemis...

MICA:

O quê?

PARENTE:

570   Defecarás a torta que papaste.

CRITILA:

Nem mais um pio, que avisto uma mulher
chegando esbaforida. Para ouvi-la
com calma, exijo que ambas silenciem.

CLÍSTENES[61]:

O palor do rostinho e o rebolado
575   dão mostras da amizade que nos ata!
Femeomaníaco, vos represento,
mormente quando escuto algo de monta,
conforme murmuravam no mercado.
O serelepe vem comunicar
580   que é necessário abrir todos os olhos
para evitar que o mal sapeque a raça.

CRITILA:

Como é, moçoilo? A tez louçã do rosto
permite-me afirmar que és um renovo.

CLÍSTENES:

Dizem que o bofe Eurípides mandou
585   um parente velhaco às Tesmofórias!

61   Sobre a personagem, ver nota 36. Provavelmente, ele usasse máscara branca, como as figuras femininas, e ocultasse o falo, evidente na caracterização masculina.

CRITILA:
Com qual missão viria o dito cujo?

CLÍSTENES:
Espionar os discursos proferidos
e as decisões aqui deliberadas.

CRITILA:
Não seria notado entre as mulheres?

CLÍSTENES:
590   O trágico o queimou e o depilou,
fez dele uma mulher na vestimenta.

PARENTE:
Mas que papo de aranha! Só um trouxa
deixaria que o depilassem. Não
caio nessa falseta, ó deia dupla!

CLÍSTENES:
595   Bobagem! Eu teria vindo aqui,
descrera de boquinhas tão verídicas?

CRITILA:
É grave o caso que ele nos reporta.
Não devemos reagir passivamente,
mas buscar esse intruso onde estiver

600   alojado entre nós com seu disfarce.

Se nos deres a mão nessa missão,

seremos para sempre gratas, próxeno!

CLÍSTENES:

Passo em revista todas.

PARENTE:

Embaçou!

CLÍSTENES:

Deixa eu ver... tu, quem és?

PARENTE:

Onde me enfio?

MICA:

605   Ora quem sou! A esposa de Cleônimo[62].

CLÍSTENES:

Vós todas conheceis essa mulher?

CRITILA:

É uma de nós acima de suspeita.

---

62   Figura torpe, dotada de múltiplos defeitos, entre os quais a covardia (teria lançado o escudo ao chão durante uma batalha, cf. *Cavaleiros*, v. 1372, *Nuvens*, v. 353).

CLÍSTENES:
E essa mulher que embala um bebê
no colo?

MICA:
          É minha pajem.

PARENTE:
                    Me ferrei.

CLÍSTENES:
610   Ei, psiu! Aonde vais? Qual é o problema?

PARENTE:
Não se pode nem mais mijar em paz?

CLÍSTENES:
Esvazia a bexiga, que eu te aguardo!

CRITILA:
Espera e fica de olho aberto: é a única
cuja identidade não sabemos.

CLÍSTENES:
615   Que mijo demorado!

PARENTE:

Ontem comi
agrião, diurético poderosérrimo!

CLÍSTENES:

Agrionizas o papo; vem aqui!

PARENTE:

Por que me empurras, se eu não passo bem?

CLÍSTENES:

És casada com quem?

PARENTE:

Sabes quem é
620   o cara que nasceu em Picadélfia?[63]

CLÍSTENES:

Cara? Que cara?

PARENTE:

É o cara, quando então
o cara, pai do cara...

63 Por que Aristófanes escolheu Cotocida, nome de um povoado situado na planície de Elêusis?
Uma hipótese seria a associação dessa palavra com outras que aludem a "falo". Daí minha opção
por Picadélfia.

CLÍSTENES:

Que estultice!
Estiveste aqui antes?

PARENTE:

Venho todo
ano.

CLÍSTENES:

E com quem divides tua tenda?

PARENTE:

Com a cara.

CLÍSTENES:

625   Palavras sem sentido!

CRITILA:

Darei prosseguimento ao questionário
sobre o ritual passado. Fica longe,
pois que é vetado ao homem! Vai, nos conta
a primeira revelação sagrada!

PARENTE:

630   Começamos – deixa eu lembrar... – bebendo.

CRITILA:

E em seguida o que veio?

PARENTE:

Veio o brinde.

CRITILA:

Alguém te relatou. E em terceiro?

PARENTE:

Sem penico, Xenila quis um jarro.

CRITILA:

Bobagem! Clístenes, retorna aqui,
ele é o sujeito!

CLÍSTENES:

O que devo fazer?

635

CRITILA:

Desnuda quem profere disparates!

PARENTE:

Desnudar uma mãe de nove filhos?

CLÍSTENES:

Tira o corpete, praga!

PARENTE:

Seu grosseiro!

CRITILA:

Por Zeus, mas que musculatura atlética!
640   Carece dos mamilos das demais!

PARENTE:

É que eu nunca pari e sou estéril.

CRITILA:

E onde foram parar teus nove filhos?

CLÍSTENES:

Fica em pé! Onde alojas teu caralho?[64]

CRITILA:

Vejo a ponta! Que linda cor possui![65]

CLÍSTENES:

Onde é que está?

CRITILA:

645   Ei-lo de novo em riste.

---

64 O pênis é vislumbrado entre as vestes do parente travestido de mulher.
65 Provavelmente vermelho, cor da representação fálica do ator cômico (cf. *Nuvens* 539).

CLÍSTENES:
Não visualizo.

CRITILA:
Já fez o retorno.

CLÍSTENES:
É um istmo o que tens! Acima abaixo
levas o pau, mais ágil que os coríntios.

CRITILA:
Canalha! Agora entendo: por Eurípides
nos insultava!

PARENTE:
650
Que enrascada me
meti! Piedade! Sou um ser sem sorte!

CRITILA:
O que faremos?

CLÍSTENES:
Vigiai-o bem,
a fim de que não fuja enquanto eu busco
um comissário a quem relato o caso.

CORIFEIA:

655 Depois do que ocorreu, tochas acesas,
arrojai masculinamente as túnicas!
Investiguemos se há algum outro intruso,
checando cada viela, tenda, Pnix![66]
Cautela na investigação, silêncio,
660 para não levantar a lebre! Agora
não é o momento para hesitações.
Corra, que a ronda inicial se atrasa!

CORO:

Esquadrinha, rastreia logo
cada ângulo,
se, em algum, o sorrateiro
se assentou.
665 Passa em revista tudo,
tanto lá,
quanto cá,
sem desconsiderar nenhum quadrante!
Se o sacrílego for pego
com a boca na botija,
paga caro,
exemplo
670 de húbris,
do fazer injusto,

66 Colina ateniense onde ocorriam as assembleias populares e o encontro das Tesmofórias.

de gestos sem nume,
aos demais homens.
Afirmará, sem rebuço, o ser divino,
exibirá, aos demais, a conduta
em prol dos eternos,
afirmará, com retidão, o sagrado
675   e as normas,
empenhado em perfazer o bem.
Feitura inversa, eis o que sucede:
se o pegam em ato antissacro,
680   queima de insensatez,
rábido frenesi,
e, em suas atitudes, todos,
mulheres e homens,
registrarão – nítido! –
que o antilei e o antissacro,
o deus os pune
685   num segundo.

CORIFEIA:
Foi feito pente-fino no local,
onde não há nenhum sinal de macho.

(*O parente rapta um bebê e se refugia no altar, onde ameaça matá-lo*)

MICA:

Aonde pensas que vais? Parado lá!

690   Tragédia! O fugitivo me arrancou

o bebê que mamava! Ai de mim!

PARENTE:

Berra! Não lhe darás mais papa, se

não me for dado ir. Sobre estas vítimas,

dobrado pelo faim, espargirá

no altar o jato rubro de suas veias.

MICA:

695   Não me acudis, mulheres? Não alçais

grito e troféu, mirando-me apáticas,

longe do ser que pus no mundo, o único?

CORO:

Ah! Ah!

700   Moiras[67] magnas, por que me é dado ver

o novo horror?

CORIFEIA:

De arroubo e despudor se faz a vida!

Como denominar o que pratica?

---

67 Invocação, como nas *Rãs* (v. 453) e nas *Aves* (v. 1734), das deusas do destino, correspondentes
às Parcas latinas.

PARENTE:
Meu golpe neutraliza tua audácia.

CORIFEIA:
705   Não se trata de um caso aterrador?

MICA:
Sim! Me arrancou o filho e o tem consigo!

CORO:
Dizer o quê, se nem sequer se abala?

PARENTE:
E não me dou por satisfeito.

CORO:
710   Vens a um lugar de onde não escapas
a fim de blasonar bazófias!
Não sais impune, mas serás vingado!

PARENTE:
Eu esconjuro o plano que alimentas!

CORO:
715   Que nume não renega
os atos torpes que executas?

PARENTE:

Jogais conversa fora: não o solto!

CORO:

Quem sabe poupe-nos em breve
do escárnio insultuoso
720   e do vocabulário impuro.
Nossa reação: ações sem-nume,
como é plausível, contra as tuas.
A sorte, transmudada, logo avança;
725   avessa ao mal, outrilabora.

CORIFEIA:

Devias trazer gravetos com as outras,
para incendiar o torpe agora mesmo!

MICA:

Vamos pegar os tocos de madeira,
Mânia! Verás o que é tição! Aguarda!

(*Mica e Mânia entram*)

PARENTE:

730   Te aguardo, incendiária! Vai, criança,
tira a roupa cretense! Caso morras,
inculpo uma mulher – tua mãe madrasta!
Que surreal! A pequerrucha vira

odre de vinho! E usava botas persas!
735 Dipsomaníacas, mulheres-chama,
sempre dispostas a encher o caneco,
sorriso dos baristas, nossas lágrimas,
lágrimas, ademais, de lãs e louças!

(*Mica e Mânia retornam*)

MICA:
Não poupes, Mânia, galhos no monturo!

PARENTE:
740 Não poupes mesmo! Afirmas que pariste
este troço?

MICA:
                              Por nove meses eu
o carreguei.

PARENTE:
                              O carregaste?

MICA:
                                             Exato!

PARENTE:
Dois terços da garrafa?

MICA:

O que fizeste?

745   Despiste, seu canalha, o meu bebê
fragílimo?

PARENTE:

Fragílimo? Por Zeus,
terá que idade? Três ou quatro côngios?[68]

MICA:

Mais o tempo transcurso das dionísias[69].
Devolve-mo!

PARENTE:

Jamais, por este Apolo!

MICA:

Prepara para arder!

PARENTE:

Pois manda brasa,
750   mas antes sacrifico a pequerrucha!

68 Χοᾶς no original alude ao segundo dia das Antestérias, festival celebrado em fevereiro em homenagem a Dioniso. A criança teria pouco menos de 4 anos. Há um jogo de palavra com χόος,
medida para líquido equivalente a três litros e um quarto.
69 Importante festival em honra a Dioniso, de caráter pan-helênico, realizado em Atenas no mês
de março.

MICA:

Rogo que não! Deixa que eu sofra em seu
lugar!

PARENTE:

    Nasceste para procriar,
mas reafirmo: logo a sacrifico.

MICA:

Minha menina! Dê-me um vaso, Mânia,
para eu colher o sangue da criança!

PARENTE:

Eu te concedo a graça; põe embaixo.

MICA:

Calhorda! Vil! Pereças lentamente!

PARENTE:

Cabe à sacerdotisa o dom da pele.

CRITILA:

O que se lhe destina?

PARENTE:

                Isto. Pega!

755

CRITILA:

760   Quem te roubou a flor, te deflorou?[70]
        E quem murchou, ó Mica, a linda filha?

MICA:

        Esse canalha! Tua vinda calha:
        com Clístenes, vigia esse sujeito,
        até que eu conte tudo ao delegado!

PARENTE:

765   Qual estratégia salva a minha pele?
        Qual o plano propício? O responsável
        por eu estar fodido nessa encrenca
        nem dá as caras. Como encontro Eurípides?
        Via núncio? Eureca! Em *Palamedes*[71]
770   me inspiro e inscrevo sobre as pás dos remos,
        ao mar lançadas. Mas não tenho remos
        e me pergunto onde os posso achar.
        E se escrever o texto nas tabuinhas
        e arrojá-las aos quatro ventos? Boa!
775   A madeira dos dois os torna iguais.

        Mãos de mim,
        mãos à obra na tarefa próspera!
        Tábuas rútilas,

---

70 Em grego, o verbo ἐκκοπεῖν tem duplo sentido: "privar da filha" e "deflorar".
71 Sobre esta paródia, ver introdução.

recebei a incisão
do estilete,

780 núncias do dissabor de quem vos fala!
Quanta angústia no erre!⁷²
Que letra inscrevo agora?
Todas, rápido, em todos os sentidos,
aqui e acolá! Urge voar!

CORO⁷³:

785 Autolouvemo-nos agora na parábase!
Não há quem não critique nossa estirpe na ágora,
causadora da ruína masculina: brigas,
rusgas, rixas, revoltas dolorosas, guerra.
Por que casar com esse mal universal

790 e proibir que tome ares porta afora?
Pretendeis policiar o mal com mais presteza?
Se alguém vos diz que viu a queridinha algures,
vos remoeis de raiva, em vez de agradecer
aos deuses pelo informe de que o mal se ausenta.

795 Se dormimos na casa de uma amiga, após

72 Alusão à terceira letra de "Eurípides", como já sugeriam os escoliastas?
73 A parábase, compreendida entre os versos 785-845, é a única, na obra de Aristófanes, desti-
tuída de seções líricas. Diferentemente de outras obras, nela o poeta não se dirige ao público para
exprimir sua opinião sobre problemas correntes, mas dá prosseguimento às questões apresentadas.
Vem à tona um notável panorama de situações específicas vivenciadas no período em Atenas, embora de um ângulo marcadamente masculino. Em termos métricos, a passagem se divide em
três partes: v. 785-813, tetrâmetros anapésticos cataléticos; v. 814-829, dímetros anapésticos; v.
830-845, tetrâmetros trocaicos cataléticos. Utilizei na primeira e na terceira partes o verso de doze
sílabas, numa tentativa de corresponder à extensão delongada do original, e, na intermediária, versos polimétricos (privilegiando a acentuação das sílabas pares).

um dia de alegria, quem não ronda a cama
atrás do mal? Quem não contempla o mal se o mal
vai à janela? Se recuamos constrangidas,
quem quase diz: "retorne o mal!"? Quem quer, compare
800   mulher e homem! Vê quem é o melhor dos dois!
Provemos quem é pior! Dizemos que sois vós
e vice-versa. Emparelhemos nomes de ambos
os sexos para confrontá-los[74]: Naumaquia
fica à frente de Cárminos[75]. Acho Salábaco
805   bem superior a Cleofonte[76]. Algum de vós
enfrenta Maxindômita, a de Maratona,
para não mencionar Vitória, invicta bélica?[77]
E Bel, a conselheira? Algum exconselhante
mostrou-se tão aconselhável? Diz! Alguém?[78]
810   Nisso reside nossa superioridade.
Não desfilamos em carruagem-palafrém,
dilapidando o erário. Devolvemos logo
o pouco trigo que tiramos do marido.

Mas poderíamos citar

74   Bela configuração do horizonte da "comprovação", em que o autor confronta nomes "falantes" femininos com nomes de personagens masculinas do período.
75   Naumaquia, "aquela que combate no mar", é comparada com Cárminos, estratego ateniense derrotado em Samos (cf. Tucídides 8. 30, 1).
76   Salábaco, notória cortesã da época (*Cavaleiros*, v. 765) é comparada a Cleofonte, famoso político (e fabricante de instrumentos musicais), contrário ao acordo de paz com Esparta, posição criticada pelo mesmo Aristófanes nas *Rãs* (v. 679 e s.).
77   Nomes femininos que sugerem vitórias militares do passado.
78   Provável alusão aos conselheiros que decidiram a fracassada expedição ateniense à Sicília. Com a mudança pronominal, o coro volta-se para alguém da plateia.

815   muitos que fazem o que eu disse,
       que enchem a pança mais que nós,
       pilhadores da roupa alheia,
       traficantes de escravos, bufos.
       E quanto aos bens, os perdulários
820   não sabem, como nós, mantê-los.
       Conservamos perfeitamente
       a lançadeira do tear,
       nossa sombrinha e o açafate.
       A maioria dos maridos
825   já fez sumir da residência
       a lançadeira e a própria lança.
       Outros, inúmeros, dos ombros,
       em pleno campo de batalha,
       arremessaram suas sombrinhas[79].

830   Nós, mulheres, teríamos muito o que dizer
       contra os homens; me atenho ao que reputo grave.
       Se uma de nós gerou um servidor da pólis,
       estratego ou taxiarca, deveria ser
       prestigiada na fila um em Cira e Estênia[80]
835   e em todas as demais festividades. Se outra
       deu à luz um velhaco ferrabrás, um sórdido
       trierarca ou um piloto inábil, deveria,

79   A segunda referência às "sombrinhas" ocupa o lugar de "escudos"...
80   As duas são festividades femininas ligadas à fertilidade e dedicadas a Deméter e Perséfone, como as Tesmofórias. A troca de insultos e o motejo faziam parte desses rituais. Estênia deriva de στηνιάω, "insultar".

cabelo capacete, se assentar atrás
da mãe do valoroso. Que sentido, ó pólis,

840   haveria de a mãe de Hipérbolo[81], em vestes
brancas, cabelos soltos, se abancar ao lado
da mãe de Lâmaco[82] e emprestar dinheiro? Os juros
que a sovina exigisse deveriam negar,
e, sequestrando a moeda à força, arrematar:

845   "Eis no que frutifica o fruto do teu furto!"[83]

PARENTE:

De tanto esperar, fiquei estrábico!
O que será que prende os pés de Eurípides?
Palamedes, um fiasco, o deprimiu?
Com que drama consigo cativá-lo?

850   Já sei! Imito sua recente *Helena*[84],
pois já envergo roupa feminina.

CRITILA:

Seu corvo de olho gordo, o que crocitas?

81 Hipérbolo, cuja mãe usurária é citada aqui, foi personagem do partido radical ateniense, con-
denado ao ostracismo por desonestidade (cf. Tucídides 8, 73, 3).
82 Um dos comandantes da expedição da Sicília, morto em Siracusa em 414 a.C. (Tucídides VI, 101, 6).
83 Com "fruto" e "furto" procuro recuperar, de algum modo, o duplo sentido de τόκος: filho e juro.
84 *Helena* foi encenada em 412 a.C., um anos antes das *Tesmoforiantes*. Das tragédias de Eurípides
parodiadas por Aristófanes nesta comédia, só *Helena* chegou até nós na íntegra. Segundo a versão
euripidiana do mito, Páris teria levado para Troia um símile de Helena, transferida efetivamente
para o Egito, por decisão de Zeus, sob guarda do rei Proteu. Seu filho e sucessor, Teoclímeno, a
assedia, e ela se refugia junto ao túmulo do antigo protetor. Náufrago, retornando de Troia, Menelau reencontra a esposa, numa cena pungente, após a qual, com a ajuda da sacerdotisa Teónoe,
irmã do pretendente, o casal consegue fugir.

Se perdes a postura até que chegue
o oficial, logo vês no averno Helena.

PARENTE (*imitando Helena*):
855 Eis o fluxo do Nilo virgesplêndido,
cujo vapor branqueia o plaino egípcio
sem chuva, à gente negricagadora[85].

CRITILA:
És vil, por Hécate porta-luzeiro.

PARENTE:
Minha Esparta não é um rincão anônimo,
meu pai é Tíndaro.

CRITILA:
860 Diria, torpe,
que mais pareces filho de Frinondas[86].

PARENTE:
Helena foi o nome que me deram.

CRITILA:
Sem castigo
por prévia veadagem, desmunhecas?

85 Talvez esse composto tenha relação com o fato de, segundo Heródoto (II, 77, 2), os egípcios ingerirem purgantes três dias por mês.
86 Conhecida figura sórdida na Atenas da época.

PARENTE:

Nas fímbrias escamândrias, quantos tombam
por mim?

CRITILA:

865   Mas por que raios não os segues?

PARENTE:

Mas eis-me aqui, à espera do meu triste
esposo Menelau, sempre impontual.
Por que viver?

CRITILA:

                                Por culpa dos abutres[87].

PARENTE:

Sinto um afago que me aperta o peito.
870   Confirma, Zeus, a réstia de esperança!

EURÍPIDES (como Menelau):

Quem é o patrão do portentoso alcácer?
Acolha as vítimas do açoite oceânico,
exaustas de procelas e naufrágios!

PARENTE:

Proteu é o dono.

87 Culpados por ainda não o terem comido.

CRITILA:

Que Proteu o quê,

875   seu desgraçado! Mente, pelas deusas,
pois Proteas[88] morreu faz uma década!

EURÍPIDES:
Fundeamos o batel em que rincão?

PARENTE:
Egito.

EURÍPIDES:

Mas que azar parar aqui!

CRITILA:
Não caias na falseta do garganta
880   que morrerá! Aqui é o Tesmofórion.

EURÍPIDES:
E onde Proteu se encontra, dentro ou fora?

CRITILA:
Será que a náusea te impediu de ouvir
direito que Proteas faleceu?
Por isso indagas se está dentro ou fora?

88   Estratego em 433 a.C., no começo da guerra do Peloponeso.

885

EURÍPIDES:

Que dor sabê-lo! Onde o enterraram?

PARENTE:

Vês seu túmulo nádegas abaixo.

CRITILA:

Morra, mas morra lentamente o pústula
que ousou denominar o altar de túmulo!

EURÍPIDES:

E por que, forasteira, sob o véu,
te assentas sobre a tumba?

PARENTE:

890

                              Subo ao leito
do filho de Proteu virando a cara.

CRITILA:

Por que, degenerado, enganas o homem?
Pois saibas, alienígena, que o crápula
veio roubar o ouro das mulheres.

PARENTE:

895

Não estou nem aí com tua injúria!

EURÍPIDES:
Quem é a coroa que te agride, amiga?

PARENTE:
A filha de Proteu, Teónoe.

CRITILA:
                              Chamo-me
Critila, filha de Antiteu de Gárgeto,
e és um canalha.

PARENTE:
                              Diz o que quiseres:
900   não me uno a teu irmão em matrimônio!
Trairia Menelau, herói em Troia.

EURÍPIDES:
Como é que é? Soergue os olhos lívidos!

PARENTE:
Me avexa o insulto que ela me arremessa.

EURÍPIDES:
A voz se esvai! Visão acaçapante!
905   Quem és, mulher? Ó deuses, quem contemplo?

PARENTE:
Eu faço minha a tua pergunta: és quem?

EURÍPIDES:
Nasceste no local ou és helênica?

PARENTE:
Helênica; mas diz como te chamas!

EURÍPIDES:
Em ti eu vislumbrei, ó dama, Helena.

PARENTE:
910   E eu Menelau, ao menos na alfazema[89].

EURÍPIDES:
Pois sabes ver um ser que em pranto afoga-se.

PARENTE:
Quanto retardo, esposo, no retorno!
Enlaça-me, afaga-me em teus braços!
915   Aceita um beijo! Guia-me, que eu parto,
entregue ao teu abraço!

89   Alusão ao fato de Eurípides ter sido designado filho de verdureira.

CRITILA:

Quem te leva
lamentará a tocha que o chamusca!

EURÍPIDES:

Impedes que eu conduza para Esparta
minha própria patroa tindarida?

CRITILA:

920 Tenho a impressão de que és tão vil quanto ele,
uma espécie de sócio. Não à toa
egipcianizas, mas ele me paga,
pois que eu avisto arqueiro e comissário.

EURÍPIDES:

Melhor ir de mansinho: o caldo entorna.

PARENTE:

Que azar! O que farei?

EURÍPIDES:

925 Aguenta firme!
Não te deixo na mão, enquanto eu viva,
a menos que eu me enrosque em minhas tretas.

CRITILA:

Não tem valor o anzol que nada fisga.

COMISSÁRIO:

Este é o pulha de que falava Clístenes?

930   Ei, psiu! Buscas a lua? Arqueiro, prenda-o

na plataforma! Não despregues o olho

dele, nem deixes que outro se aproxime,

sob pena de sentir no lombo a estria

do chicote.

CRITILA:

Tua ordem tranquiliza,

935   pois quase o leva há pouco um trambiqueiro.

PARENTE:

Seu delegado, por tua mão direita

que enconchas para obter alguns trocados[90],

me concedes a última demanda?

COMISSÁRIO:

Qual?

PARENTE:

Antes de prender-me à plataforma,

940   permita que o arqueiro me desnude:

velho com túnica açafrão e anágua,

rirão de mim abutres que sustento.

---

90 Com "enconchar" procuro dar conta do sugestivo adjetivo κοίλην: côncavo; com "cobres", verto
ἀργύριον, "prata", "dinheiro" no original. A referência à corrupção do agente público é evidente.

COMISSÁRIO:

Reza a sentença que assim permaneças,
para que o mundo veja o quanto és sórdido!

PARENTE:

945   Manto açafrão, percebes que me ferras?
Não me resta uma fímbria de esperança!

(*Saem todos*)

CORIFEIA:

À diversão de praxe entre as mulheres, festa
às duas deusas celebradas nos mistérios!
Pauson[91] também jejua e ora,
950   numa prece comum, rogando
que de ano a ano os ritos sempre
ocupem sua mente.

CORO:

Vamos!
Pés suaves, em círculo,
955   mão com mão,
marca o ritmo da dança,
ágeis, os pés avancem!
Que o coro
perlustre, atento, as cercanias!

---

91 Menção irônica de um pintor cujas caricaturas eram mal recebidas pelo público. Seu estado de penúria decorre desse fato (cf, *Acarneus*, v. 854). Aristóteles o cita na *Poética* (1448ª6).

960   E a voz uníssona
        celebre musicalmente
        a estirpe divina dos olímpios
        em passos que alucinam!

        Erra redondamente
965   quem imagine que eu,
        uma mulher,
        denigra os homens
        na paragem sacra.

        Mas urge a obra
        que depende de nós tão só,
        firmar os pés primeiro
        no círculo da dança.

        Celebra enquanto avançam
970   o deus da lira e Ártemis,
        porta-arco, deusa casta!
        Salve, flechicerteiro,
        garante nossa glória!
        A Hera pró-nupcial
975   é natural honrar –
        guardiã das bodas, jogo plenidança!

        Peço a Hermes pastor,
        a Pã e às ninfas ínclitas

que, generosos, sorriam
ao movimento
980   do coro que jubila.
Preludia com ímpeto
o passo duplo, caro ao coro.
Ao jogo, amigas, plena é a abstinência!
Ritmo nos pés que vão e tornam;
985   burilem ode a ode!
Baco, guirlanda-hera,
lidera o grupo, a quem
dedico o canto
no bando filofesta.

990   Euius, deus Rumor,
filho de Zeus e Semele,
hinos de amor das ninfas
te alegrem no avanço
do cortejo pelos montes!
Ó Euius, Euius, euoi! –
reacende a dança pan-noturna!

995   O eco no Citero
circunverbera.
O monte, negras-pétalas,
ensombrece
e estronda como estrondam
os vales pétreos.

Tua hera se emaranha

1000   quando, esplendendo, brota.

(*Entram o guarda e o parente, preso à canga*)

ARQUEIRO[92]:
Vóismichê lacrimígia nechti instântiu.

PARENTE:
Imploro!

ARQUEIRO:
                    Num tem nádia d'imploriarr.

PARENTE:
Afrouxa o aro.

ARQUEIRO:
                              É isso o que eu jaz fácio.

PARENTE:
Em lugar afrouxar, apertas! Ai!

---

92 Personagem bufão, caricatura do bárbaro (não falante do grego), o arqueiro comete todo tipo de deformação verbal, simplificando a sintaxe, anulando as aspirações, confundindo as pessoas verbais etc. Em sua edição da peça (p. 308), Austin e Olson apresentam um quadro amplo dos desvios praticados pela figura ridícula.

ARQUEIRO:
Tu qué uma vorta amais?

PARENTE:

1005   Ai! Ai! Ui! Ai!
Vai para o inferno!

ARQUEIRO:

                                    Cala, velhu escrôtiu!
Trazo uma estera pra ti oiá mió.

(*O arqueiro sai para buscar uma esteira*)

PARENTE:
Que paga pelo auxílio dado a Eurípides!
Mas a esperança é a última que morre!
1010   Não me traiu, pois vejo que seu súbito
sinal quer me dizer que ele é Perseu
e que me cabe interpretar Andrômeda.
Correntes já possuo. Não duvido
de que me salve, ou não viria voando[93].

---

93   É bastante discutido o uso do verbo "voar" na passagem: Eurípides entraria com a ajuda de um guindaste, numa simulação de voo, cabendo lembrar o fato de ele representar Perseu, com pés alados? Essa é uma hipótese, contra a qual alguns comentadores notam que o arqueiro não se manifesta sobre a inusual aparição.

1015   Virgens queridas, caras,
        como me afastarei
        sem que o cita note?[94]

1020   Alguém na gruta reage ao canto?
        Acaso me ouves?
        Deixa que eu me aproxime
        da esposa!
        Ímpio quem me prendeu
1020   plurissofrente.
        Morro após fugir
        da encarquilhada?[95]
        O guarda cita pendurou-me,
        sem amigo, infeliz, pasto de abutres.
1025   Jovens não me acompanharão na dança,
        nem urna eleitoral soergo ereta,
        mas morro na prisão de liames de aços
        a fim de alimentar Glaucete[96], o monstro.
        Sem um canto de núpcias,
1035   mas de cárcere,
        chorai, amigas, a sina de suplício;
        parentes me maltratam, antileis.

94 Tem início a paródia de *Andrômeda*, tragédia que Eurípides levou a público em 412 a.C., junto com *Helena*. Presa a um penhasco, prestes a ser devorada por um monstro, Andrômeda sofre por causa da ofensa que seus pais cometeram contra Posêidon. Seus lamentos são repetidos pela ninfa Eco, habitante de uma gruta, e são percebidos por Perseu, em seu retorno aéreo, quando porta a cabeça da Medusa, por ele abatida.
95 Referência a Critila.
96 Ateniense ridículo e glutão (Cf. *Paz*, v. 1008).

Imploro-lhe, acendendo o canto
plurilácrimo, estígio
1040 — ai! ai! ai! oh! —
a quem me depilou antes dos outros,
que me investiu em túnica iridácea,
que me fez vir a este santuário,
onde só há o enxame feminino.
1045 Moira amarga
que um dâimon procriou!
Ó ser maldito: eu!
Quem não remira
a dor ininvejável frente ao mal
1050 de agora? Ah! Quem dera o raio flâmeo
obliterasse o bárbaro vilão!
Não mais olhar a flama de Hélio-Sol
me é grato, por estar suspenso agora,
divina é a dor do rasgo na traqueia,
1055 ágil vereda em direção de Tânatos.

(*Eurípides entra como Eco*)

ECO:
Cefeu, teu pai, os deuses penalizem,
donzela, por te expôr à sina acídula!

PARENTE:
Quem me é tão solidário em meu sofrer?

ECO:

Eco, repito só de sacanagem[97].

1060   Foi aqui, num torneio, faz um ano,
que eu dei tudo de mim em prol de Eurípides.
Deves cumprir tua parte: despertar
pena com choro.

PARENTE:

Chora em tua resposta!

ECO:

Pode deixar comigo! Manda bala!

PARENTE:

Noite sacra,

1065   como se delonga tua senda
pelo dorso estelar do éter súpero,
por onde guias a carruagem
no Olimpo sublime!

ECO:

Sublime!

PARENTE:

1070   Qual o motivo de o revés de Andrômeda
ser tão maior do que os demais?

---

97   O tom de mofa é sugerido pelo adjetivo ἐπικοκκάστρια; "quem repete para se divertir" é como
o traduz o dicionário Bailly.

ECO:

Demais?

PARENTE:

Morte tristíssima!

ECO:

Morte tristíssima!

PARENTE:

Esse papo de aranha é um porre.

ECO:

Porre.

PARENTE:

1075   Como a repetição mecânica enche
o saco!

ECO:

O saco!

PARENTE:

Deixa eu cantar sozinha a monodia!
Basta!

ECO:

     Basta!

PARENTE:

Vai te foder!

ECO:

1080   Vai te foder!

PARENTE:

Qual é o pepino?

ECO:

          Qual é o pepino?

PARENTE:

Asneira!

ECO:

     Asneira!

PARENTE:

Caralho!

ECO:

     Caralho!

PARENTE:
Morra!

ECO:
Morra!

ARQUEIRO[98]:

Qui trololó é esse?

ECO:
É esse?

ARQUEIRO:
Cadê o diligado?

ECO:
Diligado?

ARQUEIRO:
1085   Qual é o pobrema?

ECO:
Qual é o pobrema?

98 O guarda cita acorda (cf. v. 1007).

ARQUEIRO:
Cadê ovoizerio?

ECO:
                    Ovoizerio?

ARQUEIRO:
Quem torra o saco? Tu?

ECO:
                          O saco? Tu?

ARQUEIRO:
Tu chora logo.

ECO:
                    Logo.

ARQUEIRO:
Tira um sarro di eu?

ECO:
                    Di eu?

PARENTE:
1090   Eu não, mas essa uma!

ECO:

Essa uma!

ARQUEIRO:
Cadê a praga?

ECO:

A praga?

PARENTE:
Puxa o carro.

ARQUEIRO:
Aonde tu vai?

ECO:

Aonde tu vai?

ARQUEIRO:
Que topeituda!

ECO:

Topeituda!

ARQUEIRO:
1095   Ainda grunhis?

ECO:
                    Grunhis?

ARQUEIRO:
Peguem a praga!

ECO:
                         Peguem a praga!

ARQUEIRO:
Caraio de muié mais fia da puta!

(*Eurípides retorna como Perseu*)

EURÍPIDES:
Deuses, que solo bárbaro a sandália
ágil pisa? Cruzando o empíreo, corto
1100   caminho, eu, Perseu, alados passos.
É a cabeça da Górgona que levo
rumo a Argos.

ARQUEIRO:
                    Cumé qui é? Cavaco
di Gorgo, o segretário?[99]

---

99 Pouco familiarizado com a mitologia grega, o cita pensa em Gorgo, escrivão profissional da época.

EURÍPIDES:

A de Górgona;

tá surdo?

ARQUEIRO:

E io diró que ela é do Gorgo.

EURÍPIDES:

1105   Ah! Que rochedo avisto? Quem é a virgem
que feito nau ancora lá? É deusa?

PARENTE:

Sofre com quem padece, alienígena!
Solta as algemas!

ARQUEIRO:

Fecha tua matráquia!
Já já ti apago e ainda mi enche o saco?

EURÍPIDES:

1110   Dói-me te ver suspensa, ó rapariga.

ARQUEIRO:

Rabariga o caraio! É um veio escrotu
e rubadô da porra!

EURÍPIDES:

Não, ó cita,
é a filha de Cefeu; seu nome é Andrômeda.

ARQUEIRO:

O canal da biuceta num é mini?[100]

EURÍPIDES:

1115   Aproxima sua mão! Deixa eu tocá-la!
Todo homem tem seu ponto fraco, cita;
não preciso dizer que o meu é amar
perdidamente a moça.

ARQUEIRO:

Gosto é gosto.
E eu ti diria: dá um créu no cu
1120   desse homi si eli pra qui apontá!

EURÍPIDES:

Por que não deixas que eu a livre e goze
do prazer de ir ao leito conjugal?

ARQUEIRO:

Si tu qué tanto o cu do veio, fura
a canga por ditráis e fuquifuqui!

---

100 O arqueiro levanta as vestes do parente, sob as quais aparecia o falo que as personagens masculinas portavam no teatro cômico.

EURÍPIDES:
Solto os liames.

ARQUEIRO:
1125   E eu ti achicoteio.

EURÍPIDES:
Vou em frente!

ARQUEIRO:
                    O facão que eu truxe vai
dicipá voismichê. Tu fica acéfalio!

EURÍPIDES:
Que plano eu armo? Dá com burros n'água
quem tente ser sutil com trogloditas!
1130   Tempo perdido ensinar aos chucros
sabença nova[101]. Hei de encontrar saída
mais adequada ao nível desse bárbaro.

ARQUEIRO:
Lobo escrôtio, qué macaquiá cum eu.

PARENTE:
Lembra, Perseu, por quem estou aqui!

101 Citação do verso 298 da *Medeia*.

(*Eurípides se afasta*)

ARQUEIRO:

1135   Voismichê ainda qué ais chipatadas?

CORO:

Convido habitualmente
a ingressar no coro
Atena, filodança.
A virgem insubmissa
1140   encabeça nossa urbe.
Ninguém mais é denominada
mantenedora-das-chaves,
sua pujança nunca declina!
Desvela-te, adversária dos tiranos,
1145   como é de esperar!
Que sua presença pacifique
o evento pró-festivo!
Deméter e Perséfone,
gráceis jubilosas,
ingressem no recinto!
1150   Ao homem é vedado mirar
os ritos de ambas as deusas:
a luz da tocha, a aparição,
visão eterna.
Cedei às nossas súplicas,
1155   aparecei, Tesmofórias,

pluriexcelsas!
Se outrora nos ouvistes,
vinde, rogamos,
onde estamos, agora!

(*Eurípides entra em cena, acompanhado por um jovem flautista e por uma bailarina*)

EURÍPIDES[102]:

1160   É o momento propício para o acordo
definitivo: nunca mais mulher
alguma há de escutar de mim ofensa
que a diminua. Assim proclamo em público[103].

CORIFEIA:
Com qual intuito fazes a proposta?

EURÍPIDES:

1165   É meu parente o ser da plataforma.
Se eu puder conduzi-lo, nunca mais
denigro alguém. Caso contrário, quando
a guerra terminar, conto aos maridos
o que aprontais, enquanto vige a pugna.

102 Se Eurípides surge, a partir deste ponto, vestido como uma velha alcoviteira, é um ponto bastante discutido. Por um lado, o coro das tesmoforiantes reconhece imediatamente Eurípides, por outro, o cita, a seguir, refere-se a ele como uma velha.
103 Curioso acordo pelo qual as mulheres não negam as críticas do poeta a seu comportamento, impondo-lhe apenas o silêncio.

CORIFEIA:

1170   Saibas que tua proposta nos convém;
        mas deves convencer, tu mesmo, o bárbaro.

EURÍPIDES:

        Deixa comigo! E a tua, piteuzinho,
        é cumprir o que eu disse no caminho.
        Um passo para trás, vai!, sapateia!,
1175   pois Teredon[104] já afina o timbre pérsico.

ARQUEIRO:

        Qui bumbo me arroubou u sonu bão?

EURÍPIDES:

        A moça quer treinar, ó nobre arqueiro,
        para dançar na frente de uns mancebos.

ARQUEIRO:

        Num sô dismanchadô di prazê: podi.
1180   Arísquia, é pulga in lã di carneirim!

EURÍPIDES:

        Senta nos joelhos do guardião, sem roupa,
        para que eu possa, moça, libertar
        os pés dessas sandálias tão incômodas!

104 Nome do flautista que acompanha Eurípides e a dançarina.

ARQUEIRO:

Isso, isso, encaixa mió, filhim!

1185   São rabanèties tuas duras têtias!

EURÍPIDES:

Temes o cita? Revigora o ritmo!

ARQUEIRO:

Que garúpia! Ti ferro si num fica
dentro da carça[105]. Assim, meu pau apraude!

EURÍPIDES:

Já chega! Pega o manto que já vamos
nessa.

ARQUEIRO:

1190   Sem qui mi deu nium beijim?

EURÍPIDES:

Dá o que ele pede!

ARQUEIRO:

                    Uia, que chupón!
Esse lingote é mé di abeia bão!
Pur que num dêitia aqui?

105 O arqueiro dirige-se ao próprio falo.

EURÍPIDES:

Não dá, arqueiro,

já vamos indo.

ARQUEIRO:

Dá, velhinha, sim!

Me afavoreça!

EURÍPIDES:

1195   Quanto dás em troca?

ARQUEIRO:

Num nego nádia.

EURÍPIDES:

Passa a grana agora!

ARQUEIRO:

Cum eu num tenho, mais tintrego a aljávia.

Mi adevorva adispois. Vem cá chuchu!

Velhinha, óia o velhim pra eu!

Qual é tua gráxia?

EURÍPIDES:

1200   Chamo-me Artemísia[106].

---

106 Não é casual a escolha do nome da rainha de Halicarnasso, aliada de Xerxes, participante da batalha de Salamina. Segundo Heródoto (VIII, 87), sua firme atuação teria levado Xerxes a pronunciar: "Os homens a meu serviço se tornaram mulheres; as mulheres, homens", observação cabível às inversões da comédia...

ARQUEIRO:
Tua gráxia – Artamúrxia – num olvídio.

(*Eurípides manda embora o flautista em posse do instrumento e da aljava*)

EURÍPIDES:
Como sou grato, ó Hermes tortuoso!
Vai rápido, menino, e leva isso!
Parente, eu te liberto. Corre, feito
1205 homem, daqui, não olhes para trás,
reencontra prole e esposa em casa! Vai!

PARENTE:
Sigo à risca o que ditas, se me livras.

EURÍPIDES:
Vai, que agora é contigo! Foge antes
que o arqueiro volte.

PARENTE:
        Vou sem deixar rastro.

ARQUEIRO:
1210 Velhim, gostosim tua filhim,
docim di coco doce. E o coroa?
Eu tô fudido; onde é qui tá o coroa?

Coroa, coroim, é disonéstia!
Artamúrxia!
A velhim minganô. Vê si tu somi!
1215   A aljávia mialvejô[107]. O qui há di sê
di eu?
Ondi fui apará a Artamúrxia?

CORIFEIA:
Diz se é da harpista que procuras pista!

ARQUEIRO:
Tu viu ela?

CORIFEIA:
                          Naquela direção.
Tinha um velhote em sua companhia.

ARQUEIRO:
Ela avestia uns pano amareládio?

CORIFEIA:
1220   Exato!
Se fores por ali, ainda a pegas.

---

107 No grego, há um jogo de palavras entre συβίνη ("aljava") e κατεβίνησα ("transei"), o que me levou a pensar na correlação entre "aljávia" e "mialvejô".

ARQUEIRO:

Velhim escrôtia! Pur adondi avô?
Artamúrxia!

CORIFEIA:

Acima! Mais acima! Aonde vais?
Vai e não volta! A direção é errada.

ARQUEIRO:

1225   Qui cachorrada! Acorro: Artamúrxia!

CORIFEIA:

Vai para o quinto dos infernos!
A diversão foi suficiente.
Retorne cada qual
à própria casa!
Que as duas Tesmofórias
1230   nos sejam
favoráveis!

Θεσμοφοριαζουσων

ΚΗΔΕΣΤΗΣ
ὦ Ζεῦ, χελιδὼν ἆρά ποτε φανήσεται;
ἀπολεῖ μ᾽ ἀλύων ἄνθρωπος ἐξ ἑωθινοῦ.
οἷόν τε, πρὶν τὸν σπλῆνα κομιδῇ μ᾽ ἐκβαλεῖν,
παρὰ σοῦ πυθέσθαι ποῖ μ᾽ ἄγεις, ὠῦριπίδη;

ΕΥΡΙΠΙΔΗΣ
5   ἀλλ᾽ οὐκ ἀκούειν δεῖ σε πάνθ᾽ ὅσ᾽ αὐτίκα
ὄψει παρεστώς.

ΚΗΔΕΣΤΗΣ
                    πῶς λέγεις; αὖθις φράσον·
οὐ δεῖ μ᾽ ἀκούειν;

ΕΥΡΙΠΙΔΗΣ
                    οὐχ ἅ γ᾽ ἂν μέλλῃς ὁρᾶν.

ΚΗΔΕΣΤΗΣ
οὐδ᾽ ἆρ᾽ ὁρᾶν δεῖ μ᾽;

ΕΥΡΙΠΙΔΗΣ
                    οὐχ ἅ γ᾽ ἂν ἀκούειν δέῃ.

ΚΗΔΕΣΤΗΣ
πῶς μοι παραινεῖς; δεξιῶς μέντοι λέγεις.
10   οὐ φῂς σὺ χρῆναί μ᾽ οὔτ᾽ ἀκούειν οὔθ᾽ ὁρᾶν;

ΕΥΡΙΠΙΔΗΣ
χωρὶς γὰρ αὐτοῖν ἑκατέρου 'στὶν ἡ φύσις.

[ΚΗΔΕΣΤΗΣ
τοῦ μήτ' ἀκούειν μήθ' ὁρᾶν;

ΕΥΡΙΠΙΔΗΣ
εὖ ἴσθ' ὅτι.]

ΚΗΔΕΣΤΗΣ
πῶς χωρίς;

ΕΥΡΙΠΙΔΗΣ
οὕτω ταῦτα διεκρίθη τότε.
Αἰθὴρ γὰρ ὅτε τὰ πρῶτα διεχωρίζετο
15   καὶ ζῷ' ἐν αὑτῷ ξυνετέκνου κινούμενα,
ᾧ μὲν βλέπειν χρὴ πρῶτ' ἐμηχανήσατο
ὀφθαλμὸν ἀντίμιμον ἡλίου τροχῷ,
ἀκοῆς δὲ χοάνην ὦτα διετετρήνατο.

ΚΗΔΕΣΤΗΣ
διὰ τὴν χοάνην οὖν μήτ' ἀκούω μήθ' ὁρῶ;
20   νὴ τὸν Δί' ἥδομαί γε τουτὶ προσμαθών.
οἷόν γέ πού 'στιν αἱ σοφαὶ ξυνουσίαι.

ΕΥΡΙΠΙΔΗΣ
πόλλ' ἂν μάθοις τοιαῦτα παρ' ἐμοῦ.

ΚΗΔΕΣΤΗΣ

πῶς ἂν οὖν
πρὸς τοῖς ἀγαθοῖς τούτοισιν ἐξεύροιμ' ὅπως
ἔτι προσμάθοιμι χωλὸς εἶναι τὼ σκέλει;

ΕΤΡΙΠΙΔΗΣ
βάδιζε δευρὶ καὶ πρόσεχε τὸν νοῦν.

ΚΗΔΕΣΤΗΣ

25   ἰδού.

ΕΤΡΙΠΙΔΗΣ
ὁρᾷς τὸ θύριον τοῦτο;

ΚΗΔΕΣΤΗΣ

νὴ τὸν Ἡρακλέα
οἶμαί γε.

ΕΤΡΙΠΙΔΗΣ
σίγα νυν.

ΚΗΔΕΣΤΗΣ
σιωπῶ τὸ θύριον.

ΕΤΡΙΠΙΔΗΣ
ἄκου'.

ΚΗΔΕΣΤΗΣ

ἀκούω καὶ σιωπῶ τὸ θύριον.

ΕΤΡΙΠΙΔΗΣ

ἐνταῦθ' Ἀγάθων ὁ κλεινὸς οἰκῶν τυγχάνει
ὁ τραγῳδοποιός.

ΚΗΔΕΣΤΗΣ

30   ποῖος οὗτος Ἀγάθων;

ΕΤΡΙΠΙΔΗΣ

ἔστιν τις Ἀγάθων—

ΚΗΔΕΣΤΗΣ

μῶν ὁ μέλας, ὁ καρτερός;

ΕΤΡΙΠΙΔΗΣ

οὔκ, ἀλλ' ἕτερός τις. οὐχ ἑόρακας πώποτε;

ΚΗΔΕΣΤΗΣ

μῶν ὁ δασυπώγων;

ΕΤΡΙΠΙΔΗΣ

οὐχ ἑόρακας πώποτε;

ΚΗΔΕΣΤΗΣ

μὰ τὸν Δί' οὔπω γ' ὥστε κἀμέ γ' εἰδέναι.

ΕΤΡΙΠΙΔΗΣ
35 καὶ μὴν βεβίνηκας σύ γ', ἀλλ' οὐκ οἶσθ' ἴσως.

ἀλλ' ἐκποδὼν πτήξωμεν, ὡς ἐξέρχεται
θεράπων τις αὐτοῦ πῦρ ἔχων καὶ μυρρίνας,
προθυσόμενος, ἔοικε, τῆς ποιήσεως.

ΘΕΡΑΠΩΝ
εὔφημος πᾶς ἔστω λαός,
40 στόμα συγκλῄσας· ἐπιδημεῖ γὰρ
θίασος Μουσῶν ἔνδον μελάθρων
τῶν δεσποσύνων μελοποιῶν.
ἐχέτω δὲ πνοὰς νήνεμος αἰθήρ,
κῦμα δὲ πόντου μὴ κελαδείτω
γλαυκόν—

ΚΗΔΕΣΤΗΣ
βομβάξ.

ΕΤΡΙΠΙΔΗΣ
45 σίγα. τί λέγει;

ΘΕΡΑΠΩΝ
πτηνῶν τε γένη κατακοιμάσθω,
θηρῶν τ' ἀγρίων πόδες ὑλοδρόμων
μὴ λυέσθων—

ΚΗΔΕΣΤΗΣ
βομβαλοβομβάξ.

ΘΕΡΑΠΩΝ
μέλλει γὰρ ὁ καλλιεπὴς Ἀγάθων
πρόμος ἡμέτερος—

ΚΗΔΕΣΤΗΣ
50   μῶν βινεῖσθαι;

ΘΕΡΑΠΩΝ
τίς ὁ φωνήσας;

ΚΗΔΕΣΤΗΣ
νήνεμος αἰθήρ.

ΘΕΡΑΠΩΝ
δρυόχους τιθέναι δράματος ἀρχάς.
κάμπτει δὲ νέας ἀψῖδας ἐπῶν,
τὰ δὲ τορνεύει, τὰ δὲ κολλομελεῖ,
55   καὶ γνωμοτυπεῖ κἀντονομάζει
καὶ κηροχυτεῖ καὶ γογγύλλει
καὶ χοανεύει—

ΚΗΔΕΣΤΗΣ
καὶ λαικάζει.

ΘΕΡΑΠΩΝ

τίς ἀγροιώτας πελάθει θριγκοῖς;

ΚΗΔΕΣΤΗΣ

ὃς ἕτοιμος σοῦ τοῦ τε ποιητοῦ

60   τοῦ καλλιεποῦς <κατὰ> τοῦ θριγκοῦ

συγγογγύλας καὶ συστρέψας

τουτὶ τὸ πέος χοανεῦσαι.

ΘΕΡΑΠΩΝ

ἦ που νέος γ' ὢν ἦσθ' ὑβριστής, ὦ γέρον.

ΕΤΡΙΠΙΔΗΣ

ὦ δαιμόνιε, τοῦτον μὲν ἔα χαίρειν, σὺ δὲ

65   Ἀγάθωνά μοι δεῦρ' ἐκκάλεσον πάσῃ τέχνῃ.

ΘΕΡΑΠΩΝ

μηδὲν ἱκέτευ'· αὐτὸς γὰρ ἔξεισιν τάχα·

καὶ γὰρ μελοποιεῖν ἄρχεται. χειμῶνος οὖν

ὄντος κατακάμπτειν τὰς στροφὰς οὐ ῥάδιον,

ἢν μὴ προΐῃ θύρασι πρὸς τὸν ἥλιον.

ΕΤΡΙΠΙΔΗΣ

τί οὖν ἐγὼ δρῶ;

ΘΕΡΑΠΩΝ

70   περίμεν', ὡς ἐξέρχεται.

ΕΥΡΙΠΙΔΗΣ

ὦ Ζεῦ, τί δρᾶσαι διανοεῖ με τήμερον;

ΚΗΔΕΣΤΗΣ

νὴ τοὺς θεοὺς ἐγὼ πυθέσθαι βούλομαι
τί τὸ πρᾶγμα τουτί. τί στένεις; τί δυσφορεῖς;
οὐ χρῆν σε κρύπτειν ὄντα κηδεστὴν ἐμόν.

ΕΥΡΙΠΙΔΗΣ

75   ἔστιν κακόν μοι μέγα τι προπεφυραμένον.

ΚΗΔΕΣΤΗΣ

ποῖόν τι;

ΕΥΡΙΠΙΔΗΣ

τῇδε θἠμέρᾳ κριθήσεται
εἴτ᾽ ἔστ᾽ ἔτι ζῶν εἴτ᾽ ἀπόλωλ᾽ Εὐριπίδης.

ΚΗΔΕΣΤΗΣ

καὶ πῶς; ἐπεὶ νῦν γ᾽ οὔτε τὰ δικαστήρια
μέλλει δικάζειν οὔτε βουλῆς ἐσθ᾽ ἕδρα,
80   ἐπείπερ ἐστὶ Θεσμοφορίων ἡ μέση.

ΕΥΡΙΠΙΔΗΣ

τοῦτ᾽ αὐτὸ γάρ τοι κἀπολεῖν με προσδοκῶ.
αἱ γὰρ γυναῖκες ἐπιβεβουλεύκασί μοι

κἀν Θεσμοφόροιν μέλλουσι περί μου τήμερον
ἐκκλησιάζειν ἐπ᾽ ὀλέθρῳ.

ΚΗΔΕΣΤΗΣ

τιὴ τί δή;

ΕΤΡΙΠΙΔΗΣ

85   ὁτιὴ τραγῳδῶ καὶ κακῶϛ αὐτὰς λέγω.

ΚΗΔΕΣΤΗΣ

νὴ τὸν Ποσειδῶ καὶ δίκαιά <γ᾽> ἂν πάθοις.
ἀτὰρ τίν᾽ εἰς ταύτας σὺ μηχανὴν ἔχεις;

ΕΤΡΙΠΙΔΗΣ

Ἀγάθωνα πεῖσαι τὸν τραγῳδοδιδάσκαλον
εἰς Θεσμοφόροιν ἐλθεῖν.

ΚΗΔΕΣΤΗΣ

τί δράσοντ᾽; εἰπέ μοι.

ΕΤΡΙΠΙΔΗΣ

90   ἐκκλησιάσοντ᾽ ἐν ταῖς γυναιξὶ χἂν δέῃ
λέξονθ᾽ ὑπὲρ ἐμοῦ.

ΚΗΔΕΣΤΗΣ

πότερα φανερὸν ἢ λάθρᾳ;

ΕΤΡΙΠΙΔΗΣ
λάθρᾳ, στολὴν γυναικὸς ἠμφιεσμένον.

ΚΗΔΕΣΤΗΣ
τὸ πρᾶγμα κομψὸν καὶ σφόδρ' ἐκ τοῦ σοῦ τρόπου·
τοῦ γὰρ τεχνάζειν ἡμέτερος ὁ πυραμοῦς.

ΕΤΡΙΠΙΔΗΣ
σίγα.

ΚΗΔΕΣΤΗΣ
τί δ' ἐστίν;

ΕΤΡΙΠΙΔΗΣ
95   Ἀγάθὼν ἐξέρχεται.

ΚΗΔΕΣΤΗΣ
καὶ ποῦ <'σθ';

ΕΤΡΙΠΙΔΗΣ
                    ὅπου> 'στίν; οὗτος οὑκκυκλούμενος.

ΚΗΔΕΣΤΗΣ
ἀλλ' ἦ τυφλὸς μέν εἰμ'; ἐγὼ γὰρ οὐχ ὁρῶ
ἄνδρ' οὐδέν' ἐνθάδ' ὄντα, Κυρήνην δ' ὁρῶ.

ΕΤΡΙΠΙΔΗΣ

σίγα· μελῳδεῖν αὖ παρασκευάζεται.

ΚΗΔΕΣΤΗΣ

100 μύρμηκος ἀτραπούς, ἢ τί διαμινυρίζεται;

ΑΓΑΘΩΝ

ἱερὰν χθονίαιν

δεξάμεναι λαμπάδα, κοῦραι, ξὺν ἐλευθέρᾳ

πατρίδι χορεύσασθε βοάν.

τίνι δαιμόνων ὁ κῶμος;

105 λέγε νυν. εὐπ<ε>ίστως δὲ τοὐμὸν

δαίμονας ἔχει σεβίσαι.

ἄγε νῦν, ὀλβίζετε, Μοῦσα<ι>,

χρυσέων ῥύτορα τόξων

Φοῖβον, ὃς ἱδρύσατο χώρας

110 γύαλα Σιμουντίδι γᾷ.

χαῖρε καλλίσταις ἀοιδαῖς,

Φοῖβ᾽, ἐν εὐμούσοισι τιμαῖς

γέρας ἱερὸν προφέρων.

τάν τ᾽ ἐν ὄρεσι δρυογόνοισι

115 κόραν ἀείσατ᾽ Ἄρτεμιν ἀγροτέραν.

ἕπομαι κλῄζουσα σεμνὰν

γόνον ὀλβίζουσα Λατοῦς,

Ἄρτεμιν ἀπειρολεχῆ.

120   Λατώ τε κρούματά τ' Ἀσιάδος ποδὶ

παράρυθμ' εὔρυθμα Φρυγίων

διὰ νεύματα Χαρίτων.

σέβομαι Λατώ τ' ἄνασσαν

κίθαρίν τε ματέρ' ὕμνων

125   ἄρσενι βοᾷ δοκίμων.

τᾷ φάος ἔσσυτο δαιμονίοις

ὄμμασιν, ὑμετέρας τε δι'

αἰφνιδίου ὀπός· ὧν χάριν

ἄνακτ' ἄγαλλε<τε> Φοῖβον.

χαῖρ', ὄλβιε παῖ Λατοῦς.

ΚΗΔΕΣΤΗΣ

130   ὡς ἡδὺ τὸ μέλος, ὦ πότνιαι Γενετυλλίδες,

καὶ θηλυδριῶδες καὶ κατεγλωττισμένον

καὶ μανδαλωτόν, ὥστ' ἐμοῦ γ' ἀκροωμένου

ὑπὸ τὴν ἕδραν αὐτὴν ὑπῆλθε γάργαλος.

καί σ', ὦ νεανίσχ', εἴ τις εἶ, κατ' Αἰσχύλον

135   ἐκ τῆς Λυκουργείας ἐρέσθαι βούλομαι.

ποδαπὸς ὁ γύννις; τίς πάτρα; τίς ἡ στολή;

τίς ἡ τάραξις τοῦ βίου; τί βάρβιτος
λαλεῖ κροκωτῷ; τί δὲ λυρὰ κεκρυφάλῳ;
τί λήκυθος καὶ στρόφιον; ὡς οὐ ξύμφορα.

140 τίς δαὶ κατόπτρου καὶ ξίφους κοινωνία;
σύ τ' αὐτός, ὦ παῖ, πότερον ὡς ἀνὴρ τρέφει;
καὶ ποῦ πέος; ποῦ χλαῖνα; ποῦ Λακωνικαί;
ἀλλ' ὡς γυνὴ δῆτ'; εἶτα ποῦ τὰ τιτθία;
τί φῄς; τί σιγᾷς; ἀλλὰ δῆτ' ἐκ τοῦ μέλους

145 ζητῶ σ', ἐπειδή γ' αὐτὸς οὐ βούλει φράσαι;

ΑΓΑΘΩΝ

ὦ πρέσβυ πρέσβυ, τοῦ φθόνου μὲν τὸν ψόγον
ἤκουσα, τὴν δ' ἄλγησιν οὐ παρεσχόμην·
ἐγὼ δὲ τὴν ἐσθῆθ' ἅμα ‹τῇ› γνώμῃ φορῶ.
χρὴ γὰρ ποιητὴν ἄνδρα πρὸς τὰ δράματα

150 ἃ δεῖ ποιεῖν, πρὸς ταῦτα τοὺς τρόπους ἔχειν.
αὐτίκα γυναικεῖ' ἢν ποιῇ τις δράματα,
μετουσίαν δεῖ τῶν τρόπων τὸ σῶμ' ἔχειν.

ΚΗΔΕΣΤΗΣ

οὐκοῦν κελητίζεις, ὅταν Φαίδραν ποιῇς;

ΑΓΑΘΩΝ

ἀνδρεῖα δ' ἢν ποιῇ τις, ἐν τῷ σώματι

155 ἔνεσθ' ὑπάρχον τοῦθ'. ἃ δ' οὐ κεκτήμεθα,
μίμησις ἤδη ταῦτα συνθηρεύεται.

ΚΗΔΕΣΤΗΣ

ὅταν σατύρους τοίνυν ποιῇς, καλεῖν ἐμέ,
ἵνα συμποιῶ σούπισθεν ἐστυκὼς ἐγώ.

ΑΓΑΘΩΝ

ἄλλως τ᾽ ἄμουσόν ἐστι ποιητὴν ἰδεῖν
160   ἀγρεῖον ὄντα καὶ δασύν. σκέψαι δ᾽ ὅτι
"Ιβυκος ἐκεῖνος κἀνακρέων ὁ Τήιος
κἀλκαῖος, οἵπερ ἁρμονίαν ἐχύμισαν,
ἐμιτροφόρουν· τε καὶ διεκλῶντ᾽ Ἰωνικῶς.
καὶ Φρύνιχος,—τοῦτον γὰρ οὖν ἀκήκοας—
165   αὐτός τε καλὸς ἦν καὶ καλῶς ἠμπίσχετο·
διὰ τοῦτ᾽ ἄρ᾽ αὐτοῦ καὶ κάλ᾽ ἦν τὰ δράματα.
ὅμοια γὰρ ποιεῖν ἀνάγκη τῇ φύσει.

ΚΗΔΕΣΤΗΣ

ταῦτ᾽ ἄρ᾽ ὁ Φιλοκλέης αἰσχρὸς ὢν αἰσχρῶς ποιεῖ,
ὁ δὲ Ξενοκλέης ὢν κακὸς κακῶς ποιεῖ,
170   ὁ δ᾽ αὖ Θέογνις ψυχρὸς ὢν ψυχρῶς ποιεῖ.

ΑΓΑΘΩΝ

ἅπασ᾽ ἀνάγκη. ταῦτα γάρ τοι γνοὺς ἐγὼ
ἐμαυτὸν ἐθεράπευσα.

ΚΗΔΕΣΤΗΣ

                            πῶς, πρὸς τῶν θεῶν;

ΕΤΡΙΠΙΔΗΣ

παῦσαι βαΰζων· καὶ γὰρ ἐγὼ τοιοῦτος ἦν
ὢν τηλικοῦτος, ἡνίκ' ἠρχόμην ποιεῖν.

ΚΗΔΕΣΤΗΣ

175   μὰ τὸν Δί', οὐ ζηλῶ σε τῆς παιδεύσεως.

ΕΤΡΙΠΙΔΗΣ

ἀλλ' ὧνπερ οὕνεκ' ἦλθον, ἔα μ' εἰπεῖν.

ΚΗΔΕΣΤΗΣ

                                        λέγε.

ΕΤΡΙΠΙΔΗΣ

Ἀγάθων, "σοφοῦ πρὸς ἀνδρός, ὅστις ἐν βραχεῖ
πολλοὺς καλῶς οἷός τε συντέμνειν λόγους."
ἐγὼ δὲ καινῇ ξυμφορᾷ πεπληγμένος
ἱκέτης ἀφῖγμαι πρὸς σέ.

ΑΓΑΘΩΝ

180   τοῦ χρείαν ἔχων;

ΕΤΡΙΠΙΔΗΣ

μέλλουσί μ' αἱ γυναῖκες ἀπολεῖν τήμερον
τοῖς Θεσμοφορίοις, ὅτι κακῶς αὐτὰς λέγω.

ΑΓΑΘΩΝ

τίς οὖν παρ' ἡμῶν ἐστιν ὠφέλειά σοι;

ΕΤΡΙΠΙΔΗΣ

ἡ πᾶσ'. ἐὰν γὰρ ἐγκαθεζόμενος λάθρᾳ

185   ἐν ταῖς γυναιξίν, ὡς δοκῶν εἶναι γυνή,

ὑπεραποκρίνῃ μου, σαφῶς σώσεις ἐμέ.

μόνος γὰρ ἂν λέξειας ἀξίως ἐμοῦ.

ΑΓΑΘΩΝ

ἔπειτα πῶς οὐκ αὐτὸς ἀπολογεῖ παρών;

ΕΤΡΙΠΙΔΗΣ

ἐγὼ φράσω σοι. πρῶτα μὲν γιγνώσκομαι·

190   ἔπειτα πολιός εἰμι καὶ πώγων' ἔχω,

σὺ δ' εὐπρόσωπος, λευκός, ἐξυρημένος,

γυναικόφωνος, ἁπαλός, εὐπρεπὴς ἰδεῖν.

ΑΓΑΘΩΝ

Εὐριπίδη—

ΕΤΡΙΠΙΔΗΣ

τί ἐστιν;

ΑΓΑΘΩΝ

ἐποίησάς ποτε·

"χαίρεις ὁρῶν φῶς, πατέρα δ' οὐ χαίρειν δοκεῖς;"

ΕΥΡΙΠΙΔΗΣ

ἔγωγε.

ΑΓΑΘΩΝ

195 μή νυν ἐλπίσῃς τὸ ἑὸν κακὸν
ἡμᾶς ὑφέξειν. καὶ γὰρ ἂν μαινοίμεθ᾽ ἄν.
ἀλλ᾽ αὐτὸς ὅ γε σόν ἐστιν οἰκείως φέρε.
τὰς συμφορὰς γὰρ οὐχὶ τοῖς τεχνάσμασιν
φέρειν δίκαιον, ἀλλὰ τοῖς παθήμασιν.

ΚΗΔΕΣΤΗΣ

200 καὶ μὴν σύ γ᾽, ὦ κατάπυγον, εὐρύπρωκτος εἶ
οὐ τοῖς λόγοισιν, ἀλλὰ τοῖς παθήμασιν.

ΕΥΡΙΠΙΔΗΣ

τί δ᾽ ἐστὶν ὅτι δέδοικας ἐλθεῖν αὐτόσε;

ΑΓΑΘΩΝ

κάκιον ἀπολοίμην ἂν ἢ σύ.

ΕΥΡΙΠΙΔΗΣ

πῶς;

ΑΓΑΘΩΝ

ὅπως;
δοκῶν γυναικῶν ἔργα νυκτερείσια
205 κλέπτειν ὑφαρπάζειν τε θήλειαν Κύπριν.

ΚΗΔΕΣΤΗΣ
ἰδού γε κλέπτειν· νὴ Δία βινεῖσθαι μὲν οὖν.
ἀτὰρ ἡ πρόφασίς γε νὴ Δί' εἰκότως ἔχει.

ΕΤΡΙΠΙΔΗΣ
τί οὖν; ποιήσεις ταῦτα;

ΑΓΑΘΩΝ
                                                  μὴ δόκει γε σύ.

ΕΤΡΙΠΙΔΗΣ
ὦ τρισκακοδαίμων, ὡς ἀπόλωλ'.

ΚΗΔΕΣΤΗΣ
                                                                    Εὐριπίδη,
210   ὦ φίλτατ', ὦ κηδεστά, μὴ σαυτὸν προδῷς.

ΕΤΡΙΠΙΔΗΣ
πῶς οὖν ποιήσω δῆτα;

ΚΗΔΕΣΤΗΣ
                                                       τοῦτον μὲν μακρὰ
κλάειν κέλευ', ἐμοὶ δ' ὅ τι βούλει χρῶ λαβών.

ΕΤΡΙΠΙΔΗΣ
ἄγε νυν, ἐπειδὴ σαυτὸν ἐπιδίδως ἐμοί,
ἀπόδυθι τουτὶ θοἰμάτιον.

ΚΗΔΕΣΤΗΣ

καὶ δὴ χαμαί.
ἀτὰρ τί μέλλεις δρᾶν μ';

ΕΤΡΙΠΙΔΗΣ

215   ἀποξυρεῖν ταδί,
τὰ κάτω δ' ἀφεύειν.

ΚΗΔΕΣΤΗΣ

ἀλλὰ πρᾶττ', εἴ σοι δοκεῖ·
ἢ μὴ 'πιδοῦναι 'μαυτὸν ὤφελόν ποτε.

ΕΤΡΙΠΙΔΗΣ

'Αγάθων, σὺ μέντοι ξυροφορεῖς ἑκάστοτε,
χρῆσόν τί νυν ἡμῖν ξυρόν.

ΑΓΑΘΩΝ

αὐτὸς λάμβανε
ἐντεῦθεν ἐκ τῆς ξυροδόκης.

ΕΤΡΙΠΙΔΗΣ

220   γενναῖος εἶ.
κάθιζε· φύσα τὴν γνάθον τὴν δεξιάν.

ΚΗΔΕΣΤΗΣ

οἴμοι.

ΕΤΡΙΠΙΔΗΣ

τί κέκραγας; ἐμβαλῶ σοι πάτταλον,
ἢν μὴ σιωπᾷς.

ΚΗΔΕΣΤΗΣ

ἀτταταῖ ἰατταταῖ.

ΕΤΡΙΠΙΔΗΣ

οὗτος σύ, ποῖ θεῖς;

ΚΗΔΕΣΤΗΣ

                              εἰς τὸ τῶν σεμνῶν θεῶν·
225   οὐ γὰρ μὰ τὴν Δήμητρά γ᾽ ἐνταυθοῖ μενῶ
τεμνόμενος.

ΕΤΡΙΠΙΔΗΣ

                              οὔκουν καταγέλαστος δῆτ᾽ ἔσει
τὴν ἡμίκραιραν τὴν ἑτέραν ψιλὴν ἔχων;

ΚΗΔΕΣΤΗΣ

ὀλίγον μέλει μοι.

ΕΤΡΙΠΙΔΗΣ

                              μηδαμῶς, πρὸς τῶν θεῶν,
προδῷς με. χώρει δεῦρο.

ΚΗΔΕΣΤΗΣ

κακοδαίμων ἐγώ.

ΕΤΡΙΠΙΔΗΣ

230 ἔχ᾽ ἀτρέμα σαυτὸν κἀνάκυπτε. ποῖ στρέφει;

ΚΗΔΕΣΤΗΣ

μῦ μῦ.

ΕΤΡΙΠΙΔΗΣ

τί μύζεις; πάντα πεποίηται καλῶς.

ΚΗΔΕΣΤΗΣ

οἴμοι κακοδαίμων. ψιλὸς οὖν στρατεύσομαι.

ΕΤΡΙΠΙΔΗΣ

μὴ φροντίσῃς· ὡς εὐπρεπὴς φανεῖ πάνυ.
βούλει θεᾶσθαι σαυτόν;

ΚΗΔΕΣΤΗΣ

εἰ δοκεῖ, φέρε.

ΕΤΡΙΠΙΔΗΣ

ὁρᾷς σεαυτόν;

ΚΗΔΕΣΤΗΣ

235 οὐ μὰ Δί᾽, ἀλλὰ Κλεισθένη.

ΕΥΡΙΠΙΔΗΣ

ἀνίστασ᾽, ἵν᾽ ἀφεύσω σε, κἀγκύψας ἔχε.

ΚΗΔΕΣΤΗΣ

οἴμοι κακοδαίμων, δελφάκιον γενήσομαι.

ΕΥΡΙΠΙΔΗΣ

ἐνεγκάτω τις ἔνδοθεν δᾷδ᾽ ἢ λύχνον.
ἐπίκυπτε· τὴν κέρκον φυλάττου νυν ἄκραν.

ΚΗΔΕΣΤΗΣ

240   ἐμοὶ μελήσει νὴ Δία, πλήν γ᾽ ὅτι κάομαι.
οἴμοι τάλας. ὕδωρ ὕδωρ, ὦ γείτονες,
πρὶν ἀντιλαβέσθαι πρωκτὸν <ἕτερον> τῆς φλογός.

ΕΥΡΙΠΙΔΗΣ

θάρρει.

ΚΗΔΕΣΤΗΣ

τί θαρρῶ καταπεπυρπολημένος;

ΕΥΡΙΠΙΔΗΣ

ἀλλ᾽ οὐκέτ᾽ οὐδὲν πρᾶγμά σοι· τὰ πλεῖστα γὰρ
ἀποπεπόνηκας.

ΚΗΔΕΣΤΗΣ

245   φεῦ, ἰοὺ τῆς ἀσβόλου.

αἰθὸς γεγένημαι πάντα τὰ περὶ τὴν τράμιν.

ΕΤΡΙΠΙΔΗΣ

μὴ φροντίσῃς· ἕτερος γὰρ αὐτὰ σπογγιεῖ.

ΚΗΔΕΣΤΗΣ

οἰμώξετ᾽ ἆρ᾽, εἴ τις τὸν ἐμὸν πρωκτὸν πλυνεῖ.

ΕΤΡΙΠΙΔΗΣ

Ἀγάθων, ἐπειδὴ σαυτὸν ἐπιδοῦναι φθονεῖς,
250   ἀλλ᾽ ἱμάτιον γοῦν χρῆσον ἡμῖν τουτῳὶ
καὶ στρόφιον· οὐ γὰρ ταῦτά γ᾽ ὡς οὐκ ἔστ᾽ ἐρεῖς.

ΑΓΑΘΩΝ

λαμβάνετε καὶ χρῆσθ᾽· οὐ φθονῶ.

ΚΗΔΕΣΤΗΣ

                    τί οὖν λάβω;

ΕΤΡΙΠΙΔΗΣ

ὅ τι; τὸν κροκωτὸν πρῶτον ἐνδύου λαβών.

ΚΗΔΕΣΤΗΣ

νὴ τὴν Ἀφροδίτην, ἡδύ γ᾽ ὄζει ποσθίου.
σύζωσον ἀνύσας.

ΕΤΡΙΠΙΔΗΣ

αἶρέ νυν στρόφιον.

ΑΓΑΘΩΝ

255   ἰδού·

ΚΗΔΕΣΤΗΣ

ἴθι νυν κατάστειλόν με τὰ περὶ τὼ σκέλει.

ΕΤΡΙΠΙΔΗΣ

κεκρυφάλου δεῖ καὶ μίτρας.

ΑΓΑΘΩΝ

ἡδὶ μὲν οὖν
κεφαλὴ περίθετος, ἣν ἐγὼ νύκτωρ φορῶ.

ΕΤΡΙΠΙΔΗΣ

νὴ τὸν Δί᾽, ἀλλὰ κἀπιτηδεία πάνυ.

ΚΗΔΕΣΤΗΣ

ἆρ᾽ ἁρμόσει μοι;

ΕΤΡΙΠΙΔΗΣ

260   νὴ Δί᾽, ἀλλ᾽ ἄριστ᾽ ἔχει.
φέρ᾽ ἔγκυκλόν τι.

ΑΓΑΘΩΝ

λάμβαν' ἀπὸ τῆς κλινίδος.

ΕΤΡΙΠΙΔΗΣ

ὑποδημάτων δεῖ.

ΑΓΑΘΩΝ

τἀμὰ ταυτὶ λάμβανε.

ΚΗΔΕΣΤΗΣ

ἆρ' ἁρμόσει μοι; χαλαρὰ γοῦν χαίρεις φορῶν.

ΑΓΑΘΩΝ

σὺ τοῦτο γίγνωσκ'. ἀλλ', ἔχεις γὰρ ὧν δέει,

265   εἴσω τις ὡς τάχιστά μ' εἰσκυκλησάτω.

ΕΤΡΙΠΙΔΗΣ

ἀνὴρ μὲν ἡμῖν οὑτοσὶ καὶ δὴ γυνὴ

τό γ' εἶδος. ἢν λαλῇς δ', ὅπως τῷ φθέγματι

γυναικιεῖς εὖ καὶ πιθανῶς.

ΚΗΔΕΣΤΗΣ

πειράσομαι.

ΕΤΡΙΠΙΔΗΣ

βάδιζε τοίνυν.

ΚΗΔΕΣΤΗΣ

μὰ τὸν Ἀπόλλω οὐκ, ἤν γε μὴ
ὀμόσῃς ἐμοί—

ΕΤΡΙΠΙΔΗΣ

τί χρῆμα;

ΚΗΔΕΣΤΗΣ

270   συσσώσειν ἐμὲ
πάσαις τέχναις, ἤν μοί τι περιπίπτῃ κακόν.

ΕΤΡΙΠΙΔΗΣ

ὄμνυμι τοίνυν αἰθέρ', οἴκησιν Διός.

ΚΗΔΕΣΤΗΣ

τί μᾶλλον ἢ τὴν Ἱπποκράτους ξυνοικίαν;

ΕΤΡΙΠΙΔΗΣ

ὄμνυμι τοίνυν πάντας ἄρδην τοὺς θεούς.

ΚΗΔΕΣΤΗΣ

275   μέμνησο τοίνυν ταῦθ', ὅτι ἡ φρὴν ὤμοσεν,
ἡ γλῶττα δ' οὐκ ὀμώμοκ', οὐδ' ὤρκωσ' ἐγώ.

ΕΤΡΙΠΙΔΗΣ

ἔα σπεῦδε ταχέως· ὡς τὸ τῆς ἐκκλησίας
σημεῖον ἐν τῷ Θεσμοφορείῳ φαίνεται.

ἐγὼ δ' ἄπειμι.

ΚΗΔΕΣΤΗΣ

δεῦρό νυν, ὦ Θρᾷτθ', ἕπου.

280 ὦ Θρᾷττα, θέασαι, καομένων τῶν λαμπάδων

ὅσον τὸ χρῆμ' ἀνέρχεθ' ὑπὸ τῆς λιγνύος.

ἀλλ', ὦ περικαλλεῖ Θεσμοφόρω, δέξασθέ με

ἀγαθῇ τύχῃ καὶ δεῦρο <καὶ> πάλιν οἴκαδε.

ὦ Θρᾷττα, τὴν κίστην κάθελε, κᾆτ' ἔξελε

285 τὸ πόπανον, ὅπως λαβοῦσα θύσω ταῖν θεαῖν.

δέσποινα πολυτίμητε Δήμητερ φίλη

καὶ Φερρέφαττα, πολλὰ πολλάκις μέ σοι

θύειν ἔχουσαν, εἰ δὲ μάλλὰ νῦν λαθεῖν.

καὶ τὴν θυγατέρα Χοιρίον ἀνδρός μοι τυχεῖν

290 πλουτοῦντος, ἄλλως δ' ἠλιθίου κἀβελτέρου,

καὶ Ποσθαλίσκον νοῦν ἔχειν μοι καὶ φρένας.

ποῦ ποῦ καθίζωμ' ἐν καλῷ, τῶν ῥητόρων

ἵν' ἐξακούω; σὺ δ' ἄπιθ', ὦ Θρᾷττ', ἐκποδών·

δούλοις γὰρ οὐκ ἔξεστ' ἀκούειν τῶν λόγων.

ΚΡΙΤΤΑΛΑ

295 εὐφημία ἔστω, εὐφημία ἔστω. εὔχεσθε ταῖν Θεσμοφόροιν,

300 καὶ τῷ Πλούτῳ, καὶ τῇ Καλλιγενείᾳ, καὶ τῇ Κουροτρόφῳ,

καὶ τῷ Ἑρμῇ, καὶ <ταῖς> Χάρισιν, ἐκκλησίαν τήνδε

καὶ σύνοδον τὴν νῦν

κάλλιστα καὶ ἄριστα ποιῆσαι, πολυωφελῶς μὲν

<τῇ> πόλει τῇ Ἀθηναίων,

305   τυχηρῶς δ᾽ ὑμῖν αὐταῖς. καὶ τὴν δρῶσαν καὶ

        ἀγορεύουσαν τὰ βέλτιστα

        περὶ τὸν δῆμον τὸν Ἀθηναίων καὶ τὸν τῶν

        γυναικῶν, ταύτην νικᾶν. ταῦτ᾽

310   εὔχεσθε, καὶ ὑμῖν αὐταῖς τἀγαθά. ἰὴ παιών, ἰὴ

        παιών, ἰὴ παιών. χαίρωμεν.

ΧΟΡΟΣ

        δεχόμεθα καὶ θεῶν γένος

        λιτόμεθα ταῖσδ᾽ ἐπ᾽ εὐχαῖς

        φανέντας ἐπιχαρῆναι.

315   Ζεῦ μεγαλώνυμε χρυσολύρα

        τε Δῆλον ὃς ἔχεις ἱεράν,

        καὶ σύ, παγκρατὲς κόρα

        γλαυκῶπι χρυσόλογχε πόλιν

        οἰκοῦσα περιμάχητον, ἐλθὲ δεῦρο·

320   καὶ πολυώνυμε θηροφόνη,

        Λατοῦς χρυσώπιδος ἔρνος,

        σύ τε, πόντιε σεμνὲ Πόσειδον

325   ἁλιμέδον, προλιπὼν

        μυχὸν ἰχθυόεντα

        οἰστροδόνητον,

        Νηρέος εἰναλίου τε κόραι

        Νύμφαι τ᾽ ὀρίπλαγκτοι.

        χρυσέα δὲ φόρμιγξ

        ἰαχήσειεν ἐπ᾽ εὐχαῖς

ἡμετέραις· τελέως δ' ἐκκλησιάσαιμεν Ἀθηνῶν

330   εὐγενεῖς γυναῖκες.

ΚΡΙΤΤΛΛΑ

εὔχεσθε τοῖς θεοῖσι τοῖς Ὀλυμπίοις
καὶ ταῖς Ὀλυμπίαισι, καὶ τοῖς Πυθίοις
καὶ ταῖσι Πυθίαισι, καὶ τοῖς Δηλίοις
καὶ ταῖσι Δηλίαισι, τοῖς τ' ἄλλοις θεοῖς.

335   εἴ τις ἐπιβουλεύει τι τῷ δήμῳ κακὸν
τῷ τῶν γυναικῶν, ἢ 'πικηρυκεύεται
Εὐριπίδῃ Μήδοις ⟨τ'⟩ ἐπὶ βλάβῃ τινὶ
τῇ τῶν γυναικῶν, ἢ τυραννεῖν ἐπινοεῖ,
ἢ τὸν τύραννον συγκατάγειν, ἢ παιδίον

340   ὑποβαλλομένης κατεῖπεν, ἢ δούλη τινὸς
προαγωγὸς οὖσ' ἐνετρύλισεν τῷ δεσπότῃ,
ἢ πεμπομένη τις ἀγγελίας ψευδεῖς φέρει,
ἢ μοιχὸς εἴ τις ἐξαπατᾷ ψευδῆ λέγων
καὶ μὴ δίδωσιν ἂν ὑπόσχηταί ποτε,

345   ἢ δῶρά τις δίδωσι μοιχῷ γραῦς γυνή,
ἢ καὶ δέχεται προδιδοῦσ' ἑταίρα τὸν φίλον,
κεἴ τις κάπηλος ἢ καπηλὶς τοῦ χοῶς
ἢ τῶν κοτυλῶν τὸ νόμισμα διαλυμαίνεται,
κακῶς ἀπολέσθαι τοῦτον αὐτὸν κᾠκίαν

350   ἀρᾶσθε, ταῖς δ' ἄλλαισιν ὑμῖν τοὺς θεοὺς
εὔχεσθε πάσαις πολλὰ δοῦναι κἀγαθά.

ΧΟΡΟΣ

ξυνευχόμεσθα τέλεα μὲν

πόλει, τέλεα δὲ δήμῳ

τάδ' εὔγματ' ἀποτελεῖσθαι,

355   τὰ δ' ἄρισθ' ὅσαις προσήκει

νικᾶν λεγούσαις. ὁπόσαι δ'

ἐξαπατῶσιν παραβαίνουσί τε τοὺς

359   ὅρκους τοὺς νενομισμένους,

361   ἢ ψηφίσματα καὶ νόμους

ζητοῦσ' ἀντιμεθιστάναι,

τἀπόρρητά τε τοῖσιν ἐ-

χθροῖς τοῖς ἡμετέροις λέγουσ',

365   ἢ Μήδους ἐπάγουσι τῶν

κερδῶν οὔνεκ' ἐπὶ βλάβῃ,

ἀσεβοῦσ' ἀδικοῦσί τε τὴν πόλιν.

ἀλλ', ὦ παγκρατὲς

Ζεῦ, ταῦτα κυρώσειας, ὥσθ'

370   ἡμῖν θεοὺς παραστατεῖν,

καίπερ γυναιξὶν οὔσαις.

ΚΡΙΤΤΑΛΑ

ἄκουε πᾶσ'. ἔδοξε τῇ βουλῇ τάδε

τῇ τῶν γυναικῶν· Τιμόκλει' ἐπεστάτει,

Λύσιλλ' ἐγραμμάτευεν, εἶπε Σωστράτη·

375   ἐκκλησίαν ποιεῖν ἕωθεν τῇ μέσῃ

τῶν Θεσμοφορίων, ᾗ μάλισθ' ἡμῖν σχολή,

καὶ χρηματίζειν πρῶτα περὶ Εὐριπίδου,

ὅ τι χρὴ παθεῖν ἐκεῖνον· ἀδικεῖν γὰρ δοκεῖ
ἡμῖν ἁπάσαις. τίς ἀγορεύειν βούλεται;

MIKA

ἐγώ.

KΡΙΤΤΑΛΑ

380   περίθου νυν τόνδε πρῶτον πρὶν λέγειν.

KOΡΤΦΑΙΑ

σίγα, σιώπα, πρόσεχε τὸν νοῦν· χρέμπτεται γὰρ ἤδη,
ὅπερ ποιοῦσ' οἱ ῥήτορες. μακρὰν ἔοικε λέξειν.

MIKA

φιλοτιμίᾳ μὲν οὐδεμιᾷ μὰ τὼ θεὼ
λέξουσ' ἀνέστην, ὦ γυναῖκες· ἀλλὰ γὰρ
385   βαρέως φέρω τάλαινα πολὺν ἤδη χρόνον,
προπηλακιζομένας ὁρῶσ' ὑμᾶς ὑπὸ
Εὐριπίδου τοῦ τῆς λαχανοπωλητρίας
καὶ πολλὰ καὶ παντοῖ' ἀκουούσας κακά.
τί γὰρ οὗτος ἡμᾶς οὐκ ἐπισμῇ τῶν κακῶν;
390   ποῦ δ' οὐχὶ διαβέβληχ', ὅπουπερ ἔμβραχύ
εἰσὶν θεαταὶ καὶ τραγῳδοὶ καὶ χοροί,
τὰς μοιχοτρόφους, τὰς ἀνδρεραστρίας καλῶν,
τὰς οἰνοπότιδας, τὰς προδότιδας, τὰς λάλους,
τὰς οὐδὲν ὑγιές, τὰς μέγ' ἀνδράσιν κακόν;
395   ὥστ' εὐθὺς εἰσιόντες ἀπὸ τῶν ἰκρίων

ὑποβλέπουσ᾽ ἡμᾶς σκοποῦνταί τ᾽ εὐθέως

μὴ μοιχὸς ἔνδον ᾖ τις ἀποκεκρυμμένος.

δρᾶσαι δ᾽ ἔθ᾽ ἡμῖν οὐδὲν ὧνπερ καὶ πρὸ τοῦ

ἔξεστι· τοιαῦθ᾽ οὗτος ἐδίδαξεν κακὰ

400   τοὺς ἄνδρας ἡμῶν. ὥστ᾽ ἐάν τίς ⟨καὶ⟩ πλέκῃ

γυνὴ στέφανον, ἐρᾶν δοκεῖ· κἂν ἐκβάλῃ

σκεῦός τι κατὰ τὴν οἰκίαν πλανωμένη,

ἀνὴρ ἐρωτᾷ· "τῷ κατέαγεν ἡ χύτρα;

οὐκ ἔσθ᾽ ὅπως οὐ τῷ Κορινθίῳ ξένῳ."

405   κάμνει κόρη τις; εὐθὺς ἀδελφὸς λέγει·

"τὸ χρῶμα τοῦτό μ᾽ οὐκ ἀρέσκει τῆς κόρης."

εἶέν. γυνή τις ὑποβαλέσθαι βούλεται

ἀποροῦσα παίδων, οὐδὲ τοῦτ᾽ ἔστιν λαθεῖν.

ἄνδρες γὰρ ἤδη παρακάθηνται πλησίον·

410   πρὸς τοὺς γέροντάς θ᾽ οἳ πρὸ τοῦ τὰς μείρακας

ἤγοντο, διαβέβληκεν, ὥστ᾽ οὐδεὶς γέρων

γαμεῖν ἐθέλει γυναῖκα διὰ τοὔπος τοδί·

"δέσποινα γὰρ γέροντι νυμφίῳ γυνή."

εἶτα διὰ τοῦτον ταῖς γυναικωνίτισιν

415   σφραγῖδας ἐπιβάλλουσιν ἤδη καὶ μοχλοὺς

τηροῦντες ἡμᾶς, καὶ προσέτι Μολοττικοὺς

τρέφουσι μορμολυκεῖα τοῖς μοιχοῖς κύνας.

καὶ ταῦτα μὲν ξυγγνώσθ᾽· ἃ δ᾽ ἦν ἡμῖν πρὸ τοῦ

αὐταῖς ταμιεῦσαι καὶ προαιρούσαις λαβεῖν,

420   ἄλφιτον, ἔλαιον, οἶνον, οὐδὲ τοῦτ᾽ ἔτι

ἔξεστιν. οἱ γὰρ ἄνδρες ἤδη κλῃδία

αὐτοὶ φοροῦσι κρυπτά, κακοηθέστατα,

Λακωνίκ᾽ ἄττα, τρεῖς ἔχοντα γομφίους.

πρὸ τοῦ μὲν οὖν ἦν ἀλλ᾽ ὑποῖξαι τὴν θύραν

425   ποιησαμέναισι δακτύλιον τριωβόλου·

νῦν δ᾽ οὗτος αὐτοὺς ᾠκότριψ Εὐριπίδης

ἐδίδαξε θριπήδεστ᾽ ἔχειν σφραγίδια

ἐξαψαμένους. νῦν οὖν ἐμοὶ τούτῳ δοκεῖ

ὄλεθρόν τιν᾽ ἡμᾶς κυρκανᾶν ἀμωσγέπως,

430   ἢ φαρμάκοισιν ἢ μιᾷ γέ τῳ τέχνῃ,

ὅπως ἀπολεῖται.` ταῦτ᾽ ἐγὼ φανερῶς λέγω·

τὰ δ᾽ ἄλλα μετὰ τῆς γραμματέως συγγράψομαι.

ΧΟΡΟΣ

(στρ)   οὔπω ταύτης ἤκουσα

πολυπλοκωτέρας γυναικὸς

435   οὐδὲ δεινότερον λεγούσης.

πάντα γὰρ λέγει δίκαια.

πᾶσαν ἰδέαν ἐξετάζει,

πᾶν δ᾽ ἐβάστασε φρενὶ πυκνῶς τε

ποικίλους λόγους ἀνηῦρεν

εὖ διεζητημένους.

440   ὥστ᾽ ἂν εἰ λέγοι παρ᾽ αὐτὴν

Ξενοκλέης ὁ Καρκίνου, δοκεῖν ἂν αὐτόν,

ὡς ἐγῷμαι, πᾶσιν ὑμῖν

ἄντικρυς μηδὲν λέγειν.

ΣΤΕΦΑΝΟΠΩΛΙΣ

ὀλίγων ἔνεκα καὐτὴ παρῆλθον ῥημάτων.

τὰ μὲν γὰρ ἄλλ᾿ αὕτη κατηγόρηκεν εὖ·
445 ἃ δ᾿ ἐγὼ πέπονθα, ταῦτα λέξαι βούλομαι.
ἐμοὶ γὰρ ἀνὴρ ἀπέθανεν μὲν ἐν Κύπρῳ
παιδάρια πέντε καταλιπών, ἁγὼ μόλις
στεφανηπλοκοῦσ᾿ ἔβοσκον ἐν ταῖς μυρρίναις.
τέως μὲν οὖν ἀλλ᾿ ἡμικάκως ἐβοσκόμην·
450 νῦν δ᾿ οὗτος ἐν ταῖσιν τραγῳδίαις ποιῶν
τοὺς ἄνδρας ἀναπέπεικεν οὐκ εἶναι θεούς·
ὥστ᾿ οὐκέτ᾿ ἐμπολῶμεν οὐδ᾿ εἰς ἥμισυ.
νῦν οὖν ἁπάσαισιν παραινῶ καὶ λέγω
τοῦτον κολάσαι τὸν ἄνδρα πολλῶν οὕνεκα·
455 ἄγρια γὰρ ἡμᾶς, ὦ γυναῖκες, δρᾷ κακά,
ἅτ᾿ ἐν ἀγρίοισι τοῖς λαχάνοις αὐτὸς τραφείς.
ἀλλ᾿ εἰς ἀγορὰν ἄπειμι· δεῖ γὰρ ἀνδράσιν
πλέξαι στεφάνους ξυνθηματιαίους εἴκοσιν.

ΧΟΡΟΣ

ἕτερον αὖ τι λῆμα τοῦτο
460 κομψότερον ἔτ᾿ ἢ τὸ πρότερον ἀναπέφηνεν.
οἷα κατεστωμύλατο
οὐκ ἄκαιρα, φρένας ἔχουσα
καὶ πολύπλοκον νόημ᾿, οὐδ᾿
ἀσύνετ᾿, ἀλλὰ πιθανὰ πάντα.
465 δεῖ δὲ ταύτης τῆς ὕβρεως ἡμῖν τὸν ἄνδρα
περιφανῶς δοῦναι δίκην.

ΚΗΔΕΣΤΗΣ

τὸ μέν, ὦ γυναῖκες, ὀξυθυμεῖσθαι σφόδρα
Εὐριπίδῃ, τοιαῦτ᾽ ἀκουούσας κακά,
οὐ θαυμάσιόν ἐστ᾽, οὐδ᾽ ἐπιζεῖν τὴν χολήν.
καὐτὴ γὰρ ἔγωγ᾽,—οὕτως ὀναίμην τῶν τέκνων—
470   μισῶ τὸν ἄνδρ᾽ ἐκεῖνον, εἰ μὴ μαίνομαι.
ὅμως δ᾽ ἐν ἀλλήλαισι χρὴ δοῦναι λόγον·
αὐταὶ γάρ ἐσμεν, κοὐδεμί᾽ ἐκφορὰ λόγου.
τί ταῦτ᾽ ἔχουσαι 'κεῖνον αἰτιώμεθα
βαρέως τε φέρομεν, εἰ δύ᾽ ἡμῶν ἢ τρία
475   κακὰ ξυνειδὼς εἶπε δρώσαξ μυρία;
ἐγὼ γὰρ αὐτὴ πρῶτον, ἵνα μάλλην λέγω,
ξύνοιδ᾽ ἐμαυτῇ πολλὰ ‹δείν᾽·› ἐκεῖνο δ᾽ οὖν
δεινότατον, ὅτε νύμφη μὲν ἦν τρεῖς ἡμέρας,
ὁ δ᾽ ἀνὴρ παρ᾽ ἐμοὶ καθηῦδεν. ἦν δέ μοι φίλος,
480   ὅσπερ με διεκόρησεν οὖσαν ἑπτέτιν.
οὗτος πόθῳ μου 'κνυεν ἐλθὼν τὴν θύραν·
κᾆτ᾽ εὐθὺς ἔγνων· εἶτα καταβαίνω λάθρᾳ.
ὁ δ᾽ ἀνὴρ ἐρωτᾷ· "ποῖ σὺ καταβαίνεις;" "ὅποι;
στρόφος μ᾽ ἔχει τὴν γαστέρ᾽, ὦνερ, κὠδύνη·
485   εἰς τὸν κοπρῶν᾽ οὖν ἔρχομαι." "βάδιζέ νυν."
κᾆθ᾽ ὁ μὲν ἔτριβε κεδρίδας, ἄννηθον, σφάκον·
ἐγὼ δὲ καταχέασα τοῦ στροφέως ὕδωρ
ἐξῆλθον ὡς τὸν μοιχόν· εἶτ᾽ ἠρείδομαι
παρὰ τὸν Ἀγυιᾶ κῦβδ᾽, ἐχομένη τῆς δάφνης.
490   ταῦτ᾽ οὐδεπώποτ᾽ εἶφ᾽, ὁρᾶτ᾽, Εὐριπίδης·
οὐδ᾽ ὡς ὑπὸ τῶν δούλων τε κὠρεωκόμων

σποδούμεθ', ἢν μὴ 'χωμεν ἕτερον, οὐ λέγει·

οὐδ' ὡς, ὅταν μάλισθ' ὑπό του ληκώμεθα

τὴν νύχθ', ἕωθεν σκόροδα διαμασώμεθα,

495   ἵν' ὀσφρόμενος ἀνὴρ ἀπὸ τείχους εἰσιὼν

μηδὲν κακὸν δρᾶν ὑποτοπῆται. ταῦθ', ὁρᾷς,

οὐπώποτ' εἶπεν. εἰ δὲ Φαίδραν λοιδορεῖ,

ἡμῖν τί τοῦτ' ἔστ'; οὐδ' ἐκεῖν' εἴρηκέ πω,

ὡς ἡ γυνὴ δεικνῦσα τἀνδρὶ τοὔγκυκλον

500   ὑπαυγάσ' οἷόν ἐστιν, ἐγκεκαλυμμένον

τὸν μοιχὸν ἐξέπεμψεν, οὐκ εἴρηκέ πω.

ἑτέραν δ' ἐγᾦδ' ἣ 'φασκεν ὠδίνειν γυνὴ

δέχ' ἡμέρας, ἕως ἐπρίατο παιδίον.

ὁ δ' ἀνὴρ περιήρχετ' ὠκυτόκι' ὠνούμενος·

505   τὸ δ' εἰσέφερε γραῦς ἐν χύτρᾳ, τὸ παιδίον,

ἵνα μὴ βοώη, κηρίῳ βεβυσμένον.

εἶθ' ὡς ἔνευσεν ἡ φέρουσ', εὐθὺς βοᾷ·

"ἄπελθ' ἄπελθ', ἤδη γάρ, ὦνέρ, μοι δοκῶ

τέξειν." τὸ γὰρ ἦτρον τῆς χύτρας ἐλάκτισεν.

510   χὠ μὲν γεγηθὼς ἔτρεχεν, ἡ δ' ἐξέσπασεν

ἐκ τοῦ στόματος τοῦ παιδίου, τὸ δ' ἀνέκραγεν.

εἶθ' ἡ μιαρὰ γραῦς, ἣ 'φερεν τὸ παιδίον,

θεῖ μειδιῶσα πρὸς τὸν ἄνδρα καὶ λέγει·

"λέων λέων σοι γέγονεν, αὐτέκμαγμα σόν,

515   τά τ' ἄλλ' ἁπαξάπαντα καὶ τὸ πόσθιον

τῷ σῷ προσόμοιον, στρεβλὸν ὥσπερ κύτταρον."

ταῦτ' οὐ ποιοῦμεν τὰ κακά; νὴ τὴν Ἄρτεμιν

ἡμεῖς γε. κᾆτ' Εὐριπίδη θυμούμεθα,

οὐδὲν παθοῦσαι μεῖζον ἢ δεδράκαμεν;

ΧΟΡΟΣ

(ἀντ)   τουτὶ μέντοι θαυμαστόν,

521   ὁπόθεν ηὑρέθη τὸ χρῆμα,

            χἥτις ἐξέθρεψε χώρα

            τήνδε τὴν θρασεῖαν οὕτω.

            τάδε γὰρ εἰπεῖν τὴν πανοῦργον

525   κατὰ τὸ φανερὸν ὧδ᾽ ἀναιδῶς

            οὐκ ἂν ᾠόμην ἐν ἡμῖν

            οὐδὲ τολμῆσαί ποτ᾽ ἄν.

            ἀλλὰ πᾶν γένοιτ᾽ ἂν ἤδη.

            τὴν παροιμίαν δ᾽ ἐπαινῶ τὴν παλαιάν·

            ὑπὸ λίθῳ γὰρ παντί που χρὴ

530   μὴ δάκῃ ῥήτωρ ἀθρεῖν.

ΚΟΡΥΦΑΙΑ

ἀλλ᾽ οὐ γάρ ἐστι τῶν ἀναισχύντων φύσει γυναικῶν

οὐδὲν κάκιον εἰς ἅπαντα πλὴν ἄρ᾽ εἰ γυναῖκες.

ΜΙΚΑ

οὔ τοι μὰ τὴν Ἄγλαυρον, ὦ γυναῖκες, εὖ φρονεῖτε,

ἀλλ᾽ ἢ πεφάρμαχθ᾽ ἢ κακόν τι μέγα πεπόνθατ᾽ ἄλλο,

535   ταύτην ἐῶσαι τὴν φθόρον τοιαῦτα περιυβρίζειν

ἡμᾶς ἁπάσας. εἰ μὲν οὖν τις ἔστιν—, εἰ δὲ μή, ἡμεῖς

αὐταί τε καὶ τὰ δουλάρια τέφραν ποθὲν λαβοῦσαι

ταύτης ἀποψιλώσομεν τὸν χοῖρον, ἵνα διδαχθῇ

γυνὴ γυναῖκας οὖσα μὴ κακῶς λέγειν τὸ λοιπόν.

ΚΗΔΕΣΤΗΣ

540   μὴ δῆτα τόν γε χοῖρον, ὦ γυναῖκες. εἰ γὰρ οὔσης

παρρησίας κἀξὸν λέγειν ὅσαι πάρεσμεν ἀσταί,

εἶτ' εἶπον ἀγίγνωσκον ὑπὲρ Εὐριπίδου δίκαια,

διὰ τοῦτο τιλλομένην με δεῖ δοῦναι δίκην ὑφ' ὑμῶν;

ΜΙΚΑ

οὐ γάρ σε δεῖ δοῦναι δίκην; ἥτις μόνη τέτληκας

545   ὑπὲρ ἀνδρὸς ἀντειπεῖν, ὃς ἡμᾶς πολλὰ κακὰ δέδρακεν

ἐπίτηδες εὑρίσκων λόγους, ὅπου γυνὴ πονηρὰ

ἐγένετο, Μελανίππας ποιῶν Φαίδρας τε· Πηνελόπην δὲ

οὐπώποτ' ἐποίησ', ὅτι γυνὴ σώφρων ἔδοξεν εἶναι.

ΚΗΔΕΣΤΗΣ

ἐγὼ γὰρ οἶδα ταἴτιον· μίαν γὰρ οὐκ ἂν εἴποις

550   τῶν νῦν γυναικῶν Πηνελόπην, Φαίδρας ἁπαξαπάσας.

ΜΙΚΑ

ἀκούετ', ὦ γυναῖκες, οἷ' εἴρηκεν ἡ πανοῦργος

ἡμᾶς ἁπάσας αὖθις αὖ.

ΚΗΔΕΣΤΗΣ

                    καὶ νὴ Δί' οὐδέπω γε

εἴρηχ' ὅσα ξύνοιδ'· ἐπεὶ βούλεσθε πλείον' εἴπω;

ΜΙΚΑ

ἀλλ᾿ οὐκ ἂν ἔτ᾿ ἔχοις· ὅσα γὰρ ἤδησθ᾿ ἐξέχεας ἅπαντα.

ΚΗΔΕΣΤΗΣ

555 μὰ Δί᾿ οὐδέπω τὴν μυριοστὴν μοῖραν ὧν ποιοῦμεν.
ἐπεὶ τάδ᾿ οὐκ εἴρηχ᾿, ὁρᾷς, ὡς στλεγγίδας λαβοῦσαι
ἔπειτα σιφωνίζομεν τὸν σῖτον—

ΜΙΚΑ

ἐπιτριβείης.

ΚΗΔΕΣΤΗΣ

ὥς τ᾿ αὖ τὰ κρέ᾿ ἐξ Ἀπατουρίων ταῖς μαστροποῖς διδοῦσαι
ἔπειτα τὴν γαλῆν φαμεν—

ΜΙΚΑ

τάλαιν᾿ ἐγώ· φλυαρεῖς.

ΚΗΔΕΣΤΗΣ

560 οὐδ᾿ ὡς ἑτέρα τὸν ἄνδρα τῷ πελέκει κατεσπόδησεν,
οὐκ εἶπον· οὐδ᾿ ὡς φαρμάκοις ἑτέρα τὸν ἄνδρ᾿ ἔμηνεν,
οὐδ᾿ ὡς ὑπὸ τῇ πυέλῳ κατώρυξέν ποτ᾿—

ΜΙΚΑ

ἐξόλοιο.

ΚΗΔΕΣΤΗΣ

Ἀχαρνικὴ τὸν πατέρα.

ΜΙΚΑ

ταῦτα δῆτ' ἀνέκτ' ἀκούειν;

ΚΗΔΕΣΤΗΣ

οὐδ' ὡς σὺ τῆς δούλης τεκούσης ἄρρεν εἶτα σαυτῇ

565   τοῦθ' ὑπεβάλου, τὸ σὸν δὲ θυγάτριον παρῆκας αὐτῇ.

ΜΙΚΑ

οὔ τοι μὰ τὼ θεὼ σὺ καταπροίξει λέγουσα ταυτί,

ἀλλ' ἐκποκιῶ σου τὰς ποκάδας.

ΚΗΔΕΣΤΗΣ

                        οὔ τοι μὰ Δία σύ γ' ἅψει.

ΜΙΚΑ

καὶ μὴν ἰδού.

ΚΗΔΕΣΤΗΣ

                    καὶ μὴν ἰδού.

ΜΙΚΑ

                        λαβὲ θοἰμάτιον, Φιλίστη.

ΚΗΔΕΣΤΗΣ

πρόσθιγε μόνον, κἀγώ σε νὴ τὴν Ἄρτεμιν—

ΜΙΚΑ

τί δράσεις;

ΚΗΔΕΣΤΗΣ

570   τὸν σησαμοῦνθ᾽ ὃν κατέφαγες, τοῦτον χεσεῖν ποιήσω.

ΚΡΙΤΤΑΛΑ

παύσασθε λοιδορούμεναι· καὶ γὰρ γυνή τις ἡμῖν
ἐσπουδακυῖα προστρέχει. πρὶν οὖν ὁμοῦ γενέσθαι,
σιγᾶθ᾽, ἵν᾽ αὐτῆς κοσμίως πυθώμεθ᾽ ἄττα λέξει.

ΚΛΕΙΣΘΕΝΗΣ

φίλαι γυναῖκες, ξυγγενεῖς τοὐμοῦ τρόπου,
575   ὅτι μὲν φίλος εἴμ᾽ ὑμῖν, ἐπίδηλος ταῖς γνάθοις.
γυναικομανῶ γὰρ προξενῶ θ᾽ ὑμῶν ἀεί.
καὶ νῦν ἀκούσας πρᾶγμα περὶ ὑμῶν μέγα
ὀλίγῳ τι πρότερον κατ᾽ ἀγορὰν λαλούμενον,
ἥκω φράσων τοῦτ᾽ ἀγγελῶν θ᾽ ὑμῖν, ἵνα
580   σκοπῆτε καὶ τηρῆτε μὴ καὶ προσπέσῃ
ὑμῖν ἀφάρκτοις πρᾶγμα δεινὸν καὶ μέγα.

ΚΡΙΤΤΑΛΑ

τί δ᾽ ἐστίν, ὦ παῖ; παῖδα γάρ σ᾽ εἰκὸς καλεῖν,
ἕως ἂν οὕτως τὰς γνάθους ψιλὰς ἔχῃς.

ΚΛΕΙΣΘΕΝΗΣ

Εὐριπίδην φάσ᾽ ἄνδρα κηδεστήν τινα

585   αὑτοῦ γέροντα δεῦρ᾽ ἀναπέμψαι τήμερον.

ΚΡΙΤΤΛΛΑ

πρὸς ποῖον ἔργον ἢ τίνος γνώμης χάριν;

ΚΛΕΙΣΘΕΝΗΣ

ἵν᾽ ἄττα βουλεύοισθε καὶ μέλλοιτε δρᾶν,

ἐκεῖνος εἴη τῶν λόγων κατάσκοπος.

ΚΡΙΤΤΛΛΑ

καὶ πῶς λέληθεν ἐν γυναιξὶν ὢν ἀνήρ;

ΚΛΕΙΣΘΕΝΗΣ

590   ἀφηῦσεν αὐτὸν κἀπέτιλ᾽ Εὐριπίδης

καὶ τἄλλ᾽ ἅπανθ᾽ ὥσπερ γυναῖκ᾽ ἐσκεύασεν.

ΚΗΔΕΣΤΗΣ

πείθεσθε τούτῳ ταῦτα; τίς δ᾽ οὕτως ἀνὴρ

ἠλίθιος ὅστις τιλλόμενος ἠνείχετο;

οὐκ οἴομαι ᾽γωγ᾽, ὦ πολυτίμητω θεώ.

ΚΛΕΙΣΘΕΝΗΣ

595   ληρεῖς. ἐγὼ γὰρ οὐκ ἂν ἦλθον ἀγγελῶν,

εἰ μὴ ᾽πεπύσμην ταῦτα τῶν σάφ᾽ εἰδότων.

ΚΡΙΤΤΑΛΑ

τὸ πρᾶγμα τουτὶ δεινὸν εἰσαγγέλλεται.
ἀλλ᾽, ὦ γυναῖκες, οὐκ ἐλινύειν ἐχρῆν,
ἀλλὰ σκοπεῖν τὸν ἄνδρα καὶ ζητεῖν ὅπου
600 λέληθεν ἡμᾶς κρυπτὸς ἐγκαθήμενος.
καὶ σὺ ξυνέξευρ᾽ αὐτόν, ὡς ἂν τὴν χάριν
ταύτην τε κἀκείνην ἔχῃς, ὦ πρόξενε.

ΚΛΕΙΣΘΕΝΗΣ

ζητητέαι τἄρ᾽ ἐστέ.

ΚΗΔΕΣΤΗΣ

κακοδαίμων ἐγώ.

ΚΛΕΙΣΘΕΝΗΣ

φέρ᾽ ἴδω, τίς εἶ πρώτη σύ;

ΚΗΔΕΣΤΗΣ

ποῖ τις τρέψεται;

ΜΙΚΑ

605 ἔμ᾽ ἥτις εἴμ᾽ ἤρου; Κλεωνύμου γυνή.

ΚΛΕΙΣΘΕΝΗΣ

γιγνώσκεθ᾽ ὑμεῖς ἥτις ἔσθ᾽ ἡδὶ γυνή;

ΚΡΙΤΤΑΛΛΑ

γιγνώσκομεν δῆτ'· ἀλλὰ τὰς ἄλλας ἄθρει.

ΚΛΕΙΣΘΕΝΗΣ

ἡδὶ δὲ δὴ τίς ἐστιν, ἡ τὸ παιδίον
ἔχουσα;

ΜΙΚΑ

τίτθη νὴ Δί' ἐμή.

ΚΗΔΕΣΤΗΣ

διοίχομαι.

ΚΛΕΙΣΘΕΝΗΣ

610   αὕτη σύ, ποῖ στρέφει; μέν' αὐτοῦ. τί τὸ κακόν;

ΚΗΔΕΣΤΗΣ

ἔασον οὐρῆσαί μ'· ἀναίσχυντός τις εἶ.

ΚΛΕΙΣΘΕΝΗΣ

σὺ δ' οὖν ποίει τοῦτ'. ἀναμενῶ γὰρ ἐνθάδε.

ΚΡΙΤΤΑΛΛΑ

ἀνάμενε δῆτα καὶ σκόπει γ' αὐτὴν σφόδρα·
μόνην γὰρ αὐτήν, ὦνερ, οὐ γιγνώσκομεν.

ΚΛΕΙΣΘΕΝΗΣ

πολύν γε χρόνον οὐρεῖς σύ.

ΚΗΔΕΣΤΗΣ

615   νὴ Δί᾽, ὦ μέλε,

στραγγουριῶ γάρ· ἐχθὲς ἔφαγον κάρδαμα.

ΚΛΕΙΣΘΕΝΗΣ

τί καρδαμίζεις; οὐ βαδιεῖ δεῦρ᾽ ὡς ἐμέ;

ΚΗΔΕΣΤΗΣ

τί δῆτά μ᾽ ἕλκεις ἀσθενοῦσαν;

ΚΛΕΙΣΘΕΝΗΣ

                                      εἰπέ μοι,

τίς ἐστ᾽ ἀνήρ σοι;

ΚΗΔΕΣΤΗΣ

                        τὸν ἐμὸν ἄνδρα πυνθάνει;

620   τὸν δεῖνα γιγνώσκεις, τὸν ἐκ Κοθωκιδῶν;

ΚΛΕΙΣΘΕΝΗΣ

τὸν δεῖνα; ποῖον;

ΚΗΔΕΣΤΗΣ

                        ἔσθ᾽ ὁ δεῖν᾽, ὃς καί ποτε

τὸν δεῖνα, τὸν τοῦ δεῖνα—

ΚΛΕΙΣΘΕΝΗΣ

ληρεῖν μοι δοκεῖς.

ἀνῆλθες ἤδη δεῦρο πρότερον;

ΚΗΔΕΣΤΗΣ

νὴ Δία

ὁσέτη γε.

ΚΛΕΙΣΘΕΝΗΣ

καὶ τίς σοὐστὶ συσκηνήτρια;

ΚΗΔΕΣΤΗΣ

ἡ δεῖν᾽ ἔμοιγ᾽.

ΚΛΕΙΣΘΕΝΗΣ

625   οἴμοι τάλας, οὐδὲν λέγεις.

ΚΡΙΤΤΛΛΑ

ἄπελθ᾽· ἐγὼ γὰρ βασανιῶ ταύτην καλῶς
ἐκ τῶν ἱερῶν τῶν πέρυσι. σὺ δ᾽ ἀπόστηθί μοι,
ἵνα μὴ ᾽πακούσῃς ὢν ἀνήρ. σὺ δ᾽ εἰπέ μοι
ὅ τι πρῶτον ἡμῖν τῶν ἱερῶν ἐδείκνυτο.

ΚΗΔΕΣΤΗΣ

630   φέρ᾽ ἴδω, τί μέντοι πρῶτον ἦν; ἐπίνομεν.

ΚΡΙΤΤΛΛΑ

τί δὲ μετὰ τοῦτο δεύτερον;

ΚΗΔΕΣΤΗΣ

προύπίνομεν.

ΚΡΙΤΤΛΛΑ

ταυτὶ μὲν ἤκουσάς τινος. τρίτον δὲ τί;

ΚΗΔΕΣΤΗΣ

σκάφιον Ξένυλλ' ἤτησεν· οὐ γὰρ ἦν ἁμίς.

ΚΡΙΤΤΛΛΑ

οὐδὲν λέγεις. δεῦρ' ἐλθέ, δεῦρ', ὦ Κλείσθενες.
ὅδ' ἐστὶν ἀνὴρ ὃν λέγεις.

ΚΛΕΙΣΘΕΝΗΣ

635   τί οὖν ποιῶ;

ΚΡΙΤΤΛΛΑ

ἀπόδυσον αὐτόν· οὐδὲν ὑγιὲς γὰρ λέγει.

ΚΗΔΕΣΤΗΣ

κἄπειτ' ἀποδύσετ' ἐννέα παίδων μητέρα;

ΚΛΕΙΣΘΕΝΗΣ

χάλα ταχέως τὸ στρόφιον.

ΚΗΔΕΣΤΗΣ

ὠναίσχυντε σύ.

ΚΡΙΤΤΑΛΑ

ὡς καὶ στιβαρά τις φαίνεται καὶ καρτερά·

640   καὶ νὴ Δία τιτθούς γ᾽ ὥσπερ ἡμεῖς οὐκ ἔχει.

ΚΗΔΕΣΤΗΣ

στερίφη γάρ εἰμι κοὐκ ἐκύησα πώποτε.

ΚΡΙΤΤΑΛΑ

νῦν· τότε δὲ μήτηρ ἦσθα παίδων ἐννέα.

ΚΛΕΙΣΘΕΝΗΣ

ἀνίστασ᾽ ὀρθός. ποῖ τὸ πέος ὠθεῖς κάτω;

ΚΡΙΤΤΑΛΑ

τοδὶ διέκυψε καὶ μάλ᾽ εὔχρων, ὦ τάλαν.

ΚΛΕΙΣΘΕΝΗΣ

καὶ ποῦ 'στιν;

ΚΡΙΤΤΑΛΑ

645   αὖθις εἰς τὸ πρόσθεν οἴχεται.

ΚΛΕΙΣΘΕΝΗΣ

οὐκ ἐνγετανθί.

ΚΡΙΤΤΑΛΑ

μάλλά δεῦρ᾽ ἥκει πάλιν.

ΚΛΕΙΣΘΕΝΗΣ

ἰσθμόν τιν᾽ ἔχεις, ἄνθρωπ᾽· ἄνω τε καὶ κάτω
τὸ πέος διέλκεις πυκνότερον Κορινθίων.

ΚΡΙΤΤΑΛΑ

ὦ μιαρὸς οὗτος. ταῦτ᾽ ἄρ᾽ ὑπὲρ Εὐριπίδου
ἡμῖν ἐλοιδορεῖτο.

ΚΗΔΕΣΤΗΣ

650   κακοδαίμων ἐγώ,
εἰς οἷ᾽ ἐμαυτὸν εἰσεκύλισα πράγματα.

ΚΡΙΤΤΑΛΑ

ἄγε δή, τί δρῶμεν;

ΚΛΕΙΣΘΕΝΗΣ
τουτονὶ φυλάττετε
καλῶς, ὅπως μὴ διαφυγὼν οἰχήσεται·
ἐγὼ δὲ ταῦτα τοῖς πρυτάνεσιν ἀγγελῶ.

ΚΟΡΥΦΑΙΑ
655   ἡμᾶς τοίνυν μετὰ τοῦτ᾽ ἤδη τὰς λαμπάδας ἁψαμένας χρὴ
ξυζωσαμένας εὖ κἀνδρείως τῶν θ᾽ ἱματίων ἀποδύσας
ζητεῖν, εἴ που κάλλος τις ἀνὴρ ἐσελήλυθε, καὶ περιθρέξαι

τὴν πύκνα πᾶσαν καὶ τὰς σκηνὰς καὶ τὰς διόδους διαθρῆσαι.

εἶα δή, πρώτιστα μὲν χρὴ κοῦφον ἐξορμᾶν πόδα

660   καὶ διασκοπεῖν σιωπῇ πανταχῇ. μόνον δὲ χρὴ

μὴ βραδύνειν, ὡς ὁ καιρός ἐστι μὴ μέλλειν ἔτι.

ἀλλὰ τὴν πρώτην τρέχειν χρή μ' ὡς τάχιστ' ἤδη κύκλῳ.

ΧΟΡΟΣ

εἶά νυν ἴχνευε καὶ μά-
τευε ταχὺ πάντ', εἴ τις ἐν τό-
ποις ἑδραῖος
ἄλλος αὖ λέληθεν ὤν.

665   πανταχῇ δὲ ῥῖψον ὄμμα,
καὶ τὰ τῇδε ‹καὶ τὰ κεῖσε›
καὶ τὰ δεῦρο
πάντ' ἀνασκόπει καλῶς.

ἢν γὰρ ληφθῇ δράσας ἀνόσια,
δώσει τε δίκην καὶ πρὸς τούτῳ
τοῖς ἄλλοις ἀνδράσιν ἔσται

670   παράδειγμ' ὕβρεως ἀδίκων τ' ἔργων
ἀθέων τε τρόπων·
φήσει δ' εἶναι τε θεοὺς φανερῶς,
δείξει τ' ἤδη
πᾶσιν ἀνθρώποις σεβίζειν δαίμονας

675   δικαίως τ' ἐφέπειν ὅσια καὶ νόμιμα
μηδομένους ποιεῖν ὅ τι καλῶς ἔχει.
κἂν μὴ ποιῶσι ταῦτα, τοιάδ' ἔσται·

αὐτῶν ὅταν ληφθῇ τις ὅσια ⟨μὴ⟩ δρῶν,
680 μανίαις φλέγων, λύσσῃ παράκο-
πος, πᾶσιν ἐμφανὴς ὁρᾶν
ἔσται γυναιξὶ καὶ βροτοῖς
ὅτι τὰ παράνομα τά τ᾽ ἀνόσια
685 παραχρῆμ᾽ ἀποτίνεται θεός.

ΚΟΡΥΦΑΙΑ

ἀλλ᾽ ἔοιχ᾽ ἡμῖν ἅπαντά πως διεσκέφθαι καλῶς.
οὐχ ὁρῶμεν γοῦν ἔτ᾽ ἄλλον οὐδέν᾽ ἐγκαθήμενον.

ΜΙΚΑ

ἆ ἆ.
ποῖ ποῖ σὺ φεύγεις; οὗτος οὗτος, οὐ μενεῖς;
690 τάλαιν᾽ ἐγώ, τάλαινα, καὶ τὸ παιδίον
ἐξαρπάσας μοι φροῦδος ἀπὸ τοῦ τιτθίου.

ΚΗΔΕΣΤΗΣ

κέκραχθι. τοῦτο δ᾽ οὐδέποτε σὺ ψωμιεῖς,
ἢν μή μ᾽ ἀφῇτ᾽· ἀλλ᾽ ἐνθάδ᾽ ἐπὶ τῶν μηρίων
πληγὲν μαχαίρᾳ τῇδε φοινίας φλέβας
καθαιματώσει βωμόν.

ΜΙΚΑ

695 ὦ τάλαιν᾽ ἐγώ.
γυναῖκες, οὐκ ἀρήξετ᾽; οὐ πολλὴν βοὴν
στήσεσθε καὶ τροπαῖον, ἀλλὰ τοῦ μόνου

τέκνου με περιόψεσθ᾽ ἀποστερουμένην;

ΧΟΡΟΣ

ἔα ἔα.

700   ὦ πότνιαι Μοῖραι, τί τόδε δέρκομαι

       νεοχμὸν αὖ τέρας;

ΚΟΡΤΦΑΙΑ

ὡς ἅπαντ᾽ ἄρ᾽ ἐστὶ τόλμης ἔργα κἀναισχυντίας.

οἷον αὖ δέδρακεν ἔργον, οἷον αὖ, φίλαι, τόδε.

ΚΗΔΕΣΤΗΣ

οἷον ὑμῶν ἐξαράξω τὴν ἄγαν αὐθαδίαν.

ΚΟΡΤΦΑΙΑ

705   ταῦτα δῆτ᾽ οὐ δεινὰ πράγματ᾽ ἐστὶ καὶ περαιτέρω;

ΜΙΚΑ

δεινὰ δῆθ᾽, ὁτιή γ᾽ ἔχει μου ᾽ξαρπάσας τὸ παιδίον.

ΧΟΡΟΣ

τί ἂν οὖν εἴποι πρὸς ταῦτά τις, ὅτε

     τοιαῦτα ποιῶν ὅδ᾽ ἀναισχυντεῖ;

ΚΗΔΕΣΤΗΣ

κοὔπω μέντοι γε πέπαυμαι.

ΧΟΡΟΣ

710 ἀλλ' οὖν ἥκεις γ' ὅθεν οὐ φαύλως
ἀποδρὰς λέξεις οἷον δράσας
διέδυς ἔργον, λήψει δὲ κακόν.

ΚΗΔΕΣΤΗΣ

τοῦτο μέντοι μὴ γένοιτο μηδαμῶς, ἀπεύχομαι.

ΧΟΡΟΣ

715 τίς ἄν σοι, τίς ἂν σύμμαχος ἐκ θεῶν
ἀθανάτων ἔλθοι ξὺν ἀδίκοις ἔργοις;

ΚΗΔΕΣΤΗΣ

μάτην λαλεῖτε· τήνδ' ἐγὼ οὐκ ἀφήσω.

ΧΟΡΟΣ

ἀλλ' οὐ μὰ τὼ θεὼ τάχ' οὐ
χαίρων ἴσως ἐνυβριεῖς
720 λόγους τε λέξεις ἀνοσίους.
ἀθέοις γὰρ ἔργοις ἀνταμει-
ψόμεσθά σ', ὥσπερ εἰκός, ἀντὶ τῶνδε.
τάχα δὲ μεταβαλοῦσ' ἐπὶ κακὸν ἑτερότρο-
725 πος ἐπέχει τύχη.

ΚΟΡΥΦΑΙΑ

ἀλλὰ τάσδε μὲν λαβεῖν χρῆν ἐκφέρειν τε τῶν ξύλων,
καὶ καταίθειν τὸν πανοῦργον πυρπολεῖν θ' ὅσον τάχος.

ΜΙΚΑ

ἴωμεν ἐπὶ τὰς κληματίδας, ὦ Μανία.

κἀγώ σ᾽ ἀποδείξω θυμάλωπα τήμερον.

ΚΗΔΕΣΤΗΣ

730   ὕφαπτε καὶ κάταιθε· σὺ δὲ τὸ Κρητικὸν

ἀπόδυθι ταχέως. τοῦ θανάτου δ᾽, ὦ παιδίον,

μόνην γυναικῶν αἰτιῶ τὴν μητέρα.

τουτὶ τί ἐστιν; ἀσκὸς ἐγένεθ᾽ ἡ κόρη

οἴνου πλέως καὶ ταῦτα Περσικὰς ἔχων.

735   ὦ θερμόταται γυναῖκες, ὦ ποτίσταται

κἀκ παντὸς ὑμεῖς μηχανώμεναι πιεῖν,

ὦ μέγα καπήλοις ἀγαθόν, ἡμῖν δ᾽ αὖ κακόν,

κακὸν δὲ καὶ τοῖς σκευαρίοις καὶ τῇ κρόκῃ.

ΜΙΚΑ

παράβαλλε πολλὰς κληματίδας, ὦ Μανία.

ΚΗΔΕΣΤΗΣ

740   παράβαλλε δῆτα. σὺ δ᾽ ἀπόκριναί μοι τοδί·

τουτὶ τεκεῖν φῄς;

ΜΙΚΑ

                    καὶ δέκα μῆνας αὔτ᾽ ἐγὼ

ἤνεγκον.

ΚΗΔΕΣΤΗΣ
ἤνεγκας σύ;

ΜΙΚΑ
νὴ τὴν Ἄρτεμιν.

ΚΗΔΕΣΤΗΣ
τρικότυλον ἢ πῶς; εἰπέ μοι.

ΜΙΚΑ
τί μ᾽ ἠργάσω;
ἀπέδυσας, ὦναίσχυντέ, μου τὸ παιδίον
τυννοῦτον ὄν.

ΚΗΔΕΣΤΗΣ
745   τυννοῦτο; μικρὸν νὴ Δία.
πόσ᾽ ἔτη δὲ γέγονε; τρεῖς Χοᾶς ἢ τέτταρας;

ΜΙΚΑ
σχεδὸν τοσοῦτον χῶσον ἐκ Διονυσίων.
ἀλλ᾽ ἀπόδος αὐτό.

ΚΗΔΕΣΤΗΣ
μὰ τὸν Ἀπόλλω τουτονί.

ΜΙΚΑ
ἐμπρήσομεν τοίνυν σε.

ΚΗΔΕΣΤΗΣ

πάνυ γ'· ἐμπίμπρατε.

750   αὕτη δ' ἀποσφαγήσεται μάλ' αὐτίκα.

ΜΙΚΑ

μὴ δῆθ', ἱκετεύω σ'· ἀλλ' ἔμ' ὅ τι χρῄζεις ποίει
ὑπέρ γε τούτου.

ΚΗΔΕΣΤΗΣ

φιλότεκνός τις εἶ φύσει.
ἀλλ' οὐδὲν ἧττον ἥδ' ἀποσφαγήσεται.

ΜΙΚΑ

οἴμοι, τέκνον. δὸς τὸ σφαγεῖον, Μανία,

755   ἵν' οὖν τό γ' αἷμα τοῦ τέκνου τοὐμοῦ λάβω.

ΚΗΔΕΣΤΗΣ

ὕπεχ' αὐτό· χαριοῦμαι γὰρ ἔν γε τοῦτό σοι.

ΜΙΚΑ

κακῶς ἀπόλοι'. ὡς φθονερὸς εἶ καὶ δυσμενής.

ΚΗΔΕΣΤΗΣ

τουτὶ τὸ δέρμα τῆς ἱερείας γίγνεται.

ΚΡΙΤΤΛΛΑ

τί τῆς ἱερείας γίγνεται;

ΚΗΔΕΣΤΗΣ

τουτί. λαβέ.

ΚΡΙΤΤΛΛΑ

760   ταλαντάτη Μίκα, τίς ἐξεκόρησέ σε;

τίς τὴν ἀγαπητὴν παῖδά σου 'ξηράσατο;

ΜΙΚΑ

ὁ πανοῦργος οὗτος. ἀλλ' ἐπειδήπερ πάρει,

φύλαξον αὐτόν, ἵνα λαβοῦσα Κλεισθένη

τοῖσιν πρυτάνεσιν ἃ πεποίηχ' οὗτος φράσω.

ΚΗΔΕΣΤΗΣ

765   ἄγε δή, τίς ἔσται μηχανὴ σωτηρίας;

τίς πεῖρα, τίς ἐπίνοι'; ὁ μὲν γὰρ αἴτιος

κἄμ' εἰσκυλίσας εἰς τοιαυτὶ πράγματα

οὐ φαίνετ', οὔπω. φέρε, τίν' οὖν ἂν ἄγγελον

πέμψαιμ' ἐπ' αὐτόν; οἶδ' ἐγὼ καὶ δὴ πόρον

770   ἐκ τοῦ Παλαμήδους. ὡς ἐκεῖνος, τὰς πλάτας

ῥίψω γράφων. ἀλλ' οὐ πάρεισιν αἱ πλάται.

πόθεν οὖν γένοιντ' ἄν μοι πλάται; πόθεν; ‹φέρε,›

τί δ' ἄν, εἰ ταδὶ τἀγάλματ' ἀντὶ τῶν πλατῶν

γράφων διαρρίπτοιμι; βέλτιον πολύ.

775   ξύλον γέ τοι καὶ ταῦτα, κἀκεῖν' ἦν ξύλον.

ὦ χεῖρες ἐμαί,

ἐγχειρεῖν ἔργῳ χρὴ πορίμῳ.

ἄγε δή, πινάκων ξεστῶν δέλτοι,

δέξασθε σμίλης ὁλκούς,

780   κήρυκας ἐμῶν μόχθων. οἴμοι,

τουτὶ τὸ ῥῶ μοχθηρόν.

χωρεῖ, χωρεῖ. ποίαν αὔλακα;

βάσκετ᾽, ἐπείγετε πάσας καθ᾽ ὁδούς,

κείνᾳ, ταύτᾳ· ταχέως χρή.

KOΡΤΦΑΙΑ

785   ἡμεῖς τοίνυν ἡμᾶς αὐτὰς εὖ λέξωμεν παραβᾶσαι.

καίτοι πᾶς τις τὸ γυναικεῖον φῦλον κακὰ πόλλ᾽ ἀγορεύει,

ὡς πᾶν ἐσμὲν κακὸν ἀνθρώποις κἀξ ἡμῶν ἐστιν ἄπαντα,

ἔριδες, νεῖκη, στάσις ἀργαλέα, λύπη, πόλεμος. φέρε δή νυν,

εἰ κακόν ἐσμεν, τί γαμεῖθ᾽ ἡμᾶς, εἴπερ ἀληθῶς κακόν ἐσμεν,

790   κἀπαγορεύετε μήτ᾽ ἐξελθεῖν μήτ᾽ ἐκκύψασαν ἁλῶναι,

ἀλλ᾽ οὑτωσὶ πολλῇ σπουδῇ τὸ κακὸν βούλεσθε φυλάττειν;

κἂν ἐξέλθῃ τὸ γύναιόν ποι, κᾆθ᾽ εὕρητ᾽ αὐτὸ θύρασιν,

μανίας μαίνεσθ᾽, οὓς χρῆν σπένδειν καὶ χαίρειν, εἴπερ ἀληθῶς

ἔνδοθεν ηὕρετε φροῦδον τὸ κακὸν καὶ μὴ κατελαμβάνετ᾽ ἔνδον.

795   κἂν καταδάρθωμεν ἐν ἀλλοτρίων παίζουσαι καὶ κοπιῶσαι,

πᾶς τις τὸ κακὸν τοῦτο ζητεῖ περὶ τὰς κλίνας περινοστῶν.

κἂν ἐκ θυρίδος παρακύπτωμεν, ζητεῖ τὸ κακὸν τεθεᾶσθαι·

κἂν αἰσχυνθεῖσ᾽ ἀναχωρήσῃ, πολὺ μᾶλλον πᾶς ἐπιθυμεῖ

αὖθις τὸ κακὸν παρακύψαν ἰδεῖν. οὕτως ἡμεῖς ἐπιδήλως

800   ὑμῶν ἐσμεν πολὺ βελτίους. βάσανός τε πάρεστιν ἰδέσθαι.

βάσανον δῶμεν, πότεροι χείρους. ἡμεῖς μὲν γάρ φαμεν ὑμᾶς,

ὑμεῖς δ᾽ ἡμᾶς. σκεψώμεθα δὴ κἀντιτιθῶμεν πρὸς ἕκαστον,

παραβάλλουσαι τῆς τε γυναικὸς καὶ τἀνδρὸς τοὔνομ᾽ ἑκάστου.

Ναυσιμάχης μέν γ᾽ ἥττων ἐστὶν Χαρμῖνος· δῆλα δὲ τἄργα.

805

καὶ μὲν δὴ καὶ Κλεοφῶν χείρων πάντως δήπου Σαλαβακχοῦς.

πρὸς Ἀριστομάχην δὲ χρόνου πολλοῦ, πρὸς ἐκείνην τὴν Μαραθῶνι

καὶ Στρατονίκην ὑμῶν οὐδεὶς οὐδ᾽ ἐγχειρεῖ πολεμίζειν.

ἀλλ᾽ Εὐβούλης τῶν πέρυσίν τις βουλευτής ἐστιν ἀμείνων

παραδοὺς ἑτέρῳ τὴν βουλείαν; οὐδ᾽ αὐτὸς τοῦτό γε φήσεις.

810

οὕτως ἡμεῖς πολὺ βελτίους τῶν ἀνδρῶν εὐχόμεθ᾽ εἶναι.

οὐδ᾽ ἂν κλέψασα γυνὴ ζεύγει κατὰ πεντήκοντα τάλαντα

εἰς πόλιν ἔλθοι τῶν δημοσίων· ἀλλ᾽ ἢν τὰ μέγισθ᾽ ὑφέληται,

φορμὸν πυρῶν τἀνδρὸς κλέψασ᾽, αὐθημερὸν ἀνταπέδωκεν.

ἀλλ᾽ ἡμεῖς ἂν πολλοὺς τούτων

815

ἀποδείξαιμεν ταῦτα ποιοῦντας,

καὶ πρὸς τούτοις γάστριδας ἡμῶν

ὄντας μᾶλλον καὶ λωποδύτας

καὶ βωμολόχους κἀνδραποδιστάς.

καὶ μὲν δήπου καὶ τὰ πατρῷά γε

820

χείρους ἡμῶν εἰσιν σῴζειν.

ἡμῖν μὲν γὰρ σῶν ἔτι καὶ νῦν

τἀντίον, ὁ κανών, οἱ καλαθίσκοι,

τὸ σκιάδειον·

τοῖς δ᾽ ἡμετέροις ἀνδράσι τούτοις

825

ἀπόλωλεν μὲν πολλοῖς ὁ κανὼν

ἐκ τῶν οἴκων αὐτῇ λόγχῃ,

πολλοῖς δ᾽ ἑτέροις ἀπὸ τῶν ὤμων

ἐν ταῖς στρατιαῖς

ἔρριπται τὸ σκιάδειον.

830   πόλλ' ἂν αἱ γυναῖκες ἡμεῖς ἐν δίκῃ μεμψαίμεθ' ἂν
       τοῖσιν ἀνδράσιν δικαίως, ἓν δ' ὑπερφυέστατον.

       χρῆν γάρ, ἡμῶν εἰ τέκοι τις ἄνδρα χρηστὸν τῇ πόλει,
       ταξίαρχον ἢ στρατηγόν, λαμβάνειν τιμήν τινα,
       προεδρίαν τ' αὐτῇ δίδοσθαι Στηνίοισι καὶ Σκίροις

835   ἔν τε ταῖς ἄλλαις ἑορταῖς αἷσιν ἡμεῖς ἤγομεν·
       εἰ δὲ δειλὸν καὶ πονηρὸν ἄνδρα τις τέκοι γυνή,
       ἢ τριήραρχον πονηρὸν ἢ κυβερνήτην κακόν,
       ὑστέραν αὐτὴν καθῆσθαι σκάφιον ἀποκεκαρμένην
       τῆς τὸν ἀνδρεῖον τεκούσης. τῷ γὰρ εἰκός, ὦ πόλις,

840   τὴν Ὑπερβόλου καθῆσθαι μητέρ' ἠμφιεσμένην
       λευκὰ καὶ κόμας καθεῖσαν πλησίον τῆς Λαμάχου,
       καὶ δανείζειν χρήμαθ', ᾗ χρῆν, εἰ δανείσειέν τινι
       καὶ τόκον πράττοιτο, διδόναι μηδέν' ἀνθρώπων τόκον,
       ἀλλ' ἀφαιρεῖσθαι βίᾳ τὰ χρήματ' εἰπόντας τοδί·

845   "ἀξία γοῦν εἶ τόκου τεκοῦσα τοιοῦτον τόκον."

KHΔEΣTHΣ

       ἴλλὸς γεγένημαι προσδοκῶν· ὁ δ' οὐδέπω.
       τί δῆτ' ἂν εἴη τοὐμποδών; οὐκ ἔσθ' ὅπως
       οὐ τὸν Παλαμήδη ψυχρὸν ὄντ' αἰσχύνεται.
       τῷ δῆτ' ἂν αὐτὸν προσαγαγοίμην δράματι;

850   ἐγᾦδα· τὴν καινὴν Ἑλένην μιμήσομαι.
       πάντως ὑπάρχει μοι γυναικεία στολή.

ΚΡΙΤΤΛΛΑ

       τί αὖ σὺ κυρκανᾷς; τί κοικύλλεις ἔχων;

πικρὰν Ἑλένην ὄψει τάχ᾽, εἰ μὴ κοσμίως
ἕξεις, ἕως ἂν τῶν πρυτάνεών τις φανῇ.

KHΔEΣTHΣ

855   Νείλου μὲν αἵδε καλλιπάρθενοι ῥοαί,
ὃς ἀντὶ δίας ψακᾶδος Αἰγύπτου πέδον
λευκῆς νοτίζει μελανοσυρμαῖον λεών.

KPITTAΛΛΑ
πανοῦργος εἶ νὴ τὴν Ἑκάτην τὴν φωσφόρον.

KHΔEΣTHΣ
ἐμοὶ δὲ γῆ μὲν πατρὶς οὐκ ἀνώνυμος,
Σπάρτη, πατὴρ δὲ Τυνδάρεως.

KPITTAΛΛΑ
860   σοί γ᾽, ὦλεθρε,
πατὴρ ἐκεῖνός ἐστι; Φρυνώνδας μὲν οὖν.

KHΔEΣTHΣ
Ἑλένη δ᾽ ἐκλήθην.

KPITTAΛΛΑ
αὖθις αὖ γίγνει γυνή,
πρὶν τῆς ἑτέρας δοῦναι γυναικίσεως δίκην;

ΚΗΔΕΣΤΗΣ

ψυχαὶ δὲ πολλαὶ δι᾿ ἔμ᾿ ἐπὶ Σκαμανδρίοις
ῥοαῖσιν ἔθανον.

ΚΡΙΤΤΑΛΑ

865   ὤφελες δὲ καὶ σύ γε.

ΚΗΔΕΣΤΗΣ

κἀγὼ μὲν ἐνθάδ᾿ εἴμ᾿· ὁ δ᾿ ἄθλιος πόσις
οὑμὸς Μενέλεως οὐδέπω προσέρχεται.
τί οὖν ἔτι ζῶ;

ΚΡΙΤΤΑΛΑ

τῶν κοράκων πονηρίᾳ.

ΚΗΔΕΣΤΗΣ

ἀλλ᾿ ὥσπερ αἰκάλλει τι καρδίαν ἐμήν·
870   μὴ ψεῦσον, ὦ Ζεῦ, τῆς ἐπιούσης ἐλπίδος.

ΕΤΡΙΠΙΔΗΣ

τίς τῶνδ᾿ ἐρυμνῶν δωμάτων ἔχει κράτος,
ὅστις ξένους δέξαιτο ποντίῳ σάλῳ
καμόντας ἐν χειμῶνι καὶ ναυαγίαις;

ΚΗΔΕΣΤΗΣ

Πρωτέως τάδ᾿ ἐστὶ μέλαθρα.

ΚΡΙΤΤΛΛΑ

ποίου Πρωτέως,

875 ὦ τρισκακόδαιμον; ψεύδεται νὴ τὼ θεώ,
ἐπεὶ τέθνηκε Πρωτέας ἔτη δέκα.

ΕΤΡΙΠΙΔΗΣ

ποίαν δὲ χώραν εἰσεκέλσαμεν σκάφει;

ΚΗΔΕΣΤΗΣ

Αἴγυπτον.

ΕΤΡΙΠΙΔΗΣ

ὦ δύστηνος, οἷ πεπλώκαμεν.

ΚΡΙΤΤΛΛΑ

πείθει τι τῷ ⟨κακῷ⟩ κακῶς ἀπολουμένῳ

880 ληροῦντι λῆρον; Θεσμοφόριον τουτογί.

ΕΤΡΙΠΙΔΗΣ

αὐτὸς δὲ Πρωτεὺς ἔνδον ἔστ' ἢ 'ξώπιος;

ΚΡΙΤΤΛΛΑ

οὐκ ἔσθ' ὅπως οὐ ναυτιᾷς ἔτ', ὦ ξένε,

ὅστις ⟨γ'⟩ ἀκούσας ὅτι τέθνηκε Πρωτέας

ἔπειτ' ἐρωτᾷς· "ἔνδον ἔστ' ἢ 'ξώπιος;"

ΕΤΡΙΠΙΔΗΣ

885 αἰαῖ, τέθνηκε. ποῦ δ' ἐτυμβεύθη τάφῳ;

ΚΗΔΕΣΤΗΣ

τόδ' ἐστὶν αὐτοῦ σῆμ', ἐφ' ᾧ καθήμεθα.

ΚΡΙΤΤΛΛΑ

κακῶς ἄρ' ἐξόλοιο,—κἀξολεῖ γέ τοι,—
ὅστις γε τολμᾷς σῆμα τὸν βωμὸν καλεῖν.

ΕΤΡΙΠΙΔΗΣ

τί δαὶ σὺ θάσσεις τάσδε τυμβήρεις ἕδρας
φάρει καλυπτός, ὦ ξένη;

ΚΗΔΕΣΤΗΣ

890   βιάζομαι
γάμοισι Πρωτέως παιδὶ συμμεῖξαι λέχος.

ΚΡΙΤΤΛΛΑ

τί, ὦ κακόδαιμον, ἐξαπατᾷς αὖ τὸν ξένον;
οὗτος πανουργῶν δεῦρ' ἀνῆλθεν, ὦ ξένε,
ὡς τὰς γυναῖκας ἐπὶ κλοπῇ τοῦ χρυσίου.

ΚΗΔΕΣΤΗΣ

895 βάυζε τοὐμὸν σῶμα βάλλουσα ψόγῳ.

ΕΤΡΙΠΙΔΗΣ
ξένη, τίς ἡ γραῦς ἡ κακορροθοῦσά σε;

ΚΗΔΕΣΤΗΣ
αὕτη Θεονόη Πρωτέως.

ΚΡΙΤΤΑΛΑ
μὰ τὼ θεώ,
εἰ μὴ Κρίτυλλά γ᾽ Ἀντιθέου Γαργηττόθεν.
σὺ δ᾽ εἶ πανοῦργος.

ΚΗΔΕΣΤΗΣ
ὁπόσα τοι βούλει λέγε·
900   οὐ γὰρ γαμοῦμαι σῷ κασιγνήτῳ ποτὲ
προδοῦσα Μενέλεων τὸν ἐμὸν ἐν Τροίᾳ πόσιν.

ΕΤΡΙΠΙΔΗΣ
γύναι, τί εἶπας; στρέψον ἀνταυγεῖς κόρας.

ΚΗΔΕΣΤΗΣ
αἰσχύνομαί σε τὰς γνάθους ὑβρισμένη.

ΕΤΡΙΠΙΔΗΣ
τουτὶ τί ἐστιν; ἀφασία τίς τοί μ᾽ ἔχει.
905   ὦ θεοί, τίν᾽ ὄψιν εἰσορῶ; τίς εἶ, γύναι;

ΚΗΔΕΣΤΗΣ

σὺ δ᾽ εἶ τίς; αὐτὸς γὰρ σὲ κἄμ᾽ ἔχει λόγος.

ΕΤΡΙΠΙΔΗΣ

Ἑλληνὶς εἶ τις ἢ 'πιχωρία γυνή;

ΚΗΔΕΣΤΗΣ

Ἑλληνίς. ἀλλὰ καὶ τὸ σὸν θέλω μαθεῖν.

ΕΤΡΙΠΙΔΗΣ

Ἑλένῃ σ᾽ ὁμοίαν δὴ μάλιστ᾽ εἶδον, γύναι.

ΚΗΔΕΣΤΗΣ

910   ἐγὼ δὲ Μενελέῳ σ᾽, ὅσα γ᾽ ἐκ τῶν ἰφύων.

ΕΤΡΙΠΙΔΗΣ

ἔγνως ἄρ᾽ ὀρθῶς ἄνδρα δυστυχέστατον.

ΚΗΔΕΣΤΗΣ

ὦ χρόνιος ἐλθὼν σῆς δάμαρτος ἐσχάρας,

λαβέ με, λαβέ με, πόσι, περίβαλε δὲ χέρας.

915   φέρε, σὲ κύσω. ἄπαγέ μ᾽ ἄπαγ᾽ ἄπαγ᾽ ἄπαγέ με

λαβὼν ταχὺ πάνυ.

ΚΡΙΤΤΛΛΑ

           κλαύσετ᾽ ἄρα νὴ τὼ θεὼ

ὅστις σ᾽ ἀπάξει τυπτόμενος τῇ λαμπάδι.

ΕΤΡΙΠΙΔΗΣ

σὺ τὴν ἐμὴν γυναῖκα κωλύεις ἐμέ,

τὴν Τυνδάρειον παῖδ᾽, ἐπὶ Σπάρτην ἄγειν;

KΡΙΤΤΛΛΑ

920   οἴμ᾽ ὡς πανοῦργος καὐτὸς εἶναί μοι δοκεῖς

καὶ τοῦδέ τις ξύμβουλος. οὐκ ἐτὸς πάλαι

ἠγυπτιάζετ᾽. ἀλλ᾽ ὅδε μὲν δώσει δίκην·

προσέρχεται γὰρ ὁ πρύτανις χὠ τοξότης.

ΕΤΡΙΠΙΔΗΣ

τουτὶ πονηρόν. ἀλλ᾽ ὑπαποκινητέον.

ΚΗΔΕΣΤΗΣ

ἐγὼ δ᾽ ὁ κακοδαίμων τί δρῶ;

ΕΤΡΙΠΙΔΗΣ

925   μέν᾽ ἥσυχος.

οὐ γὰρ προδώσω σ᾽ οὐδέποτ᾽, ἤνπερ ἐμπνέω,

ἢν μὴ προλίπωσ᾽ αἱ μυρίαι με μηχαναί.

ΚΗΔΕΣΤΗΣ

αὕτη μὲν ἡ μήρινθος οὐδὲν ἔσπασεν.

ΠΡΤΤΑΝΙΣ

ὅδ᾽ ἔσθ᾽ ὁ πανοῦργος ὃν ἔλεγ᾽ ἡμῖν Κλεισθένης;

930   οὗτος, τί κύπτεις; δῆσον αὐτὸν εἰσάγων,

ὦ τοξότ', ἐν τῇ σανίδι, κἄπειτ' ἐνθαδὶ
στήσας φύλαττε καὶ προσιέναι μηδένα
ἔα πρὸς αὐτόν, ἀλλὰ τὴν μάστιγ' ἔχων
παῖ', ἢν προσίῃ τις.

ΚΡΙΤΤΑΛΑ

                          νὴ Δί' ὡς νυνδή γ' ἀνὴρ
935   ὀλίγου μ' ἀφείλετ' αὐτὸν ἱστιορράφος.

ΚΗΔΕΣΤΗΣ
ὦ πρύτανι, πρὸς τῆς δεξιᾶς, ἥνπερ φιλεῖς
κοίλην προτείνειν ἀργύριον ἤν τις διδῷ,
χάρισαι βραχύ τί μοι καίπερ ἀποθανουμένῳ.

ΠΡΤΤΑΝΙΣ
τί σοι χαρίσωμαι;

ΚΗΔΕΣΤΗΣ
                          γυμνὸν ἀποδύσαντά με
940   κέλευε πρὸς τῇ σανίδι δεῖν τὸν τοξότην,
ἵνα μὴ 'ν κροκωτοῖς καὶ μίτραις γέρων ἀνὴρ
γέλωτα παρέχω τοῖς κόραξιν ἑστιῶν.

ΠΡΤΤΑΝΙΣ
ἔχοντα ταῦτ' ἔδοξε τῇ βουλῇ σε δεῖν,
ἵνα τοῖς παριοῦσι δῆλος ᾖς πανοῦργος ὤν.

ΚΗΔΕΣΤΗΣ

945   ἰατταταιάξ. ὦ κροκώθ᾽, οἷ᾽ εἴργασαι.

κοὐκ ἔστ᾽ ἔτ᾽ ἐλπὶς οὐδεμία σωτηρίας.

ΚΟΡΥΦΑΙΑ

ἄγε νυν ἡμεῖς παίσωμεν ἅπερ νόμος ἐνθάδε ταῖσι γυναιξίν,

ὅταν ὄργια σεμνὰ θεαῖν ἱεραῖς ὥραις ἀνέχωμεν, ἅπερ καὶ

Παύσων σέβεται καὶ νηστεύει,

950   πολλάκις αὐταῖν ἐκ τῶν ὡρῶν

εἰς τὰς ὥρας ξυνεπευχόμενος

τοιαῦτα μέλειν θάμ᾽ ἑαυτῷ.

ΧΟΡΟΣ

ὄρμα χώρει,

κοῦφα ποσίν, ἄγ᾽ εἰς κύκλον,

955   χειρὶ σύναπτε χεῖρα

ῥυθμὸν χορείας πᾶσ᾽ ὕπαγε,

βαῖνε καρπαλίμοιν ποδοῖν.

ἐπισκοπεῖν δὲ πανταχῇ

κυκλοῦσαν ὄμμα χρὴ χοροῦ κατάστασιν.

(στρ)   ἅμα δὲ καὶ

960   γένος Ὀλυμπίων θεῶν

μέλπε καὶ γέραιρε φωνῇ

πᾶσα χορομανεῖ τρόπῳ.

(ἀντ)   εἰ δέ τις

προσδοκᾷ κακῶς ἐρεῖν
965   ἐν ἱερῷ γυναῖκά μ᾽ οὖσαν
ἄνδρας, οὐκ ὀρθῶς φρονεῖ.

ἀλλὰ χρῆν,
ὡς πρὸς ἔργον αὖ τί καινόν,
πρῶτον εὐκύκλου χορείας
εὐφυᾶ στῆσαι βάσιν.

(στρ)   πρόβαινε ποσὶ τὸν Ε‹ὐ›λύραν
970   μέλπουσα καὶ τὴν τοξοφόρον
Ἄρτεμιν, ἄναϙσαν ἁγνήν.
χαῖρ᾽, ὦ Ἑκάεργε,
ὄπαζε δὲ νίκην.
Ἥραν τε τὴν τελείαν
μέλψωμεν ὥσπερ εἰκός,
975   ἣ πᾶσι τοῖς χοροῖσιν ἐμπαίζει τε καὶ
κλῇδας γάμου φυλάττει.

(ἀντ)   Ἑρμῆν τε νόμιον ἄντομαι
καὶ Πᾶνα καὶ Νύμφας φίλας
ἐπιγελάσαι προθύμως
980   ταῖς ἡμετέραισι
χαρέντα χορείαις.
ἔξαιρε δὴ προθύμως
διπλῆν, χάριν χορείας.
παίσωμεν, ὦ γυναῖκες, οἷάπερ νόμος·

νηστεύομεν δὲ πάντως.

985   ἀλλ' εἶα, πάλλ', ἀνάστρεφ' εὐρύθμῳ ποδί·
       τόρευε πᾶσαν ᾠδήν.
       ἡγοῦ δέ γ' ὧδ' αὐτὸς σύ,
       κισσοφόρε Βακχεῖε
       δέσποτ'· ἐγὼ δὲ κώμοις
       σε φιλοχόροισι μέλψω.

(στρ)   Εὔιε, ὦ Διὸς σὺ
991   Βρόμιε, καὶ Σεμέλας παῖ,
       χοροῖς τερπόμενος
       κατ' ὄρεα Νυμ-
          φᾶν ἐρατοῖς ἐν ὕμνοις,
       ὦ Εὔι' Εὔι', εὐοῖ,
       ‹παννύχιος› ἀναχορεύων.

(ἀντ)   ἀμφὶ δὲ σοὶ κτυπεῖται
996   Κιθαιρώνιος ἠχώ,
       μελάμφυλλά τ' ὄρη
       δάσκια πετρώ-
          δεις τε νάπαι βρέμονται·
       κύκλῳ δὲ περί σε κισσὸς
1000   εὐπέταλος ἕλικι θάλλει.

ΤΟΞΟΤΗΣ
ἐνταῦτά νυν οἰμῶξι πρὸς τὴν αἰτρίαν.

ΚΗΔΕΣΤΗΣ

ὦ τοξόθ', ἱκετεύω σε—

ΤΟΞΟΤΗΣ

μή μ' ἱκετεῦσι σύ.

ΚΗΔΕΣΤΗΣ

χάλασον τὸν ἧλον.

ΤΟΞΟΤΗΣ

ἀλλὰ ταῦτα δρᾶσ' ἐγώ.

ΚΗΔΕΣΤΗΣ

οἴμοι κακοδαίμων, μᾶλλον ἐπικρούεις σύ γε.

ΤΟΞΟΤΗΣ

ἔτι μᾶλλο βοῦλις;

ΚΗΔΕΣΤΗΣ

1005   ἀτταταῖ ἰατταταῖ·

κακῶς ἀπόλοιο.

ΤΟΞΟΤΗΣ

σῖγα, κακόδαιμον γέρον.

πέρ', ἐγὼ 'ξενέγκι πορμός, ἵνα πυλάξι σοι.

ΚΗΔΕΣΤΗΣ

ταυτὶ τὰ βέλτιστ᾽ ἀπολέλαυκ᾽ Εὐριπίδου.

ἔα· θεοί, Ζεῦ σῶτερ, εἰσὶν ἐλπίδες.

1010 ἀνὴρ ἔοικεν οὐ προδώσειν, ἀλλά μοι

σημεῖον ὑπεδήλωσε Περσεὺς ἐκδραμών,

ὅτι δεῖ με γίγνεσθ᾽ Ἀνδρομέδαν. πάντως δέ μοι

τὰ δέσμ᾽ ὑπάρχει. δῆλον οὖν ⟨τοῦτ᾽⟩ ἔσθ᾽ ὅτι

ἥξει με σώσων· οὐ γὰρ ἂν παρέπτετο.

1015 φίλαι παρθένοι, φίλαι,

πῶς ἂν ἀπέλθοιμι καὶ

τὸν Σκύθην λάθοιμι;

κλύεις, ὦ προσᾴδουσ᾽

ἀνταῖς ἐν ἄντροις;

1020 κατάνευσον, ἔασον ὡς

τὴν γυναῖκά μ᾽ ἐλθεῖν.

ἄνοικτος ὅς μ᾽ ἔδησε, τὸν

πολυπονώτατον βροτῶν.

μόλις δὲ γραῖαν ἀποφυγὼν

1025 σαπρὰν ἀπωλόμην ὅμως.

ὅδε γὰρ ὁ Σκύθης φύλαξ

πάλαι ἐφεστὼς ὀλοὸν ἄφιλον

ἐκρέμασέ ⟨με⟩ κόραξι δεῖπνον.

ὁρᾷς, οὐ χοροῖσιν οὐδ᾽

1030 ὑφ᾽ ἡλίκων νεανίδων

κημὸν ἔστηκ᾽ ἔχουσ᾽,

ἀλλ᾽ ἐν πυκνοῖς δεσμοῖσιν ἐμπεπλεγμένη

κήτει βορὰ Γλαυκέτῃ πρόκειμαι.

Γαμηλίῳ μὲν οὐ ξὺν

1035   παιῶνι, δεσμίῳ δὲ

γοᾶσθέ μ', ὦ γυναῖκες, ὡς

μέλεα μὲν πέπονθα μέλε-

ος—ὦ τάλας ἐγώ, τάλας,—

ἀπὸ δὲ συγγόνων ἄνομ' ἄνομα πάθεα,

1040   φῶτα λιτομένα,

πολυδάκρυτον Ἀίδα γόον φλέγουσα,

—αἰαῖ αἰαῖ, ἒ ἔ—

ὃς ἔμ' ἀπεξύρησε πρῶτον,

ὃς ἐμὲ κροκόεντ' ἀμφέδυσεν·

1045   ἐπὶ δὲ τοῖσδε τόδ' ἀνέπεμψεν

ἱερόν, ἔνθα γυναῖκες.

ἰώ μοι μοίρας

ἂν ἔτικτε δαίμων.

ὦ κατάρατος ἐγώ·

τίς ἐμὸν οὐκ ἐπόψεται

πάθος ἀμέγαρτον ἐπὶ κακῶν παρουσίᾳ;

1050   εἴθε με πυρφόρος αἰθέρος ἀστὴρ

τὸν βάρβαρον ἐξολέσειεν.

οὐ γὰρ ἔτ' ἀθανάταν φλόγα λεύσσειν

ἐστὶν ἐμοὶ φίλον, ὡς ἐκρεμάσθην,

λαιμότμητ' ἄχη δαιμόνι', αἰόλαν

1055   νέκυσιν ἐπὶ πορείαν.

ΗΧΩ

χαῖρ', ὦ φίλη παῖ· τὸν δὲ πατέρα Κηφέα

ὅς σ᾽ ἐξέθηκεν ἀπολέσειαν οἱ θεοί.

ΚΗΔΕΣΤΗΣ

σὺ δ᾽ εἶ τίς ἥτις τοὐμὸν ᾤκτιρας πάθος;

ΗΧΩ

Ἠχώ, λόγων ἀντῳδὸς ἐπικοκκάστρια,

1060   ἥπερ πέρυσιν ἐν τῷδε ταὐτῷ χωρίῳ

Εὐριπίδῃ καὐτὴ ξυνηγωνιζόμην.

ἀλλ᾽, ὦ τέκνον, σὲ μὲν τὸ σαυτῆς χρὴ ποιεῖν,

κλάειν ἐλεινῶς.

ΚΗΔΕΣΤΗΣ

σὲ δ᾽ ἐπικλάειν ὕστερον.

ΗΧΩ

ἐμοὶ μελήσει ταῦτά γ᾽. ἀλλ᾽ ἄρχου λόγων.

ΚΗΔΕΣΤΗΣ

1065   ὦ Νὺξ ἱερά,

ὡς μακρὸν ἵππευμα διώκεις

ἀστεροειδέα νῶτα διφρεύουσ᾽

αἰθέρος ἱερᾶς

τοῦ σεμνοτάτου δι᾽ Ὀλύμπου.

ΗΧΩ

δι᾽ Ὀλύμπου.

ΚΗΔΕΣΤΗΣ

1070 τί ποτ' Ἀνδρομέδα περίαλλα κακῶν
μέρος ἐξέλαχον—

ΗΧΩ
μέρος ἐξέλαχον—

ΚΗΔΕΣΤΗΣ
θανάτου τλήμων—

ΗΧΩ
θανάτου τλήμων.

ΚΗΔΕΣΤΗΣ
ἀπολεῖς μ', ὦ γραῦ, στωμυλλομένη.

ΗΧΩ
στωμυλλομένη.

ΚΗΔΕΣΤΗΣ
1075 νὴ Δί' ὀχληρά γ' εἰσήρρηκας
λίαν.

ΗΧΩ
λίαν.

ΚΗΔΕΣΤΗΣ
ὦγάθ', ἔασόν με μονῳδῆσαι,
καὶ χαριεῖ μοι. παῦσαι.

ΗΧΩ
παῦσαι.

ΚΗΔΕΣΤΗΣ
βάλλ' ἐς κόρακας.

ΗΧΩ
βάλλ' ἐς κόρακας.

ΚΗΔΕΣΤΗΣ
τί κακόν;

ΗΧΩ
τί κακόν;

ΚΗΔΕΣΤΗΣ
ληρεῖς.

ΗΧΩ
1080
ληρεῖς.

ΚΗΔΕΣΤΗΣ
οἴμωζ'.

ΗΧΩ
    οἴμωζ'.

ΚΗΔΕΣΤΗΣ
    ὀτότυζ'.

ΗΧΩ
        ὀτότυζ'.

ΤΟΞΟΤΗΣ
οὗτος, τί λαλεῖς;

ΗΧΩ
        οὗτος, τί λαλεῖς;

ΤΟΞΟΤΗΣ
πρυτάνεις καλέσω.

ΗΧΩ
        πρυτάνεις καλέσω.

ΤΟΞΟΤΗΣ
σὶ κακόν;

ΗΧΩ
1085   σὶ κακόν;

ΤΟΞΟΤΗΣ
πῶτε τὸ πωνή;

ΗΧΩ
πῶτε τὸ πωνή;

ΤΟΞΟΤΗΣ
σὺ λαλεῖς;

ΗΧΩ
σὺ λαλεῖς;

ΤΟΞΟΤΗΣ
κλαύσαι.

ΗΧΩ
κλαύσαι.

ΤΟΞΟΤΗΣ
κακκάσκι‹ς› μοι;

ΗΧΩ
κακκάσκι‹ς› μοι;

ΚΗΔΕΣΤΗΣ
1090   μὰ Δί', ἀλλὰ γυνὴ πλησίον αὕτη.

ΗΧΩ
πλησίον αὔτη.

ΤΟΞΟΤΗΣ
    ποῦ 'στ' ἡ μιαρά;

< ΗΧΩ
ποῦ 'στ' ἡ μιαρά;>

ΚΗΔΕΣΤΗΣ
            καὶ δὴ φεύγει.

ΤΟΞΟΤΗΣ
ποῖ ποῖ πεύγεις;

< ΗΧΩ
            ποῖ ποῖ πεύγεις;>

ΤΟΞΟΤΗΣ
οὐ καιρήσεις.

< ΗΧΩ
            οὐ καιρήσεις.>

ΤΟΞΟΤΗΣ
ἔτι γὰρ γρύζεις;

ΗΧΩ

1095   ἔτι γὰρ γρύζεις;

ΤΟΞΟΤΗΣ
λαβὲ τὴ μιαρά.

ΗΧΩ
                    λαβὲ τὴ μιαρά.

ΤΟΞΟΤΗΣ
λάλο καὶ κατάρατο γυναῖκο.

ΕΤΡΙΠΙΔΗΣ
ὦ θεοί, τίν᾽ ἐς γῆν βαρβάρων ἀφίγμεθα
ταχεῖ πεδίλῳ; διὰ μέσου γὰρ αἰθέρος

1100   τέμνων κέλευθον πόδα τίθημ᾽ ὑπόπτερον
Περσεὺς πρὸς Ἄργος ναυστολῶν, τὸ Γοργόνος
κάρα κομίζων.

ΤΟΞΟΤΗΣ
                    τί λέγι; τὴ Γόργος πέρι
τὸ γραμματέο σὺ τὴ κεπαλή;

ΕΤΡΙΠΙΔΗΣ
                                        τὴν Γοργόνος
ἔγωγέ φημι.

ΤΟΞΟΤΗΣ

Γόργο τοι κἀγὼ λέγι.

ΕΤΡΙΠΙΔΗΣ

1105   ἔα, τίν᾽ ὄχθον τόνδ᾽ ὁρῶ καὶ παρθένον

θεαῖς ὁμοίαν ναῦν ὅπως ὡρμισμένην;

ΚΗΔΕΣΤΗΣ

ὦ ξένε, κατοίκτιρόν με, τὴν παναθλίαν·

λῦσόν με δεσμῶν.

ΤΟΞΟΤΗΣ

οὐκὶ μὴ λαλῆσι σύ.

κατάρατο, τολμᾷς ἀποτανουμένη λαλεῖς;

ΕΤΡΙΠΙΔΗΣ

1110   ὦ παρθέν᾽, οἰκτίρω σε κρεμαμένην ὁρῶν.

ΤΟΞΟΤΗΣ

οὐ παρτέν᾽ ἐστίν, ἀλλ᾽ ἁμαρτωλὴ γέρων

καὶ κλέπτο καὶ πανοῦργο.

ΕΤΡΙΠΙΔΗΣ

ληρεῖς, ὦ Σκύθα.

αὕτη γάρ ἐστιν Ἀνδρομέδα, παῖς Κηφέως.

ΤΟΞΟΤΗΣ

σκέψαι τὸ σῦκο·, μή τι μικκὸν παίνεται;

ΕΤΡΙΠΙΔΗΣ

1115 φέρε δεῦρό μοι τὴν χεῖρ᾽, ἵν᾽ ἅψωμαι κόρης.
φέρε, Σκύθ᾽· ἀνθρώποισι γὰρ νοσήματα
ἅπασίν ἐστιν· ἐμὲ δὲ καὐτὸν τῆς κόρης
ταύτης ἔρως εἴληφεν.

ΤΟΞΟΤΗΣ

οὐ ζηλῶσί σε.
ἀτὰρ εἰ τὸ πρωκτὸ δεῦρο περιεστραμμένον,
1120 οὐκ ἐπτόνησά σ᾽ αὐτὸ πυγίζεις ἄγων.

ΕΤΡΙΠΙΔΗΣ

τί δ᾽ οὐκ ἐᾷς λύσαντά μ᾽ αὐτήν, ὦ Σκύθα,
πεσεῖν ἐς εὐνὴν καὶ γαμήλιον λέχος;

ΤΟΞΟΤΗΣ

εἰ σπόδρ᾽ ἐπιτυμεῖς τὴ γέροντο πυγίσο,
τὴ σανίδο τρήσας ἐξόπιστο πρώκτισον.

ΕΤΡΙΠΙΔΗΣ

1125 μὰ Δί᾽, ἀλλὰ λύσω δεσμά.

ΤΟΞΟΤΗΣ

μαστιγῶσ᾽ ἄρα.

ΕΤΡΙΠΙΔΗΣ

καὶ μὴν ποιήσω τοῦτο.

ΤΟΞΟΤΗΣ

τὸ κεπαλή σ' ἄρα
τὸ ξιπομάκαιραν ἀποκεκόψι τουτοΐ.

ΕΤΡΙΠΙΔΗΣ

αἰαῖ· τί δράσω; πρὸς τίνας στρεφθῶ λόγους;
ἀλλ' οὐκ ἂν ἐνδέξαιτο βάρβαρος φύσις.
1130   σκαιοῖσι γάρ τοι καινὰ προσφέρων σοφὰ
μάτην ἀναλίσκοις ἄν. ἀλλ' ἄλλην τινὰ
τούτῳ πρέπουσαν μηχανὴν προσοιστέον.

ΤΟΞΟΤΗΣ

μιαρὸς ἀλώπηξ, οἷον ἐπιτήκιζί μοι.

ΚΗΔΕΣΤΗΣ

μέμνησο, Περσεῦ, μ' ὡς καταλείπεις ἀθλίαν.

ΤΟΞΟΤΗΣ

1135   ἔτι γὰρ σὺ τὴ μάστιγαν ἐπιτυμεῖς λαβεῖν;

ΧΟΡΟΣ

Παλλάδα τὴν φιλόχορον ἐμοὶ
    δεῦρο καλεῖν νόμος εἰς χορόν,
    παρθένον ἄζυγα κούρην,

1140 ἦ πόλιν ἡμετέραν ἔχει

καὶ κράτος φανερὸν μόνη

κλῃδοῦχός τε καλεῖται.

φάνηθ᾽, ὦ τυράννους

στυγοῦσ᾽, ὥσπερ εἰκός.

1145 δῆμός τοί σε καλεῖ γυναι-

κῶν· ἔχουσα δέ μοι μόλοις

εἰρήνην φιλέορτον.

ἥκετ<έ τ᾽> εὔφρονες, ἵλαοι,

πότνιαι, ἄλσος ἐς ὑμέτερον,

1150 ἄνδρας ἵν᾽ οὐ θεμίτ᾽ εἰσορᾶν

ὄργια σέμν᾽, ἵνα λαμπάσιν

φαίνετον, ἄμβροτον ὄψιν.

1155 μόλετον, ἔλθετον, ἀντόμεθ᾽, ὦ

Θεσμοφόρω πολυποτνία.

εἰ καὶ πρότερόν ποτ᾽ ἐπηκόω ἤλθετον

<καὶ> νῦν ἀφίκεσθ᾽, ἱκετεύομεν

ἐνθάδ᾽ ἡμῖν.

ΕΤΡΙΠΙΔΗΣ

1160 γυναῖκες, εἰ βούλεσθε τὸν λοιπὸν χρόνον

σπονδὰς ποιήσασθαι πρὸς ἐμέ, νυνὶ πάρα,

ἐφ᾽ ᾧτ᾽ ἀκοῦσαι μηδὲν ὑπ᾽ ἐμοῦ μηδαμὰ

κακὸν τὸ λοιπόν. ταῦτ᾽ ἐπικηρυκεύομαι.

ΚΟΡΥΦΑΙΑ

χρείᾳ δὲ ποίᾳ τόνδ᾽ ἐπεισφέρεις λόγον;

ΕΤΡΙΠΙΔΗΣ

1165 ὅδ᾿ ἐστὶν οὗν τῇ σανίδι κηδεστὴς ἐμός.

ἢν οὗν κομίσωμαι τοῦτον, οὐδὲν μή ποτε
κακῶς ἀκούσητ᾿· ἢν δὲ μὴ πίθησθέ μοι,
ἃ νῦν ὑποικουρεῖτε, τοῖσιν ἀνδράσιν
ἀπὸ τῆς στρατιᾶς παροῦσιν ὑμῶν διαβαλῶ.

ΚΟΡΤΦΑΙΑ

1170 τὰ μὲν παρ᾿ ἡμῖν ἴσθι σοι πεπεισμένα·
τὸν βάρβαρον δὲ τοῦτον αὐτὸς πεῖθε σύ.

ΕΤΡΙΠΙΔΗΣ

ἐμὸν ἔργον ἐστίν· καὶ σόν, ὦλάφιον, ἅ σοι
καθ᾿ ὁδὸν ἔφραζον, ταῦτα μεμνῆσθαι ποιεῖν.
πρῶτον μὲν οὖν δίελθε κἀνακάλπασον.

1175 σὺ δ᾿, ὦ Τερηδών, ἐπαναφύσα Περσικόν.

ΤΟΞΟΤΗΣ

τί τὸ βόμβο τοῦτο; κῶμό τις ἀνεγείρί μοι;

ΕΤΡΙΠΙΔΗΣ

ἡ παῖς ἔμελλε προμελετᾶν, ὦ τοξότα.
ὀρχησομένη γὰρ ἔρχεθ᾿ ὡς ἄνδρας τινάς.

ΤΟΞΟΤΗΣ

ὀρκῆσι καὶ μελετῆσι, οὐ κωλῦσ᾿ ἐγώ.

1180 ὡς ἐλαπρός, ὥσπερ ψύλλο κατὰ τὸ κώδιο.

ΕΤΡΙΠΙΔΗΣ

φέρε θοἰμάτιον ἄνωθεν, ὦ τέκνον, τοδί·
καθιζομένη δ᾽ ἐπὶ τοῖσι γόνασι τοῦ Σκύθου
τὼ πόδε πρότεινον, ἵν᾽ ὑπολύσω.

ΤΟΞΟΤΗΣ

νάίκι, ναὶ

κάτησο, κάτησο, ναίκι, ναίκι, τυγάτριον.

1185   οἴμ᾽ ὡς στέριπο τὸ τιττί, ὥσπερ γογγυλί.

ΕΤΡΙΠΙΔΗΣ

αὔλει σὺ θᾶττον· ἔτι δέδοικας τὸν Σκύθην;

ΤΟΞΟΤΗΣ

καλό γε τὸ πυγή. κλαῦσί γ᾽, ἢν μὴ ᾽νδον μένῃς.
εἶεν· καλὴ τὸ σκῆμα περὶ τὸ πόστιον.

ΕΤΡΙΠΙΔΗΣ

καλῶς ἔχει. λαβὲ θοἰμάτιον· ὥρα ᾽στὶ νῷν
ἤδη βαδίζειν.

ΤΟΞΟΤΗΣ

1190   οὐκὶ πιλῆσι πρῶτά με;

ΕΤΡΙΠΙΔΗΣ

πάνυ γε· φίλησον αὐτόν.

ΤΟΞΟΤΗΣ

ὃ ὃ ὅ, παπαπαπαῖ,
ὡς γλυκερὸ τὸ γλῶσσ᾽, ὥσπερ Ἀττικὸς μέλις.
τί οὐ κατεύδει παρ᾽ ἐμέ;

ΕΤΡΙΠΙΔΗΣ

χαῖρε, τοξότα·
οὐ γὰρ γένοιτ᾽ ἂν τοῦτο.

ΤΟΞΟΤΗΣ

ναὶ ναί, γρᾴδιον,
ἐμοὶ κάρισο σὺ τοῦτο.

ΕΤΡΙΠΙΔΗΣ

1195   δώσεις οὖν δραχμήν;

ΤΟΞΟΤΗΣ
ναί, ναίκι, δῶσι.

ΕΤΡΙΠΙΔΗΣ

τἀργύριον τοίνυν φέρε.

ΤΟΞΟΤΗΣ

ἀλλ᾽ οὐκ ἔκᾠδέν. ἀλλὰ τὸ συβήνην λαβέ.
ἔπειτα κομίσις αὖτις. ἀκολούτει, τέκνον.
σὺ δὲ τοῦτο τήρει τὴ γέροντο, γρᾴδιο.
ὄνομα δέ σοι τί ἐστιν;

ΕΤΡΙΠΙΔΗΣ

1200   Ἀρτεμισία.

ΤΟΞΟΤΗΣ

μεμνῆσι τοίνυν τοὔνομ'· Ἀρταμουξία.

ΕΤΡΙΠΙΔΗΣ

Ἑρμῆ δόλιε, ταυτὶ μὲν ἔτι καλῶς ποιεῖς.
σὺ μὲν οὖν ἀπότρεχε, παιδάριον, ταυτὶ λαβών·
ἐγὼ δὲ λύσω τόνδε. σὺ δ' ὅπως ἀνδρικῶς
1205   ὅταν λυθῇς τάχιστα φεύξει καὶ τενεῖς
ὡς τὴν γυναῖκα καὶ τὰ παιδί' οἴκαδε.

ΚΗΔΕΣΤΗΣ

ἐμοὶ μελήσει ταῦτά γ', ἢν ἅπαξ λυθῶ.

ΕΤΡΙΠΙΔΗΣ

λέλυσο. σὸν ἔργον, φεῦγε πρὶν τὸν τοξότην
ἥκοντα καταλαβεῖν.

ΚΗΔΕΣΤΗΣ

                        ἐγὼ δὴ τοῦτο δρῶ.

ΤΟΞΟΤΗΣ

1210   ὦ γρᾴδι', ὡς καρίεντό σοι τὸ τυγάτριον
κοὐ δύσκολ', ἀλλὰ πρᾶο. ποῦ τὸ γρᾴδιο;
οἴμ' ὡς ἀπόλωλο. ποῦ τὸ γέροντ' ἐντευτενί;

ὦ γρᾴδι᾽, ὦ γρᾶ᾽. οὐκ ἐπαινῶ, γρᾴδιο.

Ἀρταμουξία.

διέβαλέ μού γραῦς. ἐπίτρεκ᾽ ὡς τάκιστα σύ.

1215   ὀρτῶς δὲ ‹σὺ› συβήνη ᾽στί· καταβήνησι γάρ.

οἴμοι,

τί δρᾶσι; ποῖ τὸ γρᾴδι᾽; Ἀρταμουξία.

ΚΟΡΤΦΑΙΑ
τὴν γραῦν ἐρωτᾷς ἦ ᾽φερεν τὰς πηκτίδας;

ΤΟΞΟΤΗΣ
ναί, ναίκι. εἶδες αὐτό;

ΚΟΡΤΦΑΙΑ
ταύτῃ γ᾽ οἴχεται
αὐτή τ᾽ ἐκείνη καὶ γέρων τις εἴπετο.

ΤΟΞΟΤΗΣ
κροκῶτ᾽ ἔκοντο τῇ γέροντο;

ΚΟΡΤΦΑΙΑ
1220   φήμ᾽ ἐγώ·
ἔτ᾽ ἂν καταλάβοις, εἰ διώκοις ταυτηί.

ΤΟΞΟΤΗΣ
ὦ μιαρὸ γρᾶο. πότερο τρέξι τὴν ὁδό;

Ἀρταμουξία.

ΚΟΡΤΦΑΙΑ

ὀρθὴν ἄνω δίωκε. ποῖ θεῖς; οὐ πάλιν

τῃδὶ διώξει; τοὔμπαλιν τρέχεις σύ γε.

ΤΟΞΟΤΗΣ

1225   κακόδαιμον. ἀλλὰ τρέξι. Ἀρταμουξία.

ΚΟΡΤΦΑΙΑ

τρέχε νυν κατ' αὐτοὺς ἐς κόρακας ἐπουρίσας.

ἀλλὰ πέπαισται μετρίως ἡμῖν·

ὥσθ' ὥρα δή 'στι βαδίζειν

οἴκαδ' ἑκάστῃ. τὼ Θεσμοφόρω δ'

1230   ἡμῖν ἀγαθήν

τούτων χάριν ἀνταποδοῖτον.

Textos Críticos

Como notamos, *Tesmoforiantes* é menos uma peça sobre mulheres (como *Lisístrata*) do que sobre atitudes dos homens em relação às mulheres, e parece empenhada em provocar uma mudança nessas atitudes. A primeira mulher a falar na Assembleia (v. 383-432) denuncia Eurípides por levar os maridos a desconfiar de suas esposas em assuntos sexuais e em matéria de economia doméstica. A parábase responde a essas suspeitas não tanto por sua negação quanto pela acusação aos homens. Se as esposas são culpadas de bisbilhotar a rua para atrair a atenção dos homens, eles são culpados de prestar atenção (v. 797-799); e se as esposas são culpadas de furtos domésticos temporários, os homens são culpados de furtos políticos muito maiores (v. 811-813). O argumento aqui, como na peça inteira, ganha crédito ao aceitar os pecadilhos das mulheres e enfatizar sua natureza trivial em comparação com os defeitos dos homens. (Thomas K. Hubbard, *The Mask of Comedy: Aristophanes and the Intertextual Parabasis*, Ithaca: Cornell University Press, 1991, p. 197-198.)

* * *

Os personagens da tradição realista se desenvolvem continuamente ou podem fazê-lo: eles o fazem ou podem fazê-lo pelo movimento gradual entre seus traços particulares. Os personagens recriativos de Aristófanes são fundamentalmente diferentes. Eles têm o poder de mudar, de serem transformados. Ou seja: quando eles mudam, fazem-no abruptamente e, talvez, inteiramente, como as mulheres nas Tesmofórias, abandonando sua respeitabilidade e retomando-a novamente; como o astuto Eurípides, aceitando abruptamente a oferta de ajuda do parente; ou como o pífio parente, assumindo repentinamente o papel de herói ao fazer tal oferta. Em resumo, a tradição realista permite, no extremo, o desenvolvimento do personagem, enquanto o modo aristofânico de representação envolve, no *seu* extremo, um princípio binário: ao invés de desenvolvimento, ele permite inversão ou reversão. A apresentação recriativa – isto será constatado – admite a visão meramente sequencial do tempo. Na tradição realista, ao contrário, o tempo é percebido como uma questão (literalmente) *con*sequencial, como num processo aristotélico de eventos que seguem as leis da "probabilidade ou necessidade". (M. S. Silk, *Aristophanes and the Definition of Comedy*, Oxford: Oxford University Press, 2000, p. 223-224.)

* * *

Na brilhante e engenhosa peça que é *Tesmoforiantes*, a disputa entre os sexos deve dividir a atenção com a disputa entre os gêneros, a comédia e a tragédia. Junto com a paródia de outras formas sérias de discurso na cidade (judiciário, ritualístico, político, poético), *paratragodia*, ou a paródia da tragédia, é uma característica consistente da comédia aristofânica. Figuras de poetas, filósofos e outros intelectuais também são encontradas frequentemente no palco cômico, ao lado de políticos e de outras personalidades proeminentes que a comédia, com sua licença para o abuso, deleita-se em fazer tombar. Mas o efeito de colocar um trágico como protagonista cômico de uma trama cômica e de elevar a paródia ao discurso dominante da peça modula a disputa entre os sexos em outro patamar, que não apenas reflete as tensões entre os papéis sociais de homens e mulheres, mas também focaliza as representações teatrais de suas personas trágicas e cômicas no palco. (Froma Zeitlin, Travesties of Gender and Genres in Aristophanes' *Thesmophoriazusae*, em *Playing the Other: Gender and Society in Classical Greek Literature*, Chicago: The University of Chicago Press, 1996, p. 378.)

* * *

As *Tesmoforiantes* se destacam assim de qualquer outra obra supérstite de Aristófanes: não só porque são euridipianas pelo artifício e pela invenção – ali se encontra uma intriga engenhosa, que se desvela apenas no final, e sobretudo pelo resgate astucioso de uma "heroína" das mãos de um bárbaro (Helena, Andrômeda!) –, mas também porque o seu âmbito é estritamente privado, ocupado como é de um problema do singular Eurípides: o problema de como barrar a ofensiva ameaçadora das mulheres antieuripidianas. Um problema que é, bem entendido, apenas um pretexto para uma experiência artística; e a experiência encontra sua razão estrutural na recusa de Agatão, o único que poderia ter resolvido com segurança o problema de Eurípides (cf. v. 186-187; 191-192).

Uma experiência artística, repitamos: tanto é verdade, para ficarmos num só exemplo, que não é outro senão Eurípides quem depois divulga abertamente o plano secretíssimo por ele mesmo concebido para enganar as mulheres (cf. v. 577-596; Agatão, a única testemunha, retorna para casa no verso 267 a fim de trabalhar, enquanto Eurípides sai de cena no verso 279). Com a falência artificiosa do plano, vem assim instaurado um campo experimental para expedientes libertadores da parte de Eurípides (uma premissa para sua intervenção já nos versos 269-276), e o problema do ódio das mulheres se torna totalmente secundário: ou melhor, para conseguir libertar efetivamente sua instrumental "heroína", ele deve no fim prometer às mulheres não mais ofendê-las em suas tragédias (v. 1160-1169): deve em suma pagar um tributo prático por sua contraofensiva maquinosa e fracassada. Eurípides não é só portanto a vítima artística mas também a vítima prática da comédia privadíssima. (Carlo Ferdinando Russo, *Aristofane autore di teatro*, Firenze: G. C. Sansoni, 1984, p. 296.)

* * *

Assim, não devemos cometer o erro de buscar nas *Tesmoforiantes* uma equação entre comédia e realidade. Se Aristófanes desdenha do realismo de Eurípides transformando-o num poeta cômico que calunia as mulheres, isso não quer dizer que a comédia que ele compõe é realista. Com efeito, antes o contrário. A diferença fundamental entre os dois gêneros dramáticos, que permite compreender a inversão basilar do tema cômico, opõe uma forma de teatro que procura fazer crer que uma realidade fictícia como o mito é verdadeira, a uma outra que não para jamais de sublinhar que uma realidade tão evidente como aquela em que os espectadores estão imersos é, no fundo, pura ficção. Nesse sentido, o Eurípides maledicente (que fala mal das mulheres) é a tradução cômica de um poeta trágico que não sabe ser crível como deveria. Exatamente porque nele não crê (ou porque finge não crer), Aristófanes pode dizer que ele injuria as mulheres de Atenas. Se nele acreditasse, ele saberia que diferença separa a ficção da realidade. (Rossella Saetta Cottone, *Aristofane e la poetica dell'ingiuria*, Roma: Carocci, 2005, p. 348-349.)

Este livro foi impresso em Cotia,
nas oficinas da Meta Brasil,
para a Editora Perspectiva.

O Livro das Princesas

MEG   PAULA   LAUREN   PATRÍCIA
CABOT   PIMENTA   KATE   BARBOZA

O Livro das Princesas

ESPECIAL GALERA 10 ANOS

Tradução de
RYTA VINAGRE

1ª edição

— **Galera** —
RIO DE JANEIRO
2017

CIP-BRASIL. CATALOGAÇÃO NA PUBLICAÇÃO
SINDICATO NACIONAL DOS EDITORES DE LIVROS, RJ

L761

O livro das princesas: especial Galera 10 anos / Meg Cabot... [et al.]; tradução de Ryta Vinagre. - 1. ed. - Rio de Janeiro: Galera Record, 2017.

Tradução de: O livro das princesas
ISBN: 978-85-01-10834-0

1. Ficção juvenil americana. I. Cabot, Meg. II. Vinagre, Ryta. III. Título.
17-38963   CDD: 028.5
                                                                 CDU: 087.5

Direitos exclusivos de publicação em língua portuguesa somente para o Brasil adquiridos pela EDITORA RECORD LTDA.
Rua Argentina, 171 - Rio de Janeiro, RJ - 20921-380 - Tel.: (21) 2585-2000,
que se reserva a propriedade literária desta tradução.

Impresso no Brasil

ISBN 978-85-01-10834-0

Seja um leitor preferencial Record.
Cadastre-se em www.record.com.br
e receba informações sobre nossos
lançamentos e nossas promoções.

Atendimento e venda direta ao leitor:
mdireto@record.com.br ou (21) 2585-2002.

A MODELO
E O MONSTRO

Meg Cabot

⊰ CAPÍTULO 1 ⊱

Eu disse para o meu pai que era ridículo. Onde já se viu um homem levar a filha na lua de mel?

— Mas agora somos uma família — insistiu papai. — Eu, você, Vivian e Penny. É isso que famílias fazem. Saem de férias juntas. E já faz anos que não tiramos férias de verdade, Belle. Desde que sua mãe morreu...

Argumentei que lua de mel não eram férias, uma discussão que obviamente não venci, considerando que, uma semana depois, estava no convés do *Enchantment of the Seas*, o maior (e mais caro) cruzeiro do mundo, zarpando das docas em Miami.

Foi aí que o vi pela primeira vez. *Ele*.

Estava sozinho em uma imensa varanda na extremidade do navio, bem acima das pessoas e dos paparazzi reunidos nas docas, tirando fotos do famoso navio e dos passageiros que partiam nele.

Só que ele não olhava para as docas. Olhava para mim.

Embora àquela altura eu devesse estar acostumada com isso — ultimamente as pessoas sempre me olham e cochicham sobre mim —, ainda assim foi um choque. Eu estava dez andares abaixo dele, na sacada do tamanho de um selo da "cabine padrão externa" que dividia com minha nova meia-irmã, Penny. Como ele encontrou o *meu* rosto entre os milhares de outros abaixo?

Para mim, foi fácil achar *ele*. Era uma figura muito perceptível ali, na varanda — a maior do navio, com metade do tamanho da quadra de tênis do *Enchantment of the Seas* — alto, moreno e anguloso, a cintura magra se tornando um peito forte com ombros largos que mostravam, mesmo de longe, que ele malhava... mas não demais. O que era bom, porque nunca fui fã de meninos que malhavam demais, embora soubesse que era errado julgar as pessoas pela aparência.

Ainda assim, o cabelo despenteado dele também me agradou, porque quem quer um cara que se preocupa mais com o próprio cabelo do que você?

Não consegui distinguir os detalhes do rosto dele, porque parecia que a tempestade tropical que preocupara Penny o dia todo estava se aproximando. O céu estava roxo como um hematoma e lançava as feições dele em sombras misteriosas.

Foi assim que decidi que pensaria nele; como meu garoto sombrio e misterioso. Eu o chamava de meu porque havia alguma coisa nele, além da sombria aura de mistério: parecia triste, tão sozinho naquela varanda imensa.

A terapeuta que comecei a frequentar depois da morte de minha mãe teria dito que aquela última parte era uma projeção (mas eu costumava argumentar que não via nada de errado em ter pequenas fantasias inofensivas).

Uma coisa é fantasiar, Belle, diria a Dra. Ling. *Recusar-se a enfrentar a realidade porque tem esperanças de algo que jamais existirá é outra inteiramente diferente. Na psiquiatria, chamamos de delírio.*

Ainda bem que a Dra. Ling não sabe da pilha de romances que eu tinha enfiado na minha mala para não ter que enfrentar a realidade daquelas "férias".

— Ai, meu Deus, olha só aquele gato na Suíte Real!

Foi quando percebi que minha nova meia-irmã Penny também tinha visto o Sombrio Misterioso.

— Meu Deus, por que não trouxe meu binóculo? — Penny gemeu. — Ele está olhando para cá? Acho que *está*! Belle, você e aquele garoto já estão de azaração? O navio ainda nem zarpou e você já está provocando um cara fofo! Pelo menos eu acho que é fofo. Ele é? Sei lá, está longe demais. Ah, bem, quem se importa, ele é rico, se está na suíte real! Você tem ideia de quanto custa uma daquelas?

Penny pegou um dos folhetos que nos entregaram quando fizemos o *check in*. Na capa, havia um grande P decorado... A mesma letra P gravada no vidro da porta de correr da nossa sacada. O P era de Royal Prince Cruise Lines, a empresa proprietária que operava o *Enchantment of the Seas*.

— Está vendo, aquelas varandas lá em cima são só para passageiros VIP. Qualquer um que fique na Suíte Real tem um duplex exclusivo! — Penny leu o folheto em voz alta. — Além de vista panorâmica por janelas que vão do chão ao teto, uma imensa suíte máster com hidro, TVs de tela plana, wi-fi, salas de estar e de jantar *e* um mordomo exclusivo...

A voz de Penny ficou mais aguda de ultraje ao descrever todos os confortos que recebiam os passageiros da Suíte Real, comparando conosco, das "cabines padrão externas", muito menos régias.

— A gente devia ter ficado na Suíte Presidencial também — declarou Penny, indignada. — Mas você deu para mamãe e papai! Ah, por que, Belle, por quê?

— É meu presente de casamento — falei, sorrindo quando ela disse *mamãe e papai*. Era estranho mas legal ouvi-la chamar meu pai de papai. — Não acha que os recém-casados merecem a Suíte Presidencial?

— É, acho que sim. — Penny soltou um suspiro. Embora às vezes ela falasse coisas sem pensar, eu sabia que não havia um grama de maldade em Penny. — Mas o cruzeiro deu um upgrade para *você*. Imagina só, a gente podia ter nosso próprio mordomo também. — Ela voltara a meter o nariz no folheto. — Enquanto as cabines padrão dividem um.

— Para que precisaríamos de um mordomo?

— Bom, ele podia achar um lugar para todos esses livros que você trouxe, por exemplo — disse Penny com ironia. — Sabia que existe uma coisa chamada e-reader?

Antes que eu pudesse dizer a ela que gostava de sentir o cheiro de (e de pegar) um bom livro de papel, ela continuou a ler o folheto.

— Belle, sabia que existem quatro piscinas, dez jacuzzis, um spa, uma academia de última geração com aulas de ioga, vinte e cinco restaurantes, uma sala de cinema, sete boates, um cassino *e* um shopping neste navio? Como é que você vai achar tempo para ler todos esses livros quando tem tantas atividades realmente interessantes a explorar?

Sorri para Penny. Eu gostava dela e estava feliz por meu pai ter se casado com a mãe dela, uma famosa fotógrafa de moda.

Mas sinceramente esperava que ela não lesse aquele folheto a viagem toda.

— Vou achar tempo — respondi com um sorriso. — E o Sombrio Misterioso pode ser rico — acrescentei, mudando de assunto para algo que parecia mais seguro do que a indignação dela com minha preferência pelos livros em vez de minigolfe ou o fato de eu ter dado a nossos pais o camarote que o cruzeiro me ofereceu —, mas acho que ele parece triste.

— Triste? Por que estaria triste? — Penny parecia surpresa, o que significava que eu devia *mesmo* estar projetando. — Ele está em um cruzeiro de vinte dias no *Enchantment of the Seas* de Miami a São Paulo e tem dois andares inteiros só para ele. Você é quem devia estar triste: tem que dividir uma cabine padrão ridícula com a sua irmã emprestada mais nova e irritante.

Sorri mais uma vez.

— Não estou triste por isso. E você é só dois meses mais nova do que eu. Você *é* meio irritante, acho...

Ela me socou de brincadeira, e eu me abaixei, rindo.

— Eu *estou* triste porque daqui a cinco minutos terei que calçar saltos altos e posar para fotos na frente da nova loja Maison de la Lune Cosmetics do navio — falei com um suspiro —, já que sou o novo rosto da Maison de la Lune Cosmetics e eles descobriram que estou a bordo.

Que férias eu teria. Por isso sabia que seria má ideia vir também.

Penny estremeceu.

— Lamento por isso. E eu tive notícias ainda piores. Fomos convidadas a nos sentar com mamãe e papai na mesa do capitão no Salão de Jantar Grand Nautilus. E, como o capitão é um homem, *ele* provavelmente vai querer tirar uma foto com você também, porque os funcionários lhe deram aquele camarote, mesmo que você tenha aberto mão dele.

— Penny. — Não consegui deixar de rir de sua expressão. — Acho que posso jantar na mesa do capitão.

Penny relaxou visivelmente.

— Ufa. Eu não sabia. Sei o quanto você detesta que tirem fotos suas, mesmo que eu não entenda isso, porque é o seu trabalho, e se eu fosse linda como você iria *adorar*. Eu tentaria deixar louco de desejo cada homem gato que visse.

— Obrigada. — Ainda bem que o Sombrio Misterioso estava longe demais para ouvir aquela conversa... Na realidade, ele tinha entrado na Suíte Real. As nuvens de tempestade pareciam prontas a explodir, e começara a chuviscar. — Mas cuidado com o que deseja. Deixar todos os homens gatos loucos de desejo não é tão divertido como parece. É meio horrível que gostem de você só pela sua aparência.

Penny abriu a porta da cabine com uma expressão cética.

— Se eu fosse bonita como você — disse ela —, não estaria nem aí para isso.

⊰ C A P Í T U L O 2 ⊱

Sorria! — gritou o fotógrafo oficial da Maison de la Lune enquanto
Penny e eu descíamos a grande escadaria para o Salão de Jantar
Grand Nautilus.

Por instinto, joguei o cabelo escuro e comprido para trás e abri um sorriso
deslumbrante, enquanto Penny se abaixava para não ter que sair na foto.

— Obrigado, Srta. Morris — disse o fotógrafo, apressando-se em cuidar
para que a foto fosse postada em cada mídia social e site de fofocas importante, enquanto as pessoas ao pé da escada me olhavam, apressando-se
para pegar as próprias câmeras.

Eu sabia que o fotógrafo só estava fazendo o trabalho dele, assim como
eu só fazia o meu.

Mas uma parte de mim ficou mais triste do que nunca.

— É ela — ouvi várias pessoas murmurando ao pé da escada. — Belle
Morris. Sabe, a modelo famosa? Ela está na capa de todas as revistas do
país, e só tem 18 anos.

— Ai, desculpe — disse Penny, correndo de volta até mim e pegando
meu braço. Era difícil descer uma escada tão comprida com saltos agulha
e um vestido de noite justo. — Não foi assim tão ruim, foi?

— Está tudo bem — respondi.

É claro que estava mentindo. Eu sentia em mim o olhar de cada pessoa
presente no salão, e meu rosto começava a ficar quente.

Evidentemente, seria diferente se *ele* estivesse em algum lugar daquele
salão... O Sombrio Misterioso. Seria incrível se ele se aproximasse e dissesse,
"Olá, Belle. Esperei a minha vida toda por alguém como você. Eu sabia que
viria", e ele não estaria querendo dizer alguém com o *rosto parecido* com o
meu, mas alguém que *pensasse* como eu, porque nós dois pensávamos igual
e éramos almas gêmeas.

Mas, como sempre, isso não aconteceu. Quem nos recebeu ao pé da escadaria foram os caçadores de autógrafos de sempre — mas eu sabia que era um erro reclamar de gente me julgando com base na minha aparência, enquanto eu os julgava com base na deles —, homens ostensivamente musculosos, ostensivamente bronzeados, com os cabelos ostensivamente cheios de gel.

Ainda assim, quando um deles pediu para tirar uma foto no celular comigo e eu concordei (só para ser educada), ele me segurou com força demais e depois cochichou:

— Meu nome é Raul. Me encontre no cassino mais tarde, está bem?

Então deu um apertão na minha bunda.

Eu dei uma cotovelada forte nas costelas dele e respondi:

— *Não.*

Tudo isso só provava (na minha opinião) que eu não estava errada em ser tão crítica. Se eu ganhasse um dólar por cada cara como Raul que conheci desde que entrei na profissão de modelo — o que só fiz por necessidade, para ajudar a pagar parte da dívida esmagadora que acumulamos com as contas médicas da minha mãe —, seria rica o suficiente para pagar por... Bom, pelo meu próprio mordomo.

— Srta. Morris? — Outro jovem de smoking tocou meu braço.

Infelizmente, não era o Sombrio Misterioso. Era um jovem atleta popular e muito bonito que namorava todas as atrizes e cantoras pop de sucesso. Ele não precisava se apresentar — reconheci-o na mesma hora —, mas ainda foi uma graça quando ele falou:

— Oi, meu nome é Gus Stanton.

Os olhos de Penny brilharam como duas árvores de Natal.

— Aimeudeus — gaguejou ela. — Aimeudeusaimeudeus. Desculpe, mas isso é demais. Eu sou, tipo, a sua maior fã. Acho você demais. Sabe aquele gol que você fez do meio do campo na semifinal contra a Argentina no ano passado? Aquilo foi... Foi... Foi...

— Demais? — perguntou Gus, erguendo uma sobrancelha escura e perfeita.

— Aimeudeus — concordou Penny, sem fôlego. — Sim.

— Acho que tenho uma camisa sobrando que posso lhe dar, se quiser. — Gus abriu o mais leve dos sorrisos.

Os olhos da Penny quase saltaram das órbitas.

— Você... Se for demais, pode me dizer... Mas eu literalmente morreria se você concordasse... Você... pode autografar? — perguntou ela.

— Mas é claro — disse ele, todo generosidade magnânima. Penny ou não notou, ou não se importou, quando ele colocou o braço despreocupadamente em volta dos meus ombros para que todos os passageiros em volta vissem e tirassem fotos da gente com os celulares.

De repente entendi por que era tão importante para meu pai que eu o acompanhasse na sua lua de mel. Não era só para que pudéssemos tirar férias juntos pela primeira vez como uma família.

Era porque assim eu poderia conhecer Gus. Penny não era a única torcedora de futebol na família. Meu pai também amava.

Papai podia ter sido demitido do emprego no laboratório médico em que trabalhava — ele tinha faltado demais para cuidar da minha mãe antes de ela morrer, e os chefes ficaram cada vez mais frustrados e acabaram contratando alguém para ficar no lugar dele —, mas achava que sabia como prever um determinado resultado, em especial a partir do que considerava resultados anteriores.

Que pena que seu conhecimento se estendesse apenas à medicina, e não ao coração da própria filha.

Observei o salão de jantar, então encontrei papai olhando esperançoso na minha direção. Ele sorriu e ergueu as sobrancelhas, pensando ter feito um trabalho maravilhoso de casamenteiro.

Ah, pai. Sorri para ele, sem querer ferir seus sentimentos, e me virei para Gus.

— Oi — falei para ele entre dentes enquanto sorria para todas as câmeras. — Meu nome é Belle Morris. Essa menina ruiva à direita é minha irmã, Penny. Ela gosta de você. Mas, se a magoar, vou espalhar o boato de que você tem um toquinho de...

— Não se preocupe — interrompeu Gus, abrindo o sorriso mais largo que podia. — Gosto de garotas que entendem de futebol. — Alto o suficiente para Penny ouvir, ele perguntou: — Por acaso as senhoritas não vão comer na mesa do capitão esta noite, vão?

Penny deu um gritinho:

— Sim, vamos!

— Que coincidência — disse Gus, o sorriso começando a parecer genuíno. — Eu também.

⊰ CAPÍTULO 3 ⊱

E mbora o início da noite não tivesse sido promissor, quando a sobre-
mesa foi servida, não pude deixar de sentir que nossa viagem não
seria um fracasso completo.

É verdade que o clima lá fora piorava cada vez mais, o chuvisco transfor-
mando-se em um aguaceiro. Mas o capitão nos garantiu que o *Enchantment
of the Seas* navegaria em torno e não através da tempestade tropical. Assim
não passaríamos pelo pior dela.

E é verdade que não vi mais sinal do Sombrio Misterioso.

Mas era apenas a primeira noite do cruzeiro. Talvez ele tivesse preferido
jantar em outro dos 25 restaurantes do navio. Certamente eu teria muitas
outras refeições e acabaria encontrando-o.

Gus, sentado entre mim e Penny, foi gentil e atencioso — felizmente
muito mais com Penny do que comigo, à medida que a noite se esgotava e
ela provava ter um conhecimento enciclopédico de fã obstinada das incríveis
cobranças de escanteio dele, dos passes e da sua capacidade de levar seus
companheiros de time a fazer gol.

E, vendo meu pai rindo e dividindo segredinhos com Vivian, eu o per-
doei por falsear a verdade sobre a natureza das "férias". Como a Dra. Ling
sempre me lembrava, meu pai só queria o melhor para mim. Talvez, ao se
casar com a mãe de Penny, ele tenha conseguido algo mais, e desejava o
mesmo para a filha. Teria sido difícil para qualquer mulher preencher o
vazio que a morte de minha mãe tinha deixado no coração de meu pai, mas
se alguém poderia fazer isso, certamente era Vivian. Ela entrou nas nossas
vidas graças a uma sessão de fotos, mas ficou nela devido a algo (como disse
depois) que viu nos olhos de meu pai.

"Parecia que ele não queria que eu fosse embora", ela costumava brincar.

Só que não era brincadeira. Vivian pode não ter percebido, mas ela devolveu a vida ao meu pai. Ele só queria que eu encontrasse um cara que fizesse o mesmo por mim.

Pena que esse cara nunca, jamais, seria Gus Stanton.

Já passava bem da meia-noite quando saímos da mesa do capitão e fomos dormir, todos sonolentos e sociáveis por causa dos muitos brindes com champanhe que fizemos aos recém-casados.

Aquilo, porém, não me impediu de negar veementemente quando Penny puxou meu braço e me disse que Gus tinha convidado nós duas para ir ao quarto dele... Uma Suíte Presidencial, como a em que os nossos pais estavam.

— Ah, Belle, por que não? — exclamou Penny quando neguei. — O Gus só quer me dar a camisa que prometeu. E até parece que ele tem o quarto todo só para ele. Está dividindo com Alexander Grove, o colega de time. Então nem íamos ficar sozinhas lá. Que mal pode haver nisso?

Muito, pensei, lembrando-me do tal Raul. Depois olhei para o convés e ri. Gus tinha posto as mãos nos bolsos do paletó do smoking, para mostrar que era um perfeito cavalheiro e guardava suas mãos bobas para si mesmo.

Mas ninguém no nosso grupo estava por perto para ver aquele gesto cômico. Meu pai e Vivian, trôpegos, já tinham ido para a própria cabine. Estávamos sozinhos... a não ser pelas centenas de outros passageiros que zanzavam em volta, a caminho das muitas atividades noturnas do navio: as boates, piscinas, lojas abertas a noite toda, o cassino.

Meu coração se abrandou quando Penny me olhou, suplicante.

— Ai, tá bom.

Penny tinha razão. Que mal poderia haver?

Percebi que mal haveria ao sentir minhas pálpebras ficarem mais pesadas a cada minuto enquanto Penny e Gus trocavam as histórias mais chatas de esporte que já ouvi, agora acompanhadas por vídeos no computador dele.

Serei a primeira pessoa no mundo a morrer de tédio em um cruzeiro, pensei, olhando a imensa suíte de Gus e procurando um livro, qualquer um. Mas ele não parecia ser muito de ler. Só havia uma televisão wide screen e muitos, muitos videogames. A suíte também era uma bagunça. Ele e o colega — o companheiro de time Alexander, que ainda não voltara do cassino, onde tentava a sorte — recusavam-se a deixar que o mordomo daquele andar entrasse no quarto, proclamando que ele era mariquinhas, seja lá o que aquilo significasse.

— Belle. Belle. — Abri os olhos depois do que pareceram horas e vi Penny inclinada sobre mim. Ela ria. — Ah, Belle, desculpe. Acabamos com você. Foi um longo dia e sei que deve estar exausta. Por que não volta para nossa cabine? Você tem a chave, não tem?

— Claro que tenho — respondi, sentando-me. Ao que parecia, eu adormecera no sofá de Gus. Ele estava sentado do outro lado da mesa de centro, ainda olhando o computador, sem o paletó do smoking e a gravata.

— Ah, vai adorar essa, Pen — disse ele. — A partida com a Alemanha em que acertei a cabeça de um câmera com a bola.

— Não quero deixar você sozinha aqui — argumentei, cansada, lembrando-me de todas as histórias de terror que ouvi sobre meninas em cruzeiros. Nenhuma delas, verdade seja dita, envolvia Gus, mas nunca se sabe.

Penny riu.

— Belle. — Ela me colocou de pé. — Sei me cuidar. Vá para a cama. — Ela me entregou meus sapatos que eu tinha tirado porque eram desconfortáveis demais. Depois me empurrou em direção à porta. — E além do mais — cochichou — lembra quando eu disse que queria enlouquecer um cara de desejo algum dia? Bom, acho que posso ter uma chance com o Gus. Ele gosta mesmo de mim!

Olhei para Gus.

— A gente se vê de manhã, Belle — Gus me falou sem tirar os olhos do computador. — Pen disse que vamos fazer uma escalada às sete.

Olhei para Penny, apavorada.

— Nós vamos *o quê*?

— Não se preocupe — disse ela, rindo. — Pode levar seus livros e só assistir. Agora *vai embora*.

Quando percebi, estava parada no longo corredor do lado de fora da suíte do Gus, com a porta fechada na minha cara.

Pensei em bater na porta e exigir voltar, mas depois me lembrei de como fiquei entediada. A ideia da grande pilha de livros na nossa cabine era *mesmo* tentadora.

Olhei para um lado e para o outro do corredor. Não sabia onde estava exatamente, graças ao champanhe, mas felizmente havia placas na parede, com pequenos mapas marcados com a letra P a cada poucos metros. Fui até uma delas, com os sapatos na mão. (Meus pés doíam demais para que eu me desse ao trabalho de calçá-los de novo e, além disso, o piso era acarpetado.)

Na verdade o *Enchantment of the Seas* parecia balançar um pouco. Talvez o capitão não tivesse conseguido evitar a tempestade tropical, afinal.

Ou talvez eu tivesse tomado mais do champanhe de casamento do que percebi.

Mas tudo bem, porque o corredor era equipado com um elegante corrimão dourado para os passageiros se segurarem na eventualidade de mares agitados como aquele, e felizmente eu não tendia a sentir enjoos.

Vi no mapa que eu estava bem perto da nossa cabine. Só precisava pegar o elevador e descer nove andares, depois andar o que pareciam vários quilômetros.

Muito obrigada, Penny.

Levando os sapatos em uma das mãos e me segurando no corrimão dourado com a outra, fui para o elevador. Estava prestes a apertar o botão para baixo quando ouvi uma voz grave.

— Olá, Belle. Eu sabia que você viria.

⊰ C A P Í T U L O 4 ⊱

Sombrio Misterioso!

Aquela foi a primeira coisa em que pensei. Eram as palavras que fantasiei que ele me diria no nosso primeiro encontro.

Mas nunca me ocorreu como ele tinha descoberto meu nome. Os heróis dos romances que eu gostava de ler sempre descobriam os nomes das heroínas por vários métodos. Então imaginei que não seria problema para o Sombrio Misterioso, uma vez que devia ser tão inteligente e engenhoso quanto era alto, forte e gentil.

Quando me virei para cumprimentá-lo, porém, meu coração se apertou. *Não* era o Sombrio Misterioso que estava diante de mim, mas Raul, o cara que apertou minha bunda enquanto tirava uma foto comigo antes do jantar. Estava bem ao lado do elevador, em toda sua glória ostensivamente musculosa e cheia de gel no cabelo.

— Ah — falei, sem entusiasmo nenhum. De repente eu não estava nada sonolenta. Na realidade, sentia certa náusea. Podia ter algo a ver com o movimento do navio, mas também podia ter relação com o cheiro do perfume de Raul, que ele tinha passado de forma bem exagerada. — Oi, Raul.

Foi um erro dizer aquilo. Ele abriu um largo sorriso, revelando os dentes brancos e certinhos demais.

— Ai — disse ele. — Você se lembra do meu nome! Acho que alguém tem uma queda por mim.

Meu estômago se revirou.

— Não — emendei. — Acredite em mim. Não tenho. Na verdade, estava voltando para minha cabine. Foi um longo dia, e vou dormir.

— Parece uma ótima ideia — disse Raul, com uma expressão sarcástica. — Posso ir com você?

— Ha ha — respondi, apertando com uma urgência crescente o botão de descer do elevador. — Acho que minha colega de quarto não ia gostar disso.

— Aposto que gostaria, sim. — Raul ainda estava com o smoking do jantar, mas a gravata-borboleta estava desfeita, e ele tinha aberto quatro ou cinco botões da camisa. Segurava uma garrafa de cerveja. — Vamos lá, soube que está rolando uma ótima festa na piscina do Deck Promenade. Vamos acordar sua colega de quarto, colocar nossas roupas de banho e ir para lá.

— Não posso — disse. — Vamos acordar muito cedo para fazer uma escalada.

— Escalada? — Raul estava claramente embriagado. Eu sabia disso não só porque ele arrastava as palavras, mas porque colocou a mão na parede acima da minha cabeça e inclinou o corpo para bem perto do meu, me fazendo sentir o cheiro do seu gel capilar e de tudo o que ele havia bebido. Nenhum deles era agradável. — A única coisa que quero escalar agora é você, gata.

Quando andei por aquele mesmo corredor mais cedo com Gus e Penny, ele estava apinhado de passageiros. Por que estava tão vazio agora? Para onde todo mundo tinha ido? Agora éramos só eu, Raul e o fedor do bafo e do gel dele.

— Escute, Raul — falei —, eu sou comprometida.

— Não vejo nenhuma aliança no seu dedo.

— É uma relação complicada. — Quero dizer, inventada pela minha cabeça com um cara que não conheço e só vi em uma varanda.

Foi quando o navio balançou... Muito pouco, mas o bastante para Raul perder o equilíbrio — ou fingir perder, sei lá — e apertar o corpo todo contra o meu, batendo minha coluna no corrimão dourado. Gritei de dor.

— Epa. — Raul deu uma gargalhada de bêbado, sem se mexer.

— Me larga — falei, empurrando-o. Era como tentar empurrar uma parede de tijolos. — Está me machucando.

— Para mim, você está bem — cochichou ele no meu ouvido. Deixou a garrafa de cerveja cair no carpete e agora as mãos se deslocavam para meus seios. — Muito bem.

A Dra. Ling estava errada. A gente *pode* julgar algumas pessoas pela aparência.

— Eu disse para *ficar longe de mim*. — Levantei os saltos agulha e os usei para bater, com força, na cara dele.

Raul me soltou. Recuou um passo, com a mão no rosto. Quando baixou a mão novamente, olhou com incredulidade para o sangue que saiu do corte mínimo que um dos saltos tinha feito no seu dedo.

— Sua vaca — rosnou ele.

E então avançou para mim.

Foi difícil dizer o que aconteceu exatamente depois daquilo, de tão apavorante que foi. Tentei correr para o quarto do Gus, onde sabia que estaria segura, mas Raul segurou um punhado do meu cabelo comprido e me puxou. Depois suas mãos estavam no meu pescoço. Alguma coisa bateu na minha cabeça, com força, e de repente eu estava no chão...

Mas aí, por milagre, ouvi o som mais maravilhoso do mundo. Era o som de um sino. Era o elevador.

Ouvi as portas do elevador se abrirem. E alguém disse meu nome — *Belle*. Era a voz de um homem, mas não a reconheci.

Quem poderá ser?, perguntei-me ainda no chão, em uma névoa de dor e confusão. *Como ele sabia meu nome?*

Quando dei por mim, Raul estava no carpete a pouca distância de mim. Vi seus olhos, arregalados de pavor, suplicando, parecendo pedir ajuda... Uma ajuda que não podia pedir verbalmente, porque a mão de alguém cobria sua boca.

Aquela mão impediu que Raul gritasse de dor enquanto um pé atingia algum lugar na parte inferior de seu corpo, uma perna, acho, quebrando-a — ouvi os ossos se partindo — no que deviam ter sido centenas de fragmentos. Foi o ruído mais pavoroso que já ouvira na vida, especialmente logo depois de eu ter ouvido um som maravilhoso, o sino do elevador, e meu nome pronunciado naquela voz grave. *Belle*.

Na vida real, o barulho de ossos se quebrando não é nada parecido com o estalo seco que reproduzem na televisão. Mais parece um triturar surdo.

A minha visão do corredor estava indistinta e distante, como se eu estivesse olhando pelo lado errado do binóculo de Penny.

De uma coisa eu tinha certeza, antes de perder totalmente a consciência: quando as portas do elevador se abriram e ouvi dizerem meu nome, vi alguém saindo do elevador.

Alguém alto e descabelado.

O Sombrio Misterioso.

E então, misericordiosamente, não senti mais dor. A escuridão me tomou, e eu dormi.

⊰ CAPÍTULO 5 ⊱

Quando abri os olhos novamente, não sabia onde estava. Não era no meu quarto, em casa, nem em uma das duas camas de casal espremidas na cabine que eu dividia com Penny.

Eu estava em uma cama imensa no meio de um quarto elegantemente mobiliado com mais ou menos o tamanho das salas de estar e jantar da nossa casa juntas. Mas, em vez de uma única porta de vidro deslizante para a varanda minúscula da nossa cabine, o quarto tinha janelas que iam do chão ao teto em uma das paredes. As longas cortinas roxas estavam abertas, revelando um céu tão melancólico quanto o mar agitado abaixo dele. Uma chuva forte e que parecia gelada fustigava o vidro, mas não senti frio. Cobrindo-me, havia lençóis luxuosos e macios — muito mais macios do que os da nossa cabine — e cobertores que pareciam feitos de cashmere... Provavelmente porque eram mesmo.

No meio da colcha roxa escura havia uma elegante e grande letra *P* costurada.

— Como está se sentindo? — perguntou a voz de alguém que estava sentado em uma cadeira na parte mais escura do quarto.

Era uma voz grave e muito masculina. Normalmente, eu teria ficado com medo de acordar sozinha em um quarto com uma voz daquelas saindo do escuro.

Mas a voz era muito gentil. Lembrou-me uma voz que ouvira antes. Só não conseguia me lembrar de quando.

— Acho que estou bem — falei, começando a me sentar.

A voz me alertou, apressadamente:

— Eu não faria isso se fosse você...

Tarde demais. Uma dor ricocheteou na minha cabeça. Fechei os olhos e afundei nos travesseiros de plumas.

— Ah. — Levei a mão ao rosto. — O que houve comigo?

— Não se lembra? — A voz agora estava cheia não só de gentileza, mas também de alarme. Parecia que seu dono tinha se aproximado, chegando perto da cama. Eu não podia olhar, porém, porque a dor me obrigava a manter os olhos bem fechados.

— Não — respondi. — Quero dizer, eu me lembro do que aconteceu. — Como poderia esquecer aqueles momentos apavorantes no corredor perto do elevador, o som de ossos esmagados? — Mas por que minha cabeça dói tanto?

— Ah. — A voz ficou menos alarmada. — O Dr. Loomis, o médico deste navio, acha que você deve ter batido a cabeça em alguma coisa quando caiu. Ele deu alguns pontos. Nada com que se preocupar, segundo ele.

— O médico do navio? — murmurei. Ainda de olhos fechados por causa da dor, tateei na minha cabeça até localizar o ponto sensível onde estavam as suturas. *Nada com que se preocupar.* Marcel certamente ia ficar preocupado quando eu voltasse a Nova York para minha próxima sessão de fotos e eles não conseguissem fazer meu cabelo porque eu tinha pontos no cocuruto.

— E eu estou na... na... — Como foi que Penny chamou aquilo quando leu o folheto enquanto eu me maquiava? Ah, sim. — Na enfermaria?

Durante o breve vislumbre que tive do ambiente, achei que o quarto não parecia de nenhum hospital que eu conhecia. Mas aquele era o *Enchantment of the Seas*, então, quem poderia saber?

— Não — respondeu a voz grave, agora parecendo se divertir um pouco. — Está no meu quarto, na verdade. Espero que não seja um problema. Você esteve na enfermaria, mas tiveram de transferi-la para acomodar todos os passageiros que desmaiaram devido à desidratação resultante do enjoo. No fim das contas, eles não conseguiram se desviar da tempestade tropical. O Dr. Loomis disse que considera você um dos pacientes *menos* graves agora...

Era informação demais para absorver. Embora eu tivesse conseguido abrir um pouco os olhos, era impossível vê-lo com clareza, porque minha cabeça doía demais e não havia uma única luz acesa no quarto, apesar do dia tão lúgubre.

— Teríamos levado você para seu quarto — continuou ele. — Mas tive alguma dificuldade para entrar em contato com sua *ECE*...

Eu não sabia do que ele estava falando.

— Minha o quê?

— Sua *Em Caso de Emergência* — disse ele. — A pessoa que preencheu o formulário de embarque como seu contato de emergência. Penelope Whittaker? Ela não atendeu o celular e não parecia estar no quarto que vocês devem estar dividindo...

— Ah — falei vagamente. — Penny. Sim. Penny e eu decidimos ser a ECE uma da outra, já que agora somos irmãs. Foi ideia de Penny. Ela deve estar com Gus em algum lugar... Acho que eles disseram que iam fazer escalada. — Semicerrei os olhos para a janela. — Espero que seja indoor.

— Hmmmm — ponderou ele. — Não tenho como saber. De qualquer modo, o Dr. Loomis achou melhor você ficar aqui. Ele acredita que é possível que você tenha sofrido uma leve concussão, e não queria deixá-la sozinha. Alguém deve ficar de olho em você de tempos em tempos para saber se não entrou em coma... Mas, considerando o ronco, o coma me parece improvável.

Meus olhos se abriram rapidamente de alarme.

— *Ronco*?

Ele riu. Estava de pé, de costas para o vidro, então eu ainda não tinha conseguido ver as feições dele direito, mas agora reconheci de imediato a silhueta, não só da varanda em que o vi parado antes — que, se eu não estava enganada, ficava bem do outro lado das janelas —, mas também de quando ele saiu por aquelas portas de elevador e puxou Raul de cima de mim. Longilíneo e magro, com uma cintura atlética e peito e ombros impressionantes, além de uma cabeleira despenteada que precisava de corte, em torno da cabeça como uma aurora escura.

Era o Sombrio Misterioso.

Ofeguei, como Penny fez quando reconheceu Gus Stanton, mas por motivos muito diferentes. Um medo frio me atingiu quando me lembrei do esmagar de ossos.

Ele deve ter lido minha expressão — eu, definitivamente, não estava rindo de sua piada —, porque disse com um tom nem um pouco leve:

— Só estava brincando. Você não ronca. Parece um anjo quando dorme, na verdade. Também parece um anjo acordada. Mas é claro que a famosa Belle Morris não precisa ouvir isso de mim.

— Não... Não é isso. — Seria minha imaginação, ou ele ficava na sombra de propósito para eu não ver seu rosto? — É só que... É que...

Mas o que eu ia dizer, poxa? O que eu *poderia* dizer? Desculpe, mas eu vi você bater violentamente — com as próprias mãos — no homem que estava me atacando, ou foi só minha imaginação?

— O que houve com suas roupas? — perguntou ele. — É o que quer saber?

Retesei-me e baixei a cabeça. Eu vestia um pijama masculino muito grande que nunca vira na vida. Costurada em um bolso sobre o seio esquerdo estava a letra *P* em preto.

— Seu vestido de noite rasgou — disse ele — e havia sangue nele. O médico achou que você ficaria mais confortável se trocasse de roupa. Quando não conseguimos entrar em contato com sua ECE, dei um pijama meu à enfermeira para vesti-la. Mandei o vestido para a lavanderia. Acham que talvez possam consertar o rasgo e remover as manchas de sangue.

Acho que ele deve ter percebido minha expressão, porque acrescentou:

— Foi a enfermeira que trocou sua roupa. Não precisa se preocupar. Dr. Loomis e eu não vimos nada.

Senti o rosto começar a esquentar.

— Eu não ia dizer que achava que tivessem visto.

— Mas estava pensando nisso — disse ele.

— Não, não estava.

— Então por que ficou vermelha?

— Não estou vermelha. Como sabia quem eu era para entrar em contato com Penny... Ou tentar, aliás? Além do fato de eu ser a famosa Belle Morris — acrescentei, devolvendo a ele a descrição que fez de mim.

— Encontramos sua chave e identidade na bolsa — disse ele. — A tripulação procurou.

Ah. Bom, isso provava que em uma coisa eu tinha razão: ele era inteligente e engenhoso. Se era gentil ou não, ainda era preciso descobrir.

— Quem é você? — perguntei. — Por que está fazendo tudo isso por mim? Abrindo mão do seu quarto... do seu pijama... das suas férias... por uma completa estranha? Não faz sentido nenhum. O que quer de mim?

Sua voz perdeu qualquer gentileza. Era fria como gelo quando ele perguntou:

— O que a faz pensar que quero algo de você?

— Porque nenhum homem é assim tão amável. — Eu estava tão cansada e minha cabeça doía tanto... Ainda assim, lembrei-me dos alertas da Dra. Ling. *Uma coisa é fantasiar. Recusar-se a enfrentar a realidade porque tem esperanças de algo que jamais existirá é outra inteiramente diferente.* — Era você na noite passada, não era? Saindo do elevador? Quando eu... Quando eu... — Nem me atrevia a dizer, *quando aquele cara horrível me atacou, e depois ouvi seus ossos sendo esmagados?* Em vez disso, continuei: — Quando bati a cabeça?

Acho que foi a pergunta errada, porque ele pareceu se afundar ainda mais nas sombras.

Daquela vez, quando me sentei, torcendo para ter um vislumbre de seu rosto antes que o cabelo escuro o escondesse e ele se virasse, só o que vi foram suas costas enquanto ele ia para um canto escuro.

Do lado de fora das janelas, o vento uivava e a chuva era furiosa.

— Eu *sei* que era você ontem à noite saindo do elevador — repeti.

— E se fosse? — Sua voz, saindo das sombras, parecia quase inumana.

— Preciso lembrar que o Dr. Loomis disse que você pode ter tido uma concussão? Então, no seu lugar, não confiaria demais nas minhas lembranças do que aconteceu ontem à noite.

— Mas — retorqui, desconcertada. — Mas...

— Mas o quê? Mas e aquele homem com quem você estava, aquele do corredor? — perguntou ele. Sua voz ficou dura. — Ele também está na enfermaria, só que preso. Teria sido expulso do navio, mas a tempestade está forte demais para um helicóptero pousar. A polícia o estará esperando para efetuar a prisão quando chegarmos ao próximo porto.

Minha cabeça latejava. Estendi a mão para massagear a testa.

— Não é... Não era o que eu queria...

— Não podemos ter um homem assim andando pelo navio, Belle. Se fez isso com você, fará com outra. — Ele demonstrava impaciência. — Além disso, não está mais em suas mãos. Há câmeras de segurança nos corredores. Tudo o que ele fez com você foi gravado.

— Ah, não — falei, desesperada, porque isso significava que tudo o que *ele* fez com Raul também foi gravado.

— Pensei que ficaria aliviada — disse ele.

— Claro que não. Agora todo mundo vai saber. A notícia vai se espalhar para todos os lados.

— Oh. — Agora ele parecia decepcionado. — É verdade. Imprensa marrom. Pensei que a famosa Belle Morris não fosse o tipo de garota que liga para essas coisas. É difícil evitar artigos sobre você, e, a julgar por tudo o que li a seu respeito, pensei que seria superior a tudo isso. Mas acho que eu devia saber que você não é nada diferente de todas as outras garotas que têm exatamente a mesma aparência que você.

— Não estou preocupada com o que as pessoas vão dizer *de mim*. — Eu teria atirado alguma coisa nele, se pudesse enxergá-lo e minha cabeça não latejasse tanto. — Não acha que a essa altura já estou acostumada com esse tipo de coisa? Eu estou preocupada com *você*. Você não quebrou a perna dele? Sei o que ouvi. Provavelmente você vai ser preso quando chegarmos ao porto. Vão prender nós três. Eu bati na cara dele com os sapatos.

Houve um momento de silêncio. Depois ele soltou uma gargalhada. Riu por tanto tempo que no fim acho que estava até chorando.

— Não se preocupe, Belle — disse por fim, depois de se recuperar. — Você não será presa. Ninguém vai ver o vídeo. Pelo menos, ninguém que importe. A empresa tem uma política rigorosa de privacidade quando se trata de seus passageiros. E estamos em águas internacionais. Raul não vai falar nada por um bom tempo; o queixo dele está quebrado também. Duvido que alguém vá acreditar em alguma coisa que ele disser quando estiver em condições de falar. E eu certamente nunca contarei a ninguém, se você não quiser.

Aliviada, comecei a me perguntar se a Dra. Ling estaria enganada.

— Sério?

— Claro. Não seria exatamente do meu interesse, seria?

— Eu... Eu... — Não sabia o que dizer. Mas precisava falar alguma coisa. — Obrigada. De verdade. Foi a coisa mais legal que alguém já fez por mim... Bom, em muito tempo. Talvez desde sempre.

— Não acredito nisso. — Todo o rancor tinha desaparecido de sua voz. Ele era gentil de novo.

— Acredite. É verdade.

— Se for mesmo verdade, foi uma das coisas mais tristes que já ouvi.

— Minha vida é muito triste — admiti. — Quero dizer, olhe para mim, estou em um cruzeiro e tive uma concussão.

— Bem, as coisas estão começando a melhorar para mim — disse ele. — Estou sentado aqui com a famosa Belle Morris enquanto ela está em um cruzeiro com uma concussão.

— Ah, ha ha — falei com sarcasmo.

— E, por falar nisso... — Ele pegou algo que estava em uma mesinha ao lado. — O médico me pediu para ligar quando você acordasse, para que ele possa passar aqui e "avaliar seu estado", como ele próprio falou. Se você tiver sorte, talvez traga uns comprimidos para sua dor de cabeça. Então é melhor eu ligar para ele agora. Com licença.

Ele pegou um celular, que acendeu quando ele apertou um botão e o levou ao rosto.

No início, pensei que devia estar imaginando coisas, ou no mínimo vendo. Afinal, tinha levado uma pancada na cabeça. Ele não falou se fizeram uma ressonância magnética. Talvez houvesse uma rachadura no meu crânio que permitia que coisas que li nos meus livros favoritos saíssem de fininho do meu subconsciente para a realidade. Talvez o médico do navio tenha chamado de concussão "leve" algo muito mais grave, e eu estivesse começando a sofrer de alucinações.

Mas depois ele se virou por um instante na direção das vidraças para ver melhor os números que apertava, provavelmente sem ter consciência de que eu o observava — ou que tinha me recuperado o suficiente para vê-lo melhor. Embora a luz fosse muito fraca, eu podia ver com perfeição.

E eu sabia que o que via não era alucinação. Não estava imaginando nada. O que via não era obra do meu subconsciente.

Era real demais.

O mesmo horror que senti no corredor quando ouvi os ossos de Raul se quebrando me tomava agora como uma onda fria do mar, gelando até o meu âmago e provocando a volta da minha dor de cabeça com a intensidade de uma facada.

Então, ao me recostar de novo nos travesseiros, com a escuridão clemente se fechando sobre mim e encurtando meu campo de visão, não me importava mais quem ele era. Isso não me preocupava em nada.

Em vez disso, enquanto afundava na inconsciência, só o que me perguntava era o *que* seria ele — homem ou monstro?

❖ CAPÍTULO 6 ❖

Ah, olha. Ela está acordando.

— Ouvi a voz de Penny antes de abrir um dos olhos e vê-la. Ela estava curvada sobre mim, com um enorme sorriso.

— Bom dia, dorminhoca. Adivinha o que eu trouxe? Suco de laranja. Feito agora, bem aqui neste quarto.

Cautelosamente, abri o outro olho. Não sentia dor.

Mais importante, descobri que, quando girei a cabeça e olhei em volta, não havia sinal *dele*.

Eu ainda estava no mesmo quarto, mas ele não estava lá. Só havia Penny e um enorme carrinho carregado de pratos, potes e travessas, com tampas prateadas (gravadas com a inevitável letra *P*) para manter a comida quente. Senti cheiro de bacon.

— Que horas são? — perguntei, um pouco tonta, sentando-me. Ainda não sentia dor nas costas e na cabeça. Era um bom sinal. E todas as lâmpadas do quarto estavam acesas. Outro bom sinal. — O que você está fazendo aqui?

— Que horas são? — repetiu Penny. — Devia perguntar que *dia* é.

— Por quê? Quanto tempo fiquei dormindo?

Ela olhou para um enorme relógio esportivo de ouro que tinha no pulso. Era novo. Pelo menos, eu nunca tinha visto.

— Quarenta e oito horas. Mas isso é bom. O médico receitou repouso total por pelo menos uma semana, então você só precisa ficar deitada mais cinco dias.

— Ah, meu Deus — falei, atordoada. — O papai e Vivian devem estar tão preocupados.

— Bom — retrucou Penny, devagar. — Eles ficariam, se soubessem o que aconteceu.

Arregalei os olhos. Isso também não me provocou dor.

— Penny! Eles não sabem? Como assim eles não sabem? Você não contou?

— Bom — disse ela, passando-me o prometido copo de suco de laranja. Estava tão gelado que as laterais do copo suavam e tive de segurar com as duas mãos para não escorregar. O suco tinha um sabor incrivelmente fresco, como Penny prometera. — Eles também não estão se sentindo muito bem — continuou. — Então, decidi que era melhor não incomodá-los. O médico disse que, a não ser por um pequeno desmaio que teve ontem de manhã, você está indo muito melhor do que eles...

Quase engasguei com o suco.

— Penny! O que houve com eles?

Ela assentiu para as janelas.

— É essa tempestade. Todo mundo no navio está botando as tripas para fora, inclusive mamãe e papai.

Acompanhei o olhar dela. O céu do lado de fora estava cinza-escuro. A chuva passara, mas o mar ainda estava agitado o bastante para ter espuma nas marolas.

— Não dá para sentir o navio balançar daqui — disse Penny, olhando com apreço o quarto bem-iluminado —, porque esta é a Suíte Real, o ponto mais alto no navio... Além da sala de controle, é claro, e a tirolesa. Pode acreditar, quanto mais baixo você vai, mais ele balança. Eu estou bem, é claro, porque nunca fico enjoada. Mas mamãe e papai nem conseguem sair do quarto sem vomitar. Então imaginei, por que sobrecarregá-los com toda a história de você ter escorregado e caído quando eles já se sentem tão mal? Só vai deixar os dois preocupados sem necessidade nenhuma. Você está em ótimas mãos. Agora, quer *french toast* ou ovos de café da manhã?

Precisei de um segundo para processar o que ela havia contado.

— Como, eu *escorreguei e caí*? — Coloquei com cuidado o suco de laranja na mesa de cabeceira. — Foi isso o que o médico contou a você?

— Não — disse Penny, levantando-se e indo ao carrinho de serviço de quarto. — Foi isso o que Adam me disse. Ele falou que te encontrou no corredor naquela noite, depois que você escorregou por causa dos saltos durante a tempestade. A gente se sentiu tão mal por ter deixado você voltar sozinha para a cabine. Não foi, Gus?

— Sentimos mesmo.

Olhei em volta, assustada. Pela primeira vez, percebi que Gus Stanton estava em um dos sofás de couro preto, a pouca distância de mim. Eu não o havia visto porque o sofá ficava de frente para a janela, e Gus estava deitado, inteiramente escondido pelo encosto. Então ele se levantou e acenou para mim, com um videogame portátil nas mãos.

— Peraí — falei, ignorando Gus. — Quem é Adam?

Penny riu ao começar a tirar as tampas das travessas do serviço de quarto.

— É seu salvador, claro. O Sombrio Misterioso! Esta suíte é dele. Foi ele quem encontrou você quando caiu e chamou o médico. Não é uma coincidência muito estranha? Quando percebi que era o mesmo cara com quem você estava flertando na varanda no primeiro dia, quase *surtei*.

— Peraí — repeti.

Meus ferimentos não doíam, mas era informação demais ao mesmo tempo, e minha cabeça rodava.

— O nome dele é Adam? E ele falou que eu escorreguei no corredor? Foi só o que ele disse que aconteceu?

— Claro. Por quê? Aconteceu mais alguma coisa? — Sua expressão ficou preocupada, e ela abaixou a tampa que tinha acabado de erguer. — Belle, aconteceu *mais alguma coisa*?

— Não — respondi rapidamente. — Não, claro que não. Nada.

Nada, exceto que ele havia salvado a minha vida — na verdade, mais do que simplesmente a minha vida. Ele me salvou de ser atacada sexualmente, depois manteve toda a história em segredo, simplesmente porque pedi a ele.

— Tem certeza? — perguntou Penny, desconfiada. — Porque o Gus acha toda essa história muito estranha...

— Na verdade, fiquei agradecido ao cara — interrompeu ele, do sofá. — Penny e eu temos a sua cabine toda para nós desde que você saiu. Meu colega Alex conheceu uma garota no cassino e eles andam usando meu quarto como se fosse...

— Belle, não dê ouvidos a ele — interrompeu Penny, ficando vermelha.

— Quando estiver pronta para voltar para a cabine, será bem-vinda. Adam disse que talvez seja hoje.

— Então você conheceu... Adam — falei, cautelosa.

— Claro! — respondeu Penny animada, ao mesmo tempo em que Gus falava o contrário.

Olhei de um para outro, confusa.

— Bom, a gente não o *conheceu* — explicou Penny. — Não pessoalmente. Mas falei com ele por telefone umas mil vezes. Ele é superlegal.

— Ele é superesquisito — disse Gus, sem tirar os olhos do celular.

Olhei alarmada para Gus. Sua avaliação combinava perfeitamente com a minha. A lembrança do que Adam tinha feito com Raul — e o que vi sob a luz da janela quando ele se virou — me fez tremer.

— Ah, Gus, para com isso — disse Penny. — Ele não é esquisito.

— Ele é — falou Gus com certa autoridade. — Que tipo de cara daria um lugar desses a uma garota se não esperasse alguma coisa em troca?

Hummmm. Era exatamente o que eu pensava com meus botões.

— Tem um quarto de hóspedes no andar de baixo — observou Penny. — Ele dorme lá. Dei uma olhada; a cama está desarrumada e as roupas, jogadas por todo o quarto. — Sob o meu olhar acusativo, ela exclamou: — Bom, você não achava que eu não daria uma volta por aqui! Quando é que eu teria a chance de entrar em uma Suíte Real? É *linda*, aliás. Tem até uma mesa de sinuca.

— Que ele não usa — queixou-se Gus. — Não tinha giz nenhum nos tacos. E não tem um único videogame à vista. Nem aparelhos de musculação. Só *livros*. — Ele gesticulou para um que encontrara na mesa de centro. Parecia pesado e difícil. — Pior ainda, livros de medicina. Sobre *doenças*. — Gus estremeceu antes de deixar o livro na mesa e voltar ao jogo. — O cara é superesquisito, sem dúvida.

Penny olhou feio para ele.

— Gus — disse ela em uma voz de alerta. — As férias da minha irmã já foram estragadas. Não precisa piorar tudo sugerindo que o cara de quem ela está a fim é um monstro simplesmente porque gosta de ler. Belle também gosta.

Ele pestanejou, depois olhou para mim, arrependido.

— Epa. Desculpe, Belle. Eu esqueci.

— Está tudo bem, Gus.

Penny, claramente, não sabia nem metade da história. Adam podia ser verdadeiramente um monstro. Por que ele tomava tantas precauções para nunca mostrar seu rosto e não estava presente quando Penny e Gus estavam aqui?

Eu sabia o motivo: porque eles desmaiariam de pavor ao vê-lo, exatamente como tinha acontecido comigo.

Agora eu também sabia por que ele não estava no salão de jantar na primeira noite e por que tinha a Suíte Real, com serviço de quarto e funcionários exclusivos; Adam nunca precisava sair do duplex. A não ser...

— Onde está Adam? — perguntei, cautelosa.

— Ah, quando ele ligou esta manhã, disse que tinha umas coisas a fazer — respondeu Penny.

— Deve ter ido comprar mais alguns livros — disse Gus.

Ela lhe lançou um olhar exasperado, mas estava claro que o adorava e, a julgar pelo olhar dele para ela — e o imenso relógio de ouro que dera para Penny —, o sentimento era mútuo.

— Ele disse, quando ligou — falei, para saber se tinha entendido bem —, que achava que quando eu acordasse estaria pronta para ir embora?

— Foi o que ele disse — respondeu Penny.

Em outras palavras, ele estava me expulsando porque eu tinha visto o rosto dele e desmaiara na mesma hora.

Bom, eu me expulsaria também.

— Sinceramente, Belle — Penny se aproximou da cama e afundou ao meu lado —, pensei que você ficaria emocionada com tudo isso... Parece algo que aconteceria a uma das heroínas desses livros que você lê. Sabe, a garota faz um cruzeiro romântico, conhece o homem dos seus sonhos, o cara resgata a garota depois que ela cai dramaticamente... E se algum médico *me* colocasse sob ordens de fazer repouso absoluto, eu iria querer que fosse em um quarto desses, e não em uma cabine horrível como a nossa. Sabe quem espremeu as laranjas do suco, bem neste quarto? O *mordomo* de Adam.

— O Sr. Worth — disse o Gus com um falso sotaque britânico.

Se Penny e Gus tentavam fazer com que eu me sentisse melhor, não conseguiam.

— Ainda assim eu acharia que na vida real a coisa toda era meio esquisita — continuou Penny, ignorando ele. — Tipo o que você disse sobre levar os homens à loucura com... Bom, você sabe. Agora que eu realmente fiz isso, entendo que você não faria o mesmo com alguém que não gosta também.

— Ei — disse Gus —, do que estão falando?

— Nada — respondeu ela. — Só estou dizendo, o que sabemos sobre Adam, de verdade, além de que ele gosta de ler?

— É verdade — falei, sentindo-me estranhamente amargurada. — Nada. Nada... apenas que ele salvou minha vida.

Na minha mente, ouvi o sino do elevador quando as portas se abriram, depois uma voz dizendo meu nome, *Belle*.

E então ele quebrou a perna do outro cara — e o queixo. Mas fez aquilo para salvar minha vida.

Não pediu nada em troca.

E como agradeci? Desmaiando ao ver seu rosto.

Não admira que ele me quisesse fora de sua suíte.

— Mas o Gus deve ter razão — continuou Penny, afagando minha mão. — Quero dizer... Não acredito que Adam seja um stalker, mas, se mamãe e papai soubessem, acho que diriam que a gente deve ir embora.

Suspirei. Lá se foi o Sombrio Misterioso. Lá se foram minhas férias. Lá se foi a minha vida.

— Eu não... Não sei como vou fazer para agradecer a ele — murmurei.

— Ah — disse Penny. — Essa é fácil. — Ela se curvou e pegou um papel timbrado do *Enchantment of the Seas* na mesa de cabeceira, assim como uma caneta. — Escreva um bilhete de agradecimento a ele. Minha mãe sempre diz que é a coisa educada a se fazer. Escreva que o verá mais tarde em um dos restaurantes, talvez no cinema ou coisa assim.

Mordi o lábio. Eu sabia que não veria Adam em nenhum restaurante, *nem* no cinema.

— Enquanto isso, nem precisamos esperar por uma cadeira de rodas nem nada — disse Penny, animada. — O Gus pode carregar você para a cabine. Não pode, Gus?

Gus jogou o game de lado e se levantou, flexionando os bíceps em uma exibição impressionante de masculinidade.

— Posso carregar você *e* Belle — declarou ele. — Tranquilo.

Não pude deixar de rir um pouco. Era tudo absurdo demais.

Ainda assim, meu pai tinha feito um bom trabalho. Gus podia não fazer o meu gênero, mas, para Penny, ele era o par perfeito.

— Que bom. — Ela ficou aliviada. — Você está sorrindo. Então, quer ir agora? Ou depois do café? Acho que devemos ir depois do café da manhã. Seria grosseria não comer, porque Adam teve todo o trabalho e a despesa de pedir.

— Uma grande grosseria. — Gus se levantou para pegar um prato.

Seria um alívio ir embora com Penny e Gus, decidi. Eu não teria de ver o Sombrio Misterioso de novo, nem me preocupar com o que faria se olhasse mais uma vez seu semblante inquietante.

É claro que, se eu fosse, talvez nunca soubesse a verdade por trás daquele triste mistério, mas eu tinha certeza de que não queria saber.

Além disso, ele não me deixou opção. Basicamente tinha me expulsado.

Olhei o papel timbrado que ela me entregou. Tinha o mesmo *P* roxo da colcha que me cobria e das tampas prateadas que Penny retirava das travessas de comida... E notei, quando olhei para baixo, que o bolso do pijama imenso que eu usava...

O pijama *dele*.

— Penny — comecei, pensativa. — Ainda tem um daqueles folhetos que pegamos quando fizemos o check-in?

Ela ficou surpresa.

— Claro. — E retirou um, muito amassado, do bolso de trás dos jeans, estendendo-o para mim. — Pode ficar com ele. Eu praticamente decorei. O que queria saber?

— Diz aí se os passageiros VIP recebem um pijama de cortesia da Royal Prince Cruise Lines como parte das conveniências?

Com a boca cheia de bacon, Penny falou:

— Não. Acho que não. Você recebeu pijama de cortesia no Camarote Presidencial, Gus?

Ele fazia um bom progresso no prato de *french toast* que tinha se servido.

— Não. Mas não sou exatamente um passageiro VIP. Sou só importante, e não *muito* importante. Por quê?

— Eu só estava conjecturando — respondi. Mas não estava só conjecturando. Minha mente disparava a mil por minuto. De repente, coisas que nunca fizeram sentido começavam a fazer... Ou fariam, se eu tivesse razão.

— Qual é o sobrenome de Adam?

Os dois se olharam com uma expressão vaga.

— Sabe que ele nunca disse? — respondeu Penny.

Claro que não.

— Mas tenho certeza de que se escrever só o nome dele no envelope do bilhete de agradecimento — disse Penny, feliz — vai ficar tudo bem.

Assenti e deixei o papel e a caneta de lado.

— Sei disso — eu disse. — Mas, se não tiver problema para você, gostaria de ficar mais um pouco e esperar que ele volte. Assim, posso agradecer pessoalmente.

Ela ficou preocupada.

— Tem certeza, Belle?

Eu nunca tive menos certeza de nada na minha vida, mas concordei com a cabeça.

— Eu vou ficar — declarei.

— Ah — disse ela, animando-se. — Que bom. Não porque eu queira a cabine só para mim — acrescentou rapidamente —, mas porque gostei mesmo de Adam e acho que você também ia gostar, se o conhecesse um pouco melhor.

Ela não fazia ideia de como eu já o conhecia... E o quanto a ideia de conhecê-lo melhor me apavorava.

Mas talvez a Dra. Ling tivesse razão — de novo —, e eu tivesse uma ou duas coisinhas a aprender sobre julgar os homens pela aparência.

⊰ CAPÍTULO 7 ⊱

ntes eu achava que tinha sorte por ter Penny como amiga e meia-
-irmã, mas eu *verdadeiramente* acreditei nisso naquela manhã.
Depois do café, ela me ajudou a levantar da cama e entrar no
enorme banheiro da suíte, e ainda ficou por perto para ver se eu não "daria
outro escorregão" (palavras dela) durante o banho.

Ela até tentou escovar e arrumar meu cabelo (com o cuidado de não
mexer nas suturas do Dr. Loomis) e me ajudar a passar gloss e maquiagem.
Declarou que o hematoma nas minhas costas "não estava tão ruim" quando
dei uma olhada no espelho de corpo inteiro com moldura dourada (que
tinha uma TV de tela plana embutida, é claro) e quase gritei, mas nós duas
sabíamos que era mentira.

Depois de eu vestir uma calça de ioga e uma camiseta que ela me trou-
xera para usar quando fosse voltar ao nosso quarto, eu me despedi dela e de
Gus, dizendo que telefonaria assim que estivesse pronta para ser buscada
novamente e acompanhada à nossa cabine. Gus ficou especialmente indeciso
com minha permanência ali.

— O problema é todo seu — disse ele, apesar do olhar feio de Penny.

O triste era que nenhum dos dois sabia que ele não poderia ter dito nada
mais verdadeiro.

Depois que eles saíram, peguei uma xícara de chá na bandeja do carrinho
de serviço de quarto e me sentei no sofá no qual Gus estivera recostado.
Havia uma manta roxa e macia dobrada em uma ponta do sofá, então a abri
e cobri meus pés descalços — notando que também trazia o logo do *P* da
Royal Prince Cruise Lines —, percebendo em seguida o livro que Gus tinha
dito que Adam estava lendo. Intitulava-se *Correção de cicatrizes e queloides* e
era mesmo muito pesado.

Arrastei-o para meu colo e comecei a folhear. Não era uma leitura leve, nem tinha imagens bonitas, mas me esforcei até ler o suficiente para entender.

E então me senti tomada de vergonha. Adam não era um monstro — bom, exceto talvez quando lutava com bêbados que pretendiam abusar de mim.

Peguei o folheto que Penny me dera e abri a capa, começando a ler. *A Royal Prince Cruise Lines é uma companhia norte-americana fundada por...*

— Muito bem, senhoras. — Perdida na minha leitura, assustei-me com uma voz de homem. Não tinha ouvido ninguém entrar na sala. — Tirem o carrinho de serviço de quarto e comecem pela cama. Quando terminarmos, não quero que reste nenhum vestígio da jovem, entenderam?

Coloquei-me de pé em um salto, jogando a manta de lado e deixando cair no chão o livro de medicina e o folheto.

Mas não precisava ter me preocupado. Não era Adam. A voz — acentuadamente britânica — pertencia a um homem de rosto redondo e terno cinza. Ele ficou assombrado ao me ver.

— O-ora, Srta. Morris — gaguejou, as maçãs do rosto vermelhas. Havia duas mulheres com ele, ambas com uniformes de camareira. Ficaram surpresas ao me ver também, porém mais de uma maneira irônica do que chocada. — Não sabia que ainda estava aqui. Peço desculpas. Eu não a vi.

— Está tudo bem — falei.

Então ele queria se livrar de qualquer vestígio meu, não é? Bom, eu não podia culpá-lo. Comportei-me de uma forma terrível com o empregador dele, mas ia compensar. Não sabia como, mas estava decidida a ajeitar as coisas.

— Tive a impressão de que sua irmã viria buscá-la de volta para seu quarto — disse o mordomo rigidamente.

— Ela buscou — respondi. — Quero dizer, ela veio. Mas quis ficar para me despedir de... Adam.

Por que era tão difícil dizer seu nome? Talvez porque eu estivesse sendo tão boba.

— Ah. — O mordomo relaxou um pouco. Acho que ele pensava que eu ia tentar me mudar para lá ou coisa assim, porque eu era uma caça-níqueis, assim como todas as mulheres bonitas. — Acredite, Srta. Morris, isso não é necessário. O Sr. Adam compreende, mas não será possível vê-lo hoje; está se distraindo no cassino. Assim, permita-me pedir uma cadeira de rodas ao Dr. Loomis e eu a acompanharei a seu quarto agora...

— Não. Senhor... Worth, não é? — Quando o mordomo assentiu, continuei, dando um passo para a frente. — Pode pedir a cadeira de rodas se quiser, mas só vou sair depois de vê-lo. Eu sei, Sr. Worth. — Olhei-o com firmeza, para ele entender o que eu queria dizer. — Sei o que aconteceu com Adam. Então sei que ele não está no cassino. Sei que ele está por aqui em algum lugar. É melhor trazê-lo aqui agora ou terá que chamar a segurança para se livrar de mim. E tenho certeza de que não quer isso.

Toda a cor sumiu do rosto do Sr. Worth. As maçãs do rosto não pareciam mais tanto maçãs, e sim bolinhos passados.

As camareiras atrás do Sr. Worth estavam com os olhos arregalados de empolgação. Não era todo dia que entravam na Suíte Real e encontravam uma modelo famosa ameaçando um de seus superiores e dizendo que ele teria que chamar a segurança para expulsá-la.

— Entendo — disse Sr. Worth, extremamente infeliz. — Bem, se é assim que prefere, creio que não tenho alternativa.

— Não mesmo — garanti.

Ele suspirou e se virou para as duas camareiras.

— Vamos, senhoras — disse ele. — Limparemos o lugar depois. Estou certo de que não demorará muito.

As camareiras assentiram e o seguiram, lançando-me vários olhares de esguelha ao partirem. Eu tinha certeza de que essa história correria por todo o navio em uns cinco minutos... A parte que elas sabiam, pelo menos.

E então a porta da Suíte Real se fechou, e fiquei sozinha novamente. Mas por quanto tempo?

Engoli em seco, perguntando-me no que eu tinha me metido. Será que estava louca? Nem disso eu tinha certeza. Minha teoria se baseava na suposição, não em resultados anteriores, como papai sempre fazia no laboratório.

Por outro lado, eu não imaginara nada daquilo. Tinha a sensação de que a Dra. Ling teria orgulho de mim. Isto é, até as luzes se apagarem, e a Suíte Real mergulhar na escuridão.

✦ C A P Í T U L O 8 ✦

No início pensei que o navio tivesse sido atingido por um raio, provocando uma interrupção na energia, mas não tinha ouvido trovão algum. A única luz era a que se infiltrava pelas janelas, o céu cinzento pairando sobre um mar cor de carvão.

Depois ouvi a porta do quarto se abrir e fechar, e percebi que a falta de energia não tinha nada a ver com a tempestade. Tinha sido *ele*.

Senti uma estranha onda de emoções: medo mesclado com pena, mas com uma saudável dose de raiva; tudo ao mesmo tempo.

— Não precisava apagar as luzes. — A minha voz saiu um pouco mais alta do que eu pretendia no ambiente silencioso. — Já sei como você é. Eu vi, lembra?

Ele era uma silhueta alta perto do carrinho de serviço de quarto. Apesar da precaução de apagar todas as luzes na suíte, eu distinguia muito bem os detalhes do rosto dele, porque daquela vez *eu* estava de costas para a janela e o *Enchantment of the Seas* agora navegava pela beira da tempestade tropical.

— Sei que me viu — disse ele, naquela voz grave de que me lembrava muito bem. — Mas pensei em poupá-la ao máximo de reviver aquele momento, uma vez que lhe causou tanta angústia antes.

Seu tom não era amargurado nem sarcástico. Ele declarava o que lhe parecia um fato.

— Isso não é justo — falei. — Você mesmo disse que, segundo o médico, eu sofri uma leve concussão. Eu não estava me sentindo bem e tinha acabado de passar por uma experiência assustadora, e você deixou todas as luzes apagadas por pura vaidade...

— *Vaidade?* — ecoou ele, indignado.

— Você me ouviu bem. Ficou tão preocupado de eu não gostar de você pela sua aparência que nem me deixou vê-lo.

— Ora essa, e eu tinha razão, não tinha? No segundo em que viu meu rosto, você desmaiou.

— É verdade, porque você estava tão estranho e misterioso, mantendo tudo às escuras por aqui, que pensei que fosse uma espécie de...

— Monstro.

Agora ele estava amargurado. Como se já tivesse ouvido essa palavra.

Não foi preciso nenhuma imaginação minha para deduzir que ele provavelmente a ouvia de crianças pequenas — e talvez outras nem tão pequenas assim — aonde quer que fosse. Eu podia ver as cicatrizes no lado direito do rosto e do pescoço, feias e dolorosas, mas estava claro que ele tinha deixado o cabelo crescer para tentar escondê-las.

Agora, porém, eu sabia o que elas eram e também o que as causara, então não me davam mais medo. E como finalmente pude ver seus olhos — gentis e castanhos, quando não faiscavam para mim ou alguém de quem ele sentisse raiva —, eu sabia que ele não era mais monstro do que eu.

— Você não é um monstro. — Aproximei-me dele para pegar sua mão. — Venha se sentar no sofá comigo por um minuto. Quero conversar com você.

Ele recuou, quase derrubando o carrinho de comida.

— O Sr. Worth disse que só queria se despedir. — Os olhos castanhos estavam cheios de apreensão enquanto ele tentava endireitar as travessas que tinha virado.

— Sim, bom, o Sr. Worth é um completo mariquinhas — falei, e peguei sua mão, segurando-a com firmeza. Também tinha cicatrizes, como o lado direito do rosto, mas a pele parecia completamente normal, embora meio áspera.

No minuto em que meus dedos tocaram os dele, Adam ficou paralisado, olhando para mim de cima como se eu fosse uma ameaça muito, mas muito pior para ele do que Raul era. Talvez, de certa forma, fosse, mas não era a minha intenção. Dava para ver a pulsação batendo forte na veia do seu pescoço. Esperava que ele não pudesse ver a minha. Se visse, saberia que, apesar da frieza com que agia, eu estava morta de medo.

— O que é um mariquinhas? — perguntou ele, por fim.

— Não sei — admiti. — Mas a famosa Belle Morris está lhe pedindo para se sentar no sofá e conversar com ela. E ela devia estar de repouso absoluto, lembra? Toda essa agitação pode não fazer bem a ela. Então, acho melhor fazer o que ela quer, não?

Ele sorriu — só um pouco. Quando fez isso, pude ver uma sugestão do garoto bonito que devia ter sido antes do acidente que o havia desfigurado.

— Eu seria um tolo se não obedecesse. — Ele me levou pela Suíte Real até o sofá que desocupei quando ouvi o Sr. Worth entrar.

Ao ver o livro que tinha caído no chão, porém, seu sorriso se desfez.

— Ah. Vejo que esteve lendo durante minha ausência.

Sentei-me, dando um tapinha no lugar ao meu lado, mas ele não aceitou a oferta.

— Eu não me chamaria de especialista no assunto — comentei com leveza. — Pelo menos ainda não. Mas estou supondo que você sofre de algo chamado queloide. São crescimentos anormais na pele que ocorrem em torno de áreas que foram cortadas ou machucadas. Até agora estou certa?

Ele assentiu lentamente, com os olhos castanhos parecendo avermelhados na luz mais forte, agora que estávamos perto da janela. Seu olhar para mim era muito intenso, e os dedos seguravam o encosto do sofá.

— Sim — disse ele. — Foi um acidente de carro há algum tempo. Meus pais me deram uma Ferrari quando fiz 16 anos. Deviam ter esperado até eu ser um pouco mais maduro... tipo com uns 60. Felizmente só eu me machuquei.

Estremeci.

— Lamento muito.

Ele deu de ombros.

— A culpa foi minha. Eu estava me exibindo. Tive sorte de não morrer.

— Mesmo assim — argumentei, me sentindo mal por ele. — Não é justo. Li no livro que os médicos não sabem por que algumas pessoas formam queloides e outras não. Algumas famílias... e grupos étnicos... parecem mais predispostos geneticamente a eles, não é isso?

Ele sorriu de novo, mas daquela vez parecia amargurado.

— Sim. Outro dom transmitido pelos bons e velhos mamãe e papai.

— E a cirurgia para removê-los é...

— Só é eficaz em 15 por cento dos casos, sim, porque a cirurgia provoca tecido cicatricial, e o tecido cicatricial pode levar a uma reincidência do queloide. — Ele enfim contornou o sofá para se sentar ao meu lado. — Puxa, você gosta mesmo de ler. Provavelmente tem memória fotográfica também, não é?

— Na verdade, não. Bom, só quando o assunto me interessa.

— A famosa Belle Morris está me dizendo que *eu* sou do interesse dela? — perguntou ele, ansioso, inclinando-se para mim.

Coloquei a mão aberta em seu peito largo e o empurrei.

— Eu não ficaria animado tão rápido, se fosse você. Ainda temos que discutir a questão do seu pijama.

— Meu pijama? — Ele ficou perplexo. — O que meu pijama tem a ver com isso?

Peguei o folheto que Penny me dera do chão, onde eu o deixara cair, e li em voz alta.

— "A Royal Prince Cruise Lines foi fundada pela família Prince de Miami, Flórida, uma das poucas empresas que restaram na América atual que ainda pode afirmar ser orgulhosa e independentemente de propriedade familiar." E, como deve saber, há uma foto da família Prince na contracapa.

Mostrei-lhe a foto. Era antiga, mas o menino que abria um grande sorriso entre um homem e uma mulher bonitos — e outro casal mais velho, certamente seus avós — e dezenas de outros parentes, todos com camisas polo com a letra *P* elegantemente costurada no lado esquerdo, era claramente Adam.

Ele xingou em voz baixa.

— O pijama — disse ele. — Esqueci do pijama. Então ele me entregou.

— Não, Adam *Prince* — retruquei, séria. — O pijama foi a única coisa que não entregou você. Como pode ter saído do elevador no exato momento em que eu era atacada por aquele porco? Estava me observando pelos monitores de segurança, a que certamente tem acesso porque seus pais são donos do navio?

Ele parecia estar abalado... um pouco *demais* para ser sincera.

— Eu nunca abusaria dos meus privilégios dessa maneira. Mas... Bem, sempre há alguém observando os monitores de segurança dos corredores e, naquela noite, quando você parecia ter problemas para encontrar o caminho de volta a seu quarto, eles me chamaram...

— Arrá! — exclamei. — Eu sabia! E imagino que chamem você para ajudar *qualquer* garota neste navio que pareça ter problemas para encontrar o caminho de volta ao seu quarto.

Ele agora encarava o chão. Não me olhou nos olhos.

— Não — disse ele em voz baixa. — Só no seu caso.

— Bom, isso é... É simplesmente... — Eu não conseguia pensar em nenhuma palavra que resumisse meu completo horror ao ouvir isso. Eu desconfiava. Mas ele admitir? — É loucura. Você nem me conhecia.

— Talvez não — confessou ele, ainda olhando fixamente para o chão. — Não tão bem como agora. Mas não pretendia deixar que você me visse. Só ia segui-la para ter certeza de que voltaria ao seu quarto bem. Só que, quando estava a caminho, eles ligaram e disseram que você estava sendo atacada. Não poderiam fazer com que ninguém da segurança chegasse a tempo. *Eu* estava mais perto. Não tive alternativa a não ser fazer o que fiz. Fiquei com tanta raiva quando vi o que aquele animal fez com você.

Sua voz era cortante, quase dolorida, como o hematoma nas minhas costas.

— Eu pensei... Pensei... — Ele se interrompeu, batendo o punho de leve no joelho. — Sei que agora parece ridículo. Fui um tolo. Mas, na hora, quando estávamos rindo juntos aqui no meu quarto sobre você ter batido seus saltos em Raul, eu *quase* pensei que podia me safar. Pensei que você poderia realmente gostar de mim.

Eu gostei, eu queria dizer. *Gostei* de você. Mas não agora, quando ele provava que o Gus tinha razão. Ele era *mesmo* um stalker.

— Mas você nem me conhecia. Não antes. A não ser...

Belle. Ele disse meu nome. Sabia muito bem quem eu era.

— Você *estava* me olhando da varanda no primeiro dia, quando zarpávamos das docas, não estava? Ah, meu Deus. — Uma nova ideia apavorante me ocorrera. — Você me deu o upgrade. Para a Suíte Presidencial. Foi *você*, e não a empresa, não foi?

Seu sorriso era triste.

— Sim. E você deu o quarto para seu pai. Eu devia saber que faria algo assim. É o tipo de coisa que você sempre faz. Eu devia ter separado *dois* camarotes. Quando pensei nisso, já havíamos vendido tudo. Mas não pode me acusar de não tentar.

— Adam. — Meneei a cabeça, mal o escutando. Estava tão confusa. Só queria ligar para Penny e pedir para ela me buscar, então voltar a nossa cabine padrão e morrer de tanto chorar. — Desculpe. Mas não vê como isso é horrível? À sua própria maneira, fazer essas coisas por mim é tão doloroso quanto eu gritar ao ver você. Eu não mereço receber upgrades por parecer uma modelo mais do que você merece ser maltratado por parecer... bem, um monstro. A aparência não significa nada. Não representa o que a pessoa é *por dentro*.

— É o que você acha? — perguntou ele, horrorizado. — Que eu fiz essas coisas por causa de sua *aparência*?

— O que mais devo pensar? — Eu era incapaz de reprimir as lágrimas, fraca por causa da minha suposta concussão, sem dúvida, e enterrei o rosto nas mãos para escondê-las.

Mas, a uma alteração na voz dele, levantei a cabeça, e vi que ele me olhava com uma expressão tão cheia de consternação que era de se pensar que eu o havia esfaqueado.

— Belle, sei que não mereço nem mais um minuto de seu tempo — disse ele —, e você provavelmente nunca acreditaria nisso, mas tenho que dizer assim mesmo. Tive muito tempo para ler no hospital enquanto me recuperava do acidente e das muitas cirurgias que fiz depois disso, e digamos que leio muito rápido, então às vezes ficava sem livros. Quando meus pais não conseguiam me abastecer com rapidez suficiente, eu lia o que as enfermeiras tinham à mão... Em geral revistas de moda e beleza. Não era o material mais empolgante do mundo, especialmente para um garoto, mas uma coisa que sempre me fascinou, e pela qual comecei a ansiar, eram as matérias sobre você. Uma garota que só começou a ser modelo porque um dia foi descoberta por um fotógrafo na rua, depois largou a escola e foi trabalhar porque era a única maneira de pagar as contas da família, uma vez que o pai tinha sido demitido enquanto cuidava da mãe, que morria de câncer no cérebro?

Eu o olhei, atordoada. Nem acreditava no quão mal o julgara. Quando ele disse que "leu sobre mim", supus que era uma espécie de stalker — e não um garoto se distraindo do tédio em um leito de hospital, disposto a ler artigos bobos sobre mim nas revistas de moda... "Banalidades", costu-mávamos chamar.

Mas, para mim, a triste história da morte da minha mãe não era nada banal, e aparentemente também não era para ele.

— Belle, sabe que tipo de idiota eu me sentia — continuou ele —, lendo sobre o que você passou nos últimos anos, tendo que largar a escola, que sei que você adorava, para trabalhar e sustentar sua família, fazendo um traba-lho que você detesta, enquanto eu ficava correndo e batendo Ferraris, depois com medo de assustar criancinhas com minha estúpida cara de monstro?

Não pude deixar de sorrir um pouco com seu tom, apesar das minhas lágrimas.

— Não — respondi. — Que tipo de idiota se sentia?

— Um bem grande. Enorme... Sempre que lia outro artigo sobre você... E olha que foram muitos, porque você nunca tirava uma folga. Tenho certeza de que são suas primeiras férias em uns três anos... eu me sinto o maior idiota do mundo.

— Bem. Que bom. Porque você é meio idiota *mesmo*.

Ele colocou a mão no peito e pestanejou.

— Ai, isso foi cruel. Não tem nenhum queloide no meu coração, sabia? Está inteiramente desprotegido.

Semicerrei os olhos para ele. Eu ainda não sabia se o perdoava ou não. Era tudo muito estranho.

— Seus pais sabem alguma coisa sobre isso? — perguntei, desconfiada.

— Claro que sabem — disse ele. — Tive que explicar a eles por que parti para São Paulo tão de repente em um dos nossos navios. Em geral usamos aviões... Particulares, é claro, para eu não assustar os outros passageiros.

— Pare de falar coisas assim. — Eu estava pouco à vontade.

— O quê? Que assusto as pessoas? — Ele me olhou, surpreso. — Mas é verdade. Eu assustei você.

— Sim. Mas talvez não assuste mais. E talvez, se não insistisse em ficar na sombra, não assustaria.

— Hummmm — disse ele, com o mais leve dos sorrisos. — Talvez toda essa história não tenha sido em vão, afinal. — Antes que eu pudesse pro-testar, ele apontou para o exemplar de *Correção de cicatrizes e queloides* no chão. — Há um médico em São Paulo que seu pai diz que eu devia procurar. Ele usa uma técnica a laser. Supostamente, o laser produz um resultado ligeiramente melhor na remoção de queloides do que a cirurgia.

— Peraí um minutinho — interrompi. — Você falou com o meu *pai*?

Ele hesitou, provavelmente notando o ceticismo na minha voz.

— Bom, você não tira férias há anos. Sempre está correndo para uma sessão de fotos em algum lugar. Tive que conseguir que parasse de algum jeito.

— Então ofereceu a lua de mel de graça ao meu pai em um dos cruzeiros de sua família. — Agora eu já ouvira tudo.

— Em troca do que ele soubesse sobre os últimos avanços na correção de queloides — disse Adam, na defensiva. — Sim. Ele foi um dos maiores pesquisadores no campo, você sabe. O trabalho de laboratório dele com radioterapia é considerado um dos mais avançados do mundo. É uma pena que o tenham demitido. Estou montando um laboratório novo, com o dinheiro dos meus pais, é claro, para o seu pai continuar a pesquisa.

Eu o olhei sem acreditar. Agora sabia que meu pai nunca pretendeu me juntar com Gus Stanton. Era Adam Prince o tempo todo.

Eu não sabia se ia sacudir ou beijar meu pai assim que ele se recuperasse o bastante para sair da cama. Provavelmente as duas coisas.

— Não sei se a cirurgia a laser dará certo, é claro. — Adam deu de ombros. — Ou a radioterapia de seu pai. Mas nenhuma das duas pode piorar nada. E é estranho, mas estou começando a não me importar tanto como antigamente. De qualquer modo, meus pais vieram nessa viagem. Querem ver como tudo vai acontecer. Estão na Suíte Imperial, aqui ao lado.

Meu queixo caiu.

— *Estão*?

Ele pareceu se divertir.

— Onde acha que eu estava quando me convocou?

Senti meu coração parar um segundo. Os pais dele estavam na suíte vizinha o tempo todo?

— Você disse a eles que desmaiei quando o vi?

— Como você mesma falou, havia circunstâncias atenuantes. E não, eu nunca contaria a ninguém algo tão deselegante sobre você.

— Bom. O Sr. Worth sabe. Parece que ele me reprova.

— O Sr. Worth só sabe que eu disse que você queria sair da Suíte Real — disse Adam.

Era minha imaginação, ou as nuvens de tempestade começavam a se dissipar, permitindo que um pouco de sol enfim nos alcançasse?

— Pode ser — falei, devagar. — Pelo menos... na hora.

De repente, Adam, assim como o céu, começou a parecer um pouco menos sombrio.

— Como meus pais e o restante da tripulação deste navio — disse ele —, o Sr. Worth só me quer feliz. E desde o acidente eu me esforço para merecer a boa vontade deles. Estive tentando ao máximo parecer menos o velho Adam Prince egoísta e mais a famosa Belle Morris. Pode não ter consciência disso, mas, segundo tudo o que li e vivi, ela é extremamente gentil e, mais importante, muito compreensiva.

Foi só então que percebi que seu braço tinha se esgueirado para minha cintura. Pensei em afastá-lo, mas a sensação era boa... Como se fosse onde sempre deveria ter estado, na verdade.

— Sim — disse eu. — Bom, da próxima vez que quiser conhecer uma garota, pode tentar simplesmente se apresentar em vez de criar toda essa confusão.

— Não vai haver uma próxima vez. — Seu abraço ficou mais forte. — Vai?

Olhei para ele. Não era minha imaginação. O sol sem dúvida aparecia. Um raio tinha rompido as nuvens e iluminado o rosto dele, mas Adam não pareceu perceber. Não estava mais no escuro.

Mas ainda era meu, e só tinha olhos para mim.

Toquei seu rosto.

— Espero que não — respondi, e o beijei.

Nossos lábios mal haviam se separado quando a porta do quarto de Adam se abriu de repente e ouvi Penny chamando, sua voz carregada de alarme.

— Belle? Belle, onde você está?

Fiquei de joelhos para ser vista acima do encosto do sofá.

— Estamos bem aqui. O que houve?

— Ah, Belle, graças a Deus. — Penny, aliviada, veio correndo pela lateral do sofá, com Gus em seus calcanhares. — O mordomo de Adam ligou e disse para a gente vir agora mesmo, que havia algum problema. Você está...

Ela se calou, parando tão abruptamente ao ver Adam que Gus esbarrou nela. Ele estava prestes a reclamar quando seu olhar também se fixou nele. Então seus olhos se arregalaram.

— Mas que...

— Gente — falei, com rapidez suficiente para abafar qualquer palavrão que com certeza Gus diria. — Eu estou bem, como podem ver. Este é o Adam.

Ele ainda estava com o braço direito ao meu redor. Retirou-o para estender a mão na direção deles.

— Oi — falou, com um sorriso. — É um prazer finalmente conhecê-los.

Penny foi a primeira a retribuir o cumprimento, embora estivesse em uma espécie de torpor.

— Oi. — Ela olhou, hesitante, de Adam para mim e de volta para ele. — Eu sou... Sou a Penny.

— Eu sei. — Adam ainda sorria. — Reconheci sua voz do telefone. E você deve ser o Gus. — Estendeu a mão para ele depois que Penny a largou. — É um prazer. Sou um grande fã seu.

— Tá — disse Gus, pegando a mão de Adam e dando um aperto forte demais, no estilo Gus Stanton. — E aí. O que houve com a sua cara?

— *Gus* — sibilou Penny, mortificada.

— Está tudo bem — disse Adam gentilmente para Penny. — Estou acostumado. E lamento se o Sr. Worth assustou você. Ele tende a ser meio superprotetor. Belle e eu tivemos um... desentendimento antes, mas, como pode ver, nos acertamos. — Ele olhou para mim e sorriu. Em resposta à pergunta de Gus, disse: — Sofri um acidente de carro.

Gus, que olhava duro para Adam, comentou:

— Queloides, né? Um cara do meu time também tem, mas não são tão feios quanto os seus. Deve ser um saco.

— É mesmo — disse Adam. — É um saco. — Senti seu braço direito voltar à minha cintura. — Mas ultimamente as coisas começaram a melhorar.

Tive que morder o lábio para não soltar uma gargalhada.

— Bom — disse Gus, virando-se para Penny. — Parece que está tudo bem por aqui. Podemos ir agora? Vamos chegar atrasados para nossa reserva na tirolesa.

Penny ainda olhava de mim para Adam, como se não conseguisse acreditar no que via.

— Não, não podemos ir agora — respondeu ela a Gus. — A tirolesa pode esperar. Não perguntamos à Belle o que *ela* quer... Belle, quer ficar aqui? Porque podemos levar você de volta à cabine, sem problemas. Ou a qualquer outro lugar. Pode ir na tirolesa com a gente. É o que você quer?

— Olha, obrigada por perguntar, Penny — falei, incapaz de tirar o olhar dos olhos escuros, e agora também divertidos, de Adam. — Mas acho que vou ficar aqui com Adam um pouco mais, se não tiver problema para você. Eu ainda tenho que ficar de repouso absoluto, sabe?

— Ordens médicas — concordou Adam, com falsa solenidade.

— Ah — disse Penny, chocada. — Bom, se é o que realmente quer...

Gus pegou a mão dela e começou a puxá-la para fora do quarto.

— Pelo amor de Deus, Pen, é claro que é isso que ela quer! Belle achou o namorado rato de biblioteca dos sonhos dela. Olhe para eles, foram feitos um para o outro. A modelo e o monstro.

— *Gus!* — Penny ficou vermelha. — Gente, sinto muito, sinto muito de verdade...

Observei Adam para ver se parecia chateado, mas ele encarava os dois com um sorriso alegre.

— Belle, me liga depois — pediu Penny, enquanto Gus a puxava para a porta. — Tá? Quem sabe a gente pode jantar um dia desses...?

Gus fechou a porta antes que eu tivesse a chance de responder.

Preocupada, olhei para Adam.

— Tudo bem com você? Sinto muito por isso. O Gus tem a sensibilidade de uma colher de chá.

— Claro que estou bem — disse ele, apertando-me mais. — Por que não estaria? Acabo de ser convidado para jantar com a sua meia-irmã, que parece estar namorando Gus Stanton, um dos cinquenta melhores jogadores de futebol do mundo.

Franzi a testa para ele.

— Sabe muito bem do que estou falando. Do que ele nos chamou... A modelo e o monstro?

— Ah, isso — disse ele, e curvou-se para beijar meu pescoço. — Preciso admitir que estava prestando mais atenção na outra coisa que ele falou... Algo sobre eu ser seu namorado rato de biblioteca dos sonhos.

Tentei não rir, mas parece ser surpreendentemente difícil se conter quando um cara de quem gosta está beijando seu pescoço.

— Não me lembro dessa parte — menti.

— Não lembra? — perguntou Adam, recostando minhas costas gentilmente no sofá. — Então, talvez eu tenha que ser o tipo de namorado que faça as coisas por você até que sua memória melhore. Talvez seja bom que as pessoas me confundam com um monstro, se terei que proteger você de imbecis como aquele do corredor. Agora, por onde começo? Por aqui? — Ele me beijou de novo, desta vez no rosto. — Ou por aqui? — Seus lábios encontraram os meus.

Coloquei a mão no rosto dele quando me beijou, tomada de amor por ele. *Meu Sombrio Misterioso*, pensei, feliz, enquanto meu coração batia junto ao dele.

Meu monstro.

CINDERELA POP

Paula Pimenta

Era uma vez uma princesa. Ela morava com seus pais, o rei e a rainha, em um castelo enorme, e de lá via toda a cidade. Todas as noites ela olhava pela janela e ficava admirando a vista, sonhando mil sonhos coloridos. No mais brilhante deles, sempre via um príncipe que ela ainda não conhecia, mas que sabia que morava em alguma daquelas inúmeras luzes que avistava...

Um dia, seu castelo desmoronou, e com ele, toda sua vida.

A princesa teve que reconstruir tudo. Pedrinha por pedrinha. Tijolo por tijolo. Ilusão por ilusão.

Porém, ao abrir uma nova janela, ela viu que não havia sobrado nenhum sonho.

Apenas a realidade.

Que ela percebeu que podia ser ainda melhor...

⧎ CAPÍTULO 1 ⧎

COMUNICADO AOS ALUNOS:

A partir de segunda-feira está expressamente proibido o uso de aparelhos celulares dentro da escola, seja em sala, nos corredores ou mesmo no pátio. Caso o aluno seja encontrado batendo papo, enviando torpedos, publicando fotos, usando o Facebook, conversando no messenger, atualizando o status no Twitter, ou apenas com o celular nas mãos (ainda que desligado), será suspenso por três dias, sem direito à reposição das provas e trabalhos perdidos durante esse período.

Em caso de urgência, o aluno deverá se dirigir à secretaria e pedir aos funcionários que efetuem a chamada telefônica, exatamente como era antigamente, antes de os celulares existirem.

Esse comunicado deverá ser assinado pelos pais.

Atenciosamente,

Dora Lúcia Fontana Cruz
Diretora do Ensino Médio

—Cintia, você tem que explicar pra diretora que o seu caso é especial. Não é como se você quisesse usar o celular pra qualquer um desses fins descritos na circular!

O sinal tinha acabado de bater e o colégio parecia prestes a explodir. O comunicado tinha sido entregue cinco minutos antes, e mais de mil alunos revoltados desciam as escadas, uns gritando, outros xingando, alguns chorando e poucos, como eu, apenas lendo e relendo aquela circular, tentando encontrar uma solução.

A Lara continuava a falar ao meu lado:

— Ela tem que entender que o único horário no qual você pode se comunicar com a sua mãe é esse! O que essa diretora quer? Ser a culpada por você virar uma pessoa cheia de carências causadas pela falta de contato diário, ainda que a distância, com a sua progenitora? Nós sabemos perfeitamente que não é como se você pudesse contar com o seu pai. E quero ver o que vão dizer na secretaria se você pedir para fazerem uma ligação pro *Japão*!

Tentei assimilar o que ela dizia, enquanto lia a mensagem pela décima vez. A Lara estava certa, apesar de saber que a direção da escola também tinha suas razões. O dia anterior havia sido a gota d'água, quando uns alunos da minha sala criaram um aplicativo feito especialmente para colar. Quando o primeiro aluno que soubesse as respostas terminasse a prova, tudo o que tinha que fazer era passar o gabarito para o celular, que, através do tal aplicativo, transmitia a informação para os telefones de todos os outros alunos, devidamente posicionados em seus bolsos. Os colegas, então, sentiriam o *vibracall* repassando as respostas: uma vibração longa para indicar o início. Em seguida uma vibração curta para letra A, duas para B, três para C, quatro para D. Outra vibração longa para sinalizar a próxima questão e novamente vibraçõezinhas com a resposta certa.

Eu, se estivesse no lugar dos professores, daria algum crédito pela engenhosidade. Mas, ao contrário disso, tiraram todos os pontos de participação dos responsáveis pela invenção, e eles só não foram expulsos por já estarmos no final do ano. Além disso, os caras tiveram que pagar o maior mico, indo de sala em sala pra pedir desculpas a todos os alunos pelo fato de a *brincadeirinha* deles ter sido a culpada pela abolição dos celulares. É claro que isso não adiantou nada, e todos os alunos do colégio continuavam querendo matá-los, inclusive eu! Mas, na verdade, acho que a direção da escola exagerou. Poxa, até entendo não permitirem celulares durante as aulas, mas qual é o problema de usá-los nos intervalos, entre um período e outro, ou pelo menos durante o recreio?! Obviamente eu iria reclamar, começar uma reivindicação ou um abaixo-assinado qualquer para que reconsiderassem essa decisão.

E foi o que respondi para a Lara, quando ela finalmente parou de exigir que eu tomasse uma atitude. Claro que eu iria fazer alguma coisa. Afinal, não era como se eu estivesse revoltada por não poder atualizar a minha conta no Twitter para que todos os meus *dez* seguidores soubessem o que eu estava lanchando ou que cor de All Star tinha escolhido naquele dia. Eu realmente tinha um motivo sério! E a coordenação da escola teria que levar isso em consideração. Eu sabia que seria difícil, considerando que a diretora vivia pegando no meu pé. Mas eu ia dar um jeito. Nem que para isso tivesse que tomar uma medida drástica: falar com o meu *pai*.

✦ CAPÍTULO 2 ✦

Você vai telefonar pro seu pai?! — A minha tia me lançou um olhar de incredulidade. — Só espero que esteja preparada pra ouvir um sermão. O seu pai não é do tipo que aceita um tratamento gélido em um dia e no outro já esqueceu, ou que age como se nada tivesse acontecido. Ele com certeza é de guardar rancor. Lembro-me perfeitamente da época em que ele namorava a sua mãe. Os dois ficavam brigados por dias! Quando era culpa dela, então, a coitada ficava de plantão ao lado do telefone, esperando que ele se dignasse a retornar as ligações! Ah, se ela soubesse... Ah se *eu* soubesse! Certamente teria dado um jeito naquele namoro no primeiro dia...

A minha tia continuou a tagarelar para as paredes e nem reparou quando eu me encaminhei, com o telefone sem fio, para o meu quarto. Se eu iria mesmo fazer aquilo, precisaria de muita privacidade.

Sentei-me na cadeira de rodinhas e a empurrei de um lado para o outro, com a antena do telefone na boca, pensando no que falar. Em vez disso, os meus pensamentos voaram para o ano anterior. Exatamente 14 meses antes. Eu ainda morava no apartamento dos meus sonhos. No bairro perfeito, bem perto do shopping, da escola, dos meus amigos...

Eu estava lá, totalmente na minha, trancada no meu quarto, estudando para a prova de Química. Aliás, tentando estudar... Não entendo por que vou precisar de ligações, reações e soluções na minha vida! Quero ser arqueóloga, como a minha mãe. Aliás, segundo o meu pai, a culpa de *tudo* é da profissão dela; acredito que ele ache que até o buraco na camada de ozônio e a devastação da floresta Amazônica sejam culpa dela. Mas o fato é que eu tinha matado o curso de inglês por causa daquela maldita prova. Não que eu quisesse fazer isso. Afinal, o meu amor daquele mês estaria lá e eu daria tudo para ir àquela aula e para ficar repetindo *I love you*, *Kiss me* ou *Let's stay together* por uma hora sem parar enquanto olhava pro João Pedro. Mas, quando você está correndo seriamente o risco de repetir de ano por causa de uma matéria, você não pode se dar ao luxo de perder tempo paquerando o seu colega, seja em que língua for.

E, exatamente por isso, eu estava em casa em um horário que não deveria estar.

A minha mãe estava viajando, como sempre. Poucos meses antes tinha conseguido passar em um concurso que, além de oferecer um ótimo salário, seria muito importante para o currículo dela. Mas no contrato constava que ela precisava estar disponível para viagens interestaduais e internacionais. Ela aceitou, claro. Eu mesma dei força: aquilo seria excelente para a carreira dela e não é como se eu não pudesse me virar sozinha, afinal já tinha quase 16 anos. E, além do mais, eu tinha meu pai. É. Naquela época eu tinha...

Saí do meu quarto para beber água e relaxar um pouco; afinal, meus neurônios já estavam quase fundidos com aquela Química toda. Então ouvi um riso de mulher vindo de algum lugar. Congelei na hora, pois imaginava estar sozinha no apartamento, mas subitamente entendi tudo. Aquilo só podia dizer uma coisa... A minha mãe tinha antecipado a volta da viagem e provavelmente não havia dito nada para me fazer uma surpresa! Ela sabia que naquele horário eu estaria na aula de inglês, e com certeza tinha planejado me esperar na sala, para que, quando eu abrisse a porta, desse de cara com ela lá! Fui lentamente em direção ao quarto dos meus pais, seguindo o som da voz. Como a minha mãe não é de falar sozinha, devia estar conversando no telefone, e eu iria aproveitar para inverter a surpresa... Cheguei devagar e fiquei tentando escutar, mas, bem naquele momento, tudo ficou em silêncio. Por isso só girei a maçaneta, mas a porta não se moveu. Estava trancada.

— Mãe? — falei, franzindo as sobrancelhas.

Aquilo estava meio estranho. Por que minha mãe trancaria a porta se imaginava estar sozinha em casa? Apenas o silêncio me respondeu, e logo em seguida ouvi um farfalhar que parecia ser um barulho de pano. De roupa. De alguém se vestindo. Será que a minha mãe tinha acabado de sair do banho? Mas ela abriria a porta para mim enrolada na toalha sem o menor problema... Comecei a desconfiar que havia alguma coisa errada. Alguma coisa *muito* errada.

— Pai? — falei em uma voz meio estrangulada, com medo de ouvir uma resposta. — Pai, é você que está aí? — perguntei mais uma vez, um pouco mais alto.

Nada.

Girei a maçaneta de novo. Uma, duas, três vezes. Comecei a ficar nervosa. Eu não estava imaginando, tinha escutado uma voz lá dentro. Uma voz feminina!

Comecei a bater na porta. *Esmurrar* talvez fosse uma palavra mais adequada.

— Quem está aí dentro? Eu vou chamar a polícia!

De repente ouvi passos. Olhei depressa para os lados e peguei um bibelô de vidro que servia de enfeite na mesinha do corredor. Aquilo não seria muito útil, mas, se fosse alguma ladra, eu poderia atirar aquilo na cabeça dela e sair correndo.

A porta se abriu e, em vez de uma ladra, vi sim o meu pai, com o rosto vermelho e o cabelo um pouco bagunçado... Ele parecia envergonhado, mas também meio bravo.

— Pai... — falei, apenas para dizer alguma coisa, porque na verdade a minha cabeça estava funcionando a todo vapor, enumerando todas as possibilidades possíveis e empurrando a pior delas para o último lugar da lista. — Que voz de mulher foi aquela que eu escutei? A mamãe voltou mais cedo?

Como meu pai deve ter me achado ingênua... Eu teria até dado uma gargalhada, se estivesse no lugar dele. Mas não. Ele só ficou lá, com aquela expressão meio séria, com a porta entreaberta, tentando impedir a minha visão, que a todo custo queria enxergar o que (ou melhor, *quem*) estava lá dentro.

— Ahn, filha, você não tinha aula de inglês?

Isso foi tudo o que ele teve coragem de dizer. E foram exatamente essas palavras que fizeram com que tudo fizesse sentido para mim. Talvez por estar com todas aquelas ligações químicas na cabeça, foi fácil fazer mais uma, embora não tivesse nada de covalente, metálica ou iônica. Apenas liguei dois e dois. Ou melhor, um e um. Meu pai. E mais alguém.

— Tem uma mulher aí dentro. — Aquilo era para soar como uma pergunta, mas saiu como uma afirmação. Eu tinha certeza. Naquele momento o meu coração já estava batendo forte, e de repente senti mais certeza ainda, pois o meu pai ficou roxo e começou me dar uma bronca por estar matando aula. Típico do meu pai, mudar de assunto para fugir do tópico principal. Como se eu não o conhecesse... Essa era a tática preferida dele quando eu era criança e pedia um bichinho de estimação. Ele simplesmente começava a falar de algum desenho, viagem, boneca... E eu acabava realmente me distraindo e só me lembrava do meu pedido horas depois. Valeu pelo treino!

— Pai, tem alguém aí dentro! — repeti, tentando passar por ele, com uma raiva crescendo dentro de mim pelo que eu já imaginava estar acontecendo.

Ele me segurou com as duas mãos, me mantendo afastada à força, então comecei a dar um pequeno escândalo. Foi naquela hora que ouvi de novo a voz. E então percebi que eu realmente era muito inocente, porque aquele timbre nunca poderia ser da minha mãe. A voz da minha mãe é imponente, grave. E aquela ali era de uma mulherzinha frágil, fresca, afetada... Eu a reconheceria em qualquer lugar, afinal era sempre aquela voz que atendia a cada vez que eu telefonava para o meu pai. Para falar com ele, eu precisava antes falar com ela.

— César, ela já sabe. Não adianta querer tapar o sol com a peneira.

Argh. E ainda por cima ela gostava de frases feitas. Meu pai poderia ter sido mais criterioso. Assustado — provavelmente por imaginar que a tal mulherzinha ficaria muda, escondida dentro do armário ou debaixo da cama —, ele me soltou. Aproveitei para passar pela porta, talvez movida pelo meu lado mais masoquista, que não se contentava em sofrer só com as evidências, que tinha que ver os detalhes para padecer de verdade, com tudo que tinha direito...

Dei um passo para dentro do quarto e lá estava ela. Vestindo apenas a camisa social do meu pai. Deitada na cama da minha mãe. Com um sorriso só dela. Como se ver a expressão de decepção no meu rosto fosse a melhor coisa que tivesse acontecido no seu dia.

Eu a encarei por três segundos e meio, aguentando aquele sorriso falso, engolindo as lágrimas de raiva que faziam força para sair, e então dei meia-volta e só parei quando cheguei perto do meu pai, ainda parado à porta e parecendo estar preparado para separar uma briga que poderia começar a qualquer segundo. Como se eu fosse sujar as minhas mãos...

— Que clichê— falei baixinho, segurando a vontade de gritar. — Nem para trair você tem criatividade. Pode ficar com a sua *secretariazinha*. Mas saiba que a minha mãe você não vai ver nunca mais, porque ela vai saber disso agora... Você não a merece!

Bati a porta com toda a força que consegui reunir e fui depressa para o meu quarto, ouvindo-o dizer que não era o que eu estava pensando e que eu não podia contar para a minha mãe. Porém, *alguém* deve ter impedido que viesse correndo atrás de mim, e por isso tive tempo de pegar uma muda de roupa limpa, o notebook e o celular, jogar tudo na mochila da escola e sair correndo escada abaixo, não sem antes dar uma última olhada no meu quarto cor-de-rosa. Eu sabia que não voltaria ali tão cedo. Só parei de correr quando fiz sinal para um táxi que estava passando, mesmo sabendo que estava sem um centavo no bolso. O taxista perguntou para onde eu queria ir, e só respondi que era para bem longe. Enquanto isso, liguei para a Lara, perguntando se ela teria dinheiro para me emprestar com a maior voz de choro. Ao me ouvir, ela não questionou nada e apenas disse que me esperaria na porta da casa dela. E foi o que fez. Depois de pagar ao motorista, ela me empurrou para dentro, colocou uma caixa de Bis no meu colo e só então perguntou o que tinha acontecido. Contei com detalhes, revivendo novamente aquela cena dolorosa. Ela ouviu com atenção, dizendo apenas que tudo ia dar certo, mas eu sabia que ela estava errada. Nada ia dar certo.

A única coisa certa naquele momento é que eu não queria ver o meu pai nunca mais. Ele tinha morrido para mim.

✦ CAPÍTULO 3 ✦

Um carro buzinando na rua fez com que eu voltasse para o presente. Estava mergulhada nos meus pensamentos, presa em uma viagem no tempo que parecia nunca terminar. Eu já tinha perdido a conta de quantas vezes havia repassado aquela história na minha cabeça. Minha vida se dividia entre antes e depois daquele dia. Era impressionante como tudo havia mudado desde então...

Nunca mais voltei àquele apartamento. A Lara, a minha melhor amiga desde a infância, buscou o que pedi, o que não foi muita coisa, pois não queria nada que o meu pai tivesse me dado (o que no fim das contas era quase tudo). Tomei as dores da minha mãe, como se tivesse sido eu a esposa traída. Mas no fundo era assim que eu me sentia. Meu pai não havia sido infiel a ela, apenas. Ele havia jogado fora a nossa família inteira. Todo aquele nosso mundo perfeito. Destruiu o nosso castelo encantado. E os meus sonhos foram embora com ele.

Era de se esperar que a minha mãe ficasse muito abalada, mas depois do choque inicial, de todos os gritos e lágrimas, ela simplesmente levantou a cabeça e não se permitiu mais ficar triste. Pelo menos não demonstrou. Contratou um advogado para lidar com a papelada do divórcio e mergulhou de cabeça no trabalho, ou seja, passou a viajar mais do que nunca. Ela até perguntou se eu gostaria de largar tudo e me aventurar com ela pelo país afora, mas acho que, com o choque, ela esqueceu o principal... Eu precisava me formar no colégio! No segundo ano do ensino médio, não é como se pudesse simplesmente tirar um ano de folga e sair por aí, brincando de caixeiro-viajante, por mais que aquilo fosse tudo o que eu quisesse fazer.

No começo tudo correu bem, na medida do possível. Passei a morar na casa da minha tia Helena, que era para onde a minha mãe também ia nos

finais de semana de intervalo entre uma viagem e outra. Mas eu acreditava que aquilo seria uma coisa provisória. Imaginei que ela logo se recuperaria e voltaria a viajar apenas de vez em quando, como de costume. Na minha cabeça, era questão de tempo até que nós nos reestabelecêssemos e arrumássemos um novo apartamento... Por isso, quando ela recebeu um convite para trabalhar no Japão durante três anos, foi meio que um choque para mim. Uma coisa era morar com a minha tia por um tempo. Outra completamente diferente era fazer daquele lugar a minha residência fixa.

Não me entenda mal, eu adoro a minha tia. Ela é a irmã caçula da minha mãe — ou seja, nem é muito velha —, e a casa dela até que é legal. Só que é bem diferente daquilo com que eu estava acostumada. Tipo, o meu antigo apartamento era super *clean*, minimalista, e só se viam branco e metálico por todos os lados. Além disso, era bem espaçoso; a gente morava na cobertura. Já a casa da minha tia... Bem, digamos que até hoje encontro cores lá que eu nem sabia que existiam. Ela é desenhista e designer, trabalha com animação digital e é muito bagunceira. Por todos os lados vejo experimentos pela metade, propostas de esculturas, tintas misturadas... Além dos bichos, claro. Sim. A minha tia mora com cinco gatos, três cachorros, galinhas, pombos... e até já vi ratos. Quando apontei, gritando, ela me disse que não eram ratos e sim *camundongos*, e os chamou pelo nome. Depois disso, preferi não reclamar de mais nada, com medo de ferir os sentimentos dela, ou coisa parecida. Afinal, os bichos já moravam lá antes de mim.

Dessa forma, eu nunca tinha pensado na casa dela como um lar definitivo, mas a minha mãe ficou tão empolgada com a história do Japão que eu nem tive coragem de mencionar aquilo. Ela merecia ficar feliz de verdade com alguma coisa, depois da decepção com o meu pai. Além do mais, onde eu estava morando nem era o maior dos meus problemas... Eu estava acostumava a ficar longe da minha mãe por uma semana, duas, às vezes até três... Só que mais de um ano? Não dava nem para imaginar!

Depois que eu nasci, meus pais não quiseram ter mais filhos. Na verdade, minha mãe até quis, mas meu pai achou que um filho só (uma filha, no caso) já era o suficiente. Então a minha mãe sempre foi mais do que apenas "mãe" para mim — ela fazia o papel de irmã também... de amiga. Por isso ela mudar de país me abalou tanto: foi como se, do dia para a noite, eu tivesse perdido tudo. Minha família. Meu lar. Todas as coisas que eu achava que durariam para sempre.

Minha mãe, antes da grande viagem, me fez prometer que tudo ficaria igual, na medida do possível. Estaríamos distantes uma da outra apenas fisicamente, mas ela fazia questão de continuar conversando comigo todos os dias para que a distância geográfica não se tornasse também uma distância emocional. Eu concordei, claro. Porém, naquela época não antevimos um *pequeno* detalhe... o fuso horário. O relógio no Japão está 12 horas à frente do nosso. Quando aqui são 9h, lá são 21h. A minha mãe trabalha pesquisando antigas ruínas em um sítio arqueológico que não tem cobertura de nenhuma operadora de celular, muito menos de Internet. E é lá mesmo que ela mora, em uma espécie de acampamento. O único local por perto que tem qualquer vestígio de civilização é a vila onde ela janta, sempre entre 21h e 22h. Ou seja, exatamente no horário em que eu estou na escola, embora 12 horas atrás no fuso. Por isso, o que eu fazia todos os dias, assim que o sinal do recreio batia, era ligar para ela pelo Skype do meu celular. Então conversávamos por meia hora até que as aulas recomeçassem. Não tanto quanto eu gostaria, mas era tempo o suficiente para matar a saudade. Porém, agora, com a proibição do uso de celulares na escola, eu teria que falar com ela apenas aos finais de semana. E isso para mim era muito pouco...

Isso me fez lembrar o motivo para eu estar com o telefone na mão. Eu teria que falar com o meu pai. Se havia alguém no mundo que poderia convencer a diretora a mudar de opinião e abrir uma exceção para mim, definitivamente a pessoa era ele. O meu pai era muito influente. Sua empresa tinha patrocinado a construção do ginásio de esportes e do laboratório de ciências da escola. Com certeza a direção não negaria uma simples solicitação dele. O único problema era mesmo o fato de que eu teria que falar com ele. E para fazer um pedido, ainda por cima!

O telefone começou a tocar na minha mão. Atendi no primeiro toque; não importava quem fosse, eu desligaria rapidamente, pois era melhor não adiar o inevitável. Se eu tinha que falar com o meu pai, era melhor fazer isso logo, para me livrar o quanto antes. Mas, ao atender, percebi que eu não precisava ter me preocupado. Destino, talvez? Simples coincidência? A questão é que a voz que falou comigo era a mesma que eu evitara por mais de um ano. A que definitivamente eu ainda não estava preparada para ouvir. A que, sempre que eu escutava, fazia questão de colocar o telefone no gancho. Mas daquela vez eu não desliguei.

— Pai?

— Cintia? — ele falou, meio assustado. — Filha, por favor, não desligue!

Fiquei muda por alguns segundos. Eu não ia desligar, mas também não sabia como começar o assunto. Era incrível como eu me sentia tão mais distante dele — que morava na mesma cidade que eu — do que da minha mãe, que estava do outro lado do mundo.

— Cintia, ainda está aí?

Suspirei antes de responder.

— Sim. Estou. Foi bom você ter ligado. Eu precisava mesmo falar com você.

— Jura, minha filha? — Dessa vez, além de surpreso, ele pareceu também aliviado e feliz. — Você vai voltar pra casa? Esperei tanto por esse momento!

— Não é nada disso! — interrompi depressa.

Sou mesmo uma banana! Apesar de tudo o que ele fez, senti certa pena pela empolgação que demonstrou ao pensar que eu tinha mudado de ideia. Resolvi dizer logo o que eu queria.

— Eu não vou voltar. Só queria falar com você porque estou com um problema no colégio. E, antes que você tire alguma conclusão errada, não tem nada a ver com as minhas notas. É que... Bem, a diretora proibiu o uso de celulares, mas é o único horário em que posso falar com a minha mãe... Claro que não faço isso durante as aulas, nunca fiz, mas é que a gente conversa todos os dias na hora do recreio. Se a diretora quiser, pode até guardar o meu telefone no restante do tempo, mas é que realmente preciso falar com a minha mãe e essa é a única hora que posso, por causa do fuso...

Ele limpou a garganta e falou:

— Bom, não vejo motivo para que não permitam isso. Não é como se você quisesse usar o celular para brincar no Twitter ou no Facebook.

Era exatamente o que eu tinha pensado... Ele era tão parecido comigo! Por que tinha que ter feito *aquilo*? Eu realmente gostava de termos as mesmas opiniões. Quero dizer, na época em que ainda conversávamos...

— Cintia —continuou ele —, vou falar sobre isso com a diretora. Mas estou ligando por causa de um assunto mais importante.

Mais importante para quem?

— Sexta-feira é o aniversário das suas irmãs — ele começou a explicar.

— Elas não são minhas irmãs! — interrompi. — Eu não tenho irmã nenhuma, como você deve se lembrar, afinal, sempre fez questão de me dizer que ser filha única era um grande privilégio, por não ter que dividir as atenções e presentes com ninguém...

Ele pareceu meio impaciente, me ignorou e continuou a explicação.

— A festa de 15 anos da Gisele e da Graziele é na próxima sexta-feira, como você deve saber, pois eu enviei o convite há mais de um mês. Bem, o caso é que eu gostaria muito que você fosse. Todos os meus amigos estarão lá e sei que, se você não for, muita gente vai comentar... Mas não é só por isso. Se você for, acho que isso pode marcar um recomeço, uma trégua para nós. Eu quero muito que você aceite a sua nova família. E sei que sua madrasta e as suas irmãs iam gostar que isso acontecesse também...

Eu já ia dizer que não estava interessada e que, pela última vez, elas *não* eram minhas irmãs, mas que diferença ia fazer? Ele que desse para elas o título que quisesse! Eu só queria desligar depressa; afinal, já tinha pedido o que precisava. Mas ouvir meu pai chamar aquelas garotas assim mais uma vez me deixou com vontade de colocar o telefone no gancho e não falar com ele nunca mais!

O fato é que, depois da traição, imaginei que o meu pai fosse correr atrás da minha mãe pelo resto da vida, chorar, implorar, e nunca mais olhar para a cara daquela outra mulher. Ele até fez isso, tipo, por uns *dois dias*. Mas, quando viu que a minha mãe não estava mesmo disposta a perdoá-lo, ele simplesmente convidou aquela *bruxa* para morar com ele! Pior... Não foi só ela, mas também suas duas filhas gêmeas, adolescentes! Para morarem com ele no *meu* apartamento! Tudo bem que eu não ia lá desde aquele dia fatídico, mas ainda assim... Eu havia crescido ali! Tinha sido naquele lugar que os meus pais haviam vivido lindos anos, até aquela piriguete estragar tudo! E agora o meu pai estava praticamente casado com ela, apenas esperando pelos papéis do divórcio para poder formalizar legalmente o enlace. Mas o pior nem era isso... Ele estava tratando as garotas como se também fossem filhas dele. E, como se não bastasse, ainda as havia matriculado na minha escola. Eu tinha que olhar para a cara delas todos os dias, o que inevitavelmente me fazia lembrar de que, por causa da mãe delas, a minha vida tinha mudado tanto. Para piorar ainda mais, as duas falavam mal de mim pra escola inteira, inventavam histórias, diziam que eu me vestia de preto porque gostava de praticar magia negra! Por favor, né? Eu me visto de preto simplesmente porque não vejo mais graça nas outras cores. Mas antes eu soubesse mesmo praticar magia, pra fazer um feitiço que mandasse aquelas duas para bem longe!

— E se eu não for? — perguntei só por perguntar. Eu não iria àquela festa nem se fosse a última do mundo. Além do mais, mesmo que quisesse, não poderia. Eu já tinha outro compromisso para aquela noite.

Ele ficou calado por um tempo e quando falou de novo, estava com a voz bem mais seca:

— Se você não for, eu me recuso a resolver o seu *probleminha*... Não vou conversar com a sua diretora. Pense bem, Cintia. Não custa nada você ir a essa festa e ficar lá por um tempo! Você já tem 17 anos, está na hora de crescer um pouco. Não pode continuar a me culpar eternamente... Eu já pedi desculpas, e você sabe que me arrependi! Mas eu segui em frente, a sua mãe também, e acho que passou da hora de você fazer o mesmo. Estou cansado dessa situação. Portanto, ou você vai à festa, ou fica sem celular na escola. A escolha é sua.

Fiquei calada, mais uma vez com vontade de desligar na cara dele, mas eu conhecia o meu pai o suficiente para saber que estava falando sério.

Ele percebeu que tinha me pegado, pois, antes de desligar, tudo o que disse foi:

— Nada de jeans e tênis. Parece que festas de 15 anos temáticas estão na moda, e o tema que as suas irmãs escolheram foi "Baile na corte". Acho que ficaram meio impressionadas com o casamento daquele príncipe da Inglaterra, não falam de outra coisa há meses. Mas o fato é que quero você vestida de donzela e não como um moleque. Compre o que precisar e mande a conta para o meu escritório.

E, em seguida, desligou.

✦ CAPÍTULO 4 ✦

C i, pelo amor de Deus! Aceite logo a roupa que seu pai quer dar! Não é como se você nunca tivesse se vestido como uma bonequinha... Aliás, pelo que me lembro, você adorava usar vestidinhos, e foi só depois de vir para cá que passou a usar essas calças meio rasgadas e blusas escuras. Espero que ninguém pense que isso foi influência minha! E que mal vai fazer você dar uma passadinha rápida no aniversário? Será que você não sente falta disso, de aproveitar uma comemoração pra variar? Paquerar algum garoto? Você tinha tantas paixões... O que aconteceu com aquele João Pedro do inglês? Você só falava dele um tempo atrás!

Nem respondi. Mas a verdade é que depois da traição do meu pai, eu tinha totalmente deixado de acreditar no amor. Por isso, nem queria mais saber dos garotos que eu costumava achar interessantes. No fundo eu sabia que não passava de paqueras bobas, eu nunca tinha me apaixonado de verdade... Mas agora eu nem queria.

Minha tia continuou com o sermão.

— Atualmente você só vai a festas pra trabalhar. E, se o seu pai quer que você dê uma de princesa, que mal tem? É só por uma noite, o seu tênis não vai fugir.

Eu balancei a cabeça e olhei para ela, sem acreditar que ainda não tinha percebido o problema.

— Vai ser na sexta-feira! — respondi, apontando para o calendário. Havia um círculo vermelho em volta da data.

— Você pode desmarcar um dia de trabalho. — Ela deu de ombros. — O Rafa arruma alguém pra te substituir.

— Tia, você não entende? Ninguém pode me substituir. Essa festa está marcada há dois séculos e meio, e eu já estava montando a *set list* que pediram. Falaram para eu alternar músicas atuais com canções da Disney! Parece que a aniversariante tem mania de princesa... ou algo assim.

O final da frase saiu com a voz minguada. Corri para pegar a minha agenda e verifiquei o endereço do local. Em seguida, peguei o convite que o meu pai tinha enviado e que, por milagre, eu não tinha jogado no lixo imediatamente. Abri-o sob o olhar atento da minha tia.

— Não acredito... — ela falou, meio rindo, ao ver minha cara de desespero. — É a mesma festa? Você vai tocar na festa de 15 anos das *bruxinhas*?

Eu e a minha tia nos referíamos à mulher do meu pai como "bruxa", e, consequentemente, às filhas dela como "bruxinhas". Sempre achamos graça disso, mas dessa vez aquilo não tinha nada de engraçado.

— O que eu vou fazer? Ninguém pode me substituir, tenho certeza! Está muito em cima da hora. Mas, se eu for, vão me reconhecer, e aí o meu pai vai dar um jeito de impedir que eu continue trabalhando. Eu estou perdida de qualquer jeito!

A minha tia só balançou a cabeça e pegou o telefone. Tinha sido o namorado dela, o Rafa, que havia arrumado aquele trabalho para mim. Poucos dias após a viagem da minha mãe (quando eu não tirava os fones de ouvido, para fugir da realidade), ele pediu para ver que tipo de som eu estava escutando. O Rafa foi passando faixa por faixa e, ao final, falou que eu tinha um excelente gosto musical. Ele era DJ e tinha uma empresa de som que trabalhava em festas, e perguntou se eu gostaria de aprender a mixar as músicas e fazer *set lists*. Aceitei na hora, afinal aquilo me distrairia. No final das contas, a distração virou um hobby, que pouco depois virou um emprego. Parecia que eu tinha jeito para a coisa, ou pelo menos foi o que o Rafa falou na primeira vez em que me levou a uma festa em que tinha sido contratado para tocar, e deixou que eu comandasse as picapes por meia hora. Ao final desse tempo, quando retomou o comando, várias pessoas apareceram para elogiar a sequência que *ele* tinha acabado de colocar. A *minha* sequência. E foi então que o Rafa perguntou se eu gostaria de ajudá-lo eventualmente.

A minha tia até que achou bom no começo, pois, depois da separação dos meus pais, aquela era a primeira vez que ela me via empolgada com alguma coisa. Logo depois, porém, começou a se preocupar, porque a cada dia eu ficava mais tempo ajudando o Rafa, que inclusive começou a me pagar pelas horas trabalhadas. Para mim aquilo era uma diversão, mas, para falar a verdade, o emprego não poderia ter vindo em hora melhor. Eu me recusava a aceitar qualquer coisa do meu pai. Ele continuava a pagar a mensalidade da escola, mas mais do que isso eu não queria. Portanto, foi bom começar a ganhar o meu próprio dinheiro. Também não queria explorar a minha tia, e a minha mãe, bem, ela estava muito longe naquele momento.

A tia Helena acabou concordando com o trabalho, desde que eu cumprisse três normas básicas:

1 - Eu só poderia trabalhar aos finais de semana.

2 - Precisava estar acompanhada de um adulto.

3 - Tinha que voltar para casa à meia-noite. Impreterivelmente.

Se eu violasse qualquer uma dessas regras, ela acabaria com aquela história e eu voltaria à minha entediante vida normal.

Tudo estava dando certo até aquele momento. Eu só trabalhava às sextas e aos sábados, estava sempre acompanhada por algum técnico de som conhecido, que ficava responsável pela sonorização do local, o Rafa chegava à meia-noite e assumia o comando, e eu ia embora para casa. Na maioria das vezes, a minha própria tia me buscava. Para o namoro dos dois, inclusive, aquele arranjo tinha sido ótimo. Como o Rafa trabalhava à noite, raramente eles podiam se encontrar nesse horário. Mas agora, pelo menos às sextas e aos sábados até meia-noite, eles podiam namorar como um casal normal...

Mas aquele aniversário iria estragar tudo! O meu pai descobriria sobre o meu trabalho e nunca permitiria que eu bancasse a DJ novamente! Apesar de tudo, ele continuava me controlando, a distância. Mesmo que eu me recusasse a conversar, meu pai sempre dava um jeito de questionar a minha tia sobre as notas e tudo mais. E ele era calculista; não tinha me obrigado a ir ao aniversário das enteadas em troca de uma conversa com a diretora? No mínimo pararia de pagar a escola caso eu insistisse em trabalhar como DJ. Não, ele não podia saber disso de jeito nenhum.

— Rafa, tem alguém pra substituir a Cintia na festa de sexta? Ela tem um compromisso e não vai poder ir.

Interrompi as minhas divagações e comecei a prestar atenção à conversa da minha tia. Comecei a fazer sinal para que ela parasse de falar; se não explicasse a história direito, o Rafa ia pensar que o motivo era uma frescura qualquer e pararia de me contratar!

— Entendo... — A minha tia continuou a conversar sem prestar atenção em mim. — Mas será que ela não poderia passar as músicas para você mesmo tocar? A Cintia realmente tem um compromisso nessa sexta...

Sentei na frente dela, ansiosa para entender o que estava rolando. Depois de se despedir, ela desligou, com uma cara supercontrariada.

— Ele não vai poder te substituir, pois vai fazer o som de um casamento, e os outros DJs da empresa também já estão ocupados. Inclusive, quem vai assumir a música depois que você for embora é uma banda. O Rafa só topou fazer essa festa pelo fato de o contrato ter especificado que seria apenas até meia-noite e porque você disse que podia.

Fiquei olhando para ela, sem dizer nada por um tempo. Ela se sentou à mesa e começou a tamborilar os dedos. De repente, olhou para mim como se tivesse a solução para todos os problemas do mundo.

— Já sei! — Ela até se levantou. — A festa é à fantasia, não é? Então você vai à caráter!

— Tia, você não entendeu... — falei, desanimada. — Quem tem que ir fantasiada de princesa é a Cintia, porque o meu pai exigiu. Como DJ, tenho que estar lá apenas a trabalho! E o trabalho consiste só em colocar músicas e mais músicas para as princesas e os príncipes dançarem. Eu não sou da nobreza, faço parte da plebe e vou para trabalhar!

— Mas em nenhum lugar está escrito que você não pode ir de fantasia. Eles vão achar legal, afinal, até a DJ vai estar no clima da festa! Vou arrumar uma roupa de bobo da corte para você, que esconda todo o seu rosto...

— Franzi a testa, mas, antes que eu reclamasse, ela continuou: — Não se preocupe, não vai ser um bobo da corte tradicional. Você vai ficar bonita, vou arrumar uma máscara veneziana que tape o seu rosto inteiro, exceto os olhos. Ninguém vai saber que é você!

Suspirei. E eu que pensava que aquele fim de semana seria normal. Tudo o que eu queria era chegar na festa sem conhecer ninguém e criar a atmosfera perfeita através da música. Eu me orgulhava de estar cada vez melhor naquilo. No começo das festas, conforme os convidados iam chegando, eu já sacava o estilo da maioria e o tipo de som que combinaria melhor com o ambiente. E então mandava ver. Sempre dava certo. As pessoas dançavam sem parar, pelo menos até meia-noite!

O Rafa de vez em quando me contava que, depois de eu ter ido embora, várias pessoas apareciam para perguntar aonde tinha ido a DJ que estava tocando músicas tão boas. Mas, em vez de ficar chateado ou de entrar em algum tipo de competição comigo, ele ficava feliz por mim e sempre me contava isso com um grande orgulho. Uma vez, inclusive, ele disse que, depois que eu fui embora de uma festa, um dos convidados, já meio bêbado, perguntou quem era a DJ fabulosa que tinha tocado, pois queria me cumprimentar. O Rafa disse que era a DJ Cintia Dorella, e que eu trabalhava apenas até meia-noite. Talvez por estar alcoolizado, ou por causa do meu toque de recolher, ele não entendeu meu nome e falou: "DJ Cinderela?"

Rimos muito, e aquilo foi o suficiente para o apelido pegar entre nós.

Só que, naquela sexta, a DJ Cinderela teria que trabalhar disfarçada...

— Cintia, a questão é que o seu pai exigiu que você fosse à festa, mas não falou o horário — minha tia continuou. — Tudo o que você tem que fazer, quando a tal banda começar a tocar, é correr para o banheiro e trocar de roupa. Então você aparece vestida de princesa um pouco depois da meia-noite. Seu pai vai ficar feliz e vai resolver o problema do celular no colégio. E ninguém vai desconfiar de nada.

Parecia simples nas palavras dela, mas eu sabia que não seria fácil assim. Por outro lado, se eu soubesse que seria *tão* difícil, nunca teria concordado com aquilo! Eu realmente não tinha a menor ideia do que me esperava...

⊰ CAPÍTULO 5 ⊱

BAILE NA CORTE

O conhecido empresário Luiz Otto Dorella patrocinará, esta noite, uma disputada festa no Sollaris Recepções para as enteadas gêmeas, Gisele e Graziele Silva, que estão debutando. A comemoração promete ser um sucesso e repetir o glamour da festa de 15 anos que o empresário promoveu, dois anos atrás, para a filha, Cintia, que na ocasião também foi destaque nessa coluna social. Tudo indica que a noite vai ser realmente magnífica. Além do buffet espetacular de Clementina Cook, o festejo contará com presença de DJs e do ídolo adolescente Fredy Prince. Esperam-se 500 convidados, e as gêmeas estão inclusive recebendo ofertas generosas em dinheiro por um convite. A decoração fica por conta da Verde Água Interiores, que transformou o salão em um verdadeiro castelo, pois o tema da festa é "baile na corte". Felicidades às princesas aniversariantes! ∎

Reclamei pela milésima vez enquanto a tia Helena e a Lara arrumavam a minha roupa. As minhas *roupas*, na verdade. Elas me fizeram vestir as duas fantasias várias vezes, até acharem que estavam adequadas para os papéis que eu teria que representar naquela noite...

Primeiro elas se concentraram na fantasia de bobo da corte, que na verdade não tinha nada a ver com esse personagem. A minha tia havia pintado um vestido para imitar uma carta de baralho — um 10 de Copas, para ser mais exata —, e eu estava parecida com aquelas cartas falantes do filme da Alice no País das Maravilhas. Além disso, ela pegou emprestada com uma amiga atriz uma máscara, metade branca e metade preta, que ela explicou representar a comédia no teatro. Realmente era uma máscara bem risonha, e, com ela no rosto, somente os meus olhos apareciam. Ótimo. Nenhuma possibilidade de alguém me reconhecer, ainda mais na penumbra.

O meu problema maior era com a outra fantasia. De princesa.

— Tinha que ser rosa-bebê? — perguntei, olhando o vestido que a minha tia havia comprado pela milésima vez. Além da cor, ele era bufante e ia até o chão. E, como se não bastasse, parecia que alguém tinha salpicado purpurina em cima dele inteiro! — Por que você não comprou um preto?! E essa sandália da mesma cor?

— O que você queria? Um tênis? Nada disso, o sapato tem que combinar com a roupa. Seu pé não vai cair se você usar salto por uma noite! E escolhi rosa porque preto é a cor que você usa todos os dias da sua vida! — a minha tia respondeu. — E, além do mais, eu estava com saudade de ver você usar roupas femininas. Você costumava se vestir de forma tão delicada, era superligada em moda... Foi só depois da separação dos seus pais que você inventou de ficar de luto, ou sei lá o quê. E quer saber? Foi você quem se recusou a comprar o vestido e falou que eu podia escolher o que quisesse. Optei pelo que achei que realçaria ainda mais a sua beleza. E estou vendo que acertei em cheio...

— Acertou mesmo, você está maravilhosa, Ci! — a Lara disse, afofando ainda mais a saia. — E o melhor de tudo é que esse tecido não amarrota. Você vai poder levar o vestido dentro da mochila! Aliás, pode tirar a roupa agora que já vamos guardá-la. Você tem que entrar na festa com a outra fantasia.

Lembrei-me mais uma vez do plano, com o qual eu acabei concordando depois de concluir que realmente não havia alternativa. Levaria o vestido e, quando fosse meia-noite e banda começasse a tocar, iria rapidamente ao banheiro e me trocaria. Depois discretamente deixaria a minha mochila embaixo da mesa de som e, antes de ir embora, eu a pegaria de volta.

— Que raiva do meu pai! — falei, me sentando para tirar aquela maldita sandália de salto, que já estava machucando o meu pé. — Além de tudo vou ter que escutar a banda daquele ridículo do Fredy Prince!

— Ai, Ci, nesse aspecto eu daria tudo pra estar no seu lugar! — A Lara suspirou. — Pode falar o que quiser, mas as suas irmãs, quero dizer, as suas *meias-irmãs* têm um ótimo gosto! Nem acredito que o seu pai conseguiu que o Fredy Prince tocasse na festa delas. O garoto é maravilhoso, perfeito, um deus! Ele canta, toca guitarra e piano, compõe, atua... O cachê dele deve ter custado uma fortuna. E o mais incrível de tudo é que em todos os shows ele chama uma garota da plateia pra dançar com ele no palco, é tão fofo...

— Um convencido, isso sim! — respondi, finalmente me livrando da sandália. — O cara se acha! Já viu as letras das músicas dele? Ele sempre diz que está esperando por uma garota especial, que tem certeza de que a encontrará algum dia, de repente, que a reconhecerá à primeira vista e que então a tratará como uma princesa de contos de fada, que ela será sua musa inspiradora... Ele simplesmente ilude as fãs. Fala isso só para que as meninas fiquem babando, para deixar cada uma imaginando que é a tal garota que conquistará o coração dele. Até parece! Aposto que fica com todas e mais algumas depois que os shows terminam.

— Para quem despreza tanto o cara, até que você está parecendo muito interessada... — a tia Helena disse enquanto arrumava a minha mochila. — Prestou atenção nas letras e tudo...

— Acontece, tia — eu me levantei, praticamente bufando —, que eu, ao contrário da maioria das pessoas, critico com conhecimento de causa! Procuro saber sobre o assunto antes de falar mal.

— Então, ótimo! Hoje você vai ter a chance de conhecê-lo pessoalmente e confirmar se ele é mesmo isso tudo que você pensa! Entre logo no banho, porque ainda temos que arrumar o seu cabelo e fazer a maquiagem. Assim, na hora da transformação, você não vai ter trabalho algum além de trocar de roupa e tirar a máscara!

Concordei e fiz o que ela pediu. Eu esperava que aquilo tudo acabasse depressa mesmo. Já havia dias que não falava com a minha mãe e agora finalmente faltavam poucas horas para a manhã de sábado. Pelo menos na semana seguinte tudo mudaria: o meu pai teria que cumprir a parte dele no trato — afinal, eu estava fazendo o maior sacrifício para cumprir a minha —, e então eu poderia voltar a falar com a minha mãe todos os dias.

Deixei que a minha tia e a Lara fizessem o que elas quisessem com o meu rosto e o meu cabelo, e depois me vesti de bobo da corte. Pelo menos com essa fantasia eu podia usar o meu All Star preto. Mais cedo inclusive tinha pedido para a minha tia pintar nele os símbolos dos naipes de baralho, para que parecesse que o tênis realmente era parte da fantasia. Ela já tinha desenhado antes umas notas musicais, então ficou até um efeito legal, como se o baralho estivesse dançando ou algo assim. Uma coisa boa de ter uma tia desenhista era isso. Os meus tênis eram sempre os mais originais...

Levei a máscara na mão e, assim que cheguei à festa, a coloquei, para não correr o risco de alguém me reconhecer. Logo percebi que as pessoas tinham levado o tema a sério. Alguém tinha se esforçado bastante para deixar o salão parecido com um castelo. Fui direto para a cabine de DJ, e lá o técnico de som já me aguardava. No dia anterior eu tinha deixado com ele tudo que iria precisar e agora era só fazer a trilha sonora da festa.

Como de costume, comecei colocando músicas mais calmas, para que os convidados sentissem um clima acolhedor ao chegar. Na medida em que a festa foi enchendo, fui acelerando o ritmo. Percebi que muita gente estava dançando e aos poucos comecei a relaxar, já que pelo visto ninguém ia mesmo me reconhecer. Algumas pessoas da escola foram até pedir músicas, e inclusive o meu pai havia passado por mim umas três vezes — em uma delas até olhou na minha direção, o que me fez tremer —, mas passou direto.

Quando só faltava meia-hora para o meu horário terminar e eu já estava me preparando psicologicamente para me transformar em princesa, percebi que um garoto vinha na minha direção. Imaginei que ele fosse pedir uma música, mas de repente reparei que estava usando uma máscara muito parecida com a minha. A única diferença era que, em vez de ter a boca virada para cima, era para baixo.

— Legal a sua máscara! — ele gritou para que eu escutasse, meio se debruçando na bancada que separava a pista de dança do equipamento de som.

— A sua também — respondi no mesmo tom, mas sem nem olhar direito para ele, concentrada em colocar mais uma música para tocar. — Representa a tragédia, né?

Ele ficou alguns segundos sem dizer nada e então perguntou:

— Você faz teatro?

Fiquei meio sem graça, me sentindo uma espécie de impostora. Eu sabia o significado daquelas máscaras apenas porque a minha tia havia explicado...

Só fiz que não com a cabeça e continuei o meu trabalho.

— Você tem um ótimo gosto musical... — ele falou depois de uns cinco minutos, o que me espantou um pouco. Eu estava tão concentrada que nem vi que o garoto continuava ali. Mas se tinha algo de que eu realmente gostava era quando alguém elogiava as minhas músicas. Então sorri, mesmo sabendo que provavelmente ele não veria, por causa da máscara, e agradeci.

— Posso dar uma olhada no seu *set list*? — Ele apontou para a folha impressa com os nomes de todas as músicas que eu tinha planejado para a noite. Concordei e estendi o papel para ele, mas, em vez de pegá-lo, ele deu a volta na bancada e parou ao meu lado, bem atrás da mesa de som, o que me deixou meio assustada. Só então ele pegou a folha. Mas não foi para ela que ele olhou...

— Ei, não é só sua máscara que é bacana! — ele disse, reparando na minha fantasia completa. — Que ideia original! Em uma festa cheia de princesas normais, uma rainha de copas é um belo diferencial! Aliás, uma rainha muito pop! Adorei o seu tênis customizado!

Olhei para baixo, novamente sem graça. Como eu ia explicar que eu não tinha nada de rainha, muito pelo contrário? Aliás, naquele momento, eu finalmente tinha entrado na minha fantasia de verdade! Ninguém estava com mais cara de "boba da corte" do que eu...

— Ah — foi tudo que saiu da minha boca. — Obrigada.

— Frederico.

— Como?

— Frederico. O meu nome é Frederico. Você falou "obrigada", e geralmente a gente agradece e fala o nome da pessoa em seguida. Mas você não sabia o meu nome ainda, senão aposto que teria dito: "Obrigada, Frederico."

Olhei para ele, tão surpresa que quase perdi o ponto de trocar a música. Ele percebeu e perguntou:

— Posso ajudar?

Eu ia responder que não, mas naquele momento fui atraída pelo seu olhar. Senti algo estranho, como se eu já o conhecesse de algum lugar. Meu coração acelerou de uma hora para a outra, e por um momento não vi mais ninguém. Apenas aquele garoto mascarado. Ele era alto, e tinha cabelos castanhos, longos cílios escuros e enormes olhos azuis, que por sinal eram bem expressivos... Ele estava me olhando fixamente, e comecei ter a impressão de que a qualquer momento iria me hipnotizar e descobrir todos os meus segredos. Quando me recuperei, ele já estava mixando uma música na outra. E, surpreendentemente, ele fazia aquilo muito bem!

Balancei a cabeça e perguntei onde ele tinha aprendido a mixar.

— Por aí...— foi tudo que ele respondeu. — E você?

— Que coincidência! — eu disse, tirando delicadamente a mão dele de cima do equipamento e recuperando o meu posto. — Aprendi *por aí* também... Bem que eu vi que te conhecia de algum lugar!

Mesmo com a máscara triste, senti que ele sorriu. E aquilo me fez sorrir também...

— Posso escolher uma música? — Ele balançou a folha com a minha lista, que tinha tornado a pegar.

Por que não? Tanta gente já tinha me feito pedidos naquela noite... Concordei. Eu havia anotado na frente e no verso do papel o nome de mais de 50 músicas, que já faziam parte do meu repertório, mas respeitei o pedido das aniversariantes e inseri também canções de princesas... Porém, eu tinha passado horas procurando versões mais animadas delas e no final tinha gostado tanto que até resolvi inseri-las definitivamente na minha seleção.

```
SET LIST "BAILE NA CORTE"

1. Into Yesterday (Sugar Ray)
2. Fácil (Jota Quest)
3. A dream is a wish your heart makes (Aly & AJ)
4. Proibida pra mim (Charlie Brown Jr.)
5. I kissed a Girl (Katy Perry)
6. Once Upon a Dream (Emily Osment)
7. Vamos fugir (Skank)
8. You Belong With Me (Taylor Swift)
9. Someday My Prince Will Come (Ashley Tisdale)
10. All Night Long (Lionel Richie)
11. Sunday Morning (Maroon 5)
12. Part of Your World (Miley Cyrus)
13. Pro dia nascer feliz (Barão Vermelho)
14. I am the D.J. (Neon Trees)
15. A Whole New World (Stellar Kart)
16. Hey, Soul Sister (Train)
17. Love You Like A Love Song (Selena Gomez)
18. You Get What You Give (New Radicals)
```

Ele passou os olhos pela folha e de repente parou, levantando as sobrancelhas.

— Ei! — Ele apontou para um item da lista. — Essa é uma das minhas preferidas! Pode colocá-la? Por favor?

Não respondi. Apenas dei um jeito de diminuir a música que estava rolando e emendei de imediato na que ele pediu, sentindo uma estranha euforia dentro de mim. *You Get What You Give*, do New Radicals, era uma das minhas favoritas também!

Enquanto isso, me peguei desejando que o garoto tirasse a máscara, para que eu pudesse ver se tinha ficado feliz por eu ter atendido seu pedido. Mas, assim que me virei, ele perguntou:

— Você é DJ há muito tempo? Faz isso muito bem.

— Não muito... — expliquei. — Comecei a discotecar de brincadeira, há pouco mais de um ano. Mas amo tanto fazer isso que acabou se tornando uma profissão. Ele assentiu e disse:

— Entendo perfeitamente.

Nós ficamos um tempo só curtindo a música, e quando estava quase no fim ele voltou a falar:

— Já aconteceu de você colocar uma música muito boa, e de repente ver que as pessoas se empolgaram pra valer, e então você sentir a energia delas voltar pra você e aquilo te empolgar a tal ponto de você querer subir na bancada e dançar?

Olhei para ele meio paralisada, admirada demais para falar qualquer coisa. Ele tinha descrito exatamente o que eu sentia.

— Como você sabe? — perguntei.

Novamente percebi que ele sorriu. Era estranho sentir isso sem poder ver sua boca verdadeira.

— Por dois motivos. Primeiro, porque antes de vir falar com você, já tinha um tempo que estava te observando de longe. Só dava pra ver metade do seu corpo, mas percebi que você estava dançando aqui dentro, totalmente no ritmo. Senti que você estava curtindo de verdade, praticamente se fundindo com a música. Saquei de cara que isso é muito mais do que um trabalho pra você.

Quis responder, mas congelei na primeira frase que ele falou. Ele estava me olhando de longe?

— E a segunda razão é... bem, eu sinto exatamente a mesma coisa.

Consegui abrir a boca para perguntar se ele também era DJ, mas antes que eu fizesse isso ele apontou para o meu relógio e perguntou as horas. Respondi que era quase meia-noite, e ele então falou que tinha que ir para o *backstage*. De repente entendi tudo...

— Ei, você é o responsável pelo som do palco? — perguntei. — Você sabe se o pessoal da banda já está preparado? Porque logo depois que a valsa terminar, eles têm que começar a tocar. Avisa lá para o tal do Fredy Prince que está na hora de parar de comer caviar no camarim e encarar o *difícil* trabalho de iludir garotas bobinhas...

Ele estava meio dançando, mas, quando falei isso, parou no mesmo instante. Aproveitei para olhar se ele estava usando algum crachá ou credencial, mas não tinha nada. Apenas uma roupa de príncipe, exatamente igual à de todos os outros garotos da festa. De diferente ele só tinha mesmo a máscara e... Olhei para o pé dele e fiquei completamente surpresa! Ele estava usando um All Star... preto. Só não era igual ao meu porque a minha tia tinha feito aquela pintura maluca. E um príncipe de All Star eu realmente nunca tinha visto...

— Sim... — ele falou, atraindo a minha atenção para o seu rosto novamente. — Meio que sou o responsável pelo som, sim. Você não gosta da banda que vai tocar? Não acha que o Fredy Prince canta e toca bem?

Eu coloquei a mão na cintura, olhei para os lados e falei perto do ouvido dele, para ninguém mais ouvir:

— Olha... Não tenho nada contra a banda. Mas esse tal de Prince, sinceramente, tenho certeza de que ele usa *auto-tune*. E, além do mais, deve ficar só fazendo mímica em cima da guitarra. Aposto que tem um *playback* tocando no fundo. É esse o seu trabalho? Soltar a música para ele dublar? Pode me contar! Juro que não espalho pra ninguém.

Pelos buracos da máscara, vi que ele arregalou os olhos. Opa. E se, além de trabalhar para eles, ele também fosse amigo dos integrantes da banda? Que fora! Resolvi consertar:

— Desculpa, não é *tão* ruim assim... Mas, se conversar com ele, diga pra parar de fazer essas músicas tão sentimentais! Até parece que ele está apaixonado.

— Ele não está apaixonado... — o Frederico me interrompeu. — Mas já ouvi o *Prince* dizer várias vezes que gostaria de estar. Ele adoraria conhecer uma menina diferente das outras. Que tivesse opiniões próprias. Que se destacasse. Que gostasse das mesmas coisas que ele, mas que ao mesmo tempo o surpreendesse.

Comecei a rir e falei que naquela festa seria difícil, pois todas as garotas estavam exatamente iguais: com vestido longo, coroa e sandália de salto. Suspirei ao lembrar que dali a pouco eu também estaria daquele jeito...

— Tem razão... — ele disse, olhando em volta. — Mas quem sabe, né? Às vezes uma pessoa especial pode estar bem na nossa frente e não conseguimos enxergar pelo fato de ela estar escondida atrás de um disfarce, fingindo ser quem não é...

Fiquei parada, tentando encontrar algum sentido naquilo que parecia uma metáfora, mas ele logo continuou:

— Tenho que ver se os integrantes da banda estão prontos. Pode deixar que vou avisar para subirem ao palco antes de a valsa terminar.

Agradeci e ele foi saindo, mas então se virou e perguntou:

— Como você chama? Não vale dizer o nome de alguma carta de baralho...

— Meu nome é Cin... — Eu ainda estava meio fascinada por ele, por isso quase disse o meu nome verdadeiro. Mas no último instante me lembrei de que ninguém ali podia saber quem eu realmente era. — Cin... derela. Eu sou a DJ Cinderela!

Ele fez uma leve reverência, como se fosse mesmo da corte, e — ainda meio curvado — levantou um pouquinho a máscara, apenas o suficiente para dar um beijinho na minha mão, que ele galantemente segurou. Antes que eu tivesse oportunidade de ter qualquer vislumbre do rosto dele, a máscara já tinha voltado para o lugar, e ele então falou:

— Adorei o seu som, Cinderela Pop! Vê se não vai desaparecer à meia-noite... Quem sabe você não acaba gostando do show?

Em seguida, ele me deu uma piscadela e saiu bem depressa em direção ao palco.

Fiquei uns segundos ainda sentindo os lábios quentes dele nas costas da mão, mas de repente percebi que a última música estava terminando. Eu já tinha programado uma sequência com três valsas emendadas para tocar, por isso só tive que apertar o play. Assim que elas terminassem, o som pararia e a banda passaria a ser a responsável pela trilha sonora da festa.

No segundo em que as aniversariantes começaram a dançar ao som dos primeiros acordes, joguei a mochila nos ombros e corri para o banheiro, aproveitando que todo mundo estava olhando para o centro do salão.

Troquei de roupa em tempo recorde. Quando me olhei no espelho, apenas para ver se estava tudo no lugar, fiquei admirada com o que vi. A Lara e a minha tia haviam feito uma mágica! O meu cabelo castanho-claro, normalmente liso e sem graça, estava brilhante, dourado e cheio de cachos que caíam pelas minhas costas. A sombra levemente esverdeada realçou os meus olhos da mesma cor. Até a minha boca tinha ficado mais viva com o gloss cor-de-rosa que elas tinham me obrigado a usar. Tive que admitir que eu estava... bonita.

Sem pedir permissão, meus pensamentos voaram para o garoto da cabine de som. E, mais de repente ainda, me peguei desejando que ele tivesse me conhecido daquele jeito, com meu rosto verdadeiro e não com uma máscara! Com um vestido lindo e maquiagem também... e até com aquela tiara de princesa, que a minha tia havia colocado na minha mochila no último instante! Mas agora ele tinha que trabalhar e provavelmente, quando terminasse, eu já teria ido embora. Com certeza eu nunca mais iria vê-lo...

Subitamente recuperei a sanidade e comecei a dar uma bronca em mim mesma: "Cintia! Qual é? O que está fazendo? Ficou interessada em um cara que acabou de conhecer e de quem você nem viu o rosto direito?! Você sabe perfeitamente que o amor não existe. É uma invenção de Hollywood para iludir mocinhas inocentes e deixá-las com o coração partido depois. Será que a experiência da sua mãe não serviu para nada, hein?! Acorda, garota!"

Então suspirei, saí do banheiro e fui em direção à cabine de som, só para deixar a mochila escondida até a hora de ir embora. Exatamente naquele momento, a valsa terminou e ouvi quando um apresentador anunciou ao microfone:

— Orgulhosamente, tenho a honra de apresentar... Fredy Prince e banda!

Todas as meninas da festa correram para a frente do palco, o que achei muito bom, pois assim seria mais fácil encontrar o meu pai logo. Eu iria cumprimentá-lo, apenas para que ele visse que eu estava presente, e em seguida telefonaria pedindo para a minha tia vir me buscar.

Porém, sem conseguir me controlar, dei uma olhadinha no palco, apenas para ver se o Frederico não estaria em algum canto, ajustando um microfone ou algo assim. E então meu olhar foi atraído para o cantor. Ou melhor, para o cantor, ator, compositor, modelo e sei lá mais quais talentos ele possuía, segundo a Lara tinha me contado. Eu já havia visto o Fredy Prince em revistas e na televisão, mas nunca pessoalmente. E tive que dar o braço a torcer... Ele realmente era *bem* bonito. E charmoso. E tinha um sorriso lindo também. E até que aquela roupa de príncipe combinava perfeitamente com ele, mais do que com qualquer outro garoto da festa. Por curiosidade, dei uma olhadinha para os pés dele. Eu estava esperando um sapato bem chique, caríssimo, daqueles que dão até pena de pisar no chão.

E foi naquele momento que vi que eu estava totalmente enganada. E gelei. Porque o que ele estava usando não era um sapato feito com fios de ouro... Era um simples, básico e preto... *All Star*.

⊰ CAPÍTULO 6 ⊱

— **C**intia! Estou com vontade de pegar o primeiro avião pra puxar a sua orelha! Vou ter uma conversa séria com a sua tia, ela não devia ter ido te buscar!

Era sábado de manhã e eu finalmente estava falando com a minha mãe pela Internet. Eu tinha acabado de contar sobre os acontecimentos da semana e da noite anterior, o que fez com que ela começasse a gritar. Sério, eu estava vendo a hora em que os japoneses (que, pelo que sei, são sempre discretos e falam baixinho) iam expulsá-la do país por violar alguma lei contra poluição sonora ou algo assim. Não que eu fosse reclamar disso...

Fechei os olhos para tentar me distrair da bronca, e mais uma vez lembrei-me de tudo.

A banda tinha acabado de tocar a primeira música e eu estava embasbacada olhando para o palco — completamente pasma ao constatar que o menino simples e interessante que tinha conversado comigo antes do show e o mega-ultra famoso Fredy Prince eram a mesma pessoa —, quando de repente senti alguém colocar a mão no meu ombro. Virei para trás e dei de cara com a *bruxa*. Quero dizer, com a mulher do meu pai, a minha madrasta.

— Então você veio mesmo... Sabia que eu cheguei a apostar com seu pai que não viria? Mas, pelo visto, ele realmente te conhece bem.

Pensei em ignorar e sair andando, mas a raiva que eu tinha daquela mulher me fez falar:

— É claro que me conhece! Afinal, ele viveu comigo por 16 anos, até você chegar e atrapalhar tudo!

Ela me lançou um olhar de desdém e replicou:

— É uma pena que você pense assim, porque todo mundo concorda que ele está bem melhor comigo. Sua mãe era uma esposa muito ausente, você tem que concordar! E agora o seu pai tem uma nova família. Uma mulher dedicada, que cuida dele e da casa, filhas adotivas amorosas, que não viram as costas para ele...

— Desde que ele continue financiando festas caras para elas, não é?

— O que você quer dizer com isso? Está chamando as minhas filhas de interesseiras?! — Ela pegou o meu braço e apertou. Aquelas unhas vermelhas pontudas chegaram até a machucar o meu pulso, e por isso eu fiz força para me soltar. Bem naquele momento, o meu pai apareceu.

— O que está acontecendo aqui? — ele perguntou. Vi um ar de surpresa passar pelo seu olhar e percebi que apenas então ele havia me reconhecido. — Cintia! Você veio! E está linda, uma verdadeira princesa!

A mulher dele fez a maior cara de ódio que já vi na vida, mas, no segundo seguinte, passou a mão pelo meu cabelo, dizendo:

— Sim, ela veio! Não é maravilhoso? Eu estava aqui exatamente dizendo pra ela como fiquei feliz por isso!

Tive vontade de voar no pescoço dela, mas como eu já tinha conseguido o que queria, que era simplesmente encontrar o meu pai, apenas olhei para ele e respondi:

— Vim! E obrigada pelo elogio... Só que eu não vou poder demorar muito, pois tenho que acordar cedo amanhã.

— Ah, mas antes você vai querer ver um pouquinho do show! — Ele segurou meu braço e me levou mais para perto do palco. — Aposto que você também é apaixonada por esse cantor! No quarto das suas irmãs têm vários pôsteres dele, e eu fiquei sabendo que ele é o queridinho de 99,9% das jovens brasileiras!

Se aquilo tivesse acontecido uma hora antes, eu diria que fazia parte do 0,1% que não estava nem aí para aquele garoto. Mas agora eu não tinha mais tanta certeza...

Assim que chegamos na frente do palco, pude olhar para ele de perto novamente e vi aqueles mesmos olhos penetrantes que me desorientaram por completo quando eu estava na cabine de som. Mas agora — sem uma máscara para esconder seu rosto —, percebi que os olhos vinham acompanhados de um sorriso perfeito, de um cabelo que tinha um corte lindo, de um nariz e de um queixo muito bem-formados... e que aquele conjunto simplesmente fazia com que fosse difícil, *muito* difícil, parar de olhar para ele.

A minha madrasta, que viera atrás da gente e eu nem havia percebido, deu um jeito de tirar o meu pai de perto de mim, dizendo que alguns convidados queriam falar com ele. Achei que aquele seria o momento ideal para fugir. No dia seguinte eu telefonaria para o meu pai, explicando que eu tinha comido algo que não caíra bem, ou que havia torcido o pé... Qualquer desculpa que o fizesse acreditar que precisara ir embora depressa, sem nem mesmo me despedir.

Porém, no momento em que me virei na direção da saída, ouvi uma melodia conhecida. Era a música que o Frederico, ou melhor, o *Fredy Prince* tinha pedido para mim! Olhei de novo para o palco, e fiquei surpresa ao notar que ele estava olhando para a cabine de som. Será que ele estava... Não, ele não podia estar querendo ver se eu estava prestando atenção.

Ele começou a cantar e não consegui mais sair do lugar. Na voz dele, aquela música era ainda mais bonita. Fiquei lá, parada, observando, até que ao fim da canção, ele falou:

— Em todo show, escolho uma garota da plateia para dançar comigo. Mas hoje, nessa festa cheia de nobres princesas, eu queria pedir permissão para trazer ao palco uma menina diferente. Ela não veio de um palácio de cristal... Talvez de um castelo de cartas de baralho, desses que a gente vai montando aos poucos e pode cair com um simples sopro. Não conheço seu rosto, mas percebi que ela tem atitude, muita opinião e, certamente... *ritmo*. Tenho certeza de que ela sabe dançar em qualquer compasso. Por isso vai se dar muito bem aqui em cima.

O quê?! Era de mim que ele estava falando?

— Por favor, suba ao palco, rainha de Copas! Ou melhor, DJ Cinderela!

Fiquei parada, sem saber o que fazer. Obviamente ele estava me dando o troco por ter falado mal dele, e agora ia me fazer passar vergonha em público. Mas, poxa, ele tinha que entender que eu ainda não sabia que ele era *ele*!

Por menos que eu quisesse admitir, minha vontade era dançar com o "garoto da máscara" até aquela festa chata acabar, mas agora que eu tinha descoberto sua identidade secreta, não sabia mais o que pensar. Além disso, se eu simplesmente desse um passo para a frente e assumisse que era a pessoa de quem ele estava falando, duas coisas iriam acontecer: primeiro, o meu pai iria surtar. Ele nunca permitiria que a filha dele trabalhasse como DJ, à noite! E segundo, o Frederico iria se decepcionar, porque naquele momento eu não era mais nenhuma "rainha diferente". Era uma princesa comum, igual a todas as outras. E eu não queria que isso acontecesse. Será que era isso que eu estava sentindo? Decepção por ele não ser quem eu pensava? Ou será que estava arrependida ao constatar o meu engano, por ter julgado uma pessoa sem conhecê-la e de repente ter que admitir que estava errada?

Completamente confusa, tudo que pude fazer foi sair correndo. Mal me lembrei de pegar a minha mochila a tempo, e foi só quando cheguei à esquina que liguei para a minha tia, que foi depressa me buscar e alugou o meu ouvido por meia hora quando contei o que havia acontecido. Mas pelo visto eu ainda ia ter que escutar muito mais... e da minha mãe, dessa vez.

— Não acredito! — ela continuou a falar pelo Skype. — Você ficou mais de um ano sem se interessar por ninguém e, quando se interessa, põe tudo a perder? Minha filha, será que você não entendeu que o garoto também gostou de você?

Com essa tive que começar a rir. Ele não tinha gostado de mim coisa nenhuma! Nem tinha visto meu rosto! Apenas tivemos uma afinidade profissional, por trabalharmos os dois com música, ainda que de um jeito bem diferente...

Quando expliquei isso, a minha mãe apenas disse:

— Não ter visto o rosto é o de menos! Vai dizer que você não ficou louca por ele muito antes de saber quem realmente era? Pelo que me contou, o que chamou a sua atenção para ele não teve nada a ver com aparência, e sim com a similaridade de gostos e ideias...

Não respondi, porque sobre essa parte ela não podia estar mais certa. Na verdade, acho que eu tinha gostado mais dele antes de saber quem realmente era, quando ainda achava que era um garoto normal e não alguém que saía na capa das revistas toda semana... Mas que diferença aquilo fazia?

— Mãe — consegui falar depois de um tempo. —Na verdade, isso não importa! Não vou vê-lo mais. Não *quero* vê-lo mais. Você sabe o que penso sobre o amor. Simplesmente não existe, é uma coisa que os filmes e livros colocam na cabeça das pessoas e todo mundo sai acreditando, desejando tanto que aconteça, que acaba se apaixonando pelo primeiro ser humano que passa pela frente, simplesmente porque a pessoa sorri, ou é educada, ou...

— Chama a gente para dançar uma música... — a minha mãe me interrompeu. — Cintia, todos os dias sofro por perceber que a minha separação do seu pai tornou você uma pessoa amarga, fria, e até triste... E eu faria qualquer coisa pra mudar isso. Filha, já expliquei. O fato de o meu casamento não ter dado certo não significa que o amor não exista, que as pessoas não possam ser felizes juntas. Você tem que viver a sua própria história! Claro que é bom aprender com a experiência das outras pessoas, especialmente com a dos pais, mas você não pode acreditar que o que aconteceu na minha vida vai acontecer na sua também! E o seu pai... — Ela fez uma pausa antes de continuar. — O que ele fez comigo foi, sim, muito ruim. Mas o fato de ter sido um marido sem caráter não quer dizer que ele seja assim em todas as áreas da vida. Você sabe que ele sempre foi um bom pai pra você. Não precisa ficar sofrendo por mim pelo resto da vida! Eu estou bem, estou feliz! E quer saber? Ando até querendo me apaixonar de novo...

Aquela última frase me deixou totalmente sem palavras. O quê?! Ela queria passar por aquilo outra vez?

— Você costumava ser tão romântica e sonhadora... e de repente virou uma pedra de gelo! Torço muito pra que apareça alguém que derreta o seu coração. Quem sabe não vai ser esse príncipe aí que vai salvar você de si mesma?

— Mãe, é *Prince*, e não príncipe! E isso não é um conto de fadas, tá? É vida real! E quer saber do que mais? Por que estamos tendo essa conversa? Nada disso importa, ele não deve nem se lembrar de mim!

A minha mãe só deu um risinho e falou que achava que ele lembrava, sim, pois não devia ser todo dia que encontrava uma garota que *não* babasse totalmente por ele... E isso me fez lembrar mais uma vez das coisas que eu tinha dito quando ainda não sabia com quem estava falando.

— Mas também por que esse cara tinha que estar de máscara? — perguntei. — Eu o reconheceria se estivesse com o rosto descoberto e certamente não teria falado mal dele!

— Talvez seja por isso mesmo, né? Ele deve ter tido vontade de andar anônimo em uma festa, pra variar... Assim as pessoas não o tratariam de forma especial apenas por ele ser uma celebridade. Inclusive, quem sabe ele não foi dar uma volta disfarçado exatamente pra ver se não conhecia alguma garota que gostasse de quem ele é de verdade e não da imagem que a imprensa criou? Uma garota que se interessasse pelo jeito dele, pelo gosto musical, pelo sapato que ele usa...

Depois daquilo falei que tinha que estudar e me despedi da minha mãe. Eu tinha coisas mais importantes para fazer com o meu sábado, como estudar, arrumar o meu armário, montar a set list da festa em que ia tocar naquela noite...

E realmente fiz tudo aquilo. O único problema é que, enquanto eu estudava, a lembrança de um certo par de olhos azuis ficava tirando a minha concentração. Enquanto fazia a lista das músicas, a primeira que anotei foi aquela que alguém tinha me pedido no dia anterior. Enquanto arrumava o meu armário, não tive como não ver a minha coleção de All Star de todas as cores e lembrar do elogio que o meu preto, pintado com naipes de baralho e notas musicais, tinha recebido...

Para piorar ainda mais, quando a Lara me ligou para saber como tinha sido a festa, e eu contei a história tintim por tintim, ela arregalou os olhos e falou:

— Ai, meu Deus! Então é de você que ele estava falando? Fiquei meio sem entender, mas ela no segundo seguinte completou: — Cintia, liga o computador e entra no Twitter do Fredy Prince! Você precisa ler o que ele escreveu!

O meu notebook já estava ligado, afinal eu tinha acabado de falar com a minha mãe, então foi só digitar o endereço. Meu coração deu um pequeno salto ao ver a foto dele, o que me deixou meio assustada e aborrecida. O que estava acontecendo comigo? Comecei a ler tudo que ele havia escrito, em sua maioria respostas aos elogios das fãs, até que cheguei a uma mensagem que pelo visto tinha sido postada às 4h da manhã.

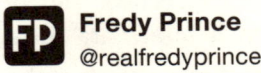

Fredy Prince
@realfredyprince

Acabei de chegar de um "baile na corte"! Obrigado a todos os príncipes e princesas que vibraram com o nosso som, especialmente às aniversariantes!

Ah, era só isso? A Lara era tão dramática... Sim, ele devia estar falando de mim e das outras 3.948.208 garotas que ficaram praticamente babando na frente do palco. Falei isso para ela, que praticamente gritou que eu continuasse a ler.

Fiz o que ela mandou e de repente perdi o ar.

Fredy Prince
@realfredyprince

Cinderela Pop... Nem tive a chance de me despedir... Você realmente desapareceu às doze badaladas!

Tive que colocar o telefone na mesa, pois minhas mãos de repente começaram a suar. Li o próximo *tweet*.

Fredy Prince
@realfredyprince

Espero que tenha escutado um pouco do meu som e curtido, assim como eu curti o seu... Notou a ausência total de auto-tune? :)

Ao ver o sorrisinho que ele tinha colocado ao final da mensagem, um sorriso se formou também nos meus lábios, sem a minha permissão. Aquilo significava que ele não só se lembrava da nossa conversa, como pelo visto não tinha se importado com a minha crítica. Mas por que ele se importaria? Pelo pouco que vi do show, ele realmente não precisava de nenhuma ferramenta artificial. Era mesmo tudo aquilo que diziam. Talentoso. Lindo. Charmoso. Mas, além disso, agora eu sabia que também era humilde, inteligente e espirituoso! E foi isso que fez com que um certo arrependimento começasse a surgir dentro de mim. Será que eu devia ter dançado com ele? No mínimo, agora ele achava que eu tinha fugido de vergonha por tê-lo criticado! Não que essa suposição estivesse errada.

Ouvi uns gritos vindos do meu celular e só então lembrei que a Lara ainda estava na linha.

— Tudo bem, li tudo — eu disse, colocando novamente o telefone no ouvido. — Eu mereço mesmo essa esnobada que ele me deu. É bom pra eu aprender a não falar mal das pessoas sem conhecê-las antes. Vou ter que pedir desculpas caso algum dia tenha a chance de falar com ele de novo. Mas claro que isso não vai acontecer nunca...

Respirei fundo. Então a Lara disse:

— Como assim não vai acontecer nunca? Você leu tudo mesmo? Não viu a última coisa que ele escreveu?

Ainda tinha mais? A minha visão até embaralhou enquanto tentava achar a mensagem de que ela falava. Ao encontrar, o meu coração deu uma cambalhota tripla. Definitivamente algo de *muito* errado estava acontecendo comigo. Aquele garoto não tinha nada de "príncipe"! No mínimo devia ser um bruxo disfarçado, porque só um feitiço explicaria tudo que eu estava sentindo. Ele havia me deixado *completamente*... encantada.

Fredy Prince
@realfredyprince

Estou com um dos seus sapatinhos de cristal e só o entrego pessoalmente. Traga o outro pra completar o par. Dia 7 às 21h. Castelo do Rock.

CASTELO DO ROCK APRESENTA:

FREDY PRINCE E BANDA

Venha ver ao vivo o maior astro juvenil da atualidade!

DIA 27 (QUINTA-FEIRA), A PARTIR DAS 21 HORAS

+ DJS + SORTEIO DE BRINDES

Convites limitados! Garanta já o seu!

⊰ CAPÍTULO 7 ⊱

A princípio, pensei que a história do sapatinho fosse só uma brincadeira. Porém, quando fui arrumar minha mochila mais tarde, comecei a entender que era muito mais sério do que imaginava.

Fui tirando item por item. Primeiro o vestido. Depois a máscara. Na sequência a meia-calça e depois um pé do meu All Star. Olhei lá dentro, mas não encontrei mais nada. Onde tinha parado o outro pé? Virei a mochila do avesso e realmente estava vazia! Corri até o carro da minha tia e olhei em cada cantinho, mas definitivamente ele também não se encontrava ali.

Eu ainda estava pensando o que poderia ter acontecido quando a campainha tocou. Abri a porta meio distraída e levei o maior susto. Imaginaria qualquer pessoa... menos ela.

— O que você está fazendo aqui? — perguntei assim que vi a minha madrasta com aquela mesma cara de bruxa de sempre.

Pensei em fechar a porta, mas antes que eu tivesse a chance de fazer qualquer coisa, ela já havia entrado e se instalado no sofá, sem a menor cerimônia. Fiquei tão pasma com a petulância, que nem disse nada, apenas a encarei, muda. Foi ela quem quebrou o silêncio:

— Por favor, sente-se, Cintia. Tenho algo do seu interesse para propor.

Eu sabia que nada que viesse daquela mulher me interessaria, por isso mesmo não sentei. Em vez disso, bati a porta com força, virei as costas para ela e comecei a subir as escadas, em direção ao meu quarto. Não tinha passado do primeiro degrau quando ela tornou a falar.

— Eu sei o seu segredo. E, se der mais um passo, conto pro seu pai.

Parei no mesmo instante. Percebendo que tinha atraído a minha atenção, ela se levantou, foi até onde eu estava e deu um sorriso muito cínico, que me fez ter vontade de dar um soco, para que ela não pudesse exibi-lo nunca mais!

— Cintia, Cintia... Quando você vai aprender que sou muito observadora? Que sei mais do que aparento? Foi assim com seu pai... Percebi que ele estava infeliz com a sua mãe. Que ela não tinha tempo para ele. Que só ficava viajando por aí, em vez de dar atenção para o marido... Só tive que me mostrar compreensiva. Receptiva. Companheira. E então ele percebeu o quanto sentia falta disso, de ter uma mulher disponível, sempre por perto. Depois disso, foi fácil. Eu sabia que você contaria pra sua mãe caso desconfiasse de algo, então só tive que observar os seus horários. Pensei que você me pegaria saindo da sua casa ao chegar da aula de inglês e que acharia estranho, mas tudo correu muito melhor do que eu tinha planejado. Você nos pegou no flagra. E os meus planos deram certo muito antes do que eu previa...

O quê? Ela estava dizendo que tinha arquitetado aquilo tudo só para separar os meus pais?

— E, ontem, vi quando você chegou disfarçada. Eu a reconheceria até do avesso; você se parece muito com o seu pai, até no jeito de andar. Achei que era alguma armação sua pra estragar a festa das minhas filhas, mas me surpreendi ao ver que você era a DJ! Pensei em te desmascarar ali mesmo, na frente de todo mundo, mas fiquei tão envolvida com a festa que, quando percebi, você já estava com outra roupa. Porém notei de imediato que um outro mascarado tinha ido conversar com você. A princípio pensei ser alguém da sua equipe, mas quando o Fredy Prince chamou uma garota *diferente* para dançar no palco... entendi tudo. Soube imediatamente quem ele era e de quem estava falando. Resolvi acabar com a farsa naquele momento, fui até à cabine de som para procurar provas e vi uma mochila em um canto. Imaginei que seria sua e abri depressa. A minha intenção era pegar a máscara, pois eu sabia que o seu pai teria notado a DJ mascarada, mas no mesmo instante percebi que você vinha correndo. Se me visse lá, acabaria virando o jogo, me acusando de estar *roubando* algo, então simplesmente saí depressa. E depois, de longe, vi que você pegou a mochila e foi embora.

Então tinha sido assim que eu havia perdido o tênis. A minha madrasta tinha deixado a mochila aberta e com isso o sapato escorregou no momento em que eu a peguei. Como estava escuro, nem percebi que ele havia caído. O *Frederico* provavelmente o encontrara depois do show, possivelmente por ter voltado à cabine... Ao pensar nessa possibilidade, o meu coração bateu mais forte. Será que ele tinha ido me procurar?

Mas eu não podia pensar nisso naquele momento. Fingindo uma coragem que eu estava longe de sentir, pois sabia que o meu segredo estava nas mãos dela, repliquei:

— Foi isso que você veio me contar? Que sabia que eu era a DJ? Obrigada pela informação, pode sair da minha casa agora. Tenho coisa muito melhor para fazer do que conversar com você!

Ela me lançou um olhar de ódio, mas em seguida suavizou a expressão e até abriu um sorrisinho.

— Sim... vou embora com o maior prazer. Desde que você me entregue o tal sapatinho.

— Sapatinho?! — perguntei, começando a entender o real motivo daquela visita.

— O que o Fredy Prince mencionou no Twitter! — Ela praticamente cuspiu as palavras. — As minhas filhas estão desesperadas atrás da dona desse sapato para comprá-lo! Mas eu sabia muito bem a quem ele pertencia. Recebi um telefonema hoje de alguém que se dizia convidado da festa e que gostaria do contato da DJ. Como se eu fosse mesmo informar! Dei o número de um açougue. Sei muito bem que, na pressa de ir embora, você deve ter deixado um sapato cair do seu pé, o tal que o Fredy quer devolver. Por isso, me entregue logo o outro que eu deixo você em paz e guardo o seu segredinho...

— E se eu entregar o sapato, o que elas vão fazer com ele?

Ela me olhou como se eu fosse uma tapada completa.

— Não é óbvio? Elas vão levá-lo para o Fredy! Você estava de máscara, podia ser qualquer uma ali. Ele vai acreditar em qualquer menina que chegar ao tal lugar com um sapato igual ao que está com ele! Vou dar para as minhas filhas, tem que caber no pé de uma delas, nem que para isso tenham que cortar um pedaço do dedo!

Aquilo era tão ridículo que tive vontade de rir. Será que ela não percebia que não tinha como as aniversariantes terem sido as DJs da própria festa? Em vez de compartilhar meus pensamentos, apenas perguntei:

— E se eu não fizer isso? Se eu não entregar meu sapato para você, o que acontece?

Ela me olhou bem nos olhos antes de responder:

— Vou contar pro seu pai o que você anda fazendo à noite. Sabia que é ilegal menores de idade trabalharem sem a autorização dos pais? Com certeza ele vai proibir uma clandestinidade dessa!

Eu não sabia se aquilo era verdade ou se ela estava só blefando. Em todo caso, preferi não arriscar.

— É só isso? Se eu entregar o sapato, você me deixa em paz? — perguntei.

Ela pareceu surpresa por ter sido tão fácil e só assentiu, meio desconfiada. Dei meia-volta e fui até o meu quarto. Ignorei o meu All Star de naipes de baralho e peguei o pé direito da sandália cor-de-rosa, a que eu havia usado com a fantasia de princesa. Ela queria algo parecido com um sapatinho de cristal? Pois era isso que ia ter.

— Aqui está.

— Tem certeza de que é essa? — ela falou enquanto girava a sandália de um lado para o outro, procurando algum sinal de que eu estivesse mentindo.

Assenti rapidamente, explicando que eu tinha mesmo tropeçado ao ir embora, e que sem querer a sandália havia saído do meu pé. Ela ainda pareceu meio desconfiada, mas talvez por perceber que a cor combinava perfeitamente com a do vestido, a guardou com cuidado dentro da bolsa e se virou para sair. Porém, antes de chegar à porta, ela colocou o dedo na frente do meu nariz e falou:

— Escute aqui, mocinha: se tiver qualquer armação nessa história, você vai se arrepender de ter nascido! Entendido?

Fiz que sim com a maior cara de inocente possível, e ela saiu, batendo a porta atrás de si.

A minha tia, com o barulho, veio ver o que tinha acontecido, e me pegou parada olhando para a porta fechada.

— O que houve, Cintia? — ela perguntou, meio assustada. — Tinha alguém aqui?

— Uma bruxa — respondi. —Mas ela vai ser atingida pelo próprio feitiço...

— Do que você está falando?

Não respondi. Apenas fui para o meu quarto para começar a me arrumar. Sabia que, quando a minha madrasta descobrisse que aquele sapato não era bem o que ela queria, eu iria sofrer as consequências. Provavelmente aquela seria a última noite que trabalharia como DJ, então queria chegar bem cedo para aproveitar bastante. Eu tinha certeza de que aquele emprego me deixaria com muita saudade...

⊰ CAPÍTULO 8 ⊱

No dia seguinte, todos os jornais e revistas noticiaram que pelo visto o *príncipe das adolescentes*, o famoso Fredy Prince, havia conhecido uma princesa. O que ele tinha postado no Twitter foi reproduzido incessantemente na mídia, e percebi que ele não parava de ser interrogado a respeito. O Fredy demorou um pouco para se manifestar, mas então deu uma declaração dizendo que aquilo não tinha a proporção que a as pessoas queriam que tivesse, pois apenas havia conhecido uma garota diferente. Segundo ele, a tal menina era só alguém com quem ele gostaria de ter tido mais tempo para conversar, porque, pelo pouco contato que os dois tiveram, deu para perceber que era alguém especial. Alguém de quem ele gostaria de ser amigo. Alguém que parecia ter os mesmos gostos e opiniões que ele. Alguém que ele gostaria de conhecer melhor... Mas ele também sabia que a menina dificilmente iria se manifestar sob tantos holofotes, pois parecia ser muito discreta. E, dizendo isso, pediu que dessem espaço para que a garota se sentisse à vontade para aparecer.

Aquilo só atiçou ainda mais os repórteres, que não paravam de escrever manchetes sensacionalistas como "Príncipe solitário procura princesa misteriosa" ou "Quem será a dona do sapatinho que roubou o coração do solteiro mais cobiçado do país?", entre outras parecidas.

Toda aquela situação fez com que eu experimentasse sentimentos contraditórios. Ao mesmo tempo em que eu estava meio com raiva por ele ter feito o maior escarcéu sobre aquilo, eu sabia que aquela tinha sido a única forma que havia encontrado de chamar a minha atenção. De que outro jeito poderia entrar em contato comigo? Agora eu sabia bem que a minha madrasta nunca passaria o telefone da empresa de som da festa das filhas.

Mas, mais do que tudo, ao ler as palavras dele, não pude deixar de me identificar. Eu também queria ter tido tempo de conhecê-lo melhor... para que me convencesse ainda mais de que ele não era nada do que eu havia pensado. Agora que eu sabia que não era fingimento, havia começado a ouvir as suas músicas com mais atenção, a ler as entrevistas com outros olhos e, com isso, a descobrir que ele era uma pessoa normal, com sentimentos, planos e desilusões... Era exatamente como o garoto dos sonhos que eu costumava ter, o garoto que eu imaginava estar em algum lugar do mundo, esperando só por mim, mas que acabei esquecendo, depois de tudo que passei com a separação dos meus pais.

A minha tia, após dizer umas mil vezes que eu estava diferente, acabou arrancando a informação de mim, e, assim que contei, foi como se aquele sentimento que eu estivera escondendo até de mim mesma tivesse desabrochado. Eu nunca tinha experimentado nada parecido! Comecei sentir alegria e tristeza alternadamente. Eu estava feliz por ele ter sentido o mesmo que eu, aquela afinidade à primeira vista, mas também desconsolada, por saber que aquilo ficaria assim, na lembrança do nosso curto primeiro encontro. Eu queria encontrá-lo novamente, para que ele pudesse provar que eu devia deixar cair o resto da muralha que havia construído em volta do meu coração.

A tia Helena adorou a notícia e tentou me convencer a tudo custo a ir ao tal show no Castelo do Rock, mesmo sendo em uma quinta-feira. A minha tia possuía regras rígidas sobre sair em dias úteis, mas naquele caso ela nem pareceu se importar. Por mais que ela insistisse, porém, eu sabia que não podia comparecer. Tinha certeza de que a imprensa estaria em peso no local e eu não teria como conversar com o Frederico (sim, para mim ele continuava a ser aquele garoto da máscara e não o pop star Fredy Prince) sem ser fotografada. Além disso, iria fazer as filhas da minha madrasta passarem vergonha ao mostrar o sapato errado, e se elas me vissem por perto, eu correria sério risco de vida...

Definitivamente eu não ia passar nem perto daquele local. Mas, se eu tinha certeza disso, por que aquele aperto no meu peito não passava?

A imprensa e as pessoas continuaram a falar sobre o assunto e o nome "Fredy Prince" não saía dos *Trending Topics* do Twitter nem por um segundo. Os programas de televisão sensacionalistas não paravam de comentar a respeito e em um deles, inclusive, presenciei uma entrevista das minhas meias-irmãs, contando que havia sido na festa delas que o príncipe conhecera a tal princesa, e que o país inteiro teria uma surpresa no Castelo do

Rock. Eu sabia perfeitamente que a "suposta" surpresa era que uma delas seria a garota misteriosa, mas elas não tinham nem ideia que a surpresa maior seria exatamente delas, quando mostrassem o sapato errado...

Para piorar ainda mais, no dia do show ele postou uma nota em sua página do Facebook.

> Sei que você deve estar assustada e inibida, e vou entender perfeitamente caso não apareça. Mas eu gostaria muito de ver você de novo. Os seus olhos e a sua voz não saíram da minha cabeça desde aquela noite. E também o seu jeito de dançar. Quero tanto saber mais sobre você... Por algum motivo inexplicável, acho que tivemos uma sintonia naquela noite. Será que você sentiu o mesmo? Espero que venha me contar.

Depois de ler aquilo, não tive como não me render. Eu tinha que ir àquele show! Não importava mais se eu fosse forçada a largar o trabalho. O meu pai podia até me obrigar a fazer isso, mas eu não podia mais mentir para mim mesma; o fato é que não me sentia feliz assim havia muito, muito tempo. E aquela felicidade aplacaria um pouco a tristeza por ter que deixar de ser DJ.

Quando contei para a Lara e para a minha tia que tinha mudado de ideia, as duas só faltaram soltar fogos de artifício! Eu não sabia se era por acharem que meu coração estava descongelando ou pela possibilidade de também virem a conhecer o Fredy Prince, caso eu realmente me aproximasse dele...

Mas seja qual fosse a razão, as duas não me deram sossego até à noite.

— Cintia, você tem que descobrir mais sobre ele! — a Lara disse já pegando o computador e entrando em alguns sites de celebridades. — Sabendo do que ele gosta ou não, vai ser mais fácil conversar, puxar assuntos interessantes...

Tudo que eu mais queria era conhecê-lo melhor, mas não via o menor sentido em fazer isso através de um portal de fofocas! Eu queria que *ele* me contasse, queria ir descobrindo aos poucos sua personalidade, seus planos, sua história.

Mas, ainda assim, não consegui deixar de ler quando a Lara colocou na minha frente uma entrevista que ele tinha dado no mês anterior, pois, além do título me atrair, percebi que era um blog pequeno e não um site badalado.

Blog da Belinha

Queridos leitores, sei que normalmente escrevo sobre .livros, mas trago hoje provavelmente a postagem mais top que esse singelo blog já publicou! Como já disse algumas vezes, conheci o Fredy Prince quando ele ainda era um simples pirralho (e eu era ainda mais pirralha, mas abafa!). Na época, ele ainda era apenas o Frederico, meu vizinho, e passava todas as tardes na minha casa, ~~me atrapalhando de ler, pois não parava de espancar aquele violão desafinado que ele tinha~~, enquanto os pais trabalhavam. Por isso, posso afirmar pra vocês que ele não ficou famoso da noite para o dia! Além de fazer aulas de violão e guitarra, ele era muito estudioso (bem mais que eu, pois minha mãe vivia falando que eu devia ser um pouco mais como o Fredy e tirar notas boas) e também sempre foi muito persistente. Lembro de uma vez que ele estava jogando bola no quintal e a chutou em um terreno baldio, sem querer. Ele não sossegou enquanto não pulou o muro e trouxe a bola de volta, mesmo com o cachorro gigante que tomava conta do lugar. Sabe da maior? O cachorro simplesmente ficou encantado com ele. Acho que ele já tinha esse dom desde pequeno... de (en)cantar.

Mas chega de delongas, vamos à entrevista, que eu consegui porque o Fredy estava me devendo uma desde os 10 anos, quando comeu um pedaço do bolo que minha mãe tinha acabado de fazer (e que tinha mandado ninguém mexer) e eu tive que mentir que tinha sido o meu periquito.

Espero que vocês gostem! Tentei fazer perguntas diferentes das que vocês leem em todos os sites... Não se esqueçam de comentar e de seguir o blog!

FREDY PRINCE COMO VOCÊ NUNCA VIU... (OU LEU).

Belinha: Fredy, hoje em dia todo mundo te chama de príncipe das adolescentes. Conta pra gente: Se pudesse namorar uma princesa da Disney, qual seria? E nem adianta me falar que não conhece as princesas, lembro perfeitamente que eu te fazia ver todos aqueles desenhos até você decorar as músicas para tocar pra mim no violão!

Fredy Prince: Que difícil... Todas as princesas têm seus encantos. Adoro os cabelos da Ariel, a voz da Bela Adormecida, a meiguice da Branca de Neve, a inteligência da Bela... Sem falar que todas elas têm o corpo perfeito! Mas acho que se eu tivesse que escolher uma, ficaria com a Cinderela... Aquela menina tem que ter alguma coisa a mais para o príncipe ter batido o olho e se apaixonado de primeira, mesmo com o salão lotado de gatas! Gostaria muito de descobrir que "coisa" é essa...

Belinha: Então quer dizer que você é curioso. Entre fuxicar o celular da namorada ou ler o diário secreto do Super-Homem, o que você escolheria?

Fredy Prince: Poxa, claro que eu leria o diário. Eu não olharia o celular da minha namorada... quero dizer, se eu tivesse uma. Acho que a confiança é fundamental pra um relacionamento sadio. Mas, bem, se ela deixasse dando sopa em cima da mesa e chegasse uma mensagem, talvez eu desse uma olhadinha... Mas rapidinho, só pra ver se não era de algum admirador...

Belinha: Ciumento, hein? Então me diz, qual era o seu brinquedo preferido durante a infância? E se algum amigo te pedisse emprestado? Você emprestaria ou daria uma desculpa? Olha lá o que vai responder... Lembro que uma vez eu peguei seu violão pra tocar e você só faltou morrer! Só não me bateu porque... Bem, eu era só uma menininha, né?

Fredy Prince: Você era como uma irmãzinha pra mim, mas eu nunca bateria em você e nem em mulher nenhuma, independentemente da idade! Só fiquei meio tenso naquele dia porque o violão tinha sido do meu avô e ele havia me dado na maior confiança, disse que sabia que eu cuidaria bem dele. E você era meio, hum, estabanada, se me lembro bem... e com sete anos ainda não tinha noção de que aquilo era um instrumento musical, e não um simples brinquedo...

Belinha: Você me emprestaria hoje?

Fredy Prince: Hum, não. Mas voltando à sua pergunta sobre o brinquedo preferido, eu não sou ciumento, juro! Olha só, eu gostava muito do meu autorama. E nesse jogo quanto mais gente participar, melhor. Então eu emprestava para os meus amigos, desde que fossem brincar na minha casa, claro.

Belinha: Ah, ok. Bom, vamos falar sobre música. Quando você descobriu que gostava de compor? Qual foi a sua primeira composição?

Fredy Prince: Descobri ainda na adolescência. Eu tinha um cachorro, que se chamava Joãozinho, lembra dele? Sempre que eu ia estudar violão, ele ficava do meu lado, mesmo quando eu tinha que repetir a mesma lição umas 17 vezes. Então, um dia, no meio do estudo, eu estava entediado e comecei a trocar a letra de uma música, fazendo uma serenata pro meu cachorro. Acho que ele gostou, pois começou a uivar, tipo cantando junto comigo. Aí peguei gosto pela coisa e comecei a escrever mais letras para várias músicas que já existiam. Até que um dia fiz também a melodia e nunca mais parei.

Belinha: Você pode contar pra gente como era a música do seu cachorro? Já pensou em gravá-la em algum CD?

Fredy Prince: Claro, era assim:
(cantando)
Joãozinho você é meu amigo
Com você não corro perigo
Cada acorde que eu toco no violão
Você escuta e nunca me deixa na mão
Todo dia me acorda com uma lambida
Como se eu fosse uma deliciosa comida
Joãozinho você é um amigão
Por isso vou te dar um pedaço de pão!

Belinha: Ah... parabéns, que composição mais, hum, "peculiar"! Bem, não precisa responder o resto da pergunta, acho que está bem claro que você não vai gravá-la, não é?

Fredy Prince: Sim, eu não teria coragem de colocá-la em um CD, pois ela me deixa muito triste e não quero que os meus fãs sintam essa tristeza. Toda vez que eu começo a cantar, morro de saudades do Joãozinho...

Belinha: Ele morreu?

Fredy Prince: Não sei. Minha mãe o deu para os outros, porque quando cantei a música pra minha família, ela descobriu que o motivo dos pães que ela comprava estarem sumindo era por eu dar tudo pra ele. E também que depois que todos se deitavam eu o colocava para dormir na minha cama...

Belinha: Entendo... Bom, vamos falar de coisas felizes então. Suas músicas estão sempre no topo das paradas. O que você sentiu quando ouviu sua voz no rádio pela primeira vez?

Fredy Prince: Eu pensei: "O que diabos fizeram com a minha voz?". Só que depois me contaram que minha voz realmente É assim. Para mim ela soa bem melhor! Já ouviu sua voz gravada? Não? Cuidado, você vai ter uma grande decepção...

Belinha: Obrigada por avisar... Pra terminar, para que ano você iria, se tivesse uma máquina do tempo e pudesse escolher qualquer época, no presente ou no futuro?

Fredy Prince: Escolheria o futuro, mas o ano eu não sei... Gostaria de saber o dia em quem vou conhecer a princesa dos meus sonhos... Porque assim, quando eu voltasse para o presente, cada dia até aquele seria mais feliz do que o anterior, pois eu saberia que seria um a menos para encontrá-la.

Belinha: Que romântico! Bom, então deixe um recado para essa garota que você ainda não conhece... Quem sabe ela não lê e resolve aparecer logo?

Fredy Prince: Aí é que está... Essa garota não está me esperando. Tenho a sensação de que ela vai aparecer de surpresa, e que eu também surgirei assim para ela. Ela vai gostar de mim pelo meu jeito de pensar e não porque eu sou "o" Fredy Prince... Só posso torcer pra que ela apareça logo. Mas algo me diz que ela não vai demorar. E por isso já estou vivendo mais feliz a cada dia, pois sei que estamos prestes a nos encontrar.

$$\mathcal{C}\mathcal{S}\mathcal{O}$$

Essa foi a entrevista exclusiva do Fredy Prince para o *Blog da Belinha*. Ele não é um fofo?

Até a próxima!

Belinha

Terminei de ler com o coração disparado. Aquela era realmente uma entrevista diferente das outras! E a menina do blog tinha razão, ele realmente era fofo... Não parecia de forma alguma um pop-star, ídolo de milhares de meninas e que saía em todas as capas de revista. Ele era um menino comum, sensível, engraçado, um pouco sem noção... e que gostava da Cinderela! Naquela parte eu tive que rir com a coincidência. Mas o mais importante era o que ele tinha dito a respeito da "princesa" que esperava encontrar... Será que ele achava que aquela menina era eu? Será que eu *realmente* era aquela menina?

O fato é que depois de ler, até deixei que a tia Helena me embelezasse, antes de ir para o show. Quer dizer, mais ou menos... Por mais que quisesse que eu usasse um vestidinho, coloquei uma calça jeans, mas permiti que ela arrumasse o meu cabelo e me maquiasse, embora só um pouquinho. Por mais que achasse que ele fosse se decepcionar, eu queria que daquela vez ele me encontrasse com eu realmente era. Sem nenhuma máscara.

Ao chegar ao local, notei que as minhas mãos estavam suando. Ainda bem que a Lara tinha concordado em ir comigo, porque certamente eu teria dado meia-volta se a minha melhor amiga não estivesse por perto para me dar um empurrãozinho.

O espaço estava lotado de garotas. Pude notar que a maioria estava com sapatos na mão, e alguns realmente pareciam de cristal! Onde elas tinham arrumado aquilo? Na loja da Disney? O que ninguém podia imaginar era que o verdadeiro "sapatinho" estava no meu pé. Eu estava torcendo para que, no escuro, ninguém percebesse que eu estava com dois All Stars diferentes. No pé esquerdo, um simples, preto, sem nenhuma pintura. Mas no direito... era exatamente o par daquele que possivelmente ele estava segurando naquele momento.

Em um canto, notei que um DJ estava colocando músicas bem animadas, preparando o clima para o show. Eu o reconheci e fui cumprimentá-lo, e ele perguntou se eu não gostaria de "trabalhar" um pouquinho. Ri e falei que estava de folga naquela noite, mas as picapes eram tão irresistíveis que acabei fazendo um pequeno *looping* na música que estava tocando.

Quando o Castelo do Rock ficou bem cheio, praticamente sem espaço para ninguém se mover, o show começou. Daquela vez eu já sabia o que veria, mas mesmo assim o meu coração disparou. Se eu ainda tinha alguma dúvida de que estava gostando daquele menino, naquele momento não havia mais nenhuma. Foi olhar para o palco e tive certeza. Não me importava mais se ele iria me iludir, me enganar ou me fazer sofrer, porque sofrimento maior seria abafar aquele sentimento.

Fomos para um lugar mais afastado, onde em que poderíamos assistir ao show de cima, e fiquei tão envolvida que nem vi o tempo passar. Quando dei por mim, ele já estava se despedindo da plateia e o som da banda foi substituído novamente pelo do DJ.

— Ci, acho melhor a gente conversar com aqueles seguranças que estão perto do palco e explicar que você é a garota que o Fredy está esperando... Ele não vai ser doido de vir aqui! Esse lugar está tão cheio que o garoto acabaria sufocado por essa mulherada toda. Acho que é melhor você conversar com ele lá dentro.

Concordei, mas, ao chegarmos perto do palco, vi que não seria nada fácil; parecia que todas as garotas haviam tido a mesma ideia, e uma fila gigante estava se formando.

De repente o som foi interrompido e um assessor da banda foi até o microfone.

— Atenção, garotas. Nada de tumulto. Peço a todas que estão com o *suposto* sapato que o Fredy Prince está procurando para ficarem com ele em mãos. Passaremos pela fila filmando todas vocês com transmissão direta para o camarim. No momento em que encontrar o sapato certo, o Fredy nos dará um sinal e então levaremos a moça até ele.

No mesmo instante apareceu um rapaz segurando uma filmadora e o barulho se tornou ensurdecedor. Muitas meninas estavam indignadas, pois pensaram que teriam a chance de falar com o Fredy. Outras tantas começaram a argumentar que poderiam haver muitos sapatos iguais, e algumas ficavam indagando sobre como ele teria certeza se não visse o sapato de perto. No meio disso tudo, notei a minha madrasta emergindo da multidão com as filhas a tiracolo e indo para a frente de todo mundo, sem o menor pudor de furar fila. Houve um grande bate-boca, que foi logo interrompido pela voz do assessor.

— Meninas, peço que aguardem só mais um momento, pois antes da filmagem dos sapatos o Fredy Prince receberá as donas da festa em que tudo isso começou. Ele espera que elas tenham alguma pista sobre quem ele procura. Para comprovar que é apenas isso, que não estamos protegendo ninguém, vamos filmar o encontro delas com o Fredy Prince e simultaneamente transmiti-lo no telão.

Em seguida elas foram escoltadas através de uma porta lateral, com uma expressão de triunfo, como se em poucos segundos fossem ser coroadas. As três mal tinham entrado no camarim e a imagem delas apareceu na grande tela que ficava atrás do palco. Eu já sabia o que ia acontecer, mas comecei a ficar desesperada. Pensava que o mico que pagariam seria apenas na frente do Fredy, e não da festa inteira...

— Lara, vamos embora? — perguntei. — Vai dar problema. Vamos sair daqui enquanto é tempo!

— E perder o melhor da festa? — ela falou com os olhos fixos no telão. — Nunca! Estou mais ansiosa pra ver isso do que o último capítulo da novela!

Suspirei e esperei pelo pior.

As três entraram no camarim, e no mesmo instante o Frederico perguntou se elas tinham encontrado o telefone da empresa que fizera o som na festa. Senti um aperto no peito por constatar que ele parecia muito ansioso, e também por ter certeza de que ele nunca receberia aquela resposta.

Eu estava certa. A minha madrasta, em vez de responder, mostrou a minha sandália cor-de-rosa, visivelmente satisfeita, crente que, no segundo seguinte, ele a chamaria de *sogra* ou algo assim... Mas ele ficou parado, esperando. Ela então começou a explicar que, como as filhas eram gêmeas, não sabiam exatamente a qual delas a sandália pertencia, pois ambas tinham "brincado de DJ" no aniversário e também ficado descalças no final da festa, por estarem com os pés inchados de tanto dançar. Então qualquer uma das duas podia ter perdido o outro pé da sandália. Mas ele podia escolher a que preferisse, pois não existia rivalidade entre as irmãs.

Senti tanta vergonha por ela! Será que não ficava nem um pouco constrangida de oferecer as filhas assim, como se fossem doces em uma bandeja? Mas as duas pareciam bem satisfeitas com a oferta da mãe; na verdade, pareciam se sentir honradas.

— Lara, vamos embora! — pedi mais uma vez.

Eu realmente não queria ver aquilo. A minha amiga nem se moveu. Parecia hipnotizada pela tela. Só me restou assistir também.

O Fredy pegou a sandália, meio a contragosto, pois tinha praticamente sido jogada na mão dele, deu uma breve analisada e logo falou:

— Acho que houve algum engano. Mas obrigado pela presença.

Os seguranças começaram a direcioná-las para a saída, mas elas pareciam dispostas a continuar ali.

— Mas é esse o sapato que você está procurando! — a minha madrasta meio gritou. — Eu sei que é! Foi na festa das minhas filhas que você encontrou o outro. Aliás, onde ele está? Precisamos formar o par!

— Minha senhora — um segurança indicou a porta —, ele já falou que não é esse sapato. Pode nos dar licença, por favor? A fila está muito grande, e não queremos deixar as outras meninas esperando.

— Mas ela me garantiu que era esse! — ela gritou, enquanto o segurança praticamente a empurrava para fora e uma vaia gigantesca se propagava pelo local. — Ela vai me pagar muito caro!

Ops. Eu sabia que estava falando de mim. E a fúria que vi no rosto dela, poucos segundos antes de o telão congelar na imagem do Fredy, me deu arrepios. Até a Lara estava com a expressão meio assustada. Por isso, insisti mais uma vez que a gente fosse embora.

— De jeito nenhum! — ela respondeu. — Agora é que você tem que entrar naquela fila pra esfregar no rosto da sua madrasta que ela não manda em você!

— Você não entende... Ela vai querer se vingar! Não vai se contentar em apenas contar para o meu pai sobre o meu trabalho como DJ.

A Lara apenas deu de ombros e falou que, além daquilo, não tinha nada mais que ela pudesse fazer para me prejudicar. Mesmo sem ter certeza de que concordava, entrei na fila. Poucos minutos depois o meu celular tocou, com um número desconhecido.

— Não atende! — a Lara gritou, um pouco tarde demais. Eu já tinha falado alô. E a voz que ouvi em seguida poderia realmente ganhar um prêmio de voz mais horripilante do mundo.

— Você está se achando muito esperta, não é? — Dava para ouvir os dentes dela trincando enquanto falava. — Sei perfeitamente que está rindo da minha cara em algum lugar dessa fila... Mas vou te dar um aviso: Se eu ligar a internet amanhã cedo e ler em algum lugar que o Fredy Prince encontrou a dona do sapato, você vai perder tudo que ainda te resta. A escolha é sua!

Ela desligou antes que eu pudesse falar qualquer coisa. Fiquei uns segundos ainda com o telefone na orelha, ouvindo a ameaça ecoar na minha cabeça. Não sabia o que a minha madrasta poderia fazer, mas tinha certeza de que arranjaria alguma coisa, inventaria a pior forma possível de se vingar... Eu já tinha perdido o meu pai e a minha mãe. E agora, se mostrasse o meu tênis para o Frederico, ele sorriria, nós conversaríamos, eu ficaria ainda mais apaixonada e, no dia seguinte, ele também me seria arrancado.

Não. Eu preferia não conhecer aquela felicidade a ter que perdê-la depois.

Por isso, ignorando os gritos da Lara para que eu não saísse do lugar, simplesmente me virei. Dei uma última olhada para o rosto do Frederico, congelado no telão, segurei uma lágrima que ameaçou cair e fui em direção à saída.

⊰ CAPÍTULO 9 ⊱

Acordei no dia seguinte sem noção de tempo e espaço. Parecia que ainda estava dentro de um sonho. Um sonho cor-de-rosa. Nele eu dançava com um príncipe inteligente, espirituoso, criativo, educado e... lindo. De repente, abri os olhos e vi a roupa preta que tinha usado na noite anterior. Voltei à realidade e me levantei depressa. Olhei as horas e fiquei surpresa ao constatar que já era quase meio-dia! Na noite anterior, com tudo o que tinha acontecido, eu havia me esquecido de colocar o despertador para tocar... Mas eu não podia ter perdido a aula, estávamos no final do ano, eu tinha mil provas! Eu só esperava que a Lara tivesse inventado uma desculpa muito boa para cobrir a minha falta.

Abri as cortinas e vi que uma chuva fina pairava sobre a cidade, deixando tudo cinza. Era assim também que eu estava me sentindo. Sem cor. Sem graça. Sem vida. Fiquei um tempo olhando pela janela, tentando lutar contra a tristeza que estava me invadindo, e então, em um ímpeto, liguei o computador.

Respirei fundo e digitei "Fredy Prince" no Google. Imediatamente várias notícias surgiram. Escolhi a mais recente, que pelo visto tinha acabado de ser publicada.

PRÍNCIPES TAMBÉM LEVAM FORA!

O mega-astro Fredy Prince, conhecido como o "príncipe das adolescentes", teve uma desilusão amorosa em público na noite passada. Alguns dias atrás, ele deixou transparecer em suas redes sociais que tinha conhecido alguém especial. No entanto, a tal garota sumiu como que por encanto, e por isso ele fez uma súplica para que ela o encontrasse ontem, em um show de sua banda. Apesar de centenas de adolescentes terem lotado o local, a musa do galã não apareceu. Ainda de madrugada, ele escreveu uma mensagem em sua página oficial no Facebook:

Pensei que você tivesse sentido o mesmo que eu. Mas agora sei que amores à primeira vista só existem nas minhas canções. Aquela princesa pop era apenas fruto da minha imaginação...

A mensagem foi logo apagada, mas já havia repercutido em todo o mundo virtual. Desse episódio só ficou uma certeza: o gato não ficará triste por muito tempo... Não faltarão candidatas para ajudá-lo a curar o seu coração partido!

Fiquei parada olhando para a tela, me sentindo mais vazia do que nunca. Abaixei a cabeça e me permiti ficar triste de verdade por alguns minutos. A minha madrasta, em compensação, devia estar bem feliz agora, por eu ter "acatado a ordem" dela. Suspirei ao imaginar como aquelas manchetes poderiam ser diferentes caso eu não tivesse lhe obedecido e lutado pelo meu amor.

Meu *amor*. Aquelas palavras, ainda que ditas apenas em pensamento, me assustaram. Mas era exatamente aquilo. Em poucos dias, aquele menino tinha se tornado parte do meu mundo e mudado tudo, mas meu amor teria que ficar ali. Escondido no meu coração.

Eu ainda estava na frente do computador, me contorcendo em autopiedade, quando a campainha tocou. Imaginei que seria a Lara, vindo direto da escola, provavelmente para saber o motivo da minha falta e para comentar os últimos acontecimentos. Eu não estava com vontade de conversar com ninguém, mas mesmo assim me arrastei até a porta, ainda de pijama. Porém, ao abrir, desejei poder voltar o tempo e nunca ter levantado. Era a última pessoa que eu queria ver naquele momento. O meu pai.

— Filha — ele falou meio assustado, me olhando de cima a baixo. — Você está doente?

Eu estava tão atônita que, em vez de pensar rápido e confirmar, dizer que estava morrendo de uma doença muito contagiosa e que, se fosse ele, iria embora correndo, apenas balancei a cabeça e falei que estava tudo bem.

— Então é tudo verdade! — ele disse com uma expressão diferente. A preocupação substituída por censura.

— O que é verdade? — perguntei, já na defensiva.

Em vez de responder, ele entrou, fechou a porta e me estendeu um envelope, que só então percebi estar na mão dele. Peguei, meio apreensiva, abri e vi que dentro havia várias fotos minhas, trabalhando como DJ.

— Onde você arrumou isso? — perguntei só por perguntar.

Eu sabia perfeitamente a resposta. Eram fotos de algumas festas em que eu tinha tocado, que ficavam como portfólio no site da empresa de som do Rafa. Mas eu nunca imaginaria que o meu pai iria encontrar aquilo: ele era totalmente à moda antiga, mal sabia ligar o computador!

— Elas foram deixadas na minha porta hoje cedo. Acho que por algum dos vizinhos, que não quis se identificar. Pela data, a última delas é de ontem à noite. — Ele me mostrou uma foto em que eu realmente estava com a mesma roupa da noite anterior. Pelo visto tinha sido tirada no único minuto que eu passara na cabine de som do meu amigo. Eu sabia muito bem quem era a responsável e também que não fora nenhum vizinho que tinha deixado na porta dele... Mas, antes que eu pudesse comentar qualquer coisa, ele falou: — Cintia, quero que você faça sua mala *agora*. Você está indo comigo pra casa.

— A minha casa é aqui — falei, fingindo uma calma que estava longe de sentir.

— Não, não é — ele disse, tirando as fotos das minhas mãos antes mesmo que eu terminasse de olhar. — Por mais de um ano permiti que você ficasse aqui, porque sabia que você estava muito abalada com a separação, e não queria forçar você a fazer nada, para não aumentar o seu sofrimento.

Mas estou vendo que essa não foi a decisão correta. Eu nunca imaginaria que a sua tia cobraria aluguel de você e que por isso você seria obrigada a trabalhar! Ainda mais à noite e em dias de semana! Não é de se admirar que não consiga se levantar de manhã para ir à escola!

— Não tem aluguel nenhum! — gritei. — Eu faço esse trabalho porque eu gosto! Porque é a única coisa que me distrai dos meus problemas! — Apontei para ele enquanto falava a última palavra. — E ontem à noite eu apenas fui a um show! Não estava trabalhando! E sei perfeitamente quem tirou essas fotos!

— Cintia, não importa quem as tirou, e sim o que elas provam. Está na cara que você não sabe tomar conta de si mesma! Se ontem você não estava trabalhando por ter sido obrigada, é ainda pior! Faltou aula pra ficar dormindo, depois de ter ficado na balada a noite inteira? Onde estava a sua tia que permitiu uma coisa dessas? É óbvio que ela também não é responsável o suficiente para cuidar de você.

— Como assim não sou responsável? — A porta se abriu e, pela cara, a tia Helena estava pronta até para entrar em um ringue de luta livre, se precisasse. — Você não é bem-vindo aqui. Com licença, por favor. — Ela abriu ainda mais a porta e fez sinal para o meu pai sair.

Ele não disse nada, apenas tirou um papel dobrado de dentro do paletó e estendeu para ela, que leu, muito séria. Ao chegar ao final, ela falou:

— E o que isso quer dizer? Você acha que vou deixar a minha sobrinha ser arrastada para aquele covil de bruxas apenas porque um papel está dizendo? Pois você está muito enganado. — Ela amassou a folha sem a menor cerimônia e a jogou no chão, o que fez o meu pai arregalar os olhos.

— Ótimo — ele disse, com um sorriso irônico. — O juiz vai adorar saber que a minha ex-mulher, a quem ele deu a guarda da minha filha, a entregou para uma desequilibrada, sem o menor senso de responsabilidade, e que ainda por cima não respeita as leis. — Ele pegou o papel no chão e desamassou. — E sem a minha autorização, diga-se de passagem. Pois saiba, Helena, que isso é uma ordem judicial. Se a Cintia não vier por bem, vou chamar a polícia para obrigá-la a vir comigo. E, se você tentar impedir, pode acabar presa. A decisão é sua.

— Eu vou — falei antes que minha tia rebatesse, o que eu vi que ela estava prestes a fazer.

— Mas, Cintia...

— Eu vou, tia Helena — interrompi. — Mais tarde eu converso com a minha mãe, ela vai arrumar uma solução.

O meu pai riu, falou que a minha mãe não se preocupou comigo durante todo aquele tempo e que não seria agora que faria isso. Antes que a minha tia voasse em cima dele, pedi que me ajudasse a arrumar a mala, o que ela fez totalmente a contragosto. Peguei apenas o básico, pois não tinha a menor intenção de ficar por muito tempo na casa dele. A tia Helena perguntou se eu não ia levar o meu All Star de naipes de baralho, mas não vi sentido naquilo. Ele apenas me deixaria ainda mais triste.

Eu me despedi da minha tia, que disse uma última vez que aquilo não ficaria assim, então entrei no carro do meu pai, que já estava me esperando com o motor ligado, e olhei uma última vez para aquela casa bagunçada que eu havia aprendido a chamar de lar.

⊰ CAPÍTULO 10 ⊱

Quando eu ainda morava naquele prédio, um pensamento sempre me passava pela cabeça: e se algum dia eu saísse distraída do elevador sem perceber que estava no andar errado e abrisse a porta do apartamento de um vizinho? Foi exatamente assim que me senti ao entrar ali de novo. Tudo estava igual. E ao mesmo tempo tão diferente... Nada lembrava os anos que eu tinha vivido junto com meus pais. A decoração, a atmosfera... e até as paredes estavam de outra cor. Fui direto para o meu antigo quarto, mas assustei ao ver que *meu* era o que ele menos era agora. O chão estava coberto de roupas espalhadas, revistas por todos os cantos, a cama desarrumada... E, no meio dela, uma das gêmeas lia uma revista com fones de ouvido e mascava chicletes. Ao me ver, ela levantou, colocou a mão na cintura e falou:

— Quem foi ao ar, perdeu o lugar! Esse era o melhor quarto da casa, o único com TV e varanda. Eu e a minha irmã tiramos no par ou ímpar para ver quem ficaria com ele. Como vê, agora ele é meu!

Não falei nada; apenas me virei e fui em direção ao antigo quarto de hóspedes. Eu não me importava, pois não tinha a menor intenção de ficar ali por mais do que alguns dias. Porém, ao entrar no outro quarto, vi que ele também já estava ocupado. A outra gêmea estava passando esmalte nos dedos do pé e, quando me viu, apenas *mandou* que eu pegasse a acetona que tinha deixado no banheiro. A mesma bagunça se via, e talvez um pouco pior, porque as paredes estavam lotadas de pôsteres de vários ídolos adolescentes. Inclusive do... Fredy Prince. Senti um aperto no coração ao ver aquilo. Dei meia-volta, sem ligar a mínima para a "ordem" dela, e fui para a sala. Eu nunca havia me sentido tão deslocada na vida.

— Ora, ora. A que devo a honra da sua visita, *alteza*?

Aquela voz. Só de escutá-la eu já sentia arrepios. Ver aquela mulher na minha frente me fazia ter vontade de pular pela janela.

— Sua falsa! — falei, tentando não gritar. — Eu fiz exatamente o que você mandou! Fui embora depois do seu telefonema! Você não viu na internet? O Fredy Prince continua sem saber quem é a dona do sapato!

— Estamos quites, Cintia — ela disse, se aproximando. — Você também me garantiu que o sapato era aquele. E não era. Quem é a falsa aqui, hein? — Como não respondi, ela continuou: — Não é incrível como o mundo dá voltas? Da última vez em que nos encontramos neste apartamento, eu era a única peça que não se encaixava no seu mundo perfeito. — Ela parou na minha frente e começou a passar a mão pelo meu cabelo. — Agora, este mundo é meu. E, se tem alguma coisa fora do lugar, é você. — Ela colocou as unhas pontudas na minha nuca e começou a apertar. — Saiba que aqui sou eu que faço as regras. E você vai ter que acatar todas elas!

— Não vou acatar porcaria nenhuma. — Eu afastei a mão dela com tanta força que o anel que estava usando até caiu. — Quem você pensa que é? Você não manda em mim! Você não é nada minha! E eu desprezo você tanto quanto desprezava naquele primeiro dia!

Ela apenas levantou uma sobrancelha, deu um sorrisinho, se sentou no sofá e começou a chorar! A chorar *muito*. E bem alto.

Aquilo atraiu a atenção da casa inteira. As duas filhas, o meu pai e até mesmo a empregada vieram correndo para ver o que tinha acontecido. Antes que eu dissesse que ela havia apenas enlouquecido, a minha madrasta já estava explicando entre soluços que eu era muito mal-agradecida, pois só tinha perguntado se poderia me chamar de "filha", já que tinha a intenção de ser uma verdadeira mãe para mim, mas, em vez de responder, eu havia batido nela e a empurrado no sofá.

— O quê? — Eu não podia acreditar naquilo. — Isso é mentira! Eu não fiz nada disso!

— E ainda jogou o meu anel de noivado no chão — ela continuou como se eu não tivesse interrompido, apontando para o anel que tinha parado em um canto da sala. — Eu só queria que ela me aceitasse como parte da família...

As meninas foram correndo para a mãe, dizendo que a amavam e que ela não precisava de mim. A empregada ficou me olhando como se eu fosse um monstro, e o meu pai simplesmente virava-se de uma para a outra, até que falou:

— Cintia, eu realmente não estou te reconhecendo. Você mudou muito. Onde está a menina meiga e doce que você costumava ser? Está se portando como uma rebelde! A sua madrasta ficou a manhã inteira fazendo arranjos para acomodar você aqui. Não achei justo desabrigar as suas irmãs dos quartos aos quais já estão acostumadas, e ela gentilmente disse que faria do escritório o melhor quarto da casa, especialmente pra você! E, quando fui buscá-la, ela ainda me disse que estava muito empolgada por finalmente vocês poderem ficar mais próximas! E é assim que você retribui?

Então a bruxa tinha reformado o escritório para mim. Quanta generosidade... No escritório mal cabia uma pessoa em pé! Bem, pelo menos eu teria um lugar para ficar sozinha. Lá pelo menos poderia passar o tempo no meu computador e esquecer onde estava.

— Eu pensei que nunca precisaria castigar você, mas isso passou dos limites — meu pai continuou. — Só lamento ter esperado tanto tempo pra intervir! Eu devia ter obrigado você a vir para cá antes. Certamente são as companhias que você arrumou nesse período que foram uma influência negativa. E, pra cortar o mal pela raiz, vou agora mesmo cancelar a sua linha de celular. Nada de internet para você também. E, até acabarem as aulas e você passar no vestibular, está proibida de sair de casa. Quero que você venha do colégio direto para cá e se dedique totalmente aos seus estudos!

— Você não pode me tratar assim, como se eu fosse uma criança! — gritei. Que história era aquela de vestibular? Eu não ia fazer vestibular no Brasil. Minha intenção era terminar o colégio e ir morar com a minha mãe no Japão!

— Eu vou ligar pra minha tia e ela não vai permitir que você faça isso comigo!

As gêmeas começaram a rir, dizendo que eu não ia poder telefonar sem celular. Tive vontade de bater nas duas, mas me contive, imaginando quais outros castigos aquilo poderia me render.

Subi depressa as escadas para o escritório, pois estava a ponto de chorar, e ao abrir a porta vi que o cômodo realmente havia sido "preparado". Estava cheio de vassouras, baldes e vários outros utensílios de limpeza. Notei um sofá rasgado encostado na parede, com a roupa de cama mais velha que eu já havia visto. E, em um canto, um baú antigo, que tive até medo de abrir, com receio do que poderia encontrar dentro dele.

Entrei no pequeno banheiro anexo, abri o chuveiro e vi que a água que saía era gelada. Na parede descascada havia um espelho quebrado. E o vaso sanitário, pude constatar, estava entupido. Ótimo. Sem internet. Sem telefone. Sem janelas. Sem água quente. Sem vida.

Passei o fim de semana praticamente sem sair daquele cubículo. Não estava com fome nem com sede. Fiquei ouvindo músicas e mais músicas que só me deixavam mais triste, lembrando que poderia estar trabalhando em alguma festa naquele momento, mas em vez disso estava enclausurada, sem poder fazer nada. Pensei que a minha tia me ligaria ou daria um jeito de me resgatar, mas ela não apareceu. Então resolvi dormir o máximo possível, para a segunda-feira chegar logo e eu pelo menos poder ir para a escola e sair um pouco daquele confinamento, mas em cada um dos meus sonhos via o Frederico. E aquilo só fazia com que eu acordasse ainda mais deprimida, por ter perdido a minha chance. E por ter feito com que ele ficasse triste também...

Na hora de ir para a aula na segunda-feira, tentei ir de ônibus, como sempre, mas o meu pai fez questão de me levar. Ele queria se certificar de que eu realmente iria para a escola e me avisou que também estaria ali para me buscar ao final das aulas.

Desci do carro muito contrariada, mas ao encontrar a Lara, minha angústia diminuiu.

— Cintia! A sua tia me contou o que aconteceu! O que houve com o seu celular? Liguei o fim de semana inteiro e só caiu em uma gravação que diz que o número não existe! E também tentei telefonar várias vezes para a casa do seu pai, mas me informaram que não tinha ninguém com o seu nome lá! A sua tia me explicou que também estava na mesma situação e que ela inclusive tinha tentado ir ao prédio do seu pai com a polícia, mas parece que ele tem um documento dizendo que está com sua guarda provisória, uma vez que a sua mãe está viajando...

Então era por isso que ninguém tinha me procurado... E eu pensando que as duas tinham me abandonado...

— A sua tia mandou vários e-mails explicando, você não recebeu?

Suspirei e contei sobre a proibição da internet, e ela então arregalou os olhos e falou:

— Então você não está sabendo sobre o Fredy Prince?

Só a menção daquele nome me fez derreter.

— O que tem ele? — perguntei, mais ansiosa do que nunca.

Porém, naquele momento a professora entrou na sala. Pensei que eu ia morrer de curiosidade, mas, assim que a aula começou, a Lara deu um jeito de passar uma revista aberta para mim por debaixo da carteira.

TURNÊ INTERNACIONAL

Fredy Prince, o queridinho das adolescentes, anunciou que ficará um tempo fora do país. Ele e sua banda viajarão para fazer shows pelo exterior. Segundo o cantor, as viagens já faziam parte do plano de divulgação de seu novo CD, mas há quem diga que o real motivo é a desilusão recente que ele sofreu. Seja qual for a razão, as adolescentes brasileiras terão que ficar sem seu príncipe por um tempo, pois a última apresentação por aqui será em uma festa fechada na próxima sexta-feira. Na semana seguinte, ele começa a turnê internacional que com certeza lhe trará ainda mais fãs. Só esperamos que ele não se esqueça das brasileiras. A maioria delas com certeza vai sentir saudade! ■

Li com o coração acelerado e ao final percebi que estava ainda mais triste. Eu não tinha esperança de encontrá-lo novamente, mas pelo menos sabia que ele estava por perto... Agora ele iria embora e, quando voltasse, provavelmente nem lembraria mais que um dia havia conhecido uma DJ mascarada...

Fui a um telefone público na hora do intervalo e pude explicar para a tia Helena o que estava acontecendo, sobre o castigo que o meu pai havia me imposto, me impedindo de usar o celular e a internet, e também sobre o quarto em que a minha madrasta tinha me colocado, que eu tinha a impressão de que o meu pai nem sabia que estava em condições tão ruins. Mas, como eu não queria que ele pensasse que a reinvindicação por um quarto melhor era sinal de que eu queria me sentir confortável na casa dele, preferia me manter no cubículo. A minha tia me garantiu que já estava tomando providências com um advogado e que tinha certeza de que até o final da semana eu já estaria "livre". Pedi também que ela escrevesse para a minha mãe explicando o motivo de eu não ter ligado desde sexta--feira, mas ela me tranquilizou dizendo que já tinha cuidado dessa parte.

Pensei que nunca diria isso, mas a aula passou mais rápido do que eu gostaria. Retornar para aquele "cativeiro" foi um suplício, mas, ainda no carro do meu pai, na volta, algo que as gêmeas disseram me animou um pouco.

— Precisamos de roupas novas! — uma delas falou para o meu pai. — Temos um baile na sexta-feira!

— Um baile? — meu pai perguntou. — Uma festa, você quer dizer? Mais uma colega fazendo 15 anos? Será que essas festas não vão acabar nunca?

— Não, pai! — a outra respondeu. *Pai*?! Então agora elas o chamavam assim? — É um baile mesmo. Um baile de formatura. O tradicional baile de máscaras do terceiro ano.

O quê? Elas estavam falando do baile da minha turma? Mas elas ainda estavam no primeiro ano!

— Mas esse baile não é só para os alunos do terceiro ano? — meu pai perguntou, tirando as palavras da minha boca.

— Para os alunos e familiares! — elas responderam, bem satisfeitas. — A Cintia pode convidar a gente!

— Ah, eu posso? — falei, no tom mais irônico que consegui. — Que pena que eu não vou fazer isso, né?

As duas começaram a reclamar e o meu pai então perguntou por que eu não ia levá-las.

— Ora... — falei com a voz e a expressão mais inocentes do mundo. — Eu estou de castigo, lembra? Só posso sair depois do vestibular...

Tive que engolir uma risada ao ver a cara do meu pai. Uns segundos se passaram antes que ele limpasse a garganta e dissesse:

— Bem, não vejo problema em você ir à festa de formatura da escola. Afinal, vai ser a última do ano. Nos outros dias você compensa e estuda mais...

As gêmeas começaram a bater palmas, mas permaneci séria. Ao perceber que não tinha vibrado com a permissão dele, meu pai completou:

— E não vejo mal algum em você levar a Gisele e a Graziele... Você deve ter alguns convites, não é?

Eu tinha vários, considerando que só tinha convidado a tia Helena e o Rafa. Mas claro que eu não ia dar aquilo para elas de bandeja...

— Na verdade, já entreguei todos os meus convites. Eu até poderia ligar para o pessoal da comissão organizadora e pedir mais, mas, como vocês sabem, o meu pai cortou o meu telefone...

— Você pode usar o meu, Cintia! — a Graziele falou.

— Não, use o meu, ele tem até internet — a Gisele completou.

Eu apenas dei de ombros, expliquei que eu não sabia de cor os telefones dos meus colegas, pois ficavam na agenda do meu celular. O meu pai, meio que percebendo o que eu pretendia, disse bem sério:

— Eu vou pedir que religuem a linha. Mas o castigo continua. Além da escola, você vai sair apenas na sexta-feira, para ir com suas irmãs a esse baile. Mas, se tirar nota baixa, elas vão e você fica em casa. Entendido?

Tive que me segurar para não rir na cara dele. Eu já tinha passado em todas as matérias havia mais de um mês! No entanto, continuei interpretando o meu papel e apenas assenti.

As gêmeas começaram a dar gritinhos, o meu pai concordou em comprar um vestido novo para cada uma delas e perguntou se eu também queria um. Comecei a dizer que não precisava, pois, além de não querer nada dele, eu não tinha a menor intenção de usar vestido, e sim calça jeans. Foi aí que a Gisele disse:

— Tenho certeza de que o Fredy Prince vai se lembrar da gente! E agora, com aquela menina do sapato fora do caminho, aposto que ele vai nos dar uma chance!

— Fredy Prince? — perguntei sem fôlego.

As duas me olharam como se eu fosse tapada.

— Dã! — a Graziele falou. — Vai dizer que você não sabe que ele vai tocar na festa da sua turma? Todo mundo só fala disso desde sexta-feira...

Eu havia faltado aula na sexta-feira. E a Lara provavelmente não tinha me contado por causa do meu castigo, porque com certeza não queria que eu sofresse ainda mais. Minha cabeça começou a rodar. Então eu teria a chance de vê-lo novamente... E dessa vez não ia jogá-la fora!

— Eu também vou querer um vestido — falei de repente. As gêmeas pararam de falar e olharam para mim. — A maioria das minhas roupas ficou na casa da minha tia — expliquei. — E o meu pai não quer que eu volte lá.

Mas a verdade é que dessa vez eu realmente precisaria estar bonita.

— Isso mesmo, não quero que você volte àquela espelunca! — meu pai respondeu, meio bravo. — Dou quantos vestidos você precisar. Desde que você não pise mais naquele local.

Eu não queria vários, apenas um.

Mas, se ele pensava que eu não ia mais à casa da minha tia, estava completamente enganado. Eu só esperava que o que ela dissera no telefone mais cedo fosse verdade... Pois tudo que eu mais queria era que ela conseguisse me tirar daquela prisão o mais rápido possível.

⊰ CAPÍTULO 11 ⊱

A semana custou a passar. O meu pai cumpriu o prometido e deixou que eu usasse o celular, e dessa forma não me senti tão isolada do mundo. Pude conversar com a minha tia, mas a minha mãe simplesmente tinha desaparecido. Tentei chamá-la pelo Skype várias vezes, mas ela nunca respondia. Não falava com ela havia dias e estava louca para contar os últimos acontecimentos, especialmente para pedir conselhos sobre o Fredy. Eu já sabia que não ia ser fácil falar com ele. Primeiro, porque ele vivia cercado de seguranças. E, depois, porque ele provavelmente nem pensava mais em mim. A "rainha de Copas" para ele agora já devia ser carta fora do baralho.

A tia Helena explicou que a minha mãe estava passando a semana se dedicando a um trabalho importante, e que por isso estava incomunicável.

— Eu também estou muito ocupada fazendo o desenho de uma animação que tenho que entregar na sexta-feira — a minha tia completou —, mas não ache que não estamos pensando em você! Já tomamos providências e tenho certeza de que em breve conseguiremos tirar você daí!

Eu só esperava que ela estivesse certa...

No último dia de aula recebemos os boletins com as notas. Como esperado, eu havia passado em todas as matérias. Adeus, ensino médio! Além disso, em poucos dias faria 18 anos. Não via a hora de ser a dona do meu nariz, de sair daquele apartamento de uma vez por todas e poder voltar a fazer o que eu bem entendesse. Eu estava com tanta saudade de trabalhar como DJ que andava até sonhando com isso. E, em todos os sonhos, sempre aparecia um mascarado que me ajudava a escolher as músicas...

Quando a aula terminou, eu estava bem ansiosa, pois o baile seria naquela noite. Eu estava tão feliz com o fim das aulas e a perspectiva de tudo em breve voltar ao normal, que levei um choque ao ver a minha madrasta, e não o meu pai, dirigindo o carro dele.

— O que você está fazendo aqui? — perguntei assim que a vi. As filhas dela já estavam dentro do carro, parecendo impacientes.

— Seu pai teve uma reunião importante de trabalho — ela respondeu sem olhar para mim. — Mas eu disse para ele que cuidaria bem de você...

O tom de voz dela, como sempre, me deu calafrios, mas não tinha nada mais que ela pudesse fazer para me atrapalhar. As aulas já tinham terminado, eu havia sido aprovada, e já estava tudo praticamente pronto para a festa. Eu só precisava passar na loja na qual tinha comprado meu vestido para buscá-lo depois de um ajuste na cintura. E nem tive que pedir para que ela me levasse ao local, pois as gêmeas tinham deixado os delas lá para ajustar também.

— Vou esperar vocês aqui — ela disse, estacionando em fila dupla. — Não deixem de experimentar pra ver se está tudo certo mesmo, mas também não demorem muito! Não quero levar uma multa por vocês ficarem horas se admirando no espelho!

Descemos depressa, fizemos o que ela falou, e menos de 15 minutos depois já estávamos de volta ao carro, cada uma com o seu vestido. Eu havia escolhido um pretinho, bem básico, mas que tinha ficado muito bem no corpo. Ao chegar ao prédio, notei que a minha mochila não estava em nenhum lugar à vista. Eu tinha certeza que tinha entrado com ela no carro depois da aula.

— Ei, onde está minha mochila? — As gêmeas olharam para o lado e falaram que a delas também tinha sumido, e comecei a achar que alguém tivesse assaltado o carro durante o período em que estávamos na loja.

— Relaxem! — a minha madrasta falou, abrindo o porta-malas. — Estão aqui. Eu apenas tirei dos bancos para que vocês tivessem mais espaço para os vestidos. Senão eles iriam ficar muito amarrotados.

Aquilo me surpreendeu um pouco. Claro que ela fizera aquilo pelas filhas e não por mim, mas ela poderia ter deixado a minha mochila lá dentro, para que eu tivesse que me espremer com ela e o vestido no banco... Em vez disso, havia guardado a minha também.

— Hum, obrigada — falei, meio sem graça. Ela não respondeu, mas segurou o meu vestido para que eu colocasse a mochila nas costas.

— É um lindo vestido, Cintia — ela disse enquanto levantava um pouco o plástico que o envolvia. — Mas, mesmo com o espaço no banco, parece que ele amassou um pouco aqui na frente...

Olhei para ver do que ela estava falando e fiquei chateada ao constatar que realmente era verdade. Na hora de experimentá-lo com pressa, provavelmente eu havia amassado o tecido.

— Não se preocupe — ela disse ao ver a minha expressão. — Vou pedir para a empregada passar.

— Não precisa! — falei depressa. — É só um amassadinho, ninguém vai reparar.

— Não seja boba — ela disse, entrando no elevador com o meu vestido na mão. — Eu prometi para o seu pai que cuidaria de você. Cintia, quero que você saiba que durante essa semana que você ficou com a gente, eu realmente gostei da sua presença. Você já é quase uma adulta. Acho que não devemos ficar nessa briguinha boba. Podemos ser amigas, não podemos?

As filhas dela estavam olhando meio boquiabertas, mas não me deixei enganar. Apenas dei um sorriso, peguei o vestido da mão dela, agradeci e disse que eu mesma daria um jeito nele.

Passei o dia preparando mentalmente o que eu diria caso tivesse a chance de conversar com o Frederico. Eu tinha um plano. A tia Helena iria encontrar comigo na festa, e eu havia pedido que ela pegasse emprestada a máscara da comédia de novo, aquela usada em nosso primeiro encontro. Eu então a colocaria e ficaria em frente ao palco. A minha esperança era que ele visse e me escolhesse para ser seu par durante aquela dança com alguém da plateia. E então eu explicaria o que tinha acontecido de verdade.

Um pouco antes da hora de sair para a festa e já com a maquiagem e o cabelo prontos, resolvi passar o vestido. Eu queria estar impecável. Porém, bem no momento em que liguei o ferro, meu pai chegou em casa e disse que queria falar comigo. Desliguei o ferro da tomada e tomei o cuidado de colocar o vestido bem longe, para só então ver o que ele queria.

— Cintia — ele disse, sério, me analisando. — Pensei que nós tínhamos um trato. — Fiquei parada sem saber do que ele estava falando. Ele percebeu e continuou, meio impaciente: — Eu avisei que, se alguma nota sua não fosse boa, eu proibiria você de ir a essa festa... Então, por que está toda produzida, sendo que ficou em recuperação em *duas* matérias?

Fiquei tão chocada que por uns dois segundos nem me mexi. De repente entendi e comecei a rir. De certo a minha madrasta havia contado para ele que eu tinha passado, e ele resolveu fazer uma brincadeira comigo, antes de me dar os parabéns pela minha formatura.

— Puxa, você me assustou com essa! — falei, me abanando.

— Eu é que fiquei assustado. — Ele pegou um envelope em cima da mesa. — Sempre pensei que você fosse boa em História e Geografia. Você dizia que queria seguir os passos da sua mãe, mas acho que uma futura arqueóloga teria notas melhores nessas matérias. — E então tirou um papel do envelope e pude ver que era o meu boletim.

— Mas eu passei! — eu disse, me aproximando. — E muito acima da média!

Ele então me estendeu o documento e vi duas notas vermelhas bem no meio dele.

— Isso é mentira! — comecei a ficar exaltada. — Eu nunca fiquei abaixo da média na vida! Muito menos nessas matérias! Alguém deve ter falsificado o meu boletim...

De repente saquei tudo. O tempo que eu havia passado dentro da loja, experimentando o vestido, tinha sido mais que suficiente para a minha madrasta trocar o meu boletim verdadeiro por um falso. Eu devia ter desconfiado que aquela história de colocar a minha mochila no porta-malas era alguma armação!

— A bruxa da sua mulher falsificou meu boletim! — gritei. — Pode ligar lá pra escola, eles vão contar a verdade!

— Cintia! — meu pai gritou também. — Será que você não entende que ela só quer o seu bem? Agora mesmo, quando eu disse que não ia deixar você ir à festa, ela ficou tentando me convencer a voltar atrás, dizendo que era a sua formatura, a sua última chance de estar com todos os seus colegas... E quando ela viu que você estava passando seu vestido, disse que sabia que eu iria mudar de ideia e que, enquanto conversávamos, ela terminaria o serviço pra você...

— Ela falou o quê?!

Naquele exato segundo ouvimos um grito. Vinha da área de serviço. Fomos correndo para lá e, assim que chegamos, vi que a minha madrasta estava com o ferro de passar em uma das mãos e o meu vestido na outra. E ele estava com um buraco bem no meio...

Se o meu pai não tivesse me segurado, era capaz de eu ter jogado aquele ferro na cabeça dela. Mas, assim que ele percebeu que eu tinha essa intenção, me prendeu nos braços com força, enquanto a bruxa se debulhava em lágrimas dizendo que *eu* tinha ajustado a temperatura errada e que, no minuto em que ela havia encostado o ferro no tecido, aquele buraco se formara.

— Sua mentirosa! — gritei, enquanto arremessava na direção dela a única coisa que eu tinha na mão: o boletim falso. Talvez prevendo que estava correndo risco de vida, ela disse que ia ver se as filhas estavam prontas.

Tentei me soltar e ir atrás dela, mas meu pai me segurou ainda mais forte e disse:

— Chega, Cintia! Acabou a brincadeira. Mais uma vez vi que não posso confiar em você. Além de ficar em recuperação, você desrespeitou alguém que só estava tentando ajudar! Por isso você não vai nessa festa! Vai ficar sozinha aqui enquanto levo as suas irmãs e a sua madrasta. Sem celular novamente! E vou me certificar de levar todas as chaves, para que você não me desobedeça. Vá para o seu quarto agora!

A raiva começou a dar lugar à tristeza e, de repente, lágrimas começaram a escorrer pelo meu rosto. Olhei para o vestido, que eu pensava que usaria para ficar bonita para o Fredy, e senti no meu peito um buraco ainda maior do que aquele que o ferro tinha causado. Tudo estava acabado. Eu não iria vê-lo nunca mais.

Subi correndo para o meu quarto e o choro aumentou quando ouvi a porta da sala se fechando e a voz das meninas dizendo que não podiam se atrasar para a festa. Eu estava sozinha, presa e abandonada.

E não tinha ninguém para me salvar.

CAPÍTULO 12

C intia! Acorde, querida! A gente não pode demorar!
— Não sei quanto tempo se passara; talvez fossem poucos minutos, mas que para mim pareceram horas. De tanto chorar, acabei adormecendo. E, no melhor dos meus sonhos, ouvia a voz da minha mãe dizendo que dali para a frente tudo iria ficar bem. De repente percebi que aquela voz não estava dentro da minha cabeça. Estava do lado de fora. Abri os olhos depressa e tive que esfregá-los várias vezes para entender que eu realmente não estava delirando.

— Mãe! — Eu me atirei nos braços dela. — O que você está fazendo aqui? Como você veio? De onde surgiu?

Eu realmente não podia entender. Ela não devia estar no Japão?

A minha mãe começou a rir da minha confusão, me abraçou mais forte e falou, enquanto beijava o topo da minha cabeça:

— Eu vim de avião. E do aeroporto, direto pra cá, pois liguei para a sua tia, e ela disse que você ainda não tinha aparecido na festa, apesar de o seu pai já estar lá, com a nova família. Ao chegar aqui, toquei o interfone várias vezes, e, como ninguém atendeu, tive que forçar a entrada... Eu estava tão preocupada, minha filha!

— Você arrombou a porta? — Olhei para ela, meio rindo. Eu sabia que minha mãe seria capaz daquilo.

— Não precisei. — Ela também riu, me abraçando mais uma vez. — Ainda tenho a minha chave. No dia que fui embora deste apartamento, o seu pai não quis ficar com ela, pois achava que uma hora eu iria voltar. Pensei em jogá-la fora várias vezes, mas acho que a minha intuição me avisou que um dia ela poderia ser útil.

Suspirei olhando para ela, tentando nem piscar muito. Aquilo era muito bom para ser real. Eu tinha medo que ela pudesse sumir se eu fechasse os olhos por muito tempo.

— Mas... e o seu trabalho? — perguntei baixinho. — Você não estava no meio de uma pesquisa importante?

Ela passou a mão pelo meu rosto e vi que os seus olhos estavam marejados.

— Nenhuma expedição arqueológica tem mais importância do que essa missão aqui. Havia algo muito mais valioso que eu precisava resgatar...

Eu a abracei uma vez mais, e então ela falou:

— Filha, eu ficaria conversando com você a noite inteira, mas realmente estamos com pressa.

— Sim, vamos sair daqui logo, antes que eles voltem! — falei, enfiando as minhas roupas de qualquer jeito na mala. — Não vejo a hora de voltar pra a casa da tia Helena...

— Mas não é pra casa da sua tia que nós vamos! — Ela segurou as minhas mãos. — Pelo que sei, tem um certo príncipe esperando por você em um baile...

Balancei a cabeça e suspirei. Mostrei para ela o meu vestido furado e expliquei que eu não tinha mais roupa para ir. Além do mais, estava com rosto todo vermelho, por ter dormido chorando, e o cabelo desgrenhado.

— Nada que um banho não resolva — ela disse, remexendo dentro da bolsa. — E tenho um creme japonês aqui que vai dar um jeito nesses olhos inchados. E quanto à roupa... — Ela começou a olhar em volta e de repente seu rosto se iluminou. Foi até o baú, o mesmo que eu tinha ficado com medo de abrir, e começou a tirar de dentro dele várias toalhas, roupas e fotos antigas, até que...

— Aqui está! — ela disse, estendendo para mim um vestido que eu conhecia muito bem.

Era o vestido da minha festa de 15 anos, que havia sido feito especialmente para dançar a valsa com o meu pai. Tinha um corpete justo, que seguia exatamente o contorno do meu corpo até chegar à cintura, e então se abria delicadamente em uma saia de tafetá, com várias camadas de tule por cima, até o chão. A cor dele era em *dégradé*. Começava com um azul meio esverdeado e aos poucos ia clareando, se tornando pálido, até que, ao chegar aos meus pés, o tecido já era praticamente branco. Lembro que, da primeira vez que o vi, pensei que ele tinha cor de sonho.

— Eu sabia que ele estava em algum lugar — minha mãe explicou, enquanto alisava o vestido. — Quando você disse que queria que eu desse todas as suas roupas, pois passaria a usar só preto, não tive coragem de me desafazer dele. E então o escondi aqui, porque tinha certeza de que um dia você gostaria de vê-lo novamente. Está meio amassado, mas acho que posso dar um jeitinho...

Fiquei olhando para aquele vestido, sem saber se devia mesmo usá-lo. Ele me lembrava de uma época maravilhosa da minha vida, antes de o meu mundo desmoronar.

Minha mãe, percebendo a minha dúvida, colocou a mão na cintura e falou:

— Anda, menina! Corre logo pro banho enquanto eu faço uma mágica com esse vestido! Vou colocá-lo na secadora de roupas, para tirar o cheiro de guardado, e vou dar uma passadinha também. Garanto que ele vai ficar como novo! O tal do Fredy Prince e todos os outros garotos da festa vão ficar loucos por você!

Não sei se pela empolgação da minha mãe ou por ouvir o nome dele, realmente fiz o que ela mandou.

Meia-hora depois, ao olhar no espelho, mal me reconheci. Além de a minha mãe ter feito um milagre com o meu vestido e cabelo, o creme que ela me emprestou realmente era eficiente e ninguém diria que eu havia chorado para valer. Mas tinha algo mais... um brilho no meu olhar que não estava ali antes.

— Você está tão linda... — minha mãe disse, chegando por trás de mim e também me admirando no espelho. — Essa carinha de apaixonada, de quem vai ver o namorado daqui a pouco, combinou perfeitamente com o vestido...

— Mãe... — Eu balancei a cabeça, sem graça. — Ele não é meu namorado!

— *Ainda* não... — ela disse, sorrindo. — E agora, chega de se admirar! Vamos logo! A festa já deve estar *bombando*! Você vai chegar no auge e se tornar o centro de todas as atenções!

Eu não tinha a menor intenção de fazer isso. Só precisava da atenção de uma pessoa. Mas, para isso, eu realmente precisava chegar lá depressa. Antes de o show começar...

⊰ CAPÍTULO 13 ⊱

Eu não precisava ter tido pressa. Assim que chegamos, a minha tia, que estava nos esperando na porta, disse que a banda só começaria a tocar à meia-noite, e que antes disso um DJ, que inclusive era da equipe do namorado dela, estava animando a festa.

— O Rafa está lá com ele, verificando uns equipamentos — ela disse, me cumprimentando. — E aqui está o seu *disfarce*.

Em seguida ela foi abraçar a minha mãe, e as duas começaram a conversar sobre as novidades. Antes de entrar na festa, ainda ouvi a minha mãe dizer que tinha voltado definitivamente, e eu não podia imaginar felicidade maior! Quero dizer, podia...

Fiquei olhando para aquela máscara nas minhas mãos, meio emocionada por tudo que ela me lembrava. Ou melhor, por de *quem* ela me lembrava. Então a coloquei no rosto, respirei fundo e entrei.

Fui andando, tentando encontrar a Lara, e sem querer passei pela cabine do DJ. O Rafa estava mesmo lá e resolvi cumprimentá-lo.

— DJ Cinderela! — ele disse, sorrindo, assim que me viu. — Você está ainda mais bonita hoje! Acho que não vai gostar do que vou dizer, mas cores claras caem muito bem em você! Melhor que preto!

Dei um abraço nele, olhei para as picapes e de repente me senti meio triste. Eu sentia tanta falta daquilo! Daria tudo para estar no lugar daquele DJ!

— Com saudade de colocar todo mundo pra dançar? — ele perguntou, acompanhando o meu olhar.

Apenas confirmei com a cabeça e dei um suspiro. O Rafa então se virou para o DJ que tinha contratado e eles ficaram um tempinho conversando. Um pouco depois ele se voltou para mim, sorriu e disse:

— Toma.

Fiquei olhando sem entender. Ele estava me estendendo o fone de ouvido que o DJ usava para fazer as mixagens.

— Não quer matar a saudade? — Ele franziu as sobrancelhas. — Pensei que você ia gostar de fazer isso até a hora de o show começar. Só faltam vinte minutos. Mas, se você não quiser, posso assumir. Dei uma folga para o meu amigo.

Dei um abraço tão apertado nele que quase quebrei o fone, que ficou entre nós. Expliquei onde a minha tia e minha mãe estavam, ele agradeceu e, quando já estava indo na direção que eu tinha indicado, voltou e disse:

— Cintia, tem outra coisa... Não sei se sua tia te contou, mas estou abrindo um bar. Vou continuar com a empresa de sonorização, mas esse era um sonho antigo meu, ter um lugar onde as pessoas possam ir para conversar, mas também dançar...

Com toda a confusão das últimas semanas, eu mal havia conversado com a tia Helena. Por isso fiquei surpresa, mas também feliz por saber que ele estava realizando um sonho.

— Nesse bar, em um dia da semana, vou querer fazer uma espécie de matiné... — ele continuou. — Quero que seja especialmente para pessoas da sua faixa etária, que estão nessa fase do final do ensino médio e início da faculdade... Quando eu estava nessa idade sentia falta de algo assim... Todos os agitos sempre eram para pessoas mais novas ou mais velhas. Bem, mas o fato é que eu acho que ninguém melhor do que você para animar essa galera. Não sei como vai ser agora que sua mãe voltou, mas queria desde já te fazer esse convite. Se quiser dar uma de DJ Cinderela durante um dia da semana, ou até mesmo esporadicamente, a vaga é sua.

Fiquei tão feliz que até o abracei! Eu não sabia que rumo a minha vida iria tomar, mas agradeci o convite e prometi que faria o possível para aceitar.

Ele então foi se encontrar com a minha tia, e eu fiquei sozinha com a aparelhagem.

O meu coração até acelerou quando coloquei a primeira música e vi algumas pessoas correrem para a pista de dança. Deixei que o ritmo me envolvesse e mixei como havia muito não fazia. Eu realmente não sabia o que ia acontecer dali para a frente, ou quando poderia fazer aquilo de novo, por isso aproveitei cada minuto.

Enquanto o som rolava, dei uma olhada na *set list* que o DJ tinha preparado e de repente vi uma música que, se eu pudesse escolher apenas uma para colocar, seria aquela. Não perdi tempo. Em poucos segundos, *You Get What You Give* ecoou pelo salão. Vi que as pessoas gostaram e fiquei pensando se, do camarim, daria para ouvi-la. O Frederico já devia estar lá, pois em 15 minutos o show dele começaria...

Eu ainda estava pensando nisso quando ouvi uma voz atrás de mim.

— Você realmente gosta dessa música do *New Radicals*.

Senti o meu corpo inteiro gelar. Aquela voz. Eu a reconheceria em qualquer lugar. Virei devagar e lá estava *ele*. Com a máscara igual a minha, mas com a boca virada para baixo. Foi como se eu estivesse tendo um *déjà-vu*.

— Gosto — consegui responder. — Ela me lembra de alguém... de quem eu gosto de lembrar.

Ele ficou me encarando por uns segundos e durante esse tempo senti novamente aquela sensação da primeira vez que nos encontramos. Um frio na barriga misturado com uma vontade de chegar mais perto.

Ele desviou o olhar do meu e me analisou de cima a baixo. Quando chegou aos meus pés e ele viu que eu estava de salto, falou:

— Você não veio de rainha de copas hoje.

Apenas balancei a cabeça, desejando estar com o meu vestido de cartas de baralho.

— Frederico, eu queria falar com você. — Criei coragem depressa, pois sabia que não havia muito tempo. — Eu vi seu recado nas redes sociais. Quero dizer, eu não sigo você, ou melhor, não seguia, mas a imprensa fez o maior estardalhaço e eu...

— Não precisa explicar — ele me cortou. — Na verdade, pensei que não veria você nunca mais. De vez em quando trago esta máscara pra poder dar uma volta sem ser reconhecido. Foi assim naquela festa em que a gente se conheceu. E hoje, na verdade, eu nem ia sair do camarim, e já estava me preparando para o show. Mas, de repente, comecei a escutar umas músicas que adoro, diferentes das que estavam tocando antes. Olhei de longe para cá e vi você... dançando neste seu ritmo pop.

O meu coração estava a 500 quilômetros por hora. Tentei falar, mas a minha voz travou.

— Mas não vim aqui pra te cobrar nada, sei que a culpa foi minha. Você falou tudo da primeira vez. Que não gostava do *Fredy Prince*. Que achava o som dele cafona. Que ele enganava as meninas... Não foi isso? — Eu comecei a responder que tinha me arrependido de ter dito aquilo, mas ele me interrompeu. — Você estava certa. Eu sou romântico mesmo. Não me importo se você acha isso fora de moda. Falo a verdade nas minhas canções. Ou, pelo menos, falava. Eu acreditava que um dia a minha musa inspiradora iria aparecer... Alguém que se interessasse por mim não pelo fato de eu ser famoso, mas sim por alguma química, conjunção astral, afinidade ou algo do tipo. E quando vi você dançando naquele dia e percebi que o nosso gosto musical era tão parecido... E depois que ouvi a sua voz, tive vontade de ficar ouvindo você falar a noite inteira, e então os nossos olhos se encontraram... Senti um clima especial, algo diferente de tudo que já havia sentido. Sei lá. Pensei que tivesse sido recíproco. Mas viajei, era bobeira, coisa da minha cabeça. Os meus amigos mesmo já tinham me prevenido, eu é que não ouvi ninguém. Eles me avisaram que eu havia me encantado pela *imagem* que criei de você. Eu nem mesmo vi o seu rosto! Mas eles estavam certos, foi tudo minha imaginação.

— Não é nada disso! — Comecei a tirar a máscara, mas ela agarrou no meu cabelo. — Não foi sua culpa, nem imaginação!

— Está tudo bem — ele disse, dando um passo para trás. — Não precisa se explicar, sério. Claro que eu fiquei esperando que você aparecesse. E fiquei triste quando vi que isso não aconteceu. Confesso que me senti meio humilhado e até envergonhado pelo papel de palhaço que fiz. Mas superei.

Maldita máscara! Eu estava a ponto de arrumar uma tesoura para cortar o meu cabelo e soltá-la quando o Rafa chegou.

— Voltei, Cintia — ele falou, entrando na cabine. — Vai começar o show, faltam cinco minutos para a meia-noite. Mas antes me pediram para desligar o som, pois vão passar um vídeo dos formandos.

Vi uma expressão diferente nos olhos do Frederico ao ouvir meu nome verdadeiro pela primeira vez. Como não me movi, o Rafa continuou:

— Pode ir para a frente do palco. Sei que você está louca pra ficar lá dando gritinhos... — Então ele fez uma voz fininha, imitando uma fã desesperada, e começou a dizer: — Ô, *Fredy Princeeee, cadê vocêêê, eu vim aqui só pra te veeeer!*

— Tenho que ir — o Frederico falou, já saindo.

— Espera. — Fui atrás dele. — O Rafa estava só brincando, porque sabe que eu... que eu quero muito falar com você. Quero dizer, com o Fredy. Ele não tem nem ideia de que você é ele. Mas o que eu queria falar é que sei que você está achando que sumi por desprezo, mas a verdade é que...

Naquele momento apareceu um cara de terno, bem alto e musculoso, que parecia ser um segurança, e falou que era melhor ele se apressar, pois o show já ia começar. O Frederico então me olhou meio impaciente e falou:

— Eu já disse que estou bem, não precisa ficar com pena ou coisa parecida. Você foi só uma ilusão. Que eu já esqueci!

Ele então me lançou um último olhar e se virou. O segurança foi com ele até uma porta e então desapareceu por ela.

Voltei para a cabine de som, e assim que o Rafa me viu, falou:

— Eu disse alguma coisa errada? Por acaso aquele garoto é algum namorado seu? Porque, pelo que sua tia me contou, eu pensei que você só pensasse no Fredy Prince. Por isso fiz aquela brincadeira...

— Não esquenta... — falei, agradecendo mentalmente o fato de estar de máscara, pois assim ele não veria a minha tristeza. — Não era ninguém importante.

O Rafa então me entregou uma sacola.

— A Helena pediu para entregar para você. Ela teve que resolver alguma coisa urgente, mas me fez prometer que isso chegaria às suas mãos. Ou melhor, aos seus pés. Ah, e sua mãe foi com ela.

Abri, curiosa, e lá dentro vi uma coisa que fez meu coração revirar. Era o meu All Star. O que a minha tia havia pintado. O pé que tinha sobrado, pois provavelmente o Frederico tinha jogado o outro no lixo. Pensei seriamente em fazer o mesmo, mas aquela era a minha única lembrança de toda a história. Então, em vez de descartá-lo, tirei as sandálias que estava usando, deixei-as na cabine de som, e calcei o tênis no meu pé direito, deixando o esquerdo descalço. Só ia ficar assim por um tempinho, mas aí vi a Lara no meio da multidão. Corri para perto dela, que me deu o maior abraço ao me ver.

— Estou te procurando há horas, onde você estava? — ela perguntou. — Vi o seu pai, a sua madrasta, as suas meias-irmãs, a sua tia, o namorado dela e até a sua mãe! Meu Deus, você não está explodindo de felicidade por ela estar aqui? Mas eu estava desesperada pra encontrar com você, porque o show já vai começar! Aquela sua ideia tem que dar certo. Aposto que o Fredy Prince, ao ver essa máscara, vai se lembrar de você! E aí tenho certeza de que ele vai chamar você pra dançar com ele no palco!

Passei a mão pela máscara. Não. Aquilo não ia adiantar. Já não havia adiantado. Ele não queria mais saber de mim! Por isso, eu me virei de costas para a Lara e pedi que ela me ajudasse a soltar o elástico do meu cabelo, pois estava me machucando. Com muito custo ela conseguiu desembaraçá-lo e livrá-lo da máscara.

No mesmo instante, um apresentador subiu ao palco e pediu que todos os formandos se aproximassem, pois queria chamar ao palco o talentoso Fredy Prince, para que ele pudesse nos dizer umas palavras antes do show começar.

— Cintia, coloca de novo a máscara, depressa!

Apenas dei de ombros e falei que aquilo não importava mais. Foi quando o Frederico subiu ao palco. E aí não consegui escutar mais nada. A gritaria era tanta que o apresentador teve que pedir silêncio umas três vezes antes de ser atendido.

Ele então passou o microfone para o Fredy, que agradeceu o convite feito pela nossa turma, disse que era uma honra tocar em uma ocasião tão importante e desejou boa sorte a todos nós na nova etapa das nossas vidas. O meu coração apertou e senti os meus olhos se encherem de lágrimas ao pensar que tudo poderia ser bem diferente... Agora eu não passava de mais uma fã no meio de tantas outras. Em pouco tempo, ele nem lembraria mais da minha existência.

O apresentador convidou o Fredy Prince para ver um vídeo que a escola havia feito. Os dois recuaram um pouco, as luzes se apagaram e então o vídeo começou. Era uma montagem com retratos de todos os alunos do terceiro ano. O nome do aluno aparecia e na sequência surgiam duas fotos: uma de quando era criança e outra, atual. Em seguida um holofote focalizava o aluno no meio da plateia, que era aplaudido por todos. Então era por isso que solicitaram que fôssemos para a frente...

Como a apresentação era por ordem alfabética, o meu nome foi um dos primeiros a aparecer. Vi no telão uma foto minha com 7 anos de idade, com uma coroa de princesa na cabeça. Que ironia... Em seguida, apareceu uma que tinham tirado sem que eu percebesse, na sala de aula, provavelmente na semana anterior, com um olhar meio triste e parecendo muito pensativa... Antes que eu pudesse lembrar o que estava pensando naquele momento, um feixe de luz me focalizou, e ouvi vários aplausos. A Lara e alguns outros colegas me abraçaram e sorri, até me lembrar de um pequeno detalhe... Agora o meu pai saberia que eu tinha fugido do castigo e estava ali. E se ele me obrigasse a ir embora? Virei de um lado para o outro, tentando ver se ele estava por perto, mas o meu olhar foi atraído para o palco mais uma vez. Para alguém no palco. Alguém que estava me olhando fixamente...

E então percebi que aquela era a primeira vez que ele me via sem a máscara... e que, pelo jeito, não tinha gostado, pois rapidamente tornou a olhar para a tela.

Quando todas as fotos terminaram de passar, o salão de festas explodiu em aplausos, e o apresentador pegou o microfone para anunciar os outros integrantes da banda. De repente, o telão, que já estava desligado, começou a piscar. A minha primeira impressão foi que era um curto-circuito. Vi que mais pessoas pensaram o mesmo, e um pequeno tumulto começou a se formar, até que o telão piscou mais uma vez e um desenho apareceu. Todo mundo começou a rir, comentando que devia ser só uma surpresa para os alunos, mas de cara entendi que a intenção era surpreender apenas uma pessoa... Porque eu conhecia perfeitamente aqueles traços. Sabia muito bem quem era a desenhista responsável. Ainda mais porque, logo na primeira cena, vi a imagem de uma menina calçando tênis cheios de naipes de baralho e notas musicais. Exatamente como o que eu estava usando naquele momento. Então era essa a animação na qual a minha tia estava trabalhando durante a semana! E era essa a missão muito urgente que ela e a minha mãe precisavam fazer... Convencer alguém a exibir aquele vídeo.

Pouco a pouco, a tela foi mostrando a minha vida desde o momento da separação dos meus pais. Como se fossem quadrinhos em preto e branco, a animação contava a história de uma princesinha que, em vez de sapato alto, usava All Star, pois seus pés doíam muito se calçasse outro tipo de sapato. Um dia, ela conheceu um príncipe. E a vida dela ficou colorida. E a partir daí, o filminho também ganhou cores e explicou tudo que eu gostaria de ter contado para o Fredy e não havia conseguido... Que ele, além de devolver a cor para a vida dela, também havia trazido ritmo para o seu coração, que costumava bater descompassado. E que aquela princesa tinha uma madrasta malvada que armou para que ela não se encontrasse com o príncipe. O vídeo terminava com a princesinha segurando um pé de All Star na casa dela, olhando triste pela janela, e o príncipe segurando o outro pé, olhando para a tela do computador, parecendo muito solitário...

E então o telão foi escurecendo gradualmente até que ficou totalmente preto.

Todo mundo ficou esperando mais, meio sem entender. Quando o apresentador viu que realmente era só aquilo, chamou depressa a banda. O Fredy, apesar de parecer meio atordoado, nem mesmo olhou na minha direção. Um pouco depois, a minha tia e a minha mãe apareceram do meu lado.

— Não sei o que vocês fizeram para que as pessoas da comissão de formatura concordassem em exibir essa história de final *infeliz*... Mas acho que valeu a pena, porque eu entendi o significado — falei para elas, meio triste. — É que, se eu não parar de ficar olhando pela janela em vez de viver, nunca vou ser feliz. Não é isso?

As duas se entreolharam com as testas franzidas. A minha tia disse que eu tinha entendido tudo errado, e a minha mãe explicou que a única coisa que tiveram que falar para a comissão é que queriam contar o começo de uma história que teria o seu final feliz naquela noite, para que ninguém ficasse "boiando" na hora.

Comecei a falar que não ia ter nenhum final feliz, mas naquele momento a banda começou a tocar. As duas falaram que iam ver o show de longe, pois não tinham mais idade para aquela gritaria toda.

Mais uma vez, o meu coração bateu forte, mas agora eram batidas tristes. Resolvi que queria ir embora. Ver aquilo era tortura. Então me despedi da Lara, disse que no dia seguinte explicaria tudo, e me virei para procurar minha mãe. Ia ser bem difícil, porque a festa estava lotada. Porém, eu não tinha dado nem dois passos quando ouvi o Frederico dizer:

— Eu sempre faço essa parte do show mais para o final, mas acho que hoje vou ter que adiantar. Porque a garota com quem eu gostaria de dançar tem uma estranha tendência a desaparecer de repente... Então prefiro chamá-la agora, enquanto ela está bem na minha frente.

Congelei no lugar em que estava, sem ter coragem de me virar. Será que ele estava falando de...

— Até hoje eu não sabia o nome dela. Por isso a chamava por vários apelidos... DJ Cinderela. Rainha de Copas. E o meu preferido, que acho que não conseguirei me desacostumar, pois é exatamente isso que ela é: uma *princesa*. Uma princesa que adora música pop. E eu também não conhecia o rosto dela. Pelo menos achei que não... Mas há poucos minutos constatei que era exatamente como eu a via nos meus sonhos. Então eu gostaria, *Cintia*, minha princesa pop, que você subisse ao palco, e me desse a honra desta dança.

Continuei parada, mas a Lara começou a me empurrar para que eu subisse logo. Quando as minhas colegas perceberam que era de mim que ele estava falando, começaram a dar gritinhos e a me empurrar também. Embora eu estivesse roxa de vergonha, sabia que não ia haver uma terceira chance. Então subi. Ele abriu o maior sorriso, colocou as mãos na minha cintura, mas, antes que a banda começasse a tocar, ouvi uma voz na multidão. Aquela mesma voz de bruxa, que parecia ter sido inventada para estragar os meus melhores sonhos.

— Parem! Ela não vai dançar!

Eu me afastei para olhar, mas o Fredy continuou me segurando.

— A Cintia está de castigo — ela gritou ainda mais alto. — Foi proibida pelo pai de sair de casa e o desobedeceu!

Ninguém se mexeu, e ela então foi andando em direção ao palco. Quando começou a subir as escadas, dois seguranças a impediram.

— Saiam da frente, seus inúteis! Ela é minha filha e tem que fazer o que eu mandar!

Eles pareceram meio em dúvida e começaram a se afastar, mas no segundo seguinte ouvi outra pessoa, chegando cada vez mais perto, mas dessa vez era alguém cuja voz que tinha o poder de me tranquilizar mesmo nos piores pesadelos.

— Sua *filha*? Ou a sua enteada, que você devia tratar muito bem, mas que, pelo contrário, prendeu em um quartinho mofado e imundo? Já não bastava roubar meu marido, agora está querendo a minha filha também? Mas saiba que a Cintia é muito mais esperta que o meu ex. Ela não se deixa enganar assim tão fácil.

Parecia que a minha madrasta tinha visto um fantasma. Primeiro ficou branca, depois vermelha, depois verde... A impressão é que ela estava querendo cavar um buraco no chão para fugir dali. As pessoas estavam extasiadas, como se tivessem assistindo a uma peça teatral. Porém, de repente, ela recuperou o rebolado, empinou o nariz e falou:

— Então você a considera esperta, né? Pois saiba que o pai dela só a colocou de castigo porque ela ficou em recuperação em *duas* matérias!

Novo burburinho de vozes foi ouvido, mas um se destacou no meio da multidão.

— A Cintia é uma das melhores alunas do terceiro ano. Ela estuda na nossa escola desde pequena. Confesso que fiquei meio preocupada, após a separação dos pais, por ela ter entrado em uma fase meio introspectiva, usando roupas escuras e se isolando... mas em nenhum momento isso afetou os estudos. Posso afirmar que a Cintia passou com notas bem acima da média e que certamente se dará bem no vestibular!

Olhei para a minha diretora, com vontade de abraçá-la. E pensar que eu sempre havia achado que ela não gostava de mim. No entanto, ela estava apenas preocupada.

Depois disso, a minha madrasta foi saindo de fininho, mas ainda consegui ver o meu pai tendo a maior discussão com ela, provavelmente querendo que ela se explicasse sobre tudo o que tinha armado para cima de mim.

— Alguém quer dizer mais alguma coisa? — o Frederico perguntou para a plateia, com um ar divertido, e a atenção de todos se voltou para o palco.

— Porque por mim, tudo bem, posso esperar a noite inteira. Mas acho que a Cintia deve estar meio desconfortável aqui de pé, usando salto. Pelo que entendi na historinha que passaram, ela não gosta muito de sapato alto. E eu realmente gostaria de dançar enquanto ela ainda consegue se locomover!

As pessoas riram, e então levantei um pouquinho a barra do vestido e falei só para ele:

— Na verdade, eu dei um jeitinho... Pena que estou sem o outro pé do sapato. Eu o perdi em um baile, e o príncipe que o encontrou nunca mais o devolveu para mim.

Ele então deu um sorriso ainda mais lindo, pediu licença, foi atrás do palco e em poucos segundos voltou com o meu outro All Star.

— Mas você sabia que eu ia estar aqui na festa? — perguntei, confusa.

— Até duas horas atrás, nem eu mesma sabia que viria!

— A minha produção recebeu um telefonema anônimo, falando que a garota que eu procurava estaria aqui...

Passei os olhos pela multidão e vi que a minha tia fez um sinal de positivo para mim. Sorri para ela, sem parar de prestar atenção no que o Fredy estava dizendo.

— A princípio achei que fosse um trote... mas como eu ainda estava com o sapato, pensei que não faria mal trazê-lo... Posso ajudar a calçá-lo?

Ele se ajoelhou e colocou o tênis no meu pé esquerdo. Subi um pouco mais a barra do vestido para ver o par reunido, o Fredy então se levantou e perguntou:

— Dança comigo?

A plateia veio abaixo. Apenas sorri e passei os meus braços pelos ombros dele, que então olhou para banda e sussurrou:

— *Aquela*.

Em seguida ele me puxou mais para perto e nós começamos a dançar a "nossa" música, a que eu havia colocado poucos minutos antes e que o havia atraído para a cabine de som, aquela que, independentemente do que acontecesse, sempre iria fazer com que nos lembrássemos um do outro.

— Você sabe que eu não vou deixar você fugir nunca mais... — ele falou no meu ouvido, enquanto dançávamos.

— É bom mesmo... — respondi. — Porque parece que finalmente o meu coração está batendo no ritmo certo.

— Pop? — perguntou, rindo. Confirmei, e ele me abraçou mais forte. Depois de um tempo ele me olhou, passou a mão pelo meu cabelo e falou: — Será que a pessoa que desenhou aquela historinha triste que passaram no telão podia reescrever o final?

— E como seria um final melhor? — perguntei.

Ele então sorriu, se aproximou bem devagar e me deu um longo beijo.

Tive que concordar com ele. Aquele final era *muito* melhor...

E VIVERAM FELIZES PARA SEMPRE...

Hoje de manhã Fredy Prince anunciou que não vai mais fazer a turnê internacional que vinha planejando. *Por coincidência*, na última sexta-feira ele finalmente encontrou, em uma festa, a sua princesa misteriosa. A garota, que se chama Cintia Dorella, se revelou ser uma DJ, e agora todas as celebridades querem contratá-la para os seus eventos. Ela, porém, fechou um contrato exclusivo, por tempo indeterminado, para abrir todos os shows do Fredy Prince em sua nova turnê pelo país. Segundo o cantor, essa foi a forma que ele conseguiu para que ela não desaparecesse mais. Cintia, por sua vez, disse que não tinha intenção nenhuma de sumir de novo e que estava muito feliz por poder trabalhar ao lado dele. Os dois continuam insistindo que são apenas bons amigos, mas a nova música de Fredy Prince diz o contrário: "Princesa Pop" fala sobre uma menina cheia de ritmo que balançou o coração de um príncipe. Já ouviu isso em algum lugar? Nós também. Só torcemos para que essa história tenha um final feliz. Alguém duvida? ■

✦ EPÍLOGO ✦

Queridos leitores, como vocês AMARAM a entrevista que fiz com o Fredy Prince (visto que ela teve mais de um milhão de visualizações, e eu ganhei centenas de seguidores), resolvi repetir a dose para a alegria de vocês! E dessa vez ele veio acompanhado...

Essa nova entrevista foi um pouco mais difícil conseguir, porque, como todo mundo sabe, o Fredy está em turnê. Mas ele acabou abrindo um espacinho na agenda, porque eu o lembrei de uma vez em que ele tinha uns 12 anos e estava na sala da minha casa tocando violão e, de repente começou a imitar uns roqueiros balançando a cabeça. Só que por isso ele acabou ficando tonto, perdeu o equilíbrio e derrubou uma jarra de cristal caríssima da minha mãe, que partiu em mil pedacinhos (a jarra, não a minha mãe). Ela veio correndo por causa do barulho e, pra livrar a barra dele, inventei que tinha sido o meu gato...

Mas vamos ao que interessa! Tcha-ram... Com vocês, Fredy Prince e... DJ Cinderela (vocês não acham que até os nomes combinam?)!

CONHEÇA A PRINCESA POP!

Belinha: Fredy, da última vez em que conversamos, você me contou que estava procurando a menina dos seus sonhos... Podemos dizer que você finalmente a encontrou?

Fredy Prince: Eu realmente a procurei muito, mesmo depois de encontrá-la... Mas prefiro não falar da minha vida pessoal, especialmente para preservar a garota.

Belinha: Bem, já que a garota está bem aqui na frente, acho que vai ser um pouco difícil preservá-la... DJ Cinderela, pode matar a nossa curiosidade? Saiu em todos os jornais inúmeras fotos de vocês dois se beijando na sua festa de formatura, e desde então vocês não se desgrudam... O que todo mundo quer saber é: Você é a "princesa pop" da nova música do Fredy?

DJ Cinderela: Eu achei essa música nova muito fofa e você? Ah, pode me chamar de Cintia!

Belinha: Hum, ok, Cintia. Eu também adorei, mas, bem, desculpa insistir, mas você não respondeu minha pergunta... Você foi a inspiração?

Fredy Prince: Então quer dizer que você achou a música fofa, "DJ Cinderela"? Pensei que achasse as minhas canções meio sentimentais demais pro seu gosto...

DJ Cinderela: Acontece que o meu gosto mudou...

Belinha: Ok, desculpa interromper o clima, sei que estou segurando uma vela gigante aqui, mas é que temos que continuar com a entrevista, vocês falaram que só tinham 15 minutos para responder as perguntas. DJ... Ou melhor, Cintia, aproveitando sua última observação, alguma razão especial para o seu "gosto" ter mudado?

Fredy Prince: Eu também adoraria saber...

DJ Cinderela: Às vezes conhecemos pessoas que nos apresentam novos estilos, para os quais antes não dávamos chance por estarmos muito fechados... Mas é muito bom quando alguém consegue abrir o nosso coração e enchê-lo de melodia...

Belinha: Esse brilho nos seus olhos e o sorriso estão totalmente entregando que seu coração está preenchido por muito mais do que melodia... Mas, Fredy, mudando um pouco de assunto, se você tivesse que passar três meses isolado em uma ilha deserta e só pudesse levar um objeto. O que levaria?

Fredy Prince: Não posso levar uma pessoa no lugar do objeto?

DJ Cinderela: Acho que já deu o tempo, não? Precisamos ir... O Fredy vai tocar hoje na inauguração do bar do namorado da minha tia, e eu tenho que estar lá bem antes para cuidar do som.

Belinha: Sim, prometo que vai ser a última pergunta. Quais são os planos de vocês dois para o futuro?

DJ Cinderela: Eu passei nos vestibulares de Produção Fonográfica e Arqueologia. Então no ano que vem vou começar as duas faculdades. Mas aos fins de semana e durante as férias, espero continuar acompanhando o Fredy nos shows!

Fredy Prince: E eu espero que em outros lugares também... Sobre meus planos, quero continuar tocando e compondo. Acho que inspiração é o que não vai faltar!

Belinha: Muito obrigada pela entrevista! Para finalizar, será que você pode tocar uma versão acústica da sua nova música para o blog? Vou filmar para colocar no meu recém-inaugurado canal do YouTube! Minhas leitoras vão desmaiar!

Fredy Prince: Claro! Mas espero que só desmaiem depois de escutar a música toda...

E essa foi mais uma entrevista exclusiva do Fredy Prince (e sua princesa) para o *Blog da Belinha*! Espero que vocês tenham gostado! Nem vou contar pra vocês que em um momento de distração eu os peguei de MÃOS DADAS! Porém, quando viram que eu estava olhando, logo disfarçaram e fingiram que ela estava apenas tentando tirar um calo da mão dele... Mas depois eu observei que ele não tem calo nenhum, a mão do Fredy é macia como a de um bebê! E querem saber mais? Quando ele tocou a música, ficou olhando pra ela o tempo todo, que por sinal só ficava suspirando com a maior cara de apaixonada... Tão fofos!!

Ai, ai, espero algum dia também viver um amor recíproco assim. Afinal, não é isso que importa? Encontrar alguém que goste de nós como realmente somos...

Bem, chega de sonhar! Aí está a nossa "serenata" exclusiva. Não se esqueçam de seguir o canal e dar um joinha no vídeo!

E, para quem quiser cantar junto, aqui está a letra!

Até breve!

Belinha

PRINCESA POP (Fredy Prince)

Ela dançava tão sorridente, diferente, de vestido e All Star.
Ele era um príncipe irreverente e de repente viu tudo mudar.

E agora onde você andará? Já tentei, mas não sei onde te achar.
Olhei na rua, na Lua, em todo lugar. E além...
E agora onde você estará? No meu sonho continua a dançar.
Nesse ritmo que eu quero acompanhar, meu bem.

Ele era um príncipe inconsequente e por acidente a olhou.
Ela curtia um pop meio adolescente, quase displicente, e o encantou.

E agora onde você andará? Já tentei, mas não sei onde te achar.
Olhei na rua, na Lua, em todo lugar. E além...
E agora onde você estará? No meu sonho continua a dançar.
Nesse ritmo que eu quero acompanhar, meu bem.

Agora eu só quero te amar. Te encontrei e nunca mais vou te deixar.
O seu ritmo eu vou acompanhar, meu bem.
E agora só comigo vai dançar. Dessa vez sou eu que vou te escoltar.
Essa princesa pop é minha e de mais ninguém...

ECLIPSE DO UNICÓRNIO

Lauren Kate

◆ PERCY ◆

E i, Bela Adormecida. Acorda. — Rose, irmã mais nova de Percy, cutucou a lateral da cama com o joelho. — A mamãe disse que você vai perder o avião.

— Que bom — murmurou ele no travesseiro.

Virou de bruços, ignorando a irmã e fingindo voltar a dormir. Não se importaria de acordar dali a um mês, deixando toda a viagem para trás. Mas não teria a sorte de perder o voo. O avião para Paris só partiria às 20h e — ele entreabriu um olho para o relógio na mesa de cabeceira — ainda nem era meio-dia.

— O que você vai fazer na França por um mês inteirinho? — perguntou Rose. — Vai me mandar postais? O tio Howard sempre manda postais *do exterior*. — Nas duas últimas palavras, Rose engrossou a voz, tentando imitar o tio empresário arrogante que estava sempre em uma viagem de luxo a algum lugar.

Rose tinha 11 anos, cinco a menos do que Percy, cabelo castanho-claro, olhos azul-celeste e feições delicadas e pequenas. Ao lado da cama de Percy, com a camisola cor-de-rosa de babados, parecia a versão de uma princesa de conto de fadas para criancinhas, tão pura que ele nem queria lhe dizer que estava convencido de que a excursão da escola à França seria um porre completo.

Diziam haver uma semelhança entre Rose e Percy, mas o garoto não a via. Ele era desajeitado, de repente com 1,80m de altura depois de um surto de crescimento naquela primavera, que o fez pensar ter trocado de corpo com alguém muito mais confiante. Seu cabelo louro-escuro crescia para todos os lados, de forma que ele nunca conseguia deixá-lo direito, nem quando usava o gel da mãe. Seu queixo tinha uma espinha, e ele sempre achou as orelhas meio grandes demais. Mas os olhos eram do mesmo azul dos da irmã, bem como da mãe. Era o que as pessoas sempre notavam primeiro em Percy Briar.

Marcantes, como Amber chamava.

Pelo menos costumava chamar.

— Ou vai ficar ocupado demais namorando a Amber para escrever pra casa? — Rose se jogou na cama do irmão, mas ele a empurrou, irritado.

— Cala a boca, Rose. — A última coisa que ele queria era a irmã mais nova sabendo do patético término do seu namoro.

— Ai! — Ela gemeu, esfregando o cotovelo enquanto se levantava do chão. — Mãe! — berrou a plenos pulmões. — O Percy me chutou...

— Percy. — A mãe deles estava à porta, de braços cruzados. Vestia-se como uma advogada, mesmo aos sábados, com a calça branca do terninho imaculadamente passada. O cabelo louro estava bem puxado para trás, e ela não havia terminado de aplicar o corretivo sob os olhos. Percy via pontos de maquiagem bege perto da ponte do nariz dela.

— Ela invadiu meu quarto, mãe. — Percy cobriu a cabeça com o cobertor, desejando uma privacidade impossível. — Diz a ela para não...

— Eu pedi a ela que acordasse você. O ônibus virá buscá-lo às 17h.

Então Percy afastou a coberta e olhou exasperado para a mãe.

— Faltam cinco horas inteiras.

— Bom, já fez sua mala?

Ele olhou a mala cinza que a mãe tirara do sótão havia uma semana. Ele a usara como cabideiro, jogando o uniforme de futebol por cima da mala todos os dias depois que voltava do treino, tentando cobri-la. Sempre odiou fazer malas, e naquele dia a tarefa parecia um pesadelo ainda maior. Os criminosos condenados não precisavam fazer as malas antes de ir para a prisão. Percy sentia tanto medo por causa da viagem quanto um inocente ao andar para o corredor da morte. Nem acreditava que antigamente existia um universo em que a viagem teria parecido a melhor coisa que podia lhe acontecer.

Paris era para os amantes — e Percy tinha acabado de ser trocado por um guitarrista de uma banda de jam chamado Adam.

Percy e Amber haviam se conhecido no verão anterior quando ela era salva-vidas na piscina pública de Baltimore. Era macia e cheia de curvas, com a pele morena e o cabelo com luzes que brilhavam ao sol. Percy a observara o verão todo — por dois meses, na aula de francês, quando ela se sentava na frente dele, trançando e destrançando o cabelo — antes de se levantar e criar coragem para convidá-la ao baile da escola. Depois que ela aceitou, Percy nem acreditou em como foi fácil. Uma dança levou a outra, que levou a uma festa, depois ao cinema, em seguida eles estavam se beijando no sofá do porão da Amber sob a lua cheia. Depois eles simplesmente ficaram, digamos, juntos.

Ele adorava ter namorada. Sempre havia alguém para procurar nos corredores, o armário de alguém para deixar um bilhete na escola, alguém em quem pensar quando se deitava para dormir à noite. Eles nunca tinham sido um daqueles casais que ficavam acordados até o sol nascer conversando ao telefone nem nada, e às vezes ela ficava irritada com ele sem motivo nenhum, então Percy em geral pedia desculpas por algo que nem entendia direito. Mas Amber tinha sido seu primeiro beijo, seu primeiro tudo — e embora não tivesse muito com o que comparar, Percy sabia que ela era incrível.

Assim, quando ela o deixou de uma hora para outra porque tinha ido a um festival de música com a prima, Alice, e voltara com o número de telefone de um hippie de Albuquerque escrito na mão, parecia que o mundo inteiro de Percy se desintegrara.

Era para os dois irem a Paris juntos. Eles foram os primeiros alunos na turma de francês a se inscreverem para a excursão de um mês liderada pela professora, madame Virgily. Amber o convenceu de que seria a coisa mais romântica que aconteceria aos dois.

Mas agora ela estava tirando uns dias de folga no trabalho para fazer uma viagem de carro com a prima e ver a banda do novo namorado tocar em algum show idiota.

— Você vai se divertir — ela teve a coragem de dizer a Percy no último dia de aulas. — Estou com inveja por você ver a torre Eiffel de perto.

Ele ainda iria à excursão; porque a mãe tinha pagado o depósito não reembolsável de 500 dólares em abril, porque ele havia trabalhado como manobrista cinco dias por semana para pagar o restante, porque o tio Howard tivera a generosidade de usar suas milhas aéreas para comprar as passagens de avião de Percy como um presente de Natal antecipado. O pai de Amber era rico. Então o garoto concluiu que não se importava de perder o depósito porque a filha na última hora não quis mais fazer a viagem.

Percy agora se arrependia de se envolver tanto com Amber a ponto de não prestar atenção em quem mais de sua turma iria à França. Nenhum dos outros alunos do time de futebol fazia francês, então ele não teria amigo algum lá. Seriam Percy e um bando de esquisitões que ele nem conhecia e que provavelmente já debochavam do seu novo status de solteiro.

Então, não, mãe, ele não tinha feito as malas.

— Rose, meu bem, vá colocar a mesa do almoço — disse a mãe de Percy do closet, vasculhando o cesto que transbordava de roupa suja.

Ela abriu a cortina, deixando entrar a luz do sol a que os olhos de Percy se recusavam a se adaptar. Desde o término, ele tinha evitado ao máximo a luz do dia, dormindo até o último minuto possível antes de seu turno de manobrista ou treino de futebol, rezando por dias cinzentos e chuvosos nos quais o sol não o alcançasse, não o fizesse se sentir em conflito com o universo.

Quando ficaram a sós, a mãe se sentou na beira da cama. Afagou seu cabelo como costumava fazer quando ele era criança, e por algum motivo Percy não se retraiu.

— Sabia que eu só saí do país quando fiz 21 anos?

Percy sabia. Ele sabia "a sorte que tinha" por embarcar em um avião para a Europa naquela noite. Sabia que Rose gritaria como se estivesse em um show do One Direction se ele simplesmente deixasse um postal na caixa de correio com um "Queria que você estivesse aqui" rabiscado às pressas no verso. Mas não conseguia se forçar a sentir nada além de pena de si mesmo por ter que passar um mês sem a namorada, igual a um mané, na cidade mais romântica do mundo.

— O que é isso? — perguntou Mallory Staple, uma menina de cabelo ruivo e cacheado que estudava com Percy desde o jardim de infância, enquanto o avião para Paris decolava.

Percy acabara no assento do meio, preso entre Mallory e seu irmão magrelo, Paul, que já dormia com a cabeça batendo na bandeja do jantar semidevorado.

No início, ele pensou que Mallory falava do seu iPod, perguntando que música ele ouvia aos berros nos fones — "The World Is Full of Crashing Bores". Ele tirou um fone para ouvi-la melhor.

— Gosta do Morrissey?

— Adoro — disse ela, pegando o fone como se ele tivesse oferecido e colocando no ouvido. — Mas eu estava falando disso. — Ela apontou para um pequeno button dourado no bolso da mochila camuflada de Percy, algo que ele nunca teria prendido ali. Ele pegou a mochila e viu que o button era um querubim mínimo, com braços estendidos para o céu.

— Não é meu — falou rapidamente, sem graça. — A minha irmã deve ter colocado aí. — Rose com certeza tinha feito isso, provavelmente naquela manhã, depois que ele a tinha expulsado do quarto, fato do qual Percy ainda se arrependia. — Ela adora anjos da guarda e essas coisas.

— Eu também. — Mallory se curvou para ver melhor o button. — Acho que é Rafael, o anjo das viagens. Quem sabe — ela sorriu, devolvendo o fone —, talvez ele dê sorte.

Percy fez uma careta. Nada daria sorte naquela viagem. Viu pela janela a lua imensa e branca, que parecia estar no mesmo nível do avião. Tentou não pensar em Amber, mas saber que a mesma lua estava acima dela no seu Camaro vermelho indo na direção contrária ao avião de Percy, em uma estrada escura rumo a Albuquerque... Aquilo fez Percy apertar o button de anjo da guarda até machucar e deixar uma impressão de suas asinhas na palma da mão.

⊰ TALIA ⊱

Era uma vez, em terras distantes, uma criança que veio ao mundo sob o céu sobrenatural de um eclipse total. Respirou pela primeira vez no momento em que o sol deixou de existir, deitou a cabeça no seio da mãe sob a penumbra destilada da lua diurna. A menina era uma alma radiante desde o alvorecer de sua vida, nascida com o cabelo castanho arruivado de uma nuvem cintilando ao poente e olhos profundos e sedutores da cor da meia-noite.

Como a maioria das crianças, era perfeita aos olhos dos pais, mas o amor e a gratidão que a menina inspirou na família eram ainda mais pronunciados do que de costume — em parte porque os pais por muitos anos rezaram pela vinda de um filho e em parte porque a mãe e o pai daquela criança eram os soberanos de um grande reino chamado Loiria, onde a menina nasceu.

No dia do nascimento dela — das torres prateadas do palácio às aldeias bucólicas no vale junto ao rio e às longínquas vilas montanhosas onde viviam feiticeiros e magos —, sinos repicaram com alegre despreocupação para dar à criança as boas-vindas ao mundo. Era uma manhã de terça-feira no meio de um verão quente e seco, o ar doce das flores de damasco, o sol ausente de seu céu.

Enquanto o rei e a rainha trajavam a filha em um vestido de renda cor-de-rosa e uma grinalda tecida com pequeninos lírios brancos, e o palácio explodia com os preparativos para o banquete que se seguiria à apresentação oficial da princesa, seis anjos desceram do céu. Os cabelos dourados voavam atrás das reluzentes asas empíreas enquanto percorriam a escuridão pálida e as nuvens delineadas pela lua para comparecer à cerimônia de nomeação. Traziam dádivas para presentear a criança.

Como a presença ou os presentes dos anjos eram uma esperança, mas nunca uma certeza, o rei e a rainha se prepararam para dar início à cerimônia ao meio-dia. Todos os portões do palácio foram abertos e todo o reino se uniu para participar da apresentação da futura rainha. Cavalgaram de muito longe em unicórnios e cavalos. Vieram com suas mais belas roupas. Reuniram-se na praça pavimentada com pedras abaixo da sacada real. E, quando a praça transbordava de tantos admiradores, reuniram-se em pequenas hospedarias de telhado de sapê que se espalhavam pelas vielas e recantos adjacentes ao palácio. Com as janelas das hospedarias abertas, a voz da sacerdotisa que presidiria a cerimônia ainda poderia ser ouvida quando anunciasse o nome escolhido para a criança.

Nos intensos momentos de espera, o reino debatia a providência divina de nascer sob um eclipse solar (ninguém concordava se era de bom ou mau augúrio). Cochichavam previsões de qual seria o nome da menina (Liat era popular, Shoshanna era régio). Faziam previsões sobre o tom da sua pele e a cor dos seus olhos (clara como a mãe ou morena e impressionante como o rei). Imaginavam os presentes de nascimento que uma princesa teria a sorte de receber (certamente um preceptor seria trazido de além-mar para instilar na criança um gosto por instrumentos musicais além dos meios de qualquer plebeu). Sobretudo, cochichavam sobre o menino que um dia faria da princesa sua noiva, que se sentaria no trono ao lado dela como seu rei (e aqui muitas taberneiras e costureiras brincavam sobre como seus filhinhos, ainda engatinhando, um dia seriam mais do que aptos a se casarem com qualquer princesa que se remexesse no berço).

Ao meio-dia, a sacerdotisa abriu as portas de vitral e chegou à sacada do castelo que assomava sobre a praça. Era flanqueada pelo rei e a rainha, cujos trajes de brocado de ouro só brilhavam menos do que os sorrisos de orgulho que traziam nos rostos. Mas pela primeira vez ninguém olhou o rei e a rainha; foi o fardo de seda branca nos braços da sacerdotisa que fez silenciar o reino. Todos ficaram enfeitiçados enquanto a sacerdotisa abençoava a criança. Ajoelharam-se quando ela estendeu o bebê para a contemplação dos futuros súditos da princesa.

— O nome da criança — disse a sacerdotisa da sacada — será Talia.

Talia. Significava o orvalho de Deus. Assim que a palavra deixou os lábios da sacerdotisa, todos de Loiria explodiram em gritos. Havia gente que acreditava que os nomes eram uma espécie de profecia. O que poderia satisfazê-los mais do que o doce e suave orvalho de Deus? Os súditos de Talia choraram de alegria porque, por toda a vida, a princesa levaria o orvalho divino aos seus campos e saciaria a sede das suas lavouras. Era um nome perfeito.

Naquele momento, o céu escurecido voltou a brilhar e pareceu a Loiria que o longo eclipse finalmente cessava. Em vez disso, um coro harmônico de vozes encheu o ar acima do palácio. Os anjos haviam chegado.

Sete integrantes da hoste celestial pairaram incandescentes no céu. O rei, a rainha e a sacerdotisa se uniram aos súditos, colocando-se de joelhos e olhando com adoração para o alto. Até Talia voltou-se para o céu, extasiada com as convidadas. Por um instante, era difícil distinguir o que diziam. Só os anjos podiam fazer com que uma discussão soasse como um hino glorioso.

— É um lindo nome — cantou o Anjo da Beleza —, mas, no meu tempo, certamente eu ouviria outro mais belo.

— O que importa é ser um nome compassivo — disse o Anjo da Empatia. — Assegurará o forte legado da princesa.

— Alivia-me que o nome verta discernimento — entoou o Anjo da Sabedoria —, pois as jovens, especialmente princesas, podem ser muito tolas.

— E o que há de errado com um pouco de tolice? — contra-argumentou o Anjo da Sagacidade. — Um nome bem escolhido tem uma tessitura de significados. Esta princesa terá grande astúcia.

— E mais importante — disse o Anjo da Graça —, é um nome elegante. Nele a língua não se atrapalha.

— Irmãs — disse o Anjo do Amor. — É apenas um nome! O que *significa* dependerá da alma que nele habita. Agora, deixemos de especulações sobre seu destino e entreguemos-lhe os presentes que viemos doar.

Então o rei se levantou e avançou na sacada. Abraçou a esposa, acariciando o rosto inocente da filha. Olhou os anjos resplandecentes que pareciam pairar em um manto invisível de ar.

— Subjugamo-nos em vossa presença e graciosamente damos as boas-vindas a quaisquer presentes que desejais doar à nossa princesa.

— Passemos a eles, então. — O Anjo da Beleza baixou elegantemente ao ressalto da sacada. Ao se curvar para a Talia bebê, seu sorriso era tão cintilante que o reino perdeu o fôlego. — Na verdade, ela não precisa de minha ajuda — murmurou o anjo consigo mesma. — Mas percorri uma longa distância. Posso muito bem prosseguir. — Ela encostou os lábios na testa da menina, como era o costume. — Com a minha bênção, criança, cada dia que passares te tornará ainda mais graciosa.

Dado o presente, o Anjo da Beleza se retirou ao céu, e algo se alterou na criança. A coroa de cabelos ruivos de Talia escureceu, os intensos olhos azuis se iluminaram, e a jovem e linda princesa ficou não apenas completamente radiante, mas destinada a se tornar mais bela a cada dia da sua vida. O reino murmurou em aprovação, e as mães taberneiras e costureiras começaram a duvidar de que seus meninos um dia estariam à altura da princesa.

Rapidamente o Anjo da Empatia substituiu o da Beleza na sacada. Olhou brevemente para Talia, mas dedicou mais energia a fitar o reino. Um único olhar seu fez o povo de Loiria se sentir compreendido como nunca. Quando se curvou para o bebê e a beijou, disse:

— Qualquer tendência ao narcisismo que venha a afligir-te será substituí-da pela devida compaixão por teus súditos. Eles sempre virão em primeiro lugar em teu coração.

Talia balançou a mão no que parecia um aceno para os súditos, e Loiria explodiu em mais aplausos. Até o rei e a rainha enxugaram lágrimas, pois a compaixão, acima de todo o resto, faria de sua filha uma excelente rainha.

Em seguida o Anjo da Sabedoria agraciou a sacada real. Beijou a criança com a seriedade de uma matriarca idosa e falou:

— Sempre serás mais sensata do que permite tua idade, de modo a pre-vires as necessidades de teus súditos, sejam eles jovens ou velhos.

Um franzido apareceu momentaneamente na testa de Talia enquanto ela parecia absorver o terceiro presente.

Veio então o Anjo da Sagacidade, que pousou na sacada sob gritos e aplausos, porque sua disposição a fazia parecer a mais humana de todos os anjos. Quando beijou a criança, Talia soltou sua primeira gargalhada, extasiada. O anjo assentiu.

— Então já nasceste com ela, criança. Mas meu presente garantirá que tua língua inteligente nunca te abandone e, o mais importante, que sempre possas rir de ti mesma.

Enquanto o Anjo da Sagacidade dava uma cambalhota de volta ao ar, o Anjo da Graça apareceu em seu lugar. Tal era a elegância que ela emanava que todo o reino sentiu-se indigno de olhar suas asas iridescentes. Somente Talia não desviou os olhos quando o anjo lhe deu um beijo.

— Embora eu não possa te proteger de todos os contratempos, meu presente garantirá que a criança levará as adversidades com elegância. Jamais se deixará abater.

Com isso a rainha, em gratidão, levou a mão ao coração, pois em todos os anos passados aguardando aquela criança, sempre rezava pela elegância. Tranquilizou-a profundamente saber que a graça viria naturalmente a sua filha, porque as adversidades eram uma realidade da vida de qualquer mortal.

Por fim, o Anjo do Amor desceu lentamente à sacada — mas algo a deteve antes que pudesse chegar ao ressalto. Naquele momento, como se o céu já não estivesse escuro e estranho o suficiente, uma sombra fria caiu sobre o reino. Outro ser se unira ao coro no ar.

Os outros anjos se eriçaram ao ver a irmã que deles guardava distância, pairando nas nuvens à esquerda. Só a conheciam como o Anjo da Justiça, mas ela havia deixado a assembleia celeste havia eras e procurado outro lar sobre o qual eles não se atreviam a perguntar. Agora atendia pelo nome de Darnile.

— Foste convidada? — O Anjo da Beleza esforçou-se a indagar, incapaz de dotar de hostilidade sua voz sonora.

— Todos os anjos são convidados a doar presentes às crianças. Sinto ser meu dever restaurar o equilíbrio à vida desta menina diante dos presentes irrefletidamente danosos que *vós* legais a ela.

— Aceitamos graciosamente — disse a rainha com a voz trêmula, porque não havia outra resposta a dar a um anjo, nem mesmo um sombrio, que trouxesse presentes.

Na realidade, todo o reino tremia enquanto Darnile pairava acima da criança e roçava um beijo seco em sua testa. Talia enrijeceu e olhou o anjo sombrio. Qualquer outra criança teria uma crise de desespero diante da expressão cruel do anjo, mas a princesa estava armada com todos os presentes que já recebera.

— O presente da justiça interior costuma ser menosprezado — disse friamente Darnile. — Quando esta criança ficar ousada demais, como todas as crianças um dia ficam, descobrirá sua própria punição já em seu íntimo. Ora, qual será o delito? — Darnile olhou severamente o reino, envolvendo os súditos que tremiam de medo. Seu olhar de aço estacou em um lindo jovem, montado em um unicórnio na extremidade norte da praça. — Um unicórnio, sim. A perdição de muitas donzelas. A mística do unicórnio a tentará. Ela cobiçará um animal que não lhe pertence, lançará a mão impetuosamente a seu chifre. Ele perfurará sua pele — os olhos de Darnile se ergueram aos olhos do rei e da rainha — e a ferida será fatal.

O rei e a rainha arquejaram, horrorizados, enquanto Darnile subia ao céu sem esperar para ver a reação ao seu presente. Segundos depois, ela era um pontinho escuro no sol encoberto pela lua, que então partiu para um canto distante dos céus. Mas seu riso hostil e o alerta em suas palavras perduraram sobre o reino como uma mortalha.

— Não o aceitarei — gritou o rei, sua voz rompendo a quietude deixada por Darnile.

— Não temos opção. — A rainha chorava. — Está feito.

— Ao menos — disse o Anjo do Amor, que agora descia à sacada entre o rei e a rainha —, deixai-me ajudar. — Estendeu os braços e tirou das mãos da sacerdotisa a princesa enrolada em seda. — Pobre criança, eu teria te prometido o amor verdadeiro e duradouro. É o melhor presente que conheço, mas talvez haja algo de que precises mais. Embora eu não tenha meios de desfazer o presente de outro anjo, talvez possa moderá-lo com o meu. — Lentamente, ela beijou a testa da menina.

A multidão se aproximou em insana expectativa, esperando o presente do último anjo. O rei e a rainha se abraçaram com força. A sacerdotisa murmurava orações.

— Se e quando perfurares tua pele no unicórnio que cobiçares — começou o Anjo do Amor —, não morrerás, apenas adormecerás. Não será fácil despertar de teu sono, mas juro que poderá ser feito. — Ela olhou o unicórnio na praça, que relinchou sob seu olhar. — Sim, exigirá o beijo do mesmo perigo que te fez dormir; isto e algo mais. — O Anjo do Amor olhou pensativamente os céus em que Darnile desaparecera. — Um pouco de simetria sempre confere mais vigor aos encantamentos. O que, então? — Ela olhou diretamente para o sol encoberto pela lua. — Teu renascimento também exigirá um céu tão estranho quanto este.

— Mas nunca houve tal eclipse — exclamou o povo da praça.

O Anjo do Amor sorriu com tristeza.

— É o melhor que posso fazer. Nesse meio-tempo, criança, emprestarei duas amigas minhas... Fadas, que te vigiarão enquanto descansares. — O anjo baixou a mão no manto reluzente e dele retirou dois querubins do tamanho de filhotes de pardal. Um era dourado; o outro, prateado. Tinham o cabelo brilhante e asas e pele que palpitavam com a mesma suavidade de Talia. Adejaram acima do bebê, zumbindo em uma língua que ninguém compreendia. — De onde vim — disse o Anjo do Amor —, estas duas não requerem nomes, mas podem ser chamadas de Sol e Lua.

O Anjo do Amor se retirou, unindo-se às irmãs no céu. Ao voarem, os anjos eram gloriosos, desaparecendo no além e deixando duas fadas, um rei e uma rainha cabisbaixos, e a princesa recém-nascida cujo sombrio encantamento futuro se tornaria a obsessão do reino daquele momento em diante.

⊰ P E R C Y ⊱

P aris era patética. Ou, pelo menos, Percy era patético em Paris. Já estavam no quarto dia de viagem e todos os outros pareciam estar se divertindo tremendamente. Mallory criou um blog dando notas a cada croissant de chocolate que comia. Outro colega do grupo tinha localizado o túmulo de um ancestral enterrado no Père Lachaise, o famoso cemitério na área norte da cidade. O garoto com quem Percy dividia o quarto, Josh, que era na verdade legal, tinha até orquestrado uma escapulida do albergue de madrugada para que fossem a uma boate nos Champs-Elysées. Era o tipo de aventura que teria emocionado Percy — o antigo Percy —, mas quando chegou a hora de sair pela janela do albergue às escuras, o novo Percy limitou-se a virar de bruços e fingir dormir.

A verdade era que a cidade lhe dava solidão. Andar pelos grandiosos bulevares sob o céu pontilhado de nuvens que parecia ter sido retirado de uma pintura e jogado no ar, passar pelos majestosos prédios de pedra com vasos de flores nas janelas e as lojinhas encantadoras e antiquadas que todos os outros queriam fotografar, e — o pior de tudo — os cafés lotados de casais jovens e entrelaçados que pareciam nunca ter ouvido falar que havia lugares mais adequados para ficarem se agarrando... Tudo aquilo fazia Percy sentir saudade de uma casa que ele não conseguia situar. Ele não queria necessariamente estar melancólico em Baltimore, só queria se sentir menos infeliz, menos perdido.

— Quer entrar na foto, Percy? — perguntou Mallory, terminando um croissant de chocolate.

Ela acenou para ele se juntar ao grupo de cerca de dez garotos que posavam alegremente na frente do ônibus fretado em que iam embarcar. No itinerário de hoje, havia uma visita ao interior, poucas horas a oeste de Paris.

Percy não tirara uma única foto desde que chegara à França. A foto obrigatória que a maioria queria tirar de si mesma na frente da torre Eiffel ou daquela pirâmide de vidro do Louvre, pelo menos, ele entendia. Postava-se no Facebook como uma espécie de prova, ou talvez se quisesse mostrar aos netos um dia. Mas aquilo? Dez garotos fazendo pose na frente de um ônibus azul sem graça para uma foto que podia muito bem ser feita no centro de Baltimore? Percy não entendia o motivo. Nem acreditava na facilidade com que os outros pareciam se divertir.

Agora esperavam por ele, na pose, de braços dados.

Ele apontou uma creperia na esquina atrás do ônibus.

— Vou comprar um refrigerante. Vejo vocês no ônibus.

Ele ouviu os outros gritando instruções sobre como usar a câmera ("Aí é o zoom", "Desliga o flash", "Espera, mais uma com a câmera da Mallory") enquanto entrava na minúscula loja vermelha onde um homem espalhava um crepe cheiroso e fino como papel em uma frigideira com uma espátula de madeira. Percy comprou uma Coca e um crepe de chocolate e se recostou no balcão, de frente para a vitrine. O que ele realmente queria era ter um momento sozinho para entrar na internet.

A mãe dele pagara trinta pratas para que o filho tivesse um plano de dados internacional no celular enquanto estivesse fora. Ela queria ter certeza de que ele conseguiria lhe mandar um e-mail, o que não tinha feito até agora. Rapidamente, ele respondeu a um dos sete longos e-mails que estavam em sua caixa de entrada, digitando algumas frases vagas, dizendo que ele ainda estava vivo e que ela não precisava se preocupar. Ele ainda tinha alguns minutos antes de ter que entrar no ônibus.

Abriu o aplicativo do Facebook, tomou um longo gole do refrigerante enquanto ele carregava, e percorreu seu feed procurando sinais de Amber.

Depois de uma série de posts típicos dos amigos da sua cidade, Percy parou de navegar. Amber. Ele viu seu avatar mínimo, um close do rosto muito maquiado. Quando eles estavam namorando, nunca foi a foto de que ele mais gostava. Ele gostava de Amber ao natural, sem toda aquela maquiagem, mas quando Percy, tão longe, na França, viu a foto da ex, um nó se formou na garganta. Agora tinha tanta raiva dela, mas também queria desesperadamente vê-la. Seus impulsos o confundiam. Mas a atualização de status dela, não.

Era uma foto da Amber de costas. Estava em um conversível em uma estrada deserta, com as mãos para o alto, como quem diz, "Estou me divertindo demais". O texto abaixo da foto quase fez Percy engasgar.

"Acabamos de cruzar a divisa para o Novo México. Iupiii! Estou louca para ver meu gato!"

Ela não sentia falta de Percy. *Ela* não estava nada confusa. Voava pelo Novo México para ver o novo namorado músico sem se importar que o cara com quem prometera ir a Paris estivesse deprimido sozinho em um café idiota, querendo dormir pelos próximos dez ou vinte anos.

Mais tarde, no ônibus, Percy se espremeu na janela e viu os prédios cinzentos e os grafites da periferia de Paris aos poucos darem lugar a campos ondulados, floridos de girassóis. A viagem ao Vale do Loire devia durar algumas horas. O grupo ficaria alguns dias, visitando castelos medievais e andando de bicicleta pelo campo.

Percy colocou os fones do iPod e ouviu um pouco de Serge Gainsbourg. O tio Howard tinha baixado o disco para Percy, dizendo que era a música mais sensual da história do mundo e uma ótima maneira de Percy aprimorar seu francês. Mas ele não conseguia entender a letra, e a possibilidade de acontecer alguma coisa sexy naquela viagem era tão remota que a música se tornava deprimente.

A mochila pesava no colo. Pelo vidro escurecido, o sol bateu no pequeno button dourado que a irmã prendera no bolso externo. O anjo brilhou como um raio de luz até Percy cobri-lo com a mão. Tinha vergonha dele, do que o garoto ao lado podia pensar. O pequeno querubim não trazia sorte à viagem como a Mallory disse que faria, mas por algum motivo Percy não o tirara do lugar.

Ele fechou os olhos e ficou ouvindo a música estranha e psicodélica. Quando estava pegando no sono, entendeu dois versos claramente no refrão: Serge cantou "je t'aime", que significava *eu te amo*, e uma voz de mulher respondeu "moi non plus", que queria dizer *nem eu*.

— Percy! — Uma voz de mulher chamou de um sonho. — *Nous sommes arrivés.* — Chegamos.

Ele deu um pulo no banco, vendo-se sozinho no ônibus, cara a cara com a professora de francês, madame Virgily. O resto do grupo já havia saído. Pela janela viu que se reuniam em volta de uma antiga mureta de pedra, tirando mais fotos. E depois da mureta assomava um castelo branco espigado com torreões de telhado vermelho. Era circundado por um fosso natural e cercado por um amplo jardim margeado com jacintos cor-de-rosa e amores-perfeitos.

— Desculpe. — Ele esfregou os olhos, levantando-se, sem graça. — Eu estava...

— Roncando? — brincou madame Virgily ao acompanhá-lo para fora do ônibus.

Ele ia dizer sonhando. Percy piscou com a súbita luz do sol. Devia haver um eclipse solar naquela tarde, mas o sol de meio-dia estava forte, como sempre.

Percy ficou chateado. Estava sonhando com Amber, como já acontecera duas vezes desde que tinha chegado à França. Só que Amber não era parecida com a da vida real. Tinha cabelo ruivo e pele clara. Não era nada parecida com a Amber, mas Percy sabia que era ela porque no sonho eles se beijaram e o beijo foi tão bom, tão familiar, que só podia ser ela.

Tudo parecia tão real. Ele se lembrava de entrar em um salão com pesadas paredes de pedra cinzentas. Ela estava deitada, coberta por uma névoa tremeluzente quando Percy a encontrou. Dormia, e Percy percebeu que nunca a vira dormir em todo o tempo que passou com ela. Estava serena, como se descansasse ali havia séculos. Se encontrava a centímetros dele; ele podia estender a mão e tocá-la, mas algo nela parecia distante e enigmático.

O coração de Percy se acelerou. Ele se abaixou para lhe dar um beijo.

As pálpebras de Amber estavam fechadas com suavidade. Abriram-se quando os lábios dele encontraram os dela. Seus olhos eram de um azul tão escuro que eram quase pretos. Percy se perdeu neles. O beijo se intensificou. Ele desfrutou dos braços em seu pescoço e teve certeza — maravilhado — de que nunca mais se sentiria sozinho.

Foi quando madame Virgily o acordou, assustando-o. Agora, espremido entre quarenta garotos, sua testa estava vermelha e molhada de suor. Ele se sentia exposto, como se a professora de francês pudesse ver seu sonho. Percy tentou se esquecer dele e se juntar ao grupo. Posicionou-se atrás dos outros, que estavam ocupados demais admirando o castelo para notar que ele tinha ficado para trás.

— Bem-vindos ao Château d'Usse. — Um guia de 30 e poucos anos com um sotaque francês afetado falou em voz alta com o grupo. — Nas próximas duas horas, vamos partilhar o prazer de descobrir as muitas maravilhas do castelo.

Duas horas andando por aquele lugar? O sol batia nos olhos de Percy, e seu pescoço estava rígido de dormir; ele teria preferido ficar no ônibus e, melhor ainda, voltar a sonhar. Seguiu o grupo por uma ponte levadiça de madeira cinzenta que se abria acima do fosso coberto de musgo. Olhou a construção imensa, como todos os outros. Grossas paredes de pedra subiam ao céu, estreitando-se em torreões abobadados e beirais estreitos com telhas de ardósia azulada. Aquele era o postal que devia mandar para a irmã. Ela ficaria louca com as roseiras cuidadosamente podadas perto do átrio e a estreita escada em espiral, visível pela janela da torre mais distante.

Percy, por outro lado, não conseguia gostar do castelo. Era tão meticulosamente bem-cuidado que o lembrava a Disney. Parecia falso, uma fachada, como toda sua relação com Amber. As fachadas podem ser facilmente destruídas e então, o que resta? Nada. Enquanto o grupo subia uma escada do jardim para se aproximar dos portões da frente do castelo, Percy se viu ficando para trás.

Seu sonho parecia mais real do que o castelo. E o fato de que nenhum dos outros sequer tinha percebido que ele sumira aborreceu Percy por algum motivo. Provavelmente não notariam se ele desaparecesse por completo. Ele olhou à esquerda, para a sebe que marcava a entrada de outro jardim, e teve uma ideia.

Duas horas seguindo o guia por aquele castelo velho e mofado, como um rato... Ou duas horas de ar fresco em que Percy podia clarear a mente? A decisão era tão simples que ele nem mesmo percebeu que a tomou. Esgueirou-se de volta pela margem do jardim, olhou por sobre o ombro para conferir se ninguém o observava e virou em um canto da sebe verde e alta.

Minutos depois, Percy entrava por um portão de madeira, com a mente voltando ao sonho. Sabiás cantarolavam baixo nas árvores. O ar cheirava a pinheiro e terra fértil. Ele entrou em uma parte do bosque onde o dossel da folhagem no alto era tão denso que fazia a tarde parecer madrugada. Percy se perguntou se o eclipse tinha chegado mais cedo, mas não podia mais enxergar o céu para procurar o sol. Entrou em matas cada vez mais densas, perdido no beijo daquele sonho. Sentia os lábios nos dele, como plumas macias e irresistíveis.

De repente o pé de Percy ficou preso na raiz nodosa de uma árvore. Ele cambaleou. Algo bateu em seu tornozelo, e ele gemeu e caiu de joelhos na beira de uma floresta escura. A terra era úmida e cálida. Cogumelos brotavam do solo arenoso sob suas mãos.

Quando levantou a cabeça, tudo estava diferente. O ar tinha uma cintilação que ele nunca vira na vida. A floresta ao redor emitia um brilho verde, e através de um pequeno espaço no dossel viu que até o céu estava diferente, embora Percy não soubesse exatamente o que mudara. Parecia-lhe ter entrado em outro mundo, como se o grupo de excursão que acabara de deixar estivesse a anos-luz e não a menos de um quilômetro. Lentamente, ele se levantou. Estava perto de uma clareira.

Para além de algumas árvores, uma colcha de grama verde ondulante se descortinava diante dele. Ele ficou boquiaberto com a campina selvagem e malcuidada. Nunca vira nada parecido com aquilo em Baltimore. Flores silvestres e relva alta cresciam até a altura da cintura, farfalhando com a mais leve brisa; a distância, invisível, murmurava um córrego suave. Na extremidade da campina, erguia-se da terra miticamente uma construção formidável.

Era vasta, com a forma de um castelo, as mesmas torres imponentes, torreões delicados e uma majestosa fachada gótica, como o Château d'Usse — mas não era nada parecido com o château bem-cuidado onde Percy deixara o grupo da excursão. A estrutura tinha um brilho esmeralda, como se fosse feita de pedra verde-mata. Tinha certo magnetismo — ora Percy o via; ora não. Ele precisava concentrar toda a sua energia para sustentar a vasta fortaleza em sua visão. Caso contrário, ela se esquivava dele, quase como uma miragem.

Percy avançou, saindo da floresta. Depois descobriu que corria. Não sabia o que o impelia para aquela construção, mas logo saía da relva alta e se aproximava. De repente, parou.

Era um castelo — mas não era de pedra verde. Em vez disso, percebeu ele, era coberto por um pesado véu de trepadeiras e heras entrelaçadas, como se alguém tivesse puxado aquele imenso emaranhado de plantas sobre todo o prédio como um manto... E o abandonado por mil anos.

⊰ TALIA ⊱

Um milênio sono adentro, enfim o castelo estava protegido. A hera venenosa encantada que subia por suas paredes tinha se fechado não apenas em um, mas em dois anéis inteiros e grossos em volta da construção de pedra que um dia reluzira, escondendo-a da vista de qualquer um que por ali passasse.

Seiscentos anos foram necessários para que se formasse o primeiro anel. E, antes disso, cerca de quinhentos para o vale abandonado e ressequido que antigamente era lar dos súditos de Loiria desenvolver um suave outeiro relvoso. Agora era difícil lembrar como Loiria era no passado — cem anos depois do feitiço, depois da morte do rei e da rainha, de coração partido e sem outro herdeiro. A terra era uma ferida aberta, abandonada pelos súditos em rixa que não viram chuva por décadas depois que a princesa Talia, o orvalho de Deus, adormeceu. Vizinhos se voltaram contra vizinhos. Irrompeu uma guerra civil e não havia monarquia sensata que restaurasse a ordem. Depois de um longo e silencioso milênio, aqueles tempos de trevas se desbotaram em lembranças sombrias, e restaram poucas almas para se recordar deles.

Para Sol e Lua, as fadas com a antiga tarefa de vigiar a princesa Talia, o duplo anel de hera venenosa em volta do castelo parecia o lacre definitivo, excluindo o mundo do encantamento amaldiçoado que jazia dentro de suas paredes. Elas soltaram um suspiro de alívio, retiraram-se para seu aconchegante beiral e retornaram ao jogo de pinocle de mil anos que Lua sempre parecia ganhar.

Não que as fadas não quisessem que a princesa revivesse — amavam-na apaixonadamente e todo dia sentiam fundo a ausência do seu riso —, era que, ao envelhecerem e se enrugarem, as fadas começaram a duvidar da existência de uma alma capaz de despertá-la do seu sono.

Elas debateram sobre as últimas palavras do Anjo do Amor: o que era necessário para despertá-la, um unicórnio ou um eclipse? Haveria uma data de validade para o encantamento, após a qual a princesa simplesmente dormiria infinitamente? Nenhuma das duas se lembrava, e aquilo as deixava amargamente tristes.

Por séculos, o encantamento pesara muito no palácio, embora não faltassem tentativas de suspendê-lo. Duas dezenas de príncipes dos quatro cantos da terra viajaram ao castelo deserto, atravessaram a soleira e procuraram despertar a princesa. Embora fossem homens de excelentes dotes — espadachins, legisladores, ourives e até um mágico —, nenhum príncipe tentou nenhuma tática na princesa além de um beijo.

Sol e Lua não podiam avisá-los. Falavam uma língua incompreensível a ouvidos mortais. Só podiam discutir entre elas mesmas enquanto cada belo príncipe se curvava, na esperança de que o beijo fosse mágico.

Os lábios da Talia adormecida estavam envenenados, provocando uma morte rápida e dolorosa a qualquer coisa que neles tocasse. Agora, duas dezenas de cadáveres ladeavam o altar onde Talia fora colocada temporariamente para descansar. A maioria se decompusera a esqueletos, pois cada vez menos pretendentes arriscaram-se no castelo com o passar dos séculos. Poucas pessoas se lembravam da história do encantamento de Talia, que dirá da forma para encontrar seu antigo reino.

— Antigamente aqui era tão maravilhoso — disse Sol à Lua com tristeza em sua estranha língua. — Antigamente éramos o coração pulsante de todo o mundo.

Embora fosse menos sentimental do que Sol, de vez em quando Lua olhava o rosto da princesa e se lembrava dos dezesseis anos abençoados que passou vendo-a crescer.

— O mundo parece cada vez mais escuro sem a nossa menina.

Talia tinha sido uma jovenzinha valente, obstinada e radiante desde sua consciência mais remota. Assim que conseguiu engatinhar, suas fadas passaram dias infindáveis perseguindo-a pelo castelo, na esperança de serem rápidas o bastante para livrá-la de problemas. É claro que Talia tinha babás, enfermeiras, preceptores e cozinheiros lépidos, e até os pais que cuidavam dela, mas a menina não se importava com ninguém como com Sol e Lua.

Embora fosse mais próxima das fadas do que de qualquer outro desde que foram trazidas à terra pelo Anjo do Amor, nem Talia conseguia ter fluência na língua impronunciável das fadas. Elas não podiam ter uma conversa verbal, mas isso nunca parecia perturbar sua amizade. Desde que era um bebê, Talia as compreendia e elas a entendiam muito bem.

Ela fora abençoada com uma infância feliz e inocente, em parte porque o rei e a rainha decretaram que ninguém no reino poderia falar do feitiço que aguardava a filha. Não queriam que ela crescesse sob a sombra escura de um destino que há muito tentavam esquecer. O rei até acreditava ter ludibriado a maldição de Darnile ao banir todos os unicórnios e cavalos mestiços para um raio de mil hectares ao redor de Loiria. O decreto real manteve calada a língua de quem vivia na vizinhança do castelo, mas é claro que nada podia impedir que os súditos de Loiria fofocassem sobre um tema tão cativante como a princesa. A época, o lugar e a certeza do encantamento de Talia eram as conversas preferidas nas estalagens e mercados do reino durante toda a juventude da princesa.

Ainda assim, as crianças não conseguem deixar de ser ingênuas e portanto, pela maior parte da sua vida, Talia pouco ouviu do seu feitiço. Só depois de ter passado onze verões em uma inocência feliz, ela soube da existência da criatura chamada unicórnio:

Sol, Lua e Talia faziam um jogo de esconde-esconde em um dos muitos sótãos do castelo. Quando Talia deu com um imenso armário de tapeçarias enroladas que nunca vira, escondeu-se dentro de uma delas. Sol e Lua a localizaram rapidamente — seu riso sempre a entregava — e rolaram a tapeçaria com grandiloquência. Depois ficaram paralisadas. Foi revelado não apenas a princesa, mas um retrato detalhado de um lindo e jovem príncipe cavalgando um fascinante unicórnio em direção ao pôr do sol.

— O que é este monstro? — falou Talia, ofegante, ajoelhando-se na tapeçaria. Seus olhos estavam arregalados de fascínio enquanto os dedos acompanhavam o chifre longo e prateado do unicórnio.

— Uma tolice, princesa — gritou Sol em sua língua desconcertante.

— A imaginação de um artista — concordou Lua —, nada mais!

Embora não conseguisse entendê-las, Talia sabia que elas mentiam. A curiosidade sobre o unicórnio a consumia, e tornou-se uma obsessão da qual ela nunca se livrava.

— Um dia vou cavalgar um animal desses. Talvez até com um príncipe como esse. Mas terei meu próprio animal, e ele poderá ter outro. — Ela olhou para Sol e Lua, rindo com alegria da sua imaginação. — Quem sabe eu ganhe um, uma fera de chifre, no meu aniversário?

Talia estava tão extasiada com sua descoberta que nem percebeu as lágrimas se formando nos olhos prateados e dourados de Sol e Lua.

Abandonando o sótão e as brincadeiras, Talia correu para a sala do trono para contar aos pais o que queria de aniversário. O rei e a rainha entreolharam-se e assentiram uma única vez. A tapeçaria foi queimada.

Durante as semanas seguintes, o palácio foi vasculhado repetidas vezes em busca de qualquer sinal do animal ofensivo. Talia chorou a perda do seu sonho, mas seus ouvidos começaram a se aguçar sempre que ela ouvia uma criada cochichar sobre por que o rei e a rainha foram tão rigorosos em sua refutação do belo cavalo de chifre.

— Sua Alteza pode queimar a tapeçaria — entreouviu uma criada murmurar a outra —, mas não pode abater todos os unicórnios da terra. Se tiver que ser, a princesa encontrará seu unicórnio quando for a hora.

— Unicórnio. — Talia pronunciou a palavra do canto frio do sótão onde se escondia. Sim, jurou, ela encontraria seu unicórnio quando fosse a hora.

Durante anos, ela cavalgou com seu cavalo cinza, Pony, até os recessos mais fundos da floresta. Às vezes, quando tinha certeza de estar só, Talia prendia uma cenoura a um cipó e amarrava na cabeça de Pony, posicionando-a como um chifre entre as orelhas do cavalo. Tália ficou maior do que as roupas e superou preceptores e fantasias infantis, mas nunca abandonou o jogo de fingir que Pony era o unicórnio mítico dos seus sonhos.

Quando tinha 17 anos, cavalgou para os pastos mais distantes de Loiria. Sol e Lua tentavam acompanhá-la, mas Talia estava em uma idade em que queria tão desesperadamente ser independente que aprendera a ultrapassar até suas fadas. Escapou das fronteiras do reino e parou em um riacho largo para matar a sede.

Enquanto ela e Pony bebiam da água cristalina, Talia examinou o reflexo do cavalo. De repente, a cenoura que prendera em sua cabeça parecia a coisa mais estúpida e mais infantil que vira na vida. Ela a jogou no riacho, depois lançou os braços ao redor do cavalo.

— Você tem sido meu mais querido amigo, Pony. A partir de agora, eu o amarei como é e jamais desejarei que seja diferente.

— Todos deveríamos fazer tal juramento àqueles que amamos. — Uma voz atravessou o riacho e sobressaltou Talia. Quando ela levantou a cabeça, um jovem de cabelos claros a olhava. Era a mais linda criatura que ela já vira; até focar os olhos no cavalo.

Não era um cavalo.

O rapaz montava um unicórnio branco e reluzente.

— Um unicórnio! — Talia suspirou, sentindo-se fraca. — Sonhei com este momento por toda minha vida.

O rapaz riu.

— Sim, sei que eles são muito raros por estas paragens. Um antigo conto de fadas sobre uma princesa destinada a ser morta pelo chifre de um unicórnio.

— Ah, ela não morrerá. Apenas adormecerá. — As palavras saíram pelos lábios de Talia automaticamente. Assim que as pronunciou, Talia ofegou e cobriu a boca. Até aquele momento, nunca soubera ter consciência do motivo por que todos os unicórnios tinham sido banidos de Loiria. Agora sua mente voltava à expressão dos pais no dia em que ela pediu um. Ela fechou os olhos, segurou a cabeça e ouviu cada fofoca sussurrada que já enchera o ar a sua volta...

A mística do unicórnio a tentará.
Ela cobiçará um animal que não lhe pertence.
Lançará a mão a seu chifre.
Ele a perfurará e...
E ela cairá no mais profundo sono.

Aquela era a última parte, não era? Talia não conseguia mais enxergar direito. Por toda a vida aqueles fragmentos foram murmurados em sua presença. Talia imaginou os rostos dos pais mais uma vez, o medo incorporado a seus olhos. Não sabia de onde vinha a estranha profecia, mas sabia que o rei e a rainha acreditavam nela.

Mas como poderia ser verdade?

Mesmo que fosse, a história falava de sono, não era? E não de morte.

Talia meneou a cabeça. Estava velha demais para fantasias. Se o chifre do unicórnio a feriria, por que ela se sentia tão estranhamente compelida a atravessar o riacho e ir até ele?

Seus pés se arrastaram pelo leito de seixos do córrego. A água gelada ensopou o vestido até os joelhos. Pony relinchou atrás dela, seguindo-a, cauteloso.

Logo a princesa se aproximava do animal. Colocou-se diante do jovem que o montava.

— É apenas um conto de fadas, não? — sussurrou ela, olhando-o no alto, ao sol.

— Evidentemente. — O rapaz riu, afagando o pescoço do unicórnio. — Esta é Rose. Ela não faria mal nem a uma mosca.

A mão de Talia foi atraída para o unicórnio como a um ímã. Ela estremeceu de deleite quando encostou na suntuosa pelagem aveludada, tão diferente de qualquer cavalo em que tivesse tocado. O unicórnio reagiu amorosamente, aproximando o focinho de Talia e baixando a cabeça.

— Princesa! Princesa! Pare!

Talia ouviu a música das fadas atrás de si. Reconheceu o som que Sol e Lua costumavam fazer para chamá-la, mas nada a impediria de desfrutar do momento quando o animal que desejou por toda a vida curvava-se para seu abraço.

Ela sentiu uma leve pontada no pescoço, pouco acima da clavícula. Por um momento, o mundo ficou escuro e nebuloso — então a princesa Talia caiu nas margens do riacho em um sono mais profundo do que qualquer mortal um dia experimentou.

⊰ PERCY ⊱

O unicórnio estava no celeiro.

Percy o encontrou por acaso depois de contornar inteiramente o castelo duas vezes. De perto, podia vê-lo com tanta clareza que se perguntou se tinha imaginado o caráter ilusório que o acometera quando finalmente saiu da floresta.

Suas paredes possuíam uma armadura de trepadeiras de espinhos afiados e uma espécie de hera com folhas tripartidas que dez anos de escotismo infantil lhe ensinaram a não tocar. Algo no castelo o atraía, mas ele não era burro para tentar combater o escudo de planta venenosa que obstruía cada centímetro da sua fachada.

Foi assim que ele se viu no celeiro. Era uma estrutura pequena, de madeira dilapidada, quase ruindo. A relva crescera tanto em volta do lugar que suas folhas quase cobriam o teto baixo e inclinado. Percy nunca teria notado o celeiro se não fosse pelo som.

Um ganido suave e feroz tão estranho a seus ouvidos o atraiu de imediato à porta do celeiro. Ele não vira sinal de gente que cuidasse de animal nenhum — mas havia algo naquela construção.

Ele abriu a pesada porta de madeira, deixando que um largo facho de luz entrasse no ambiente. Deu um pulo quando algo se agitou no canto escuro. O coração de Percy disparou. Ele não passava muito tempo com animais. Quem sabia o que podia atacá-lo? Mas, em vez de se retrair para a segurança do espaço aberto, Percy se viu atraído para mais perto do som. Era quase inaudível, incessantemente melódico e solitário.

Primeiro ele viu os cascos. Eram prateados e arqueados nos tornozelos, os quatro juntos. Pelos brancos e sedosos subiam pelas patas, cobrindo pernas longas e musculosas que terminavam em um ventre branco como a neve, se movendo suavemente.

O pescoço do animal estava fora da vista de Percy, mas ele sabia que era um cavalo. Só que... Não era. O corpo da criatura combinava com o perfil de uma égua, mas algo era mais elegante, mais majestoso do que qualquer cavalo que Percy já vira. O que quer que fosse, dormia profundamente. O ganido que Percy ouvira vinha das profundezas de um sonho.

Ele deu mais alguns passos para o celeiro coberto de palha até ver a cabeça da criatura.

E então Percy caiu de joelhos. Levou a mão à boca. O pescoço forte do animal terminava em uma cabeça de formato conhecido. Era um cavalo em cada detalhe, exceto pelo longo chifre prateado e reluzente de meio metro que se projetava da sua testa.

— Unicórnios não existem — sussurrou ele.

Só Percy e o animal diante dele estavam presentes para julgar isso. Ele se aproximou de mansinho. Prendeu a respiração. Colocou a mão trêmula no dorso do animal.

Era real.

O unicórnio tinha o pelo tão macio que parecia veludo, tão surpreendente que Percy não conseguiu tirar a mão, nem quando animal começou a se mexer. Ele abriu os olhos. Eram azuis, muitos escuros. Olharam fundo nos olhos de Percy.

Um instante depois, o unicórnio estava de pé, encarando Percy, que caiu de costas. Levantou-se atrapalhado para não ser contido pelo animal, que tinha pelo menos 3 metros de altura e parecia pesar várias centenas de quilos. Mas o unicórnio não tinha a intenção de pisotear Percy. Ficou imóvel e relinchou, produzindo a música adorável que atraíra Percy ao celeiro. Novamente ele colocou as mãos no unicórnio. Desfrutou da textura do seu pelo entre os dedos. Ansiava por tocar o chifre, a parte mais fantástica da fera, mas parecia afiado demais, e isso o amedrontava.

Quando o unicórnio baixou o pescoço, Percy de algum modo entendeu que ele queria ser montado. Ele havia montado um cavalo certa vez durante umas férias com a família, mas havia empregados no rancho ajudando-o a subir na sela. Hoje eram apenas Percy e o unicórnio.

Ele meneou a cabeça, incrédulo com o que estava prestes a fazer. Imaginou a mãe e Rose vendo-o agora, o choque em seu rosto — depois se curvou para o ombro do animal, cerrou as mãos em sua crina e se impeliu para o dorso sem grandes dificuldades.

Montado no unicórnio, a cabeça de Percy quase bateu nas vigas baixas do teto do celeiro. Ele se abaixou, afundando na crina, e deu uma gargalhada quando o animal começou a se mexer.

— Se pudesse me ver agora, Rose — murmurou ele, desejando que a irmã mais nova testemunhasse a cena.

Ao som das suas palavras, o unicórnio relinchou triunfante e partiu pela porta aberta do celeiro, quase como se respondesse ao nome.

— Gosta de Rose? — Percy sorriu.

O unicórnio empinou-se nas pernas traseiras, alto o bastante para impressionar, mas não assustar Percy.

— Tudo bem — ele riu, pensando que a irmã ficaria lisonjeada. — Então seu nome é Rose.

E Rose, o unicórnio, desatou a correr pela relva alta dos pastos nos arredores do celeiro. Minutos depois, tinha dado uma volta completa no castelo coberto de hera. Percy levara meia hora a pé. Rose começou uma segunda volta, parecendo estar se aquecendo — então parou abruptamente. Uma trilha de areia que Percy não tinha visto apareceu diante dele. Cortava a relva alta e levava diretamente à grande porta da frente do castelo. Rose avançou, com os cascos prateados estalando na trilha. Minutos depois, parou diante da soleira que, como o resto do palácio, estava coberta por hera e espinhos.

— Também estou curioso, garota — disse Percy, já sentindo que ele e o unicórnio tinham sido parceiros durante a vida toda. — Mas acho que não temos como entrar.

Antes que as palavras saíssem dos seus lábios, Percy viu, assombrado, o chifre do unicórnio abrir três talhos nos galhos espinhosos e na hera que cercava a porta. A folhagem caiu em pesadas lascas, e então, como que por milagre, a porta de madeira se abriu.

Percy engoliu em seco. Sim, estava curioso, mas teria coragem para entrar? Sozinho, talvez ele tivesse batido, talvez andasse pelo perímetro do palácio por alguns minutos antes de entrar sem ser anunciado. Mas Rose já subia a escada no fim de um longo salão com pé-direito alto, ainda carregando Percy em seu lombo.

Era uma sensação muito estranha subir a escada de um palácio escuro e cheio de correntes de ar, cavalgando um unicórnio. Os olhos de Percy se esforçaram para se adaptar à escuridão depois da peculiar luz do dia do lado de fora. Em volta, móveis estavam cobertos de uma grossa camada de poeira. Cheirava como o sótão da sua avó. Ele teve a sensação de que ninguém entrava neste castelo ou subia esta escada havia muito, muito tempo.

Ao se aproximar do alto da escada curva, uma vasta câmara se abria diante deles. Percy enrijeceu ao ver que o ambiente era iluminado por centenas de velas, que lançavam sombras estranhas na tapeçaria revestindo as paredes. Então alguém esteve ali.

Lentamente, Percy desmontou de Rose. Tentou não se agachar atrás dela ao olhar o salão, esperava ser descoberto por quem quer que morasse naquele lugar fascinante.

No final de um longo corredor iluminado por velas, havia uma espécie de altar que todo o ambiente parecia ter sido criado para exibir. Segurando-se na crina de Rose, Percy o atravessou.

Uma menina estava deitada no altar. Uma menina da idade de Percy. De repente, ele se sentiu muito estranho, como se tivesse entrado furtivamente pela janela do quarto de alguém de quem gostava enquanto ela dormia — mas ainda assim não conseguia tirar os olhos da visão diante dele.

Ela trajava um vestido rosa-claro costurado com fios dourados. O cabelo castanho-avermelhado estava preso em tranças pesadas. A pele cor de marfim mostrava sinais de exposição ao sol em discretíssimas sardas pelo nariz. Os olhos estavam fechados e os cílios claros e grossos, cerrados como se há muito estivessem soldados.

Como um raio, Percy lembrou-se do sonho. A menina deitada sozinha em um salão de pedra... O sono que a dominava como um cobertor pesado... O cabelo ígneo e a pele macia e clara do sonho surgiram em sua mente.

O beijo.

Não fazia sentido, mas Percy tinha certeza de que conhecia a menina. Mesmo que só fosse em sonho, uma vez... Não era Amber. Era *ela*.

Quem era ela? O que fazia ali, sozinha, naquele castelo decrépito? Estaria ela — Percy engoliu em seco — viva? Ele se demorou perto da garota, com medo de tocá-la. Ela estava tão imóvel. Mas, justo quando Percy começava a ter certeza de ter se apaixonado por um cadáver, o peito da menina subiu e desceu suavemente, indicando um sono profundo.

Um silvo no beiral escuro atrás de Percy o fez pular. Ele girou e ofegou ao ver duas pequenas figuras que apareceram no ar diante dele. Elas voavam. Aproximaram-se cada vez mais até ficarem bem próximas. Ele piscou, sem acreditar. Uma delas parecia o button de querubim dourado que a irmã tinha prendido em sua mochila — só que maior, do tamanho de um bebezinho. A outra era idêntica, exceto pela cor, que era prateada e não dourada.

Se não tivesse entrado com um unicórnio branco no que parecia um castelo encantado e encontrado uma menina adormecida em um altar, àquela altura Percy teria certeza de que seus olhos lhe pregavam uma peça, que não havia como existirem dois anjinhos pairando diante dele. Mas todas aquelas coisas aconteceram, então, em vez de duvidar do que via, Percy tentou entender o que eles queriam. Claramente falavam com ele — mas a língua que usavam não era nada que ele pudesse compreender.

O anjo prateado estalou os dedos, apontando para trás de Percy. Lentamente, ele se virou. Sua respiração ficou presa na garganta. Ele ficou tão deslumbrado pela visão da menina na ponta do corredor, que de algum modo deixou de ver as filas de esqueletos que ladeavam o caminho. Então sua pele se arrepiou, e ele se perguntou o que fazia naquele castelo. Não era o lugar dele. Ele o invadiu, e talvez até tivesse roubado o unicórnio de alguém. Devia voltar para sua excursão tediosa, lamentando-se por...

Pela primeira vez em semanas, percebeu Percy, ele *não* estava melancólico. Não pensava em Amber havia uma hora — um recorde — e mesmo agora, quando pensou, a dor que costumava sentir parecia escapar dele. Ele se viu dentro do castelo, diante desta menina por algum motivo. Não podia sair dali.

Mas o que as duas fadas tentavam lhe dizer?

A menina. Os esqueletos tinham algo a ver com a menina. Será que ela matou todos aqueles homens? Percy achava que não. Então, o que foi? Ele se inclinou para ela, desejando desesperadamente que ela acordasse. Provavelmente não falava inglês, mas Percy tinha certeza de que ela o ajudaria a entender o que tinha acontecido.

O sonho voltou a sua mente, e ele teve a ideia louca de beijá-la. Foi ousado o suficiente para fazer isso em seus devaneios, mas agora, desperto, Percy quase riu. Nem mesmo conhecia a garota! Precisou de uma eternidade para criar coragem para beijar Amber, mesmo depois de eles terem saído juntos. Ele jamais se curvaria e beijaria a estranha adormecida... Embora fosse bela.

Seu sonho parecia um conto de fadas. E aquele tipo de fantasia não se torna realidade. Não para caras como Percy. Entretanto, ele estava postado na beira do altar, curvando-se para uma menina linda e adormecida, medindo a distância entre os lábios dela e os dele.

Em sua periferia, o anjo dourado se pôs atrás do prateado. Tinham o mesmo tamanho e forma, então o corpo do anjo prateado encobria inteiramente o dourado, uma espécie de eclipse. Havia uma janela na parede mais distante, e Percy sentiu que algo estranho acontecia com o sol. Ele imaginou seu grupo de excursão, obrigado a usar óculos especiais para proteger os olhos durante o esperado eclipse, e não conseguia imaginar que ele teria feito parte daquele grupo. Nem imaginava sair do castelo. Ele se inclinou para a menina. Ela era tão deslumbrante quanto qualquer princesa de conto de fadas, tão real... E tão profundamente adormecida.

Atrás dele, Rose relinchou, e Percy se virou, vendo o unicórnio baixar o focinho perto da mão estendida da menina. O longo chifre de prata apontou diretamente para a palma da sua mão.

— Rose, não... — disse Percy, vendo a ponta afiada do chifre perfurar a pele da menina como uma adaga. O sangue brotou à superfície, fazendo Percy ofegar. Ele segurou a mão dela e a levou aos lábios, na esperança de que o beijo livrasse a garota da dor que talvez sentisse. — Por que você fez isso? — perguntou rudemente ao unicórnio.

A menina se mexeu. Seus cílios bateram. Os dois anjos se abraçaram no ar, então desceram rapidamente para passar os bracinhos pelos ombros da menina e de Percy. Ele não sabia por que eles pareciam tão felizes; só sabia que não soltaria a mão da menina.

Devagar, ela se sentou no altar. Usou a mão livre para esfregar delicadamente os olhos. Bocejou, mas sua expressão era tão luminosa que parecia estar acordada havia horas. Olhou para a própria mão na de Percy, e não pareceu sentir nem um fiapo de dor.

— Disseram-me que eu talvez dormiria — disse a menina na voz mais suave e doce que Percy ouviu na vida. Ele percebeu que ela falava uma espécie de francês, mas não a língua que ele estudava no marasmo da sua sala de aula. Era diferente, mais antiga, muito mais bonita, e de algum modo compreensível a Percy. — Mas não mencionaram que, quando eu acordasse, meu príncipe estaria à espera.

Depois ela fez a última coisa que Percy esperava: passou os braços por seu pescoço e o beijou apaixonadamente na boca.

Por um instante, ele enrijeceu, surpreso. Esqueceu-se de que sabia beijar. Esqueceu-se de que sabia respirar. Mas, quando os lábios da menina se separaram dos dele, os dedos dela no seu cabelo o relaxaram e lhe deram coragem. Quando ela parou para olhá-lo, seu sorriso caloroso deixou Percy vulnerável, mas de algum modo não sentiu vergonha.

Ele piscou. Estendeu a mão e tocou o lábio inferior da menina com o polegar. Ela *era* real — e os olhos dela lhe diziam uma coisa com muita clareza: ela queria beijá-lo de novo. Maravilhado, Percy se curvou. Puxou-a para ele e a beijou com toda a paixão que tinha dentro de si, recentemente disfarçada de mágoa.

Não era nada parecido com beijar Amber, que falava demais e era mandona. Também não era parecido com seu sonho. O beijo era melhor do que qualquer coisa que Percy pudesse conceber. O calor do seu hálito na boca de Percy era tentador. As mãos dela em seu pescoço o fizeram gemer.

Seria possível que só um instante antes ele estivesse nervoso e inseguro? Agora tinha o corpo repleto de júbilo e era difícil se lembrar de que um dia tivera um coração partido. Tudo no mundo parecia perfeito no abraço suave daquela menina maravilhosa. Ele se perguntou se era bom demais para ser verdade.

Quando os lábios se separaram, ele sussurrou, sem querer.

— Me belisca.

— Por que eu o beliscaria? — perguntou a menina em sua língua adorável.

Ele corou.

— De onde eu venho, é o que dizemos quando achamos que algo parece um sonho, quando é bom demais para ser verdade.

A menina sorriu e deu um leve beliscão em sua bochecha. Percy ficou surpreso por não acordar na própria cama.

A menina o beijou novamente.

— Esse unicórnio é seu?

Rose se aproximou do altar.

— Sabe de uma coisa? — disse Percy. — Acho que é.

— Então é sua vez de me beliscar — disse ela.

Levemente, Percy beliscou o ombro macio da garota, fazendo-a rir.

— Então eu realmente acordei. Venha. — Ela apertou sua mão. — Vamos dar um passeio no seu unicórnio. Deve haver um eclipse ao pôr do sol e soube que eles são muito bonitos. Estive dormindo por muito tempo; não quero perder mais nada.

Foram exatamente esses os pensamentos de Percy.

E assim, juntos, Percy e a princesa montaram em Rose. Com os querubins dourado e prateado de cada lado, eles desceram a escada do castelo, atravessaram a porta e cavalgaram por quilômetros no dorso do unicórnio para a lua e o sol que se punham, radiantes.

DO ALTO DA TORRE

Patrícia Barboza

⊰ CAPÍTULO 1 ⊱

Tudo o que eu queria fazer era ficar em paz no meu quarto com o meu violão. E, para variar, ouvi os berros da Laura vindo da cozinha. Sim, berros. Gritos teriam até certa classe.

— Camilaaaa! Você precisa se alimentar, garota! Onde já se viu uma coisa dessas?

Todo aquele escândalo porque eu não tinha comido dois pedaços de bolo de cenoura com chocolate. Eu amo esse bolo! Mas, sendo uma futura popstar, preciso manter os meus quadris sob controle.

Laura, a minha madrinha, achava que mulheres têm que ter curvas. Penso que as minhas já são suficientemente sinuosas, obrigada. "Quem gosta de osso é cachorro, homem gosta de ter o que pegar." Ela vivia repetindo isso, o que é um tanto contraditório, considerando que ela me prendia aqui, no alto da torre, dizendo que sou muito nova para namorar e que tinha que focar nos meus estudos. Como se com quase 15 anos eu ainda fosse uma criança.

Ela não era uma pessoa que possamos classificar como má, estilo bruxa com verruga no nariz e olhos arregalados. Não, nada disso. Quando estava de bom humor, chegava a ser divertida. Mas era muito controladora! Vivia no meu pé, querendo saber tudo o que eu fazia. Se pelo menos ela aceitasse se casar com o João... Os dois namoraram, mas ele era "muito descansado", segundo ela. Apesar de a minha madrinha ter terminado com ele, o João vivia telefonando. E ela sempre recusava os convites do coitado para saírem. Rezo para que um dia ela mude de ideia. Sim, pois dessa forma ela se distrairia e me deixaria respirar. Para a minha sorte, a Laura era viciada em trabalho e me dava uma folguinha até 20h, quando voltava do escritório. Ah, bendito seja o criador da internet! A minha janela para o mundo e escada cibernética que me liberta da torre quando a noite chega.

Ok. Já falei *torre* duas vezes e você não está entendendo nada.

Bom, o meu nome é Camila, como já percebeu. Só que tenho um apelidinho *carinhoso* no colégio: Rapunzel. Aí você vai se lembrar de que, quando era criança, leu sobre uma garota que havia sido presa pela bruxa no alto da torre e que tinha longos cabelos. "Rapunzel, jogue-me as suas tranças!" Sim, sou eu mesma, muito prazer.

Eu chamo o apartamento em que moramos de torre. Afinal, ele fica no 12º andar e tem uma vista panorâmica aqui de Copacabana. A minha madrinha podia ser chatinha e controladora, mas preciso reconhecer que tenho muito a agradecer a ela. Vim morar na torre aos 8 anos, depois daquele fatídico acidente de carro. Infelizmente, os meus pais morreram, e desde então a Laura ficou responsável por mim, já que eles deixaram essa condição bem clara no testamento. Não tenho mais os meus avós paternos e os meus avós maternos são muito humildes e vivem em um pequeno sítio no interior do Paraná. A minha madrinha é irmã de criação da minha mãe.

Não devia ter sido fácil para uma mulher solteira de 25 anos, recém-contratada por um grande escritório de advocacia, ganhar a responsabilidade de cuidar de uma criança. Ainda mais sendo tão ambiciosa... que foi o que a trouxe para o Rio de Janeiro, o fato de não suportar a vida na roça, como ela mesma dizia. Por isso que acho que era tão rígida. E, para completar, aos 11 anos fiquei gravemente doente. Ela, religiosa ao extremo, no auge do desespero, fez uma promessa pela minha cura: se eu sobrevivesse, os meus cabelos não seriam cortados até meu aniversário de 15 anos.

Se hoje tenho os cabelos *beeem* abaixo do bumbum, isso quer dizer que a promessa está firme e forte. Tudo bem! Estou vivinha da Silva e esbanjando saúde. Mas fazer promessa para os outros pagarem é o fim! Entenderam por que me chamam de Rapunzel? Se acabei de dizer que o meu cabelo está bem abaixo do bumbum, e tenho 1,70m de altura, acho que deu para entender bem a minha situação.

Eu peguei a tesoura várias vezes para acabar com toda a tortura. Porém, fiquei com medo de tudo dar errado! E se eu voltasse a ficar doente? Será que seria castigada por isso? Não acredito que Deus castigue ninguém, nós é que recebemos o retorno dos próprios atos. Mas mesmo assim, por via das dúvidas, resolvi exercitar a minha paciência e esperar pelo fim do prazo da promessa.

O apelido é recente e até que acho fofo. Afinal, a Rapunzel é uma princesa! Quem nunca sonhou em ser uma princesa de contos de fadas? Quando fiquei boa e recebi alta do hospital, minha madrinha me deu a "feliz" notícia que eu não cortaria os cabelos pelos próximos quatro anos. Mas, aos 13, aquela história já começou a me incomodar. Os meus cabelos são loiros e naturalmente lisos. São bonitos, modéstia à parte, mas qualquer ventinho os deixa completamente embaraçados, pois tenho muito cabelo. É tudo meio que exagerado, não só no comprimento como no volume. E, como sou magra, a gracinha da Sheila da 8ª B começou a me chamar de *osso cabeludo*, e as garotas que achavam que tudo o que ela fazia e dizia o máximo passaram a me chamar assim também. Quando está calor é um inferno! E, ano passado, para deixar o meu cabelo mais arrumado, comecei a adotar uma trança, pois o rabo de cavalo normal já não estava dando conta de tamanha cabeleira. Aí não teve jeito; Rapunzel virou o meu apelido oficial.

A minha grande libertação estava para acontecer! Faltavam poucos dias para o meu aniversário de 15 anos e para a festa de final de ano do colégio. Haveria um show de talentos e eu me inscrevi. O meu aniversário é no dia anterior ao do show de talentos. Eu estava parecendo um daqueles presos que fazem riscos na parede da cela. Eram precisamente três dias para que eu, linda e loira, entrasse naquele salão de cabeleireiros e dissesse para um deles: "Querido, corte na altura dos ombros!" Ah, que dia tão feliz! Aquele filme já tinha passado um milhão de vezes na minha cabeça. Já até tinha ouvido na minha mente o barulho da tesoura cortando os fios. Ah! E que tal pintar uma mecha de rosa? Ou azul? Tudo a ver com a Mila Tower.

Agora você realmente ficou confuso. Quem é Mila Tower? Sou eu mesma! Muito prazer de novo. Mila Tower é o meu nome artístico. Ou pseudônimo, se assim preferir. Quero ser cantora! Tinha uma conta no YouTube chamada "Do Alto da Torre", e os meus vídeos tinham muitos acessos. Lá cantava músicas da minha *ídola*, Katy Perry. Como usava uma peruca preta e óculos escuros, ninguém sabia que a Mila sou eu. Imagina se a minha madrinha descobrisse? Mas até que era bem interessante ter uma identidade secreta.

Era tão divertido ouvir as pessoas comentarem sobre a Mila Tower comigo ali, do ladinho delas! "Ah, como eu queria que ela cantasse lá em casa!" Esse tinha sido um comentário um tanto brega do Maurício lá da turma, um dos responsáveis pelo meu apelido de Rapunzel. Ele simplesmente zoava a Camila Soares todo o tempo, mas idolatra a Mila Tower. Ai, como homens são bobos!

Por falar em homens, o grande responsável pela minha carreira artística e secreta na internet era o Pedro. Estudávamos na turma 1102 do Colégio Santo Amâncio. Fazíamos uma dupla bem engraçada, eu, por ser uma figura saída de um conto de fadas às avessas, e ele, por ser um tanto atrapalhado e cegueta. O Pedro era completamente míope e usava uma armação preta, grossa e muito cafona. De perto, até que ele enxergava alguma coisa, mas, sem os óculos, não via nada que estava longe. Já acenou para desconhecidos, pegou ônibus errado, essas coisas.

Ele foi lá em casa naquela tarde. E, lógico, não perdi a oportunidade de pegar no pé dele.

— Pedro, você precisa trocar esses óculos! — falei pela milésima vez, enquanto a gente fazia um trabalho de geografia na sala da torre. — Ou então colocar lentes de contato.

— Ai, já vai começar com esse assunto de novo? — Ele fez cara de tédio. — Os meus óculos são novos, e, além do mais, já viu como uma armação custa caro? E as lentes especiais?

— Como você é mão de vaca, hein? Se gastasse menos com tantos eletrônicos, sobraria dinheiro para comprar um par de óculos decente. Nunca vi! Que pessoa obcecada.

— Ah, mas os meus eletrônicos são bem úteis pra você, hein, senhorita Mila Tower?

Caí no riso e soltei beijinhos no ar para ele, enquanto ia até a cozinha para buscar o nosso lanche.

No mês passado, quando nos reunimos para fazer um trabalho de história, daquela vez na casa dele, demos uma pausa para que ele me mostrasse a sua mais nova câmera filmadora. Confesso que fiquei meio entediada, pois, quando ele começava a falar de toda aquela parafernália, eu ficava confusa, já que não entendo absolutamente nada daquilo.

— Posso filmar você? — Ele fez uma cara engraçada.

— Me filmar? — Eu ri. — Qual vai ser o tema? A Rapunzel e o nerd quatro-olhos?

— Você sabe ser bastante irritante quando quer, viu?

— Ai, desculpa, Pedro! — Dei um abraço e um beijo nele, que imediatamente ficou corado.

— Você não diz que quer ser cantora? Ou vai cantar no chuveiro a vida inteira? Vamos fazer um teste para ver se você sabe cantar mesmo.

— Mas é claro que sei cantar, está duvidando de mim?

— Hum, eu duvido...

Se existe uma coisa que me deixa possessa da vida é que duvidem de mim, da minha capacidade de fazer qualquer coisa. E ele me desafiou.

— Tudo bem, eu gravo. Mas tenho que ficar disfarçada. Como vou ter certeza de que você não vai postar na internet? Aí sim que a minha madrinha me tranca na torre para sempre. Já não basta você ir lá em casa quase todo dia? Não sei como os porteiros ainda não denunciaram você. Ainda bem que sempre diz que vai à casa da Priscilla. Que bom que a minha melhor amiga mora no apartamento ao lado!

— Não confia em mim? — Ele colocou a mão no peito e fez cara de indignado, caindo na risada depois. — Já que é assim, acho que tenho uma ideia.

Ele saiu do quarto e voltou com uma expressão muito engraçada no rosto.

— Veja se isso está bom para você, popstar.

Ele me entregou uma sacola e, conforme fui tirando as coisas de dentro dela, meus olhos foram se arregalando. Uma peruca preta com cachos até os ombros, óculos escuros com uma armação cor-de-rosa e uma cartela com piercings adesivos. Entrei na brincadeira e, com muita dificuldade, consegui ocultar toda a minha cabeleira embaixo daquela peruca. Colei um dos piercings no nariz e coloquei os óculos. Nem eu mesma me reconhecia!

— Ficou o máximo, Camila! — Ele ria tanto que teve que sentar na cama, pois não conseguia controlar as próprias pernas.

— Como você conseguiu isso, Pedro? Não vai me dizer que à noite você vira *drag queen*?

— Camila, você e suas conclusões malucas! São da minha tia, ela esqueceu aqui depois do carnaval.

— Está perfeito! — Olhei no espelho mais uma vez. — Vamos gravar logo, essa peruca aperta!

— Não quer usar o meu violão?

— Isso! Muito bom!

Por sorte, tinha trazido um casaco preto na mochila, pois ameaçava esfriar, apesar de estarmos em plena primavera. Assim ficaria ainda mais disfarçada. Troquei a blusa, sentei em um banquinho, tendo como fundo a parede branca do quarto do Pedro, e ajeitei o violão. Simplesmente amo tocar violão! Mais uma coisa em comum com o Pedro: ele também adora. Quando ele deu o sinal, cantei *Teenage Dream*, da minha diva Katy Perry.

Adoro essa música! Foi a primeira que conheci dela, pois um trecho da letra fala muito sobre o que estou passando. É mais ou menos assim:

My heart stops when you look at me,
Just one touch, now baby I believe
This is real, so take a chance
*And don't ever look back, don't ever look back**

Óbvio que a música não foi escrita para mim, mas faz todo o sentido no meu caso em particular! O garoto mais gato de todo o primeiro ano é da minha classe e senta exatamente na carteira em frente à minha. William. Nome de príncipe de verdade. Dentes extremamente brancos sorriem para mim quase todos os dias. "Poxa, Camila! Esqueci de novo a minha caneta. Vou pegar uma das suas, tudo bem?" E meu coração dispara. Não. Não olhe para trás, não faça o meu pobre coração parar. E apenas digo que sim com a cabeça, e ele me dá uma piscadinha enquanto pega uma das minhas inúmeras canetas do estojo que deixo estrategicamente ao alcance da sua mão.

---

*Meu coração para quando você me olha,/ Apenas um toque, agora, baby, eu acredito/ Isso é real, então, dê uma chance e/ Nunca olhe para trás, jamais olhe para trás

Voltei da cozinha, interrompendo as minhas lembranças. Coloquei os sanduíches e refrigerantes na mesa, e o Pedro sorriu. Ele também tem um sorriso lindo. Por que insistia em se esconder atrás daqueles óculos gigantes e medonhos?

— Pois é! Quando fizemos o primeiro vídeo, você prometeu que não ia publicar na internet, e o que fez, assim que saí da sua casa? Postou e ainda recomendou para os amigos! Você não vale nada, Pedro.

— E você realmente acreditou que eu não ia publicar? Hahaha! Tão bobinha... Incrível como ninguém reconheceu você. Até ganhou fãs! Tanto que já colocamos outros vídeos e fizeram o maior sucesso. Prometo que ainda hoje termino a edição do vídeo novo e publico na sua conta. Você tem certeza que vai mesmo cantar no show de talentos?

— Sim, tenho. Por quê?

— Não está com medo? Sei lá, de o pessoal pegar ainda mais no seu pé?

— Ah, com medo estou. Mas eles são fãs da Mila Tower, lembra?

— Sim. Da Mila Tower. Da Camila Soares, não.

— Mas eu sei cantar, lembra? Vai dar tudo certo, Pedro! Não vou levar tomates nem ovos podres, se é essa a sua preocupação.

◆ CAPÍTULO 2 ◆

Desliguei o telefone feliz da vida só porque a minha madrinha tinha dito que ia chegar mais tarde do trabalho. Que coisa feia, né? Mas aquilo significava que a Priscilla ia poder ficar mais tempo lá em casa para a gente fofocar.

— Essa sua história com o William e o Pedro é tão clichê, Camila...

— Clichê? Não entendi.

— Princesa Rapunzel, você está sendo muito óbvia. — Ela fez careta.

— Continuo não entendendo...

A Priscilla é do tipo rebelde sem causa. Ela é sempre do contra. Quer tudo ao contrário do que todo mundo quer e, se muita gente gosta de uma determinada coisa, já é motivo suficiente para ela não gostar e querer o oposto. E é muito engraçada por causa disso! Ela também estuda no mesmo colégio que eu, só que está no último ano.

— Tudo bem, vou explicar. Você é toda apaixonadinha pelo William só porque é o famosinho do colégio e acha que não pode competir com a namorada dele, pois ela é mais bonita e famosa. Como em toda história de príncipes, existe a bruxa má, que até poderia ser a sua madrinha, mas que, nesse caso, acho que é a namorada dele, a Deborah Duarte, da 1101. Deborah com h no final, por favor. — Fez a sua típica cara de deboche. — E não esqueça de falar o nome todo, já que ela é famosa. Todo mundo a idolatra, só porque ela é ruiva, alta, magra, modelo e até já fez uma ponta na novela das 19h. Coisa básica.

— Priscilla, você é uma comédia!

— Não acabei, calminha! Aí, você é a melhor amiga do Pedro, que, está na cara, é caidinho por você e pela sua longa trança loira. Caidinho? Não. Ele se arrasta aos seus pés. No fundo, você também gosta dele, mas não admite e só vai cair na real quando se sentir ameaçada por outra garota. Viu? Clichê demais.

— Eu não gosto do Pedro! — Comecei a rir, achando aquela história sem cabimento. — Ele é meu amigo, só isso. Peraí, me deixa corrigir. Sim, gosto muito dele. Mas não desse jeito romântico em que você está pensando.

— Ahã, sei. — Ela fez careta. — Com o tempo você vai me dar razão, princesa cabeluda.

— Pois é. Toda princesa precisa do seu príncipe, não? Cadê o meu? Será que ganho um de presente de aniversário amanhã?

— Olha aí, outro clichê!

— Mas você gosta dessa palavra, viu? Anda lendo o dicionário antes de dormir e essa é a palavra do dia? — Não pude deixar de alfinetar.

— Você já parou para pensar que todas as princesas dos contos de fadas só se tornaram princesas depois que se casaram? Que antes eram pobres coitadas, desamparadas, sofridas e que precisavam ser resgatadas por um grande salvador em um cavalo branco?

— A Branca de Neve já nasceu princesa — discordei.

— Ah, sim! Toda regra tem sua exceção. Mas já parou para pensar nisso?

— Não. Só percebi agora que você falou. E qual é o motivo da revolta agora com os contos de fadas, hein, Priscilla? — Comecei a rir.

— Revolta? Não, apenas constatação dos fatos. Outro clichê, meu bem. Por que nós, princesas modernas, precisamos de um príncipe para nos salvar? Já pensou que nos dias de hoje as princesas podem ter o poder nas mãos? Que elas vão resgatar o príncipe?

— Hahaha! Verdade! Acho que estou entendendo aonde você quer chegar.

— Viu? Por isso somos amigas, você é muito esperta.

— E como vou resgatar o príncipe? Jogando as minhas tranças daqui do 12º andar, caso o elevador esteja quebrado? — Não aguentei e ri. — Acho que o conto original não mudou muito.

— Não sei. Que tal nós nos prepararmos para sermos princesas de verdade?

— E como seria a princesa de verdade dos dias atuais?

— Ah, uma princesa sem frescura! — Ela levantou e começou a rodopiar pela sala. — Que corre atrás do que ela quer. Que é decidida, destemida. Desistir dos sonhos por causa do suposto príncipe, para poder ficar com ele? Princesas modernas nunca fazem isso! Se o príncipe quiser acompanhá-la e dar todo o apoio, ótimo. Até porque, se ele não entender as necessidades da princesa, não é príncipe, mas um tremendo de um sapo. E nada de chorar! O mundo é muito grande e cheio de gente para se gastar tempo chorando por causa de uma única pessoa. Aposto que tem um monte de gente lá fora doida para conhecer uma princesa assim. Já que *clichê* é a palavra do dia, vou repetir uma frase da internet: "Não corra atrás das borboletas. Cuide do seu jardim que elas virão até você."

— Ok, amiga... — Não conseguia parar de rir, ainda mais com ela imitando borboletas no final do discurso. — Apoiada, minha eterna revolucionária!

Logo depois que a Priscilla saiu, o Pedro me ligou. Disse, muito contrariado, que pela terceira vez naquela semana a internet dele estava com problemas.

— Já finalizei a edição do vídeo novo. Copiei no meu pendrive para passar para você amanhã, e aí você mesma publica.

— Ai, não! Vou ter que esperar até amanhã para ver? — lamentei. — Por que você não vem aqui?

— Agora? — Ele estranhou. — Esqueceu que a sua madrinha não gosta de garotos aí, ainda mais à noite? Perdeu a noção do perigo?

— Ela vai demorar para chegar. Ah, vem, Pedro! Não vou nem conseguir dormir pensando nisso.

Quando ele chegou, tratei logo de fazer uma cópia para o meu computador. Era o melhor de todos, ficou muito bom mesmo! Abracei o Pedro e baguncei o cabelo dele. Ele fica louco quando faço isso, mas no fundo sei que gosta. E assim mesmo, grudadinhos, passei o vídeo outra vez.

— Você está ficando profissional nisso, Camila! Estou começando a achar que você vai fazer sucesso no show de talentos do colégio. Como as pessoas são burras! Elas nem notam que você e a Mila Tower são a mesma pessoa! Já é o quarto vídeo em um mês e elas não conseguem perceber que você é a cantora misteriosa.

— O que você acabou de dizer, Pedro? — A minha madrinha chegou na porta do meu quarto, sem fazer barulho, dando um grande susto na gente. Pelo visto ela errou no cálculo do quanto demoraria, e fomos pegos no flagra! Em um pulo, nos afastamos.

Ela estava muito desconfiada. E nem dava para dizer que ela não tinha escutado direito. A minha madrinha tinha ouvido palavra por palavra que o Pedro dissera. Entrou no meu quarto feito um furacão e, sem a menor cerimônia, clicou para repetir o vídeo que estava na minha tela. O meu coração batia tão forte, mas tão forte, que pensei que fosse morrer.

— Então é isso o que você faz enquanto estou trabalhando? Traz garotos aqui para casa e ainda posta vídeos escondida na internet?

— Madrinha, posso explicar...

— Explicar o quê? Que você canta fantasiada na internet? — Apontou, indignada, para a tela do computador. — Que me enganou esse tempo todo? Eu confiei em você, Camila!

— A culpa é toda minha! — O Pedro se levantou, espantando-a, já que a minha madrinha não está acostumada que a enfrentem. — A gente fez o primeiro vídeo de brincadeira e postei na internet. Não pensava que ia fazer tanto sucesso! Então resolvemos continuar a brincadeira.

— Pois a brincadeira acabou! — ela gritou. — E outra coisa. Não quero ver mais você aqui, Pedro. Nunca mais. Por favor, quero que vá embora agora.

— Você não pode expulsar o Pedro dessa forma! Você está exagerando, madrinha! Foi só uma brincadeira. Eu gosto de cantar e você sabe muito bem disso. Ele só me ajudou.

— Pedro, por favor. — Continuou olhando para ele, me ignorando por completo. — Mais uma vez vou pedir para que você saia da minha casa. E não quero ver você aqui de novo, estamos entendidos?

O Pedro estava arrasado e morrendo de vergonha. Comecei a chorar de nervoso e o acompanhei até a porta. Nem conseguia falar. Queria pedir desculpas, mas a minha voz não saía. Ele passou a mão pelos meus cabelos como se dissesse que tudo ia ficar bem.

Fechei a porta e me escorei nela, quase sem forças. Respirei fundo e fui para o quarto da Laura para tentar fazer com que entendesse tudo. Mas nem consegui abrir a boca.

— Não quero falar com você agora, Camila! — Ela estava muito brava. — Vá para o seu quarto. Não quero nem olhar para você de tanto ódio que estou sentindo por causa da sua traição. Vou pensar direitinho no seu castigo, pois isso não vai ficar assim.

Tranquei a porta do meu quarto e não consegui parar de chorar. O choro era uma mistura de medo, vergonha e culpa. Uma completa confusão de sentimentos. Até que me senti sonolenta de tanto cansaço. Não sei por quanto tempo dormi, até que acordei assustada, com o celular tocando. Passava da meia-noite. Era o irmão do Pedro, o Matheus.

— Acordei você, né? Desculpa.

— Matheus? — falei, ainda sem entender nada, meio tonta. — Por que está me ligando a essa hora?

— Queria contar o que aconteceu. Quando o Pedro estava voltando para casa, atravessou a rua sem prestar atenção e foi atropelado.

— Atropelado? — Levantei em um salto. — Como ele está? Não me diga que ele morreu!

— Calma, Camila! Ele não morreu. Quebrou o tornozelo e teve alguns arranhões nos braços e no rosto. Os óculos ficaram em pedacinhos. A mulher que o atropelou tinha acabado de tirar a carteira e estava mais apavorada do que ele. Prestou todo o socorro, e ele está bem agora.

— Eu preciso ver o Pedro! Agora!

— Agora não vai dar, Camila. Só amanhã. Ele está no hospital aqui do lado de casa, e o horário de visitas começa às duas da tarde. Dá para você ir ao colégio e passar lá depois.

Desliguei o telefone ainda mais magoada com o escândalo desnecessário da Laura! Com certeza ele devia ter saído transtornado daqui e nem olhou direito na hora de atravessar. A culpa é toda dela! Eu não ia aguentar esperar para ver o Pedro somente no dia seguinte. Invadi o quarto dela, que ainda estava acordada, lendo mais um dos seus livros de arquitetura e decoração. Eu, extremamente desesperada; o pobre do Pedro, lá no hospital; e ela, se deliciando com as melhores combinações de cortinas e tapetes, alheia ao resto do mundo, na sua vidinha egoísta.

Despejei toda a minha raiva. Falei que ela era culpada de tudo o que tinha acontecido e exigi que me levasse ao hospital. Ela se assustou. Eu nunca tinha falado daquela maneira, foi a primeira vez que alterei o tom de voz com ela. Para falar a verdade, com qualquer pessoa. O meu peito parecia que ia explodir de tanta aflição. Ela apenas disse:

— Claro, Camila, vamos agora mesmo.

Depois trocou de roupa e pegou as chaves do carro.

Chegando ao hospital, obviamente não deixaram que eu visse o Pedro; afinal, não era o horário de visitas. Mas eu estava tão preocupada que o médico plantonista acabou abrindo uma exceção. Quando entrei na enfermaria, ele estava dormindo. Foi de doer o coração vê-lo com o tornozelo imobilizado e com tantos curativos e arranhões. No meio de toda aquela dor, eu me lembrei da história "clichê" que a Priscilla contou mais cedo. Vê-lo ali tão frágil, tão desamparado, só me fez perceber o quanto ele era importante para mim. Eu amava o Pedro! Que jeito mais horrível de descobrir que se ama alguém. Ele era o príncipe que eu queria de presente de aniversário, e eu já tinha recebido esse presente faz tempo. E era ele o míope da história? Eu não tinha conseguido enxergar o que estava diante dos meus olhos aquele tempo todo. Dei um beijo leve nos seus cabelos e saí, porque o médico só tinha me dado dois minutinhos.

— Vai ficar tudo bem com ele, fique tranquila. Volte para casa e retorne amanhã. Nem mesmo os parentes mais próximos tiveram permissão para ficar, por se tratar de uma enfermaria. Amanhã ele será transferido para um quarto particular. Tenho certeza de que ele vai gostar de receber a sua visita. — Ele, simpático, segurou os meus ombros enquanto falava.

A minha madrinha estava completamente muda e com os olhos arregalados. Ela, que adora berrar sobre tudo e ser a rainha da opinião, tinha ficado totalmente sem palavras pela primeira vez. E, no mais completo silêncio, voltamos para casa.

┥ CAPÍTULO 3 ┝

Não preciso nem dizer que não dormi. Tirei breves cochilos até que desisti e resolvi levantar de uma vez. Tomei um banho, coloquei o uniforme do colégio, peguei um achocolatado em caixinha na geladeira e saí antes mesmo de dar bom-dia para a Laura.

Apesar de a notícia do atropelamento do Pedro ter deixado todo mundo triste, o pessoal tentou me animar por causa do meu aniversário. Tentei ficar alegre, mas olhar para a cadeira dele vazia era de cortar o coração.

— Parabéns, Rapunzel! — O William me abraçou. — Sinto muito pelo seu melhor amigo. Espero que ele se recupere logo.

Se esse abraço tivesse acontecido uma semana antes, acho que teria desmaiado. Mas apenas fiquei feliz por ter sido abraçada por um garoto bonito e muito cheiroso, por sinal.

Nunca fui tão fotografada na minha vida! Afinal de contas, aquele seria o último dia em que eu teria a minha tão famosa trança. Acho que o Rio de Janeiro inteiro sabia que eu ia cortar o cabelo no dia do meu aniversário de 15 anos. Todos estavam curiosos para saber qual era o corte de cabelo escolhido. A única coisa certa era que tinha marcado salão às 18 horas e contava os minutos para enfim tirar de mim todo o fardo daquela cabeleira. Como seria não ter dor no pescoço e dormir uma noite inteira sem me enrolar nela? Ter a cabeça livre daquele peso? Mesmo estando louca para me livrar daquela bendita promessa, separei em casa uma bela caixa com detalhes em lilás para guardar o meu cabelo, como uma forma de lembrança de todos aqueles anos.

No final das aulas, fiz um lanche rápido e segui para o hospital. Estava louca para ver o Pedro. Infelizmente, a Priscilla não ia poder ir junto, pois tinha um simulado do vestibular logo depois do almoço, além de precisar cuidar dos preparativos do show de talentos. Ela fazia parte da comissão e era responsável pelas inscrições.

Entrei no quarto do hospital, e a mãe do Pedro estava com ele. Estava acordado e sorriu quando me viu. O meu coração disparou de felicidade. A mãe dele me abraçou, então resolveu nos deixar sozinhos e foi tomar um café.

— Quando você for testar os seus poderes de parar carros em vias públicas, Clark Kent, me avise antes para que eu não tenha um colapso nervoso, viu? — Tentei brincar, apesar de os meus olhos terem ficado marejados assim que falei aquilo. — Quer enlouquecer a Rapunzel no alto da torre?

— Prometo avisar da próxima vez, princesa! — Ele colocou a mão no peito, fazendo uma pose solene, mas logo fez uma careta de dor. — Só você mesma para misturar contos de fadas e super-heróis que nunca se cruzaram.

— Pedro... — Tentei resgatar todas as minhas forças para falar e me aproximei mais. — Quando o seu irmão ligou falando sobre o atropelamento, tive tanto medo que você tivesse morrido!

— Sabe o velho ditado que diz que "vaso ruim não quebra"? — Ele deu um sorriso torto e segurou a minha mão, provocando um arrepio na mesma hora.

Mesmo com tantos curativos, achei o Pedro lindo. Não resisti e passei a mão que estava livre levemente pelos seus cabelos. Sempre gostei de fazer aquilo, mas ganhou um sentido especial. Ele fechou os olhos, como se estivesse gostando do carinho. Os meus dedos deslizaram pelos seus cabelos cacheados, e o toque era tão suave que eu poderia ficar horas fazendo aquilo.

— Como foi isso, Pedro? Como você atravessa assim, sem olhar direito? Você tem noção do sentimento de culpa que tive por você ter saído da minha casa depois daquela briga tão estúpida?

— Não se sinta culpada, Camila... — Ele abriu os olhos novamente e apertou de leve a minha mão — Claro que eu não esperava uma reação tão enlouquecida da sua madrinha. Eu atravessei sem olhar, talvez porque estivesse nervoso pelo que aconteceu, mas a culpa foi minha. Eu não prestei atenção.

— E os seus óculos ficaram em pedaços! Não sei como não feriu mais o rosto...

— Acho que finalmente vou ter que fazer os óculos novos que você tanto queria! — Ele fez cara de deboche e riu em seguida.

— Como fiquei com medo de ter perdido você... — Não sei como falei aquilo, mas, quando dei por mim, as palavras já tinham saído da minha boca.

— Você nunca vai me perder. Nunca.

O tom que ele usou foi muito sério. O olhar foi tão profundo que parecia estar vendo a minha alma. A minha reação foi quase automática. Senti uma urgência tão grande dentro de mim que não consegui medir as consequências. Eu me aproximei ainda mais do seu rosto e senti a sua respiração. Não sei qual delas estava mais ofegante, se a minha ou a dele. Beijei o Pedro de leve nos lábios e todo o meu corpo reagiu. Foram os dez segundos mais intensos que eu tinha vivido até aquele momento. Quando abri os olhos e ele sorriu para mim, duas lágrimas minhas caíram no rosto dele, bem nos olhos, por causa da posição em que ele estava na cama do hospital. Ri por conta do beijo um tanto atrapalhado e molhado. Ele me encarou, fazendo a minha respiração parar de vez.

— Não surtiu efeito. — Ele fez bico e riu.

— Como assim? — perguntei, preocupada que aquele tivesse sido o pior beijo que já existiu, pela expressão dele e partindo do princípio de que eu tinha tomado a iniciativa.

— No conto original da Rapunzel, ela chora ao ver que o príncipe está cego, e, quando as lágrimas dela caem nos seus olhos, ele volta a enxergar. Continuo míope. Olha lá, não consigo ler nada que está escrito naquela placa.

— Seu bobo! — Voltei a respirar e ri da brincadeira.

A mãe dele voltou para o quarto e por pouco não flagrou a cena romântica de segundos antes.

— Dona Cristina, já vou.

— Já vai, minha filha? — Ela sorriu. — Obrigada pela visita. Logo o Pedro vai sair daqui e vocês poderão ficar mais tempo juntos.

Quando estava abrindo a porta, ele me chamou.

— Feliz aniversário, Rapunzel!

— Obrigada! — Voltei e dei um leve beijo na sua testa. Na verdade, queria repetir o outro beijo, mas com a mãe dele no quarto era complicado. Enquanto estava ali com ele, tinha esquecido completamente do meu próprio aniversário.

— Quando eu me recuperar, vamos comemorar.

— Claro que vamos! Em grande estilo.

Apesar de o hospital ser um pouco distante da minha casa, resolvi ir andando para me acalmar. Foram muitas emoções em menos de 24 horas! Fui andando devagar, olhando o movimento da rua e os turistas de Copacabana. Até que uma placa chamou a minha atenção. Era uma espécie de salão de beleza, mas que fazia perucas. E eles compravam cabelo! Como o excesso de cabelo foi o meu problema por quatro anos, nunca tinha pensado que outras pessoas poderiam ter o problema inverso. A peruca que uso como Mila Tower é de cabelo sintético, e eu, totalmente ignorante do assunto, sequer pensei que existissem perucas feitas de cabelos humanos.

Fiquei muito curiosa e resolvi entrar. Quando abri a porta de vidro, tive a mesma sensação que a minha diva Katy Perry deve ter quando entra nos lugares. Todos, sem exceção, olharam para mim. Uma das funcionárias sorriu, até demais para falar a verdade, e perguntou o que eu desejava. Falei que estava interessada em vender o meu cabelo, e seus olhos se arregalaram. Na mesma hora ela chamou o dono do salão, que veio correndo ao meu encontro. Eles contaram que estavam procurando exatamente o meu tipo de cabelo, pois tinham uma encomenda de uma peruca esperando há quase dois meses. O cabelo tinha que ter a mesma textura do meu e não poderia ser pintado. Parecia que eles tinham descoberto um poço de petróleo. Mediram o comprimento dele, fizeram uma pesagem aproximada e calcularam o valor que queriam pagar por ele. Quase caí para trás, pois era um bom dinheiro. Eles falaram que queriam muito comprar o meu cabelo, mas que, pelo fato de eu ser menor de idade, precisaria estar com um responsável, e até ofereceram um corte moderno para mim como cortesia. Não pensei duas vezes. Agendei o corte para as 18h, peguei o cartão de visita deles e prometi que viria com a minha madrinha na hora marcada.

Quando a Laura chegou do trabalho, apesar de ainda não querer falar com ela, lembrei que tínhamos combinado de cortar o cabelo.

— Eu sei, Camila. Estamos aguardando esse dia há quatro anos, como eu iria esquecer? Vim mais cedo do trabalho para irmos juntas. Mas quero falar sobre o que aconteceu ontem primeiro. Temos tempo.

O meu coração gelou. Ela não ia aliviar nem o dia do meu aniversário.

— Você sequer me esperou antes de sair para o colégio. Saiu sem falar comigo. Preferi não insistir, devido às circunstâncias, mas achei estranho não tomarmos café da manhã juntas no seu aniversário. Foi a primeira vez que isso aconteceu.

— Eu não estava querendo falar com ninguém...

— Preciso pedir desculpas, Camila. O que aconteceu mexeu muito comigo, nem consegui me concentrar no trabalho hoje. Fiquei chateada sim, com tudo, mas a minha reação foi exagerada. E o desfecho foi horrível; fico feliz que o atropelamento do Pedro não tenha tido consequências mais graves. Eu não sou a bruxa má da Rapunzel. Não quero prender você aqui no alto da torre, como você costuma chamar o nosso apartamento. Pensa que não sei do apelido que você deu? Eu me sinto muito responsável por você. Reconheço que cobro demais, mas é pensando no seu bem. Vou procurar ser mais flexível. Não quero ser apenas a sua tutora e madrinha, quero ser sua amiga. Quero que confie em mim, que não exista mais a necessidade de mentir.

Eu estava pasma. Ela falava com tanta sinceridade, tanto sentimento, que me deu até pena. Vi, inclusive, que ela ameaçava chorar, coisa que raramente faz.

— Também peço desculpas por nunca ter falado da Mila Tower. Eu adoro cantar! E o Pedro sempre me apoiou. Fizemos uma brincadeira, e as pessoas gostaram.

— Quando os seus pais morreram e, logo depois, você ficou doente, a psicóloga achou que seria bom para você ter uma distração. Fiquei surpresa quando disse que gostaria de aprender a tocar violão. Garotas de 11 anos geralmente querem ser bailarinas.

— Eu quero ser cantora! Sempre quis.

— Não quero desanimar você, mas para ser cantora é preciso muito mais do que saber tocar violão, Camila. É preciso fazer aulas de canto, só para começar. Não é uma carreira fácil, existe muita concorrência.

— Eu sei. Por isso me inscrevi no show de talentos do colégio. Um dos jurados é o diretor de uma grande escola de artes, e um dos prêmios será uma bolsa de estudos. O curso é muito caro e somente com uma bolsa eu poderia estudar lá.

— Quanto a isso, podemos conversar depois? Já está na hora de ir ao salão.

— Eu marquei em outro lugar...

— Não gosta do salão que eu frequento? — Ela fez uma expressão confusa.

— Não é isso. Na verdade decidi que quero vender o meu cabelo.

— Vender o seu cabelo? De onde você tirou uma ideia absurda dessa?

— Não acho absurda. Quero usar o dinheiro para ajudar o Pedro. Ele precisa de óculos novos, porque os dele ficaram em pedaços no acidente. Eu me sinto culpada por tudo o que aconteceu, e seria a minha forma de ajudar.

— Camila, do jeito que você fala, parece que estamos passando fome. Eu posso pagar pelos óculos dele, se você acha que é realmente necessário. Você não precisa fazer isso.

— Preciso, sim. Por favor, deixe que eu faça isso. Vai ser a única maneira de eu me livrar desse sentimento de culpa. Quero ajudar com os meus próprios recursos. Eu o chamei para vir até aqui. Insisti, na verdade. Ele sofreu o acidente saindo da minha casa. Por mais que diga que a culpa foi dele por não prestar atenção, não consigo deixar de me sentir culpada. E essa foi a forma que encontrei para me sentir mais aliviada.

— E os pais dele vão aceitar isso? Duvido.

— Quero tentar. Se eles não aceitarem, uso o dinheiro para outra coisa, mas quero dar esse presente para ele.

A Laura ainda não parecia estar convencida. Ela olhava o salão inteiro meio desconfiada, para variar. Somente aí que percebi a quantidade de fotos de atrizes de televisão famosas nas paredes. A maioria mostrava o dono do salão ao lado das atrizes, e o antes e o depois do corte. Pelo visto, os meus cabelos iam aparecer em alguma novela, por isso iam pagar tão caro por eles.

Sentei na cadeira e olhei pela última vez para aquela cabeleira toda. Bateu uma pontinha de saudade, mas o sentimento de liberdade era maior. Para eu não estranhar muito, não ficaria muito curto; decidimos por um corte desfiado na altura dos ombros. O barulho da tesoura era quase algo mágico. O próprio dono do salão fez questão de me atender. Aos poucos, uma nova Camila ia surgindo no espelho. O cabeleireiro sugeriu uma franjinha e aceitei. Cerca de vinte minutos depois, eu parecia outra pessoa. O corte realmente ficara muito bom! Eu tinha me tornado uma adolescente moderna, descolada, dessas que aparecem nas capas das revistas *teen*.

— Para a minha felicidade ficar completa, não poderia ter uma mecha de outra cor? Azul, por exemplo? — falei, quase em estado de euforia.

— Isso não, Camila! — A Laura discordou na hora.

— Posso dar uma ideia? — O dono do salão tentou nos conciliar.

Ele abriu um compartimento, localizado na parede nos fundos do salão, e voltou com uma mecha azul nas mãos.

— Muitas meninas gostariam de ter uma mecha colorida, assim como você. Mas o seu cabelo é virgem, nunca recebeu tintura. Não aconselho pintar, pelo menos por enquanto. Está vendo essa mecha? Ela tem um pequeno *tic-tac* na ponta, uma fivela bem pequena. Vou prender por baixo do seu cabelo e vai parecer que é seu. — Ele prendeu a mecha enquanto falava, com os olhos arregalados da Laura em cima. — Veja como ficou bonito!

Simplesmente amei o meu novo visual! Tenho certeza que a minha diva Katy Perry amaria também. Olhei para a Laura com uma cara de súplica tão grande que o dono do salão começou a rir.

— Bom, se é assim, eu permito — ela concordou. — Como dizer não para a aniversariante do dia?

— Ah, é seu aniversário? Então considere como um presente meu para você, Camila! — Ele sorriu, satisfeito.

Ele me pagou em dinheiro, que guardei bem guardadinho no fundo secreto da minha bolsa. Eu estava feliz. Era como se estivesse renascendo. Uma nova aparência, uma nova idade cheia de possibilidades. Lembrei-me do Pedro. A Rapunzel não existia mais. Esperava que ele gostasse da nova Camila.

⊰ C A P Í T U L O 4 ⊱

O restaurante estava cheio para uma quinta-feira. Apesar de ter combinado com os amigos do colégio que comemoraríamos no sábado, a Laura fez questão de irmos ao meu restaurante italiano favorito. E, para a minha surpresa, a Priscilla estava nos esperando na porta.

— Garotaaaaaa! — Ela fez um escândalo tão grande que metade da rua parou para olhar. — Você está sensacional! Linda!

— Obrigada... — Senti meu rosto corar de vergonha. — Fiquei muito diferente?

— Ficou! Não posso mentir para você. Ainda mais com essa mecha azul. Mas está muito linda, quase uma *popstar*. Ah, Laura! — A Priscilla a abraçou. — Obrigada pelo convite!

— Não precisa agradecer. Vamos entrar e nos sentar logo, meninas? Já está na hora da nossa reserva. — A Laura riu do jeito escandaloso da Priscilla e apontou para a porta.

Assim que o garçom nos levou à nossa mesa, olhei para o fundo do restaurante e vi que o William estava lá com a família. Lindo como sempre, ainda mais sem o uniforme do colégio.

— O príncipe encantado do cavalo de pau está aí... — a Priscilla comentou.

— Príncipe? — A Laura fez uma expressão curiosa, olhando em volta.

— É brincadeira da Priscilla, madrinha. — Tentei disfarçar, dando um pontapé na minha amiga linguaruda por baixo da mesa.

— Mas e aí, Camila? Como está sendo para você poder virar o pescoço e sacudir a cabeça igual a um comercial de shampoo? — Ela fez piada.

— Estou achando muito estranho! — Comecei a rir, enquanto pegava uma torradinha do couvert. — A minha cabeça está muito mais leve, estou me achando até mais magra.

— Vocês me fazem morrer de rir, meninas! — A Laura balançou a cabeça e resolveu descontrair um pouco, melhorando a fisionomia que estava fechada desde o maldito flagrante que resultou no acidente do Pedro. Pelo menos ela estava tendo a consideração de ficar um pouco mais simpática no dia do meu aniversário. E o fato de ela ter convidado a Priscilla era realmente espantoso.

Quando terminei de comer aquele nhoque maravilhoso ao molho de quatro queijos, vi que tinha sujado a minha saia. Levantei e fui ao banheiro para tentar limpar antes que a mancha ficasse maior. Por coincidência, o William tinha acabado de entrar no banheiro masculino, mas não me viu. Como a mancha era pequena, foi fácil limpar e, ao sair do banheiro, ouvi um toque de celular estridente. Aquele som era bem conhecido, era o do celular do William. Eu, curiosa, esperei atrás da porta para ouvir a conversa, uma vez que ele parou bem do lado de fora.

— Oi, Deborah! — falou, com uma voz um tanto cafajeste — Não acredito que ainda está preocupada com a concorrência no show de talentos. Com a Camila Soares, então... — Ele riu, debochado. — O concurso é para ver quem canta melhor, não quem tem a maior quantidade de cabelo. E, mesmo se fosse esse o critério, de qualquer forma não existe mais. A ex-Rapunzel está aqui no restaurante. Agora, além dos cabelos curtos, inventou de ter uma mecha azul. Ficou ridículo! E por falar em ridículo, você nem ficou sabendo, já que não foi para o colégio. O namoradinho dela foi atropelado ontem. O cegueta não viu um carro maior do que ele e por pouco não morreu. Que duplinha mais bizarra. Preciso desligar, os meus pais estão esperando. Depois a gente se fala mais. Beijo.

Como uma pessoa pode ser tão falsa, tão asquerosa? Ele, todo galanteador por fora para manter o posto de galã do colégio, engana todo mundo com aquele sorriso ensaiado. Sempre educado e gentil. Quando não estão vendo, é um perfeito idiota. Se a Deborah conhecia esse lado dele, boa coisa também não era. E eu, toda boba achando o máximo emprestar canetas para ele. E ainda teve a cara de pau de me abraçar pela manhã e lamentar o acidente do Pedro. Quem ele pensa que é para debochar assim das pessoas? A minha vontade era de ir até a mesa dele e falar umas boas verdades. Será que os pais dele sabem que o filhinho com jeito de príncipe encantado não passa de um ogro?

Saí do banheiro e preferi nem olhar na direção da mesa dele. Não valia a pena estragar um jantar tão delicioso. E, por falar nisso, comemos uma torta mousse de chocolate dos deuses.

Quando cheguei em casa, tinha uma caixa azul com um laço de fita vermelho na portaria do prédio. Olhei para a Laura. Ela sorriu e levantou as mãos em um gesto que dizia "não tenho nada a ver com isso". Chegando ao apartamento, fui correndo para o meu quarto. Sentei na cama e vi que em cima da caixa havia um pequeno envelope. Ao abrir e reconhecer a letra, o meu coração disparou.

Feliz aniversário, Camila!

Já tem duas semanas que vi isso na vitrine de uma loja, e pode imaginar a minha ansiedade aguardando por tanto tempo? É exclusivo. Bordado pela dona Cristina. Hehe...

Amo você!
Beijos do Pedro

Cuidadosamente desfiz o laço e abri a caixa. Era uma boneca de pano da Rapunzel, lindíssima, com o meu nome bordado na roupinha. A mãe do Pedro faz bordados maravilhosos, e ele teve o carinho de pedir para ela bordar a roupa da boneca. Comecei a chorar. Como andava chorona, viu?

Mesmo sabendo que estava um tanto tarde, mandei uma mensagem para o celular dele agradecendo o presente. Bateu uma saudade! Liguei o computador e resolvi olhar as nossas fotos. Nossa, era cada uma melhor do que a outra. E comecei a ficar com uma raiva de mim mesma por não ter percebido que sempre gostei dele... Uma das nossas primeiras fotos foi tirada em uma caminhada na praia. Não tivemos os dois últimos tempos de aula naquele dia e resolvemos voltar para casa andando pelo calçadão. Estava meio nublado e ventava um pouco. Encontramos um casal gringo de velhinhos meio perdidos, achando que estavam no Leblon. Então, o Pedro pôde usar todo o espanhol que aprendeu no curso e explicar para eles como deveriam fazer para retornar ao hotel. Depois que o casal foi embora, rimos da situação. Mas, ao mesmo tempo, ficamos com muita pena deles, pois poderiam ter pedido informações para pessoas não tão honestas.

— Será que vamos ficar velhinhos assim, juntos ainda? — ele perguntou.

— Claro que sim! — Eu o abracei. — Vamos ser amigos para sempre!

— Vamos tirar uma foto juntos, então, para guardarmos esse dia. O dia que prometemos nos aturar até que as bengalas nos ajudem a andar por esse mesmo calçadão.

E eu, a tonta suprema, saio com um "vamos ser amigos para sempre". É uma das fotos que eu mais gosto, apesar de eu estar um tanto descabelada.

Meu celular vibrou. Mensagem do Pedro. "Não precisa agradecer. Que bom que gostou! Saudades! Bons sonhos. Beijo."

Ainda estava sem sono e fui dar uma olhadinha no canal "Do Alto da Torre". Apesar do escândalo da Laura, resolvi postar o último vídeo. E, para meu desgosto, tinha um comentário do William. "Linda demais! Você é o máximo, quero um dia conhecer você pessoalmente."

De repente, aquilo me deu uma ideia. Uma ideia bem louca, para ser sincera. E, para pô-la em prática, a Priscilla era a aliada perfeita.

Foi difícil segurar a ansiedade. Acordei de hora em hora, e os minutos da sexta-feira se arrastaram até que a noite enfim chegou. Já estava quase na hora do show de talentos, e a Priscilla estava tendo ataques de loucura.

— Você tem certeza que vai fazer isso? — ela perguntou pela milésima vez.

— Já falei que sim! O Matheus vai filmar tudo para o pobrezinho do Pedro ver depois.

— E a sua madrinha? Ela vem mesmo?

— Claro que sim. Os pais e responsáveis não vêm?

— Seja o que Deus quiser! — Priscilla bufou, preocupada com o que aconteceria logo mais.

O Colégio Santo Amâncio parecia outro lugar à noite. O show de talentos foi marcado para as 20h, para que os pais e responsáveis pudessem ir depois do trabalho. Todos chegavam arrumados, parecia uma grande festa. O auditório estava repleto, mas consegui ver quando a Laura chegou acompanhada da mãe da Priscilla. Naquele momento bateu uma pontinha de inveja dos outros alunos. Pais e mães, orgulhosos dos filhos, davam um último beijo de incentivo antes das apresentações.

As festinhas da escola sempre me deprimiram. Fazer lembrancinhas para o dia das mães ou pais sempre fora uma tortura. Até o quinto ano tinha sido assim, e dei graças a Deus quando não tive mais que fazer aquilo a partir do sexto ano.

Passavam dez minutos do horário quando a Priscilla subiu no palco para começar o evento.

— Boa noite, alunos, professores, pais e responsáveis. É com muita alegria que realizamos o nosso primeiro show de talentos do Colégio Santo Amâncio. Escolhemos fazer este evento uma semana antes do fim do ano letivo para que fosse mais uma forma de comemorarmos as vitórias conquistadas este ano. Muitos sairão rumo às universidades, assim como eu. Guardarei excelentes lembranças de todos os anos em que estudei aqui, e saio com uma imensa bagagem e muita gratidão por tudo. Vários alunos se inscreveram e estão ansiosos para mostrarem os seus talentos. A festa será linda e esperamos que gostem. Agora vamos receber o nosso primeiro concorrente.

Todos aplaudiram, e o Alexandre Torreão, do segundo ano, entrou no palco. Mais três alunos se apresentariam depois dele, e então seria a minha vez. Todos os concorrentes sentaram na primeira fila do auditório e, conforme iam sendo chamados, subiam pelas escadas da frente. Eu, ao contrário, estava escondida nas coxias.

— Vamos continuar com o show de talentos, mas antes gostaria de chamar uma convidada muito especial. Ela é famosa na internet; pelo menos, eu ouço bastante o seu nome ser mencionado pelos corredores daqui. Ela é fã da Katy Perry e tem vários vídeos no seu canal, "Do Alto da Torre". — A Priscilla foi interrompida pelos gritos da plateia. — Pelo visto já sabem de quem se trata. Com vocês, Mila Tower!

Entrei no palco com o coração aos pulos! Acompanhada do meu violão, sentei no banco reservado para mim. Um segundo microfone foi colocado para que o som do violão pudesse ser ouvido por todos. A Priscilla nem me olhava direito, acho que com medo de cair na gargalhada. Vi a diretora olhando com cara de interrogação para o roteiro do festival, certamente procurando pela atração especial.

As roupas da Mila Tower são completamente diferentes das da Camila. Como sempre apareci de preto nos vídeos, apesar do calor daquela noite, coloquei uma espécie de sobretudo, que seria perfeito para o que eu tinha em mente. Ele era feito de um tecido um pouco mais leve do que os tradicionais. Mesmo assim, para a minha sorte, o ar-condicionado estava ligado no máximo. Olhei para o auditório lotado e vi que o William estava logo em uma das primeiras fileiras. Ele aplaudia e assobiava freneticamente.

— Essa é para o Pedro Braga. Espero que você fique bom logo!

Certamente muitos alunos devem ter estranhado o fato de eu ter mencionado o Pedro. Comecei a tocar no violão a música *Wide Awake*. A maior motivação para eu ter escolhido aquela música foi o soco que a Katy deu no príncipe de araque do videoclipe. Fechei os olhos e me entreguei à música.

> *I'm wide awake*
> *And now it's clear to me*
> *That every thing you see*
> *Ain't always what it seems*
> *I'm wide awake*
> *Yeah, I was dreaming for so long***

Quando terminei de cantar e levantei, segurando o meu violão, o auditório veio abaixo de tantos gritos. Olhei para a Laura, que aplaudia. A expressão dela era uma mistura de surpresa e satisfação. Parecia um sonho, aquela cena. Ali poderia até ser apenas o auditório do meu colégio, mas,

---

**Estou bem acordada/ E agora está claro para mim/ Que tudo que se vê/ Nem sempre é o que parece/ Estou bem acordada/ Sim, estive sonhando por muito tempo

para mim, parecia o Maracanã lotado. Novamente reuni forças e peguei o microfone. Tinha chegado a tão esperada hora de executar o meu plano.

— Obrigada! — falei, com o coração aos pulos. — Vocês que conhecem o meu canal da internet, o "Do Alto da Torre", já perceberam que eu sou fã da Katy Perry e que todas as músicas que canto são dela. Escolhi essa música para cantar para vocês hoje, pois ela fala de como às vezes nos enganamos com certas escolhas, ou vemos situações de uma forma errada e precisamos acordar para enxergar a realidade. A Mila Tower surgiu depois de uma brincadeira com o Pedro Braga, e se tornou maior do que esperávamos. Mas, depois do acidente dele, acordei e enxerguei com clareza muitas coisas. E, por pensar que devemos ver as coisas como elas realmente são, escolhi esse momento para mostrar para vocês quem é a verdadeira Mila Tower. É apenas uma garota de 15 anos com sonhos e que ama cantar, acima de tudo.

O auditório ficou silencioso. Encostei o violão no banco e tirei o sobre-tudo, revelando o meu vestido colorido. Tirei os óculos escuros, o piercing colado no nariz e por fim a peruca preta, revelando o meu novo corte de cabelo. Foi uma sucessão de "Ohhhhs" quase incontrolável. A expressão do William era de revolta. Pois é, alteza, qual é a sensação de ser enganado quando você engana a todos com essa sua falsa simpatia?

— Todos nós somos capazes de fazer coisas sensacionais. Acendam as suas luzes e as deixem brilhar. Vocês são fogos de artifício! *Fireworks*, da minha diva Katy Perry. Dessa vez, por Camila Soares.

Comecei a tocar o violão novamente, com a plateia ainda boquiaberta, em choque com a revelação. Depois da primeira estrofe, um grupo começou a bater palmas no ritmo da música. Em seguida, várias outras pessoas se juntaram e, no refrão, todos estavam cantando. Foi emocionante. Pela primeira vez, eu, Camila Soares, despida de qualquer fantasia ou disfarce, me mostrava como realmente era. Quando terminei de cantar, todos aplaudiram. Não consegui mais segurar o choro. A Priscilla veio ao meu encontro e me abraçou. Agradeci, recolhi as minhas coisas e me retirei do palco. Quando voltei para as coxias, senti as pernas bambas e precisei sentar. Chorei ainda mais, mas senti que era um choro de libertação. Eu era muito além de uma garota órfã, que usava uma imensa trança ou que se iludiu com coisas ditas *clichê*. E muito mais do que uma garota que tinha acabado de fazer 15 anos e que descobriu estar apaixonada pelo melhor amigo. Eu me libertei dos meus próprios medos. Medo de não ser aceita, de não conseguir aquilo que mais queria, de ficar presa no alto da torre para sempre. Eu era livre. Dentro de mim mesma.

Só consegui me recompor por completo minutos antes da divulgação do resultado do concurso. A Priscilla veio falar comigo, com uma cara muito estranha, quase decepcionada.

— Amiga, nem sei como contar...

— O que houve, Priscilla? Que cara de enterro é essa?

— Você foi desclassificada, Camila.

— Desclassificada?

— Sim. Os jurados acharam a sua revelação pública muito comovente, adoraram a sua voz, mas, como você não se inscreveu como Mila Tower, acharam que usou isso para aparecer mais do que os outros candidatos. Tentei argumentar, mas nem me ouviram. E ainda disseram que, se eu já não estivesse para me formar, ia receber uma senhora advertência por ter feito isso sem avisá-los.

— Caramba, jura?! Desculpa se causei problemas para você. É uma pena me desclassificarem, mas não me arrependo. O que você achou daquilo tudo?

— Foi o máximo! Você conseguiu surpreender a escola inteira! Foi um tanto Hannah Montana, para falar a verdade, mas foi sensacional. E, também, você ganhar o concurso seria clichê demais, né?

— Ai, não! — Ri. — Lá vem você com a sua palavra favorita.

Apesar de ter sido bem recebida por todos depois que cantei como Camila Soares, preferi esperar que o auditório esvaziasse para, enfim, sair da coxia. A Laura estava me esperando e me abraçou tão forte que pensei que tinha quebrado algumas costelas.

— Estou muito orgulhosa de você, Camila! — Ela me segurava pelos ombros e tinha os olhos cheios d'água. — Consegui entender perfeitamente o seu amor pela música. Era como se eu estivesse enxergando você pela primeira vez ali naquele palco. Você cresceu. Será que fiquei em negação para não me sentir tão velha?

— Velha, Laura? — Fiquei realmente espantada por ela pensar em si mesma daquela forma. — Você tem apenas 33 anos, está muito jovem ainda. Sabe o que precisa? Parar de pensar só em trabalho e aceitar o João de volta.

— Não mude de assunto, mocinha! A conversa aqui é sobre a sua paixão pela música.

— E o meu assunto é a paixão que o João sente por você. Ele pode não ter a mesma ambição que a sua, mas é uma pessoa maravilhosa. Pense nisso. Amar é aceitar o outro como é.

— Vejam só a que ponto eu cheguei. Recebendo conselhos amorosos de uma pirralha recém-saída das fraldas.

— Obrigada por ter vindo, madrinha. De verdade.

Saímos abraçadas do auditório. Acho que, finalmente, uma nova fase começaria para nós duas.

⊰ CAPÍTULO 5 ⊱

No final de semana fui comer pizza com o pessoal do colégio para comemorar o meu aniversário de novo. Não quis festa, pois preferi ganhar um notebook novo. Foi divertido, apesar da ausência do Pedro. Claro que a Mila Tower foi o assunto da noite. Era um comentário mais engraçado do que o outro. Mas, no fim, todos me apoiaram, dizendo que eu "levava jeito para a coisa".

Outra com a mesma opinião, para a minha felicidade, era a Laura. Quando cheguei da pizzaria, ela me chamou no seu quarto.

— Camila, apesar de achar que vai ser uma carreira difícil, não tenho outra saída a não ser dar o meu apoio. Como você não conseguiu a bolsa de estudos no Instituto de Artes, pode pegar todas as informações sobre o curso do ano que vem, como exigências da matrícula, valor das mensalidades e horários?

— Você está falando sério? — Eu a agarrei pelos braços, fazendo a minha madrinha rir.

— Claro que estou! Se você quer ser uma cantora, que seja a melhor e a mais bem preparada.

— Ai, meu Deus! Não acredito! — Eu a abracei. — Muito obrigada! Você não vai se arrepender, juro que vou me dedicar bastante.

— Eu sei que vai. É muito bom ver você feliz assim.

Olhei para o sofá que ficava no seu quarto e vi que havia pelo menos uns dez vestidos embolados em cima dele. Virei para ela e dei uma piscadinha.

— Me deixa adivinhar. Você finalmente aceitou sair com o João e não sabe que roupa usar.

— Não entendi. Afinal de contas, você quer ser cantora ou detetive?

— Ah, que legal! Quando vai ser? — perguntei, empolgada.

— É só um jantar, em plena segunda-feira. Nada de mais. Ficamos de nos encontrar depois do escritório. Apenas duas pessoas que precisam comer e que vão fazer isso juntas.

— Quanto romantismo! — Não consegui segurar o deboche. — Bom, defina como quiser esse encontro. Mas pode dizer a ele que estou com saudades?

— Posso, sim! — Ela riu de novo. — Vou dar o seu recado, fique tranquila.

Nunca tinha ficado tão ansiosa para tomar café da manhã com a Laura. Naquela manhã de terça-feira eu tinha duas missões: saber como tinha sido o encontro da minha madrinha com o João e depois ir ao Instituto de Artes para pegar as informações sobre o curso. O legal de estudar lá é que crianças e adultos de qualquer idade podem se matricular. São oferecidos cursos de férias, outros de curta duração e profissionalizantes, que duram um ano. Estou muito interessada no curso profissionalizante para cantores, que inclui aulas de canto e expressão corporal, entre outras coisas.

Quando ela finalmente apareceu toda arrumada para trabalhar, não pude deixar de fazer uma brincadeirinha.

— Nem vi a senhorita chegar do jantar. Caí de sono e nem vi que horas chegou. Isso não é um bom exemplo para uma adolescente.

— Quer parar de palhaçada? — O humor dela estava realmente maravilhoso, não sei como o rosto não doía com tamanho sorriso. — Vou contar o que você está aí se rasgando de curiosidade e para saber: eu e o João reatamos.

— Uhuuuu! — Eu realmente tinha ficado feliz com a notícia. — Ah, que coisa boa! Parabéns, madrinha! Ótima decisão.

— E, por falar em decisões, espero hoje as informações sobre o curso de artes.

— Ai, meu Deus! Lá vai ela mudar de assunto quando quero os detalhes. Mas tudo bem, aos poucos vou arrancando todos eles de você. Depois do café vou lá no Instituto, pode deixar. Eu poderia pegar tudo pela internet, mas quero visitar as instalações e me imaginar circulando por elas no ano que vem. Estou muito empolgada!

— E eu não sei? Bom, tenho que correr porque estou atrasada. Já sabe o que vai fazer nas férias?

— Ainda não. Amanhã vou encontrar o Pedro para comprarmos os óculos e vamos combinar tudo. Você não está mais com raiva dele, certo?

— Não. Eu retiro a minha proibição de que ele venha aqui, mas não quero bagunça, ouviu bem?

— Sim, pode deixar. Vou me comportar como uma mocinha. Aliás, como uma princesa!

Por coincidência, o Instituto de Artes ficava próximo ao salão de beleza em que tinha cortado o cabelo. Na volta, ao passar na porta, vi a recepcionista que me atendeu fumando do lado de fora. Ela começou a acenar para mim como uma louca, e, apesar de não curtir muito fumaça de cigarro, tive que ir até lá.

— O seu nome é Camila, não é? — ela perguntou, toda simpática.

— Isso mesmo. Nossa! Com tantas clientes, você guardou o meu nome.

— E como não guardar? O seu cabelo chamava muito a atenção. Já está acostumada com o novo corte?

— No primeiro dia achei meio estranho, mas agora estou adorando! Aquela cabeleira toda me dava nos nervos! E o calor? Nossa, foi como me livrar de um fardo. Ah! Vi que vai estrear uma nova novela das sete. Como as paredes do salão são cheias de fotos de atrizes famosas, pensei que os meus cabelos seriam para o novo visual de alguma delas. Mata a minha curiosidade! Qual atriz vai usar os meus cabelos?

A recepcionista apagou o cigarro e fez uma cara estranha. Olhou para mim e me deu um sorriso meio torto.

— Na verdade, Camila, não usamos os seus cabelos em nenhuma novela. Lembra que dissemos que precisávamos de um cabelo da mesma textura e cor do seu? Era para fazer uma peruca.

— Uma peruca?

— Sim... Para uma garota de 12 anos, que está fazendo tratamento contra um câncer. Ela estava com leucemia e fez quimioterapia, que fez todo o seu cabelo cair. Agora a garotinha está se recuperando bem e ficou toda feliz quando saiu daqui do salão. Fizemos uma peruca bem parecida com o cabelo que tinha antes. Preciso entrar, meu intervalo acabou. Adorei ver você, ficou linda! Tchau, querida!

— Tchau...

Como eu estava a uma quadra da praia, resolvi ir para o calçadão. Encontrei um banco na sombra e fiquei olhando para o mar, quase hipnotizada. A sensação era de que eu tinha recebido um soco no estômago. Fiquei sem saber o que pensar direito sobre o que a recepcionista tinha me falado. Uma hora eu ficava feliz por ter ajudado alguém indiretamente. Na outra, ficava com vergonha, pois aquilo que eu chamava constantemente de fardo, que me irritava ao extremo, era o motivo da felicidade de alguém que eu nem conhecia. Eu deixei o cabelo crescer para me curar, e depois esse mesmo cabelo ajuda na autoestima de outra pessoa que buscava a cura. Qual é a definição de fardo? Pelo visto, a definição do dicionário é muito diferente do sentido na vida real. E essa mesma *vida real* tinha me dado uma lição e tanto.

Saí da ótica com o Pedro quase dando pulinhos de alegria! Ele tinha escolhido óculos perfeitos para o seu rosto. Armação moderna, com lentes mais finas. Ainda bem que a vendedora me apoiou em tudo, pois ele, claro, queria escolher o modelo mais cafona da loja.

As lentes ficariam prontas dentro de alguns dias e, apesar de ele estar usando uns óculos velhos ainda mais feios do que os que tinha quebrado no acidente, eu estava feliz por estar com ele no shopping depois de tanto tempo. Ele tinha saído do hospital no domingo, mas toda a sorte de parentes se revezou nas visitas e eu não quis atrapalhar.

Como o acidente tinha acontecido no final de novembro e ele tinha nota suficiente para passar de ano, o fato de ter ficado afastado por uma semana não afetou em nada o seu rendimento escolar. Caminhamos bem devagar até a praça de alimentação, pois ele ainda estava com o tornozelo imobilizado e precisava de muletas para andar. Consegui uma mesa perto da sua lanchonete favorita e sentei ao seu lado.

— Finalmente a gente pôde se encontrar! Estava ansiosa para ver você, e essa sua agenda estava muito ocupada para o meu gosto. Mas estou feliz demais! Realizei o meu sonho hoje.

— Você é muito maluquinha, dona Camila Soares! — Ele apertou as minhas bochechas.

— Eu? Maluquinha?

— Sim, senhorita! Ficar feliz por ter gastado uma fortuna daquelas nos meus óculos. E quando penso na forma como conseguiu o dinheiro, por vezes me arrependo de ter aceitado.

— Eu iria cortar relações com você se não aceitasse! — Fiz cara de brava, para depois rir da cara dele. — Eu ajudei você a enxergar melhor sim, viu? Lembra que você debochou de mim no hospital porque não consegui fazer você enxergar, como a Rapunzel do conto original?

Uau! Bateu o maior arrependimento do mundo por ter tocado naquele assunto. O beijo que eu dei nele... Nunca falamos sobre isso, e acho que cada um fingiu que esqueceu.

— Eu não debochei de você, Camila. Apenas me defendi com humor, como sempre.

— Se defendeu?

Houve entre nós um silêncio de uns 30 segundos, em contraste com o falatório da praça de alimentação do shopping. Ele me olhou de novo com a mesma intensidade daquele dia. Tirou os óculos e quase os atirou em cima da mesa.

— Eu não preciso deles para ver você — disse enquanto passava a mão no meu rosto. — Falei que me defendi porque sempre quis fazer aquilo. Eu sempre quis beijar você e nunca tinha passado pela minha cabeça que seria daquela forma. Depois fiquei muito confuso, pois não sabia o motivo daquilo. Então resolvi não falar mais sobre o que tinha acontecido. Aí você veio com essa história de pagar os meus óculos novos, por se sentir culpada pelo acidente.

— Você acha que eu beijei você naquele dia por pena? — Minha voz quase não saiu.

De novo o silêncio. Ele tirou a mão do meu rosto e começou a esfregar os olhos de forma nervosa. Segurei as suas mãos e o encarei até que ele olhasse para mim de novo.

— Sim, senti pena de você, mas não da forma como está pensando. Senti pena por você ter que passar por aquilo, por sentir dor, por ter que faltar à escola. Eu não contei, mas invadi o hospital na madrugada do seu acidente. Eu tinha que ver você de qualquer jeito. Fiquei lá por apenas dois minutinhos. Você estava dormindo, e ver você lá, vivo, foi uma das maiores alegrias da minha vida. Foi ali, naquele momento, que enxerguei o óbvio, que percebi que era apaixonada pelo meu melhor amigo.

Ele sorriu. E, em um gesto brusco, puxou a minha cadeira mais para perto dele, já que não tinha condições de se mexer muito. A vontade que tive foi de rir, mas me contive. Sabe aquela vontade de rir, por puro nervoso? Eu não esperava que ele fosse puxar a minha cadeira daquele jeito. A gente estava praticamente grudado e, como em um passe de mágica, toda aquela gente em volta de nós desapareceu. Eu não conseguia enxergá-las e muito menos ouvi-las. Ele segurou o meu rosto, trazendo-me para ainda mais perto dele. Eu podia sentir a sua respiração ofegante, como da outra vez.

— Sabe quando enxerguei o óbvio e vi que era apaixonado pela minha melhor amiga? Quando você pegou o meu violão e cantou pela primeira vez. A Rapunzel pode estar com outro corte de cabelo agora, mas o príncipe foi conquistado pelo canto dela.

— Então quer dizer que você é o meu príncipe? — brinquei, meio fazendo charme.

— Eu não tenho um cavalo branco e nem um castelo. Apenas uma bicicleta.

— Acho que dá para começar...

Então ele me beijou. Foi um beijo bem menos tímido do que o meu no hospital. Muito intenso, para falar a verdade. Apesar de estar surpresa, para mim era como se aquilo fosse uma coisa muito natural, como respirar.

Acho que a magia dos contos de fadas está justamente aí. Não é matar o dragão, escalar a torre ou derrotar a bruxa. A Priscilla, para variar, diria que isso é um clichê, mas a magia está justamente em encontrar o amor e a felicidade nas situações mais simples. E isso é bom, já que está lá para qualquer um que se permita enxergar...

Este livro foi composto nas tipologias Adorn Ornaments, Andrew Handscript, Averia Serif, Azedo, Bodoni Bd BT, Courier New, Dear Sarah, Felt Tip, Giddyup Std, Helvetica Neue LT Std, Palatino Linotype, Trebuchet MS e Verdana, e impresso em papel offwhite, na Intergraf Ind. Gráfica Eireli.